EL SEÑOR DE LOS ANILLOS

EL SEÑOR DE LOS ANILLOS

DE J. R. R. TOLKIEN

I
LA COMUNIDAD DEL ANILLO

II
LAS DOS TORRES

III
EL RETORNO DEL REY

J. R. R. Tolkien

EL SEÑOR DE LOS ANILLOS

II

LAS DOS TORRES

Minotauro

Título original:
The Lord of the Rings
II. The Two Towers

Traducción de Matilde Horne y Luis Domènech

Primera edición de bolsillo: octubre de 1991
Reimpresiones: 1992, 1993, 1994, 1995 (2),
1996 (2), 1997 (3), 1998 (3), 1999 (2), 2000 (3),
Decimonovena reimpresión: noviembre de 2000

© George Allen & Unwin Ltd., 1966
© Ediciones Minotauro, 1991
Rambla de Catalunya, 62. 08007 Barcelona
www.edicionesminotauro.com
Fax 93 487 18 49

ISBN del volumen II: 84-450-7176-9
ISBN de la obra completa: 84-450-7178-5
Depósito legal: B. 48.633 - 2000

Impreso por Romanyà/Valls, S. A.
Verdaguer, 1 - 08786 Capellades (Barcelona)

Impreso en España
Printed in Spain

LIBRO TERCERO

LA PARTIDA DE BOROMIR

Aragorn trepó rápidamente por la colina. De vez en cuando se inclinaba hasta el suelo. Los hobbits tienen el paso leve y no dejan huellas fáciles de leer, ni siquiera para un Montaraz, pero no lejos de la cima un manantial cruzaba el sendero, y Aragorn vio en la tierra húmeda lo que estaba buscando.

—Interpreto bien los signos —se dijo—. Frodo corrió a lo alto de la colina. ¿Qué habrá visto allí?, me pregunto. Pero luego bajó por el mismo camino.

Aragorn titubeó. Hubiera querido ir él mismo hasta el elevado sitial, esperando ver algo que lo orientase de algún modo, pero el tiempo apremiaba. De pronto dio un salto hacia adelante y corrió a la cima; atravesó las grandes losas y subió por los escalones. Luego, sentándose en el alto sitial, miró alrededor. Pero el sol parecía oscuro, y el mundo apagado y lejano. Se volvió desde el norte y dio una vuelta completa hasta mirar de nuevo al norte, y no vio nada excepto las colinas distantes, aunque allá a lo lejos la forma de un pájaro grande parecido a un águila planeaba en el cielo otra vez y descendía a tierra en círculos amplios y lentos.

Aún mientras observaba alcanzó a oír unos sonidos débiles en el bosque que se extendía allá abajo al oeste del Río. Se enderezó. Eran gritos, y entre ellos reconoció con horror las voces roncas de los orcos. Un instante después resonó de súbito la llamada profunda y gutural de un cuerno, y los ecos golpearon las colinas y se extendieron por las hondonadas, elevándose sobre el rugido de las aguas en un poderoso clamor.

—¡El cuerno de Boromir! —gritó Aragorn—. ¡Boromir está en dificultades! —Se lanzó escalones abajo, y se alejó saltando por el sendero.— ¡Ay! Hoy me persigue un destino funesto, y todo lo que hago sale torcido. ¿Dónde está Sam?

Mientras corría los gritos aumentaron, pero la llamada

del cuerno era ahora más débil y más desesperada. Los aullidos de los orcos se alzaron, feroces y agudos, y de pronto el cuerno calló. Aragorn bajó a todo correr la última pendiente, pero antes que llegara al pie de la colina, los sonidos fueron apagándose, y cuando dobló a la izquierda para correr tras ellos, comenzaron a retirarse hasta que al fin ya no pudo oírlos. Sacando la espada brillante y gritando *¡Elendil! ¡Elendil!* se precipitó entre los árboles.

A una milla quizá de Parth Galen, en un pequeño claro no lejos del lago, encontró a Boromir. Estaba sentado de espaldas contra un árbol grande, y parecía descansar. Pero Aragorn vio que estaba atravesado por muchas flechas empenachadas de negro; sostenía aún la espada en la mano, aunque se le había roto cerca de la empuñadura. En el suelo y alrededor yacían muchos orcos.

Aragorn se arrodilló junto a él. Boromir abrió los ojos y trató de hablar. Al fin salieron unas palabras, lentamente.

—Traté de sacarle el Anillo a Frodo —dijo—. Lo siento. He pagado. —Echó una ojeada a los enemigos caídos; veinte por lo menos estaban tendidos allí cerca.— Partieron. Los Medianos: se los llevaron los orcos. Pienso que no están muertos. Los orcos los maniataron.

Hizo una pausa y se le cerraron los ojos, cansados. Al cabo de un momento habló otra vez.

—¡Adiós, Aragorn! ¡Ve a Minas Tirith y salva a mi pueblo! Yo he fracasado.

—¡No! —dijo Aragorn tomándole la mano y besándole la frente—. Has vencido. Pocos hombres pueden reclamar una victoria semejante. ¡Descansa en paz! ¡Minas Tirith no caerá!

Boromir sonrió.

—¿Por dónde fueron? ¿Estaba Frodo allí? —le preguntó Aragorn.

Pero Boromir no dijo más.

—¡Ay! —dijo Aragorn—. ¡Así desaparece el heredero de Denethor, Señor de la Torre de la Guardia! Un amargo fin. La Compañía está deshecha. Soy yo quien ha fracasado. Vana fue la confianza que Gandalf puso en mí. ¿Qué haré ahora? Boromir me ha obligado a ir a Minas Tirith, y mi corazón así lo desea, ¿pero dónde están el Anillo y el Portador? ¿Cómo encontrarlos e impedir que la Búsqueda termine en un desastre?

Se quedó un momento de rodillas doblado por el llanto, aferrado a la mano de Boromir. Así lo encontraron Legolas y Gimli. Vinieron de las faldas occidentales de la colina, en silencio, arrastrándose entre los árboles como si estuvieran de caza. Gimli esgrimía el hacha, y Legolas el largo cuchillo; no les quedaba ninguna flecha. Cuando desembocaron en el claro, se detuvieron con asombro, y en seguida se quedaron quietos un momento, cabizbajos, abrumados de dolor, pues veían claramente lo que había ocurrido.

—¡Ay! —dijo Legolas acercándose a Aragorn—. Hemos perseguido y matado a muchos orcos en el bosque, pero aquí hubiésemos sido más útiles. Vinimos cuando oímos el cuerno... demasiado tarde, parece. Temía que estuvieras mortalmente herido.

—Boromir está muerto —dijo Aragorn—. Yo estoy ileso, pues no me encontraba aquí con él. Cayó defendiendo a los hobbits mientras yo estaba arriba en la colina.

—¡Los hobbits! —gritó Gimli—. ¿Dónde están entonces? ¿Dónde está Frodo?

—No lo sé —respondió Aragorn con cansancio—. Boromir me dijo antes de morir que los orcos se los habían llevado atados; no creía que estuvieran muertos. Yo lo envié a que siguiera a Merry y a Pippin, pero no le pregunté si Frodo o Sam estaban con él: no hasta que fue demasiado tarde. Todo lo que he emprendido hoy ha salido torcido. ¿Qué haremos ahora?

—Primero tenemos que ocuparnos del caído —dijo Legolas—. No podemos dejarlo aquí como carroña entre esos orcos espantosos.

—Pero hay que darse prisa —dijo Gimli—. Él no hubiese querido que nos retrasáramos. Tenemos que seguir a los orcos, si hay esperanza de que alguno de la Compañía sea un prisionero vivo.

—Pero no sabemos si el Portador del Anillo está con ellos o no —dijo Aragorn—. ¿Vamos a abandonarlo? ¿No tendríamos que buscarlo primero? ¡La elección que se nos presenta ahora es de veras funesta!

—Pues bien, empecemos por lo que es ineludible —dijo Legolas—. No tenemos ni tiempo ni herramientas para dar sepultura adecuada a nuestro amigo. Podemos cubrirlo con piedras.

—La tarea será pesada y larga; las piedras que podrían servirnos están casi a orillas del Río.

—Entonces pongámoslo en una barca con las armas de él y las armas de los enemigos vencidos —dijo Aragorn—. Lo enviaremos a los Saltos de Rauros, y lo dejaremos en manos del Anduin. El Río de Gondor cuidará de que ninguna criatura maligna deshonre los huesos de Boromir.

Buscaron de prisa entre los cuerpos de los orcos, juntando en un montón las espadas y los yelmos y escudos hendidos.

—¡Mirad! —exclamó Aragorn—. ¡Hay señales aquí! —De la pila de armas siniestras recogió dos puñales de lámina en forma de hoja, damasquinados de oro y rojo; y buscando un poco más encontró también las vainas, negras, adornadas con pequeñas gemas rojas.— ¡Éstas no son herramientas de orcos! —dijo—. Las llevaban los hobbits. No hay duda de que fueron despojados por los orcos, pero que tuvieron miedo de conservar los puñales, conociéndolos en lo que eran: obra de Oesternesse, cargados de sortilegios para desgracia de Mordor. Bien, aunque estén todavía vivos, nuestros amigos no tienen armas. Tomaré éstas, esperando contra toda esperanza que un día pueda devolvérselas.

—Y yo —dijo Legolas— tomaré las flechas que encuentre, pues mi carcaj está vacío.

Buscó en la pila y en el suelo de alrededor y encontró no pocas intactas, más largas que las flechas comunes entre los orcos. Las examinó de cerca.

Y Aragorn, mirando los muertos, dijo:

—Hay aquí muchos cadáveres que no son gente de Mordor. Algunos vienen del Norte, de las Montañas Nubladas, si algo sé de orcos y sus congéneres. Y a estos otros nunca los he visto. ¡El atavío no es propio de los orcos!

Había cuatro soldados más corpulentos que los orcos, morenos, de ojos oblicuos, piernas gruesas y manos grandes. Estaban armados con espadas cortas de hoja ancha y no con las cimitarras curvas habituales en los orcos, y tenían arcos de tejo, parecidos en tamaño y en forma a los arcos de los Hombres. En los escudos llevaban un curioso emblema: una manita blanca en el centro de un campo negro; una S rúnica de algún metal blanco había sido montada sobre la visera de los yelmos.

—Nunca vi estos signos —dijo Aragorn—. ¿Qué significan?

—S representa a Sauron, por supuesto —dijo Gimli.

—¡No! —exclamó Legolas—. Sauron no usa las runas élficas.

—Nunca usa además su verdadero nombre, y no permite que lo escriban ni lo pronuncien —dijo Aragorn—. Y tampoco usa el blanco. El signo de los Orcos de Barad-dûr es el Ojo Rojo. —Se quedó pensativo un momento.— La S es de Saruman, me parece —dijo al fin—. Hay mal en Isengard, y el Oeste ya no está seguro. Tal como lo temía Gandalf: el traidor Saruman ha sabido de nuestro viaje, por algún medio. Es verosímil también que ya esté enterado de la caída de Gandalf. Entre los que venían persiguiéndonos desde Moria, algunos pudieron haber escapado a la vigilancia de Lórien, o quizá pudieron evitar ese país y llegar a Isengard por otro camino. Los orcos son rápidos. Pero Saruman tiene muchas maneras de enterarse. ¿Recuerdas los pájaros?

—Bueno, no tenemos tiempo de pensar en acertijos —dijo Gimli—. ¡Llevemos a Boromir!

—Pero luego tendremos que resolver los acertijos, si queremos elegir bien el camino —dijo Aragorn.

—Quizá no haya una buena elección —dijo Gimli.

Tomando el hacha, el enano se puso a cortar unas ramas. Las ataron con cuerdas de arco, y extendieron los mantos sobre la armazón. Sobre estas parihuelas rudimentarias llevaron el cuerpo de Boromir hasta la costa, junto con algunos trofeos de la última batalla. No había mucho que caminar, pero la tarea no les pareció fácil, pues Boromir era un hombre grande y muy robusto.

Aragorn se quedó a orillas del agua cuidando de las parihuelas, mientras Legolas y Gimli se apresuraban a volver a Parth Galen. La distancia era de una milla o más, y pasó bastante tiempo antes de que regresaran remando con rapidez en dos barcas a lo largo de la costa.

—¡Ocurre algo extraño! —dijo Legolas—. Había sólo dos barcas en la barranca. No pudimos encontrar ni rastros de la otra.

—¿Había habido orcos allí? —preguntó Aragorn.

—No vimos ninguna señal —respondió Gimli—. Y los orcos habrían destruido todas las barcas, o se las habrían llevado, junto con el equipaje.

—Examinaré el suelo cuando lleguemos allí —dijo Aragorn.

Extendieron a Boromir en medio de la barca que lo transportaría aguas abajo. Plegaron la capucha gris y la capa élfica y se las pusieron bajo la cabeza. Le peinaron los largos cabellos oscuros y los dispusieron sobre los hombros. El cinturón dorado de Lórien le brillaba en la cintura. Junto a él colocaron el yelmo, y sobre el regazo el cuerno hendido y la empuñadura y los fragmentos de la espada, y a sus pies las armas de los enemigos. Luego de haber asegurado la proa a la popa de la otra embarcación, lo llevaron al agua. Remaron tristemente a lo largo de la orilla, y entrando en la corriente rápida del Río dejaron atrás los prados verdes de Parth Galen. Los flancos escarpados de Tol Brandir resplandecían: era media tarde. Mientras iban hacia el sur los vapores del Rauros se elevaron en una trémula claridad como una bruma dorada. La furia y el estruendo de las aguas sacudían el aire tranquilo.

Tristemente, soltaron la barca funeraria: allí reposaba Boromir, en paz, deslizándose sobre el seno de las aguas móviles. La corriente lo llevó, mientras ellos retenían su propia barca con los remos. Boromir flotó junto a ellos y luego se fue alejando lentamente, hasta ser sólo un punto negro en la luz dorada, y de pronto desapareció. El rugido del Rauros prosiguió, invariable. El Río se había llevado a Boromir, hijo de Denethor, y ya nadie volvería a verlo en Minas Tirith, de pie en la Torre Blanca por la mañana, como era su costumbre. Pero más tarde en Gondor se dijo mucho tiempo que la barca élfica dejó atrás los saltos y las aguas espumosas y que llevó a Boromir a través de Osgiliath y más allá de las numerosas bocas del Anduin, y al fin una noche salió a las Grandes Aguas bajo las estrellas.

Los tres compañeros se quedaron un rato en silencio siguiéndolo con los ojos. Luego Aragorn habló:

—Lo buscarán desde la Torre Blanca —dijo—, pero no volverá ni de las montañas ni del océano.

Luego, lentamente, se puso a cantar:

A través de Rohan por los pantanos y los prados donde crecen las
    hierbas largas
el Viento del Oeste se pasea y recorre los muros.
"¿Qué noticias del Oeste, oh viento errante, me traes esta noche?
¿Has visto a Boromir el Alto a la luz de la luna o las estrellas?"
"Lo vi cabalgar sobre siete ríos, sobre aguas anchas y grises;
lo vi caminar por tierras desiertas, y al fin desapareció
en las sombras del Norte, y no lo vi más desde entonces."
El Viento del Norte pudo haber oído el cuerno del hijo de Denethor.
Oh Boromir. Desde los altos muros miro lejos en el Oeste,
pero no vienes de los desiertos donde no hay hombres.

Luego Legolas cantó:

De las bocas del Mar viene el Viento del Sur, de las piedras y de
    las dunas;
trae el quejido de las gaviotas, y a las puertas se lamenta.
"¿Qué noticias del Sur, oh viento que suspiras, me traes en la noche?
¿Dónde está ahora Boromir el Hermoso? Tarda en llegar, y estoy
    triste."
"No me preguntes dónde habita... Hay allí tantos huesos,
en las costas blancas y en las costas oscuras bajo el cielo
    tormentoso;
tantos han descendido las aguas del Río Anduin para encontrar
    las mareas del mar.
¡Pídele al Viento Norte las noticias que él mismo me trae!"
"¡Oh Boromir! Más allá de la puerta la ruta al mar corre hacia
    el Sur,
pero tú no vienes con las gaviotas que desde la boca del mar gris
    se lamentan."

Y Aragorn cantó de nuevo:

De la Puerta de los Reyes viene el Viento del Norte, y pasa por las
cascadas tumultuosas:
y claro y frío alrededor de la torre llama el cuerno sonoro.
¿Qué noticias del Norte, oh poderoso viento, hoy me traes?
¿Qué noticias de Boromir el Valiente? Pues partió hace tiempo.
Al pie del Amon Hen le he oído gritar. Allí batió a los enemigos.
El yelmo hendido, la espada rota, al agua los llevaron.
La orgullosa cabeza, el rostro tan hermoso, los miembros, pusieron
a descansar;
y Rauros, los saltos dorados de Rauros, lo transportaron en el
seno de las aguas.
¡Oh Boromir! La Torre de la Guardia mirará siempre al norte,
a Rauros, los saltos dorados, hasta el fin de los tiempos.

Concluyeron así. En seguida se volvieron hacia la barca y la llevaron con la mayor rapidez posible contra la corriente de vuelta a Parth Galen.

—Me dejasteis el Viento del Este —dijo Gimli—, pero de él no diré nada.

—Así tiene que ser —dijo Aragorn—. En Minas Tirith soportan al Viento del Este, mas no le piden noticias. Pero ahora Boromir ha tomado su camino, y hemos de apresurarnos a elegir el nuestro.

Examinó la hierba verde, de prisa pero con cuidado, inclinándose hasta el suelo.

—Ningún orco ha pisado aquí —dijo—. Ninguna otra cosa puede darse por segura. Ahí están todas nuestras huellas, en idas y venidas. No puedo decir si alguno de los hobbits estuvo aquí, luego de haber salido en busca de Frodo. —Volvió a la barranca, cerca del sitio donde el arroyo del manantial llegaba en hilos al Río.— Hay huellas nítidas aquí —dijo—. Un hobbit entró en el agua y regresó a tierra, pero no sé cuándo.

—¿Cómo descifras entonces el acertijo? —preguntó Gimli.

Aragorn no respondió en seguida; caminó de vuelta hasta el sitio del campamento y examinó un rato el equipaje.

—Faltan dos bultos —dijo—, y puedo asegurar que uno pertenecía a Sam: era bastante grande y pesado. Ésta es entonces la respuesta: Frodo se ha ido en una barca, y su sirviente ha ido con él. Frodo pudo haber vuelto mientras todos estábamos buscándolo. Me encontré con Sam subiendo la pendiente y le dije que me siguiera; pero es evidente que no lo hizo. Adivinó las intenciones de su amo y regresó antes que Frodo partiera. ¡No le resultó nada fácil dejar atrás a Sam!

—¿Pero por qué tenía que dejarnos a nosotros, y sin decir una palabra? —preguntó Gimli—. ¡Extraña ocurrencia!

—Y brava ocurrencia —dijo Aragorn—. Sam tenía razón, pienso. Frodo no quería llevar a ningún amigo a la muerte en Mordor. Pero sabía que él no podía eludir la tarea. Algo le ocurrió después de dejarnos que acabó con todos sus temores y dudas.

—Quizá lo sorprendieron unos orcos cazadores y huyó —dijo Legolas.

—Huyó, ciertamente —dijo Aragorn—, pero no creo que de los orcos.

Qué había provocado según él la repentina resolución y la huida de Frodo, Aragorn no lo dijo. Las últimas palabras de Boromir las guardó en secreto mucho tiempo.

—Bueno, al menos ahora algo es claro —dijo Legolas—. Frodo ya no está de este lado del Río: sólo él puede haber llevado la barca. Y Sam lo acompaña: sólo él ha podido llevarse el bulto.

—La alternativa entonces —dijo Gimli— es tomar la barca que queda y seguir a Frodo, o perseguir a los orcos a pie. En cualquier caso hay pocas esperanzas. Hemos perdido ya horas preciosas.

—¡Dejadme pensar! —dijo Aragorn—. ¡Ojalá pueda elegir bien y cambiar la suerte nefasta de este desgraciado día! —Se quedó callado un momento.— Seguiré a los orcos —dijo al fin—. Yo hubiera guiado a Frodo a Mordor acompañándolo hasta el fin; pero para buscarlo ahora en las tierras salvajes tendría que abandonar a los prisioneros al tormento y a la muerte. Mi corazón habla al fin con claridad: el destino del Portador ya no está en mis manos. Pero no podemos olvidar a nuestros compañeros mientras nos queden fuerzas. ¡Vamos! Partiremos en seguida. ¡Dejad aquí todo lo que no nos sea indispensable! ¡Marcharemos sin detenernos de día y de noche!

Arrastraron la última barca hasta los árboles. Pusieron debajo todo lo que no necesitaban y no podían llevar, y dejaron Parth Galen. El sol ya declinaba cuando regresaron al claro donde había caído Boromir. Allí examinaron un rato las huellas de los orcos. No se necesitaba mucha habilidad para encontrarlas.

—Ninguna otra criatura pisotea el suelo de este modo —dijo Legolas—. Parece que se deleitaran en romper y aplastar todo lo que crece, aunque no se encuentre en el camino de ellos.

—Pero no les impide marchar con rapidez —dijo Aragorn—, y no se cansan. Y más tarde tendremos que buscar la senda en terrenos desnudos y duros.

—Bueno, ¡vayamos tras ellos! —dijo Gimli—. También los Enanos son rápidos y no se cansan antes que los orcos. Pero será una larga cacería: nos llevan mucha ventaja.

—Sí —dijo Aragorn—, a todos nos hará falta la resistencia de los Enanos. ¡Pero adelante! Con o sin esperanza, seguiremos las huellas del enemigo. ¡Y ay de ellos, si probamos que somos más rápidos! Haremos una cacería que será el asombro de las Tres Razas emparentadas: Elfos, Enanos, y Hombres. ¡Adelante los Tres Cazadores!

Aragorn saltó como un ciervo, precipitándose entre los árboles. Corría siempre adelante, guiándolos, infatigable y rápido ahora que ya estaba decidido. Dejaron atrás los bosques junto al lago. Subieron por unas largas pendientes oscuras, que se recortaban contra el cielo enrojecido del crepúsculo. Se alejaron como sombras grises sobre una tierra pedregosa.

2

LOS JINETES DE ROHAN

La oscuridad aumentó. La niebla se extendía detrás de ellos en los bosques de las tierras bajas, y se demoraba en las pálidas márgenes del Anduin, pero el cielo estaba claro. Aparecieron las estrellas. La luna creciente remontaba en el oeste, y las sombras de las rocas eran negras. Habían llegado al pie de unas colinas rocosas, y marchaban más lentamente pues las huellas ya no eran fáciles de seguir. Aquí las tierras montañosas de Emyn Muil corrían de norte a sur en dos largas cadenas de cerros. Las faldas occidentales de estas cadenas eran empinadas y de difícil acceso, pero en el lado este había pendientes más suaves, atravesadas por muchas hondonadas y cañadas estrechas. Los tres compañeros se arrastraron durante toda la noche por estas tierras descarnadas, subiendo hasta la cima del primero de los cerros, el más elevado, y descendiendo otra vez a la oscuridad de un valle profundo y serpenteante.

Allí descansaron un rato, en la hora silenciosa y fría que precede al alba. La luna se había puesto ante ellos mucho tiempo antes, y arriba titilaban las estrellas; la primera luz del día no había asomado aún sobre las colinas oscuras que habían dejado atrás. Por un momento Aragorn se sintió desorientado: el rastro de los orcos había descendido hasta el valle, y había desaparecido.

—¿Qué te parece? ¿De qué lado habrán ido? —dijo Legolas—. ¿Hacia el norte buscando un camino que los lleve directamente a Isengard, o a Fangorn, si es ahí a donde van como tú piensas? ¿O hacia el sur para encontrar el Entaguas?

—Vayan a donde vayan, no irán hacia el río —dijo Aragorn—. Y si no hay algo torcido en Rohan y el poder de Saruman no ha crecido mucho, tomarán el camino más corto por los campos de los Rohirrim. ¡Busquemos en el norte!

El valle corría como un canal pedregoso entre las cadenas de los cerros, y un arroyo se deslizaba en hilos entre las piedras del fondo. Había un acantilado sombrío a la derecha; a la izquierda se alzaban unas laderas grises, indistintas y oscuras en la noche avanzada. Siguieron así durante una milla o más hacia el norte. Inclinándose hacia el suelo, Aragorn buscaba entre las cañadas y repliegues que subían a los cerros del oeste. Legolas iba un poco adelante. De pronto el Elfo dio un grito y los otros corrieron hacia él.

—Ya hemos alcanzado a algunos de los que perseguíamos —dijo—. ¡Mirad!

Apuntó, y descubrieron entonces que las sombras que habían visto al pie de la pendiente no eran peñascos como habían pensado al principio sino unos cuerpos caídos. Cinco orcos muertos yacían allí. Habían sido cruelmente acuchillados, y dos no tenían cabeza. El suelo estaba empapado de sangre negruzca.

—¡He aquí otro acertijo! —dijo Gimli—. Pero para resolverlo necesitaríamos la luz del día, y no podemos esperar.

—De cualquier modo que lo interpretes, no parece desalentador —dijo Legolas—. Los enemigos de los orcos tienen que ser amigos nuestros. ¿Vive gente en estos montes?

—No —dijo Aragorn—. Los Rohirrim vienen aquí raramente, y estamos lejos de Minas Tirith. Pudiera ser que un grupo de hombres estuviese aquí de caza por razones que no conocemos. Sin embargo, se me ocurre que no.

—¿Qué piensas entonces? —preguntó Gimli.

—Pienso que el enemigo trajo consigo a su propio enemigo —respondió Aragorn—. Éstos son Orcos del Norte, venidos de muy lejos. Entre esos cadáveres no hay ningún orco corpulento, con esas extrañas insignias. Hubo aquí una pelea, me parece. No es cosa rara entre estas pérfidas criaturas. Quizá discutieron a propósito del camino.

—O a propósito de los cautivos —dijo Gimli—. Esperemos que tampoco los hayan matado a ellos.

Aragorn examinó el terreno en un amplio círculo, pero no pudo encontrar otras huellas de la lucha. Prosiguieron la marcha. El cielo del este ya palidecía; las estrellas se apagaban, y una luz gris crecía lentamente. Un poco más al norte llegaron a una cañada donde un arroyuelo diminuto, descendiendo y serpeando, había abierto un sendero pedregoso. En el medio crecían algunos arbustos, y había matas de hierba a los costados.

—¡Al fin! —dijo Aragorn—. ¡Aquí están las huellas que buscamos! Arroyo arriba, éste es el camino por el que fueron los orcos luego de la discusión.

Rápidamente, los perseguidores se volvieron y tomaron el nuevo sendero. Recuperados luego de una noche de descanso, iban saltando de piedra en piedra. Al fin llegaron a la cima del cerro gris, y una brisa repentina les sopló en los cabellos y les agitó las capas: el viento helado del alba.

Volviéndose, vieron por encima del río las colinas lejanas envueltas en luz. El día irrumpió en el cielo. El limbo rojo del sol asomó por encima de las estribaciones oscuras. Ante ellos, hacia el oeste, se extendía el mundo: silencioso, gris, informe; pero aún mientras miraban, las sombras de la noche se fundieron, la tierra despertó y se coloreó otra vez, el verde fluyó sobre las praderas de Rohan; las nieblas blancas fulguraron en el agua de los valles, y muy lejos a la izquierda, a treinta leguas o más, azules y purpúreas se alzaron las Montañas Blancas en picos de azabache, y la luz incierta de la mañana brilló en las cumbres coronadas de nieve.

—¡Gondor! ¡Gondor! —exclamó Aragorn—. ¡Ojalá pueda volver a contemplarte en horas más felices! No es tiempo aún de que vaya hacia el sur en busca de tus claras corrientes.

¡Gondor, Gondor, entre las Montañas y el Mar!
El Viento del Oeste sopla aquí; la luz sobre el Árbol de Plata
cae como una lluvia centelleante en los jardines de los Reyes de
  antaño.
¡Oh muros orgullosos! ¡Torres blancas! ¡Oh alada corona y trono
  de oro!
¡Oh Gondor, Gondor! ¿Contemplarán los Hombres el Árbol de
  Plata,
o el Viento del Oeste soplará de nuevo entre las Montañas y el
  mar?

—¡Ahora, en marcha! —dijo apartando los ojos del sur y buscando en el oeste y el norte el camino que habían de seguir.

El monte sobre el que estaban ahora descendía abruptamente ante ellos. Allá abajo, a unas cuarenta yardas, corría una cornisa amplia y escabrosa que concluía bruscamente al borde de un precipicio: el Muro Oriental de Rohan. Así terminaban los Emyn Muil, y las llanuras verdes de los Rohirrim se extendían ante ellos hasta perderse de vista.

—¡Mirad! —gritó Legolas, apuntando al cielo pálido—. ¡Ahí está de nuevo el águila! Vuela muy alto. Parece que estuviera alejándose, de vuelta al norte, y muy rápidamente. ¡Mirad!

—No, ni siquiera mis ojos pueden verla, mi buen Legolas —dijo Aragorn—. Tiene que estar en verdad muy lejos. Me pregunto en qué andará, y si será la misma ave que vimos antes. ¡Pero mirad! Alcanzo a ver algo más cercano y más urgente. ¡Una cosa se mueve en la llanura!

—Muchas cosas —dijo Legolas—. Es una gran compañía a pie, pero no puedo decir más, ni ver qué clase de gente es ésa. Están a muchas leguas, doce me parece, aunque es difícil estimar la distancia en esa llanura uniforme.

—Pienso, sin embargo, que ya no necesitamos de ninguna huella que nos diga qué camino hemos de tomar —dijo Gimli—. Encontremos una senda que nos lleve a los llanos tan de prisa como sea posible.

—No creo que encuentres un camino más rápido que el de los orcos —dijo Aragorn.

Continuaron la persecución, ahora a la clara luz del día. Parecía como si los orcos hubiesen escapado a marcha forzada. De cuando en cuando los perseguidores encontraban cosas abandonadas o tiradas en el suelo: sacos de comida, cortezas de un pan gris y duro, una capa negra desgarrada, un pesado zapato claveteado roto por las piedras. El rastro llevaba al norte a lo largo del declive escarpado, y al fin llegaron a una hondonada profunda cavada en la piedra por un arroyo que descendía ruidosamente. En la cañada estrecha un sendero áspero bajaba a la llanura como una escalera empinada.

Abajo se encontraron de pronto pisando los pastos de Rohan. Llegaban ondeando como un mar verde hasta los mismos pies de Emyn Muil. El arroyo que bajaba de la montaña se perdía en un campo de berros y plantas acuáticas; los compañeros podían oír cómo se alejaba murmurando por túneles verdes, descendiendo poco a poco hacia los pantanos del Valle del Entaguas allá lejos. Parecía que hubieran dejado el invierno aferrado a las montañas de detrás. Aquí el aire era más dulce y tibio, y levemente perfumado, como si la primavera ya se hubiera puesto en movimiento y la savia estuviese fluyendo de nuevo en hierbas y hojas. Legolas respiró hondamente, como alguien que toma un largo trago luego de haber tenido mucha sed en lugares estériles.

—¡Ah, el olor a verde! —dijo—. Es mejor que muchas horas de sueño. ¡Corramos!

—Los pies ligeros pueden correr rápidamente aquí —dijo Aragorn—. Más rápido quizá que unos orcos calzados con zapatos de hierro. ¡Ésta es nuestra oportunidad de recuperar la ventaja que nos llevan!

Fueron en fila, corriendo como lebreles detrás de un rastro muy nítido, con un brillo de ansiedad en los ojos. La franja de hierba que señalaba el paso de los orcos iba hacia el oeste: los dulces pastos de Rohan habían sido aplastados y ennegrecidos. De pronto Aragorn dio un grito y se volvió a un lado.

—¡Un momento! —exclamó—. ¡No me sigáis todavía!

Corrió rápidamente a la derecha, alejándose del rastro principal, pues había visto unas huellas que iban en esa dirección, apartándose de las otras; las marcas de unos pies pequeños y descalzos. Estas huellas, sin embargo, no se alejaban mucho antes de confundirse otra vez con pisadas de orcos, que venían también desde el rastro principal, de atrás a adelante, y luego se volvían en una curva y se perdían de nuevo en las hierbas pisoteadas. En el punto más alejado Aragorn se inclinó y recogió algo del suelo; luego corrió de vuelta.

—Sí —dijo—, son muy claras: las huellas de un hobbit. Pippin, creo. Es más pequeño que el otro. ¡Y mirad!

Aragorn alzó un objeto pequeño que brilló a la luz del sol. Parecía el brote nuevo de una hoja de haya, hermoso y extraño en esa llanura sin árboles.

—¡El broche de una capa élfica! —gritaron juntos Legolas y Gimli.

—Las hojas de Lórien no caen inútilmente —dijo Aragorn—. Ésta no fue dejada aquí por casualidad, sino como una señal para quienes vinieran detrás. Pienso que Pippin se desvió de las huellas con ese propósito.

—Entonces al menos él está vivo —dijo Gimli—. Y aún puede usar la cabeza, y también las piernas. Esto es alentador. Nuestra persecución no es en vano.

—Esperemos que no haya pagado demasiado cara esa audacia —dijo Legolas—. ¡Vamos! ¡Sigamos adelante! La imagen de esos jóvenes intrépidos llevados como ganado me encoge el corazón.

El sol subió al mediodía y luego bajó lentamente por el cielo. Unas nubes tenues vinieron del mar en el lejano sur y fueron arrastradas por la brisa. El sol se puso. Las sombras se alzaron detrás y extendieron unos largos brazos desde el este. Los cazadores no se detuvieron. Había pasado un día desde la muerte de Boromir, y los orcos iban todavía muy adelante. Ya no había señales de orcos en la extensa llanura.

Cuando las sombras de la noche se cerraban sobre ellos, Aragorn se detuvo. En toda la jornada sólo habían descansado dos veces y durante un breve tiempo, y ahora los separaban doce leguas del muro del este donde habían estado al alba.

—Nos encontramos al fin ante una elección realmente difícil —dijo Aragorn—. ¿Descansaremos por la noche o seguiremos adelante mientras tengamos voluntad y fuerzas?

—A menos que nuestros enemigos también descansen, nos dejarán muy atrás si nos detenemos a dormir —dijo Legolas.

—Supongo que hasta los mismos orcos se toman algún descanso mientras marchan —dijo Gimli.

—Los orcos viajan raras veces por terreno descubierto y a la luz del sol, como parece ser el caso —dijo Legolas—. Ciertamente no descansarán durante la noche.

—Pero si marchamos de noche, no podremos seguir las huellas —dijo Gimli.

—El rastro es recto, y no se desvía ni a la izquierda ni a la derecha hasta donde alcanzo a ver —dijo Legolas.

—Quizá yo pudiera guiaros en la oscuridad y sin perder el rumbo —dijo Aragorn—, pero si nos extraviásemos o ellos se desviaran, cuando volviese la luz nos retrasaríamos mucho mientras encontramos de nuevo el rastro.

—Hay algo más —dijo Gimli—. Sólo de día podemos ver si alguna huella se separa de las otras. Si un prisionero escapa, y si se llevan a uno, al este digamos, al Río Grande, hacia Mordor, podemos pasar junto a alguna señal y no enterarnos nunca.

—Eso es cierto —dijo Aragorn—. Pero si hasta ahora no he interpretado mal los signos, los Orcos de la Mano Blanca son los más numerosos, y toda la compañía se encamina a Isengard. El rumbo actual corrobora mis presunciones.

—Sin embargo, no convendría fiarse de las intenciones de los orcos —dijo Gimli—. ¿Y una huida? En la oscuridad quizá no hubiéramos visto las huellas que te llevaron al broche.

—Los orcos habrán doblado las guardias desde entonces, y los prisioneros estarán cada vez más cansados —dijo Legolas—. No habrá ninguna otra huida, no sin nuestra ayuda. No se me ocurre ahora cómo podremos hacerlo, pero primero tenemos que darles alcance.

—Y sin embargo yo mismo, Enano de muchos viajes, y no el menos resistente, no podría ir corriendo hasta Isengard sin hacer una pausa —dijo Gimli—. A mí también se me encoge el corazón, y preferiría partir cuanto antes, pero ahora tengo que descansar un poco para correr mejor. Y si decidimos descansar, la noche es el tiempo adecuado.

—Dije que era una elección difícil —dijo Aragorn—. ¿Cómo concluiremos este debate?

—Tú eres nuestro guía —dijo Gimli—, y el cazador experto. Tienes que elegir.

—El corazón me incita a que sigamos —dijo Legolas—. Pero tenemos que mantenernos juntos. Seguiré tu consejo.

—Habéis elegido un mal árbitro —dijo Aragorn—. Desde que cruzamos el Argonath todas mis decisiones han salido mal. —Hizo una pausa, mirando al norte y al oeste en la noche creciente.— No marcharemos de noche —dijo al fin—. El peligro de no ver las huellas o alguna señal de otras idas y venidas me parece el más grave. Si la luna diera bastante luz, podríamos aprovecharla, pero ay, se pone temprano y es aún pálida y joven.

—Y esta noche está amortajada además —murmuró Gimli—. ¡Ojalá la Dama nos hubiera dado una luz, como el regalo que le dio a Frodo!

—La necesitará más aquel a quien le fue destinada —dijo Aragorn—. Es él quien lleva adelante la verdadera Búsqueda. La nuestra es sólo un asunto menor entre los grandes acontecimientos de la época. Una persecución vana, quizá, que ninguna elección mía podría estropear o corregir. Bueno, ya he elegido. ¡De modo que aprovechemos el tiempo como mejor podamos!

Aragorn se echó al suelo y cayó en seguida en un sueño profundo, pues no dormía desde que pasaran la noche a la sombra del Tol Brandir. Despertó y se levantó antes que el alba asomara en el cielo. Gimli estaba aún profundamente dormido, pero Legolas, de pie, miraba hacia el norte en la oscuridad, pensativo y silencioso, como un árbol joven en la noche sin viento.

—Están de veras muy lejos —dijo tristemente volviéndose a Aragorn—. El corazón me dice que no han descansado esta noche. Ahora sólo un águila podría alcanzarlos.

—De todos modos tenemos que seguirlos, como nos sea posible —dijo Aragorn. Inclinándose despertó al Enano—. ¡Arriba! Hay que partir —dijo—. El rastro está enfriándose.

—Pero todavía es de noche —dijo Gimli—. Ni siquiera Legolas subido a una loma podría verlos, no hasta que salga el sol.

—Temo que ya no estén al alcance de mis ojos, ni desde

una loma o en la llanura, a la luz de la luna o a la luz del sol —dijo Legolas.

—Donde la vista falla la tierra puede traernos algún rumor —dijo Aragorn—. La tierra ha de quejarse bajo esas patas odiosas.

Aragorn se tendió en el suelo con la oreja apretada contra la hierba. Allí se quedó, muy quieto, tanto tiempo que Gimli se preguntó si no se habría desmayado o se habría dormido otra vez. El alba llegó con una claridad vacilante, y una luz gris creció lentamente. Al fin Aragorn se incorporó, y los otros pudieron verle la cara: pálida, enjuta, de ojos turbados.

—El rumor de la tierra es débil y confuso —dijo—. No hay nadie que camine por aquí, en un radio de muchas millas. Las pisadas de nuestros enemigos se oyen apagadas y distantes. Pero hay un rumor claro y distinto de cascos de caballo. Se me ocurre que ya antes los oí, mientras aún dormía tendido en la hierba, y perturbaron mis sueños: caballos que galopaban en el oeste. Pero ahora se alejan más de nosotros, hacia el norte. ¡Me pregunto qué ocurre en este país!

—¡Partamos! —dijo Legolas.

Así comenzó el tercer día de persecución. Durante todas esas largas horas de nubes y sol caprichosos, apenas hicieron una pausa, ya caminando, ya corriendo, como si ninguna fatiga pudiera consumir el fuego que los animaba. Hablaban poco. Cruzaron aquellas amplias soledades, y las capas élficas se confundieron con el gris verdoso de los campos; aun al sol frío del mediodía pocos ojos que no fuesen ojos élficos hubiesen podido verlos. A menudo agradecían de corazón a la Dama de Lórien por las *lembas* que les había regalado, pues comían un poco y recobraban en seguida las fuerzas sin necesidad de dejar de correr.

Durante todo el día la huella de los enemigos se alejó en línea recta hacia el noroeste, sin interrumpirse ni desviarse una sola vez. Cuando el día declinó una vez más, llegaron a unas largas pendientes sin árboles donde el suelo se elevaba hacia una línea de lomas bajas. El rastro de los orcos se hizo más borroso a medida que doblaba hacia el norte acercándose a las lomas, pues el suelo era allí más duro y la hierba más escasa. Lejos a la izquierda, el Río Entaguas serpeaba como un hilo de plata en un suelo verde. Nada más se movía.

Aragorn se asombraba a menudo de que no vieran ninguna señal de bestias o de hombres. Las moradas de los Rohirrim se alzaban casi todas en el Sur, a muchas leguas de allí, en las estribaciones boscosas de las Montañas Blancas, ahora ocultas entre nieblas y nubes; sin embargo, los Señores de los Caballos habían tenido en otro tiempo muchas tropillas y establos en Estemnet, esta región oriental del reino, y los jinetes la habían recorrido entonces a menudo, de un extremo a otro, viviendo en campamentos y tiendas, aun en los meses invernales. Pero ahora toda la tierra estaba desierta, y había un silencio que no parecía ser la quietud de la paz.

Al crepúsculo se detuvieron de nuevo. Hasta ahora ya habían recorrido dos veces doce leguas por las llanuras de Rohan y los muros de Emyn Muil se perdían en las sombras del este. La luna brillaba confusamente en un cielo nublado, aunque daba un poco de luz, y las estrellas estaban veladas.

—Ahora me permitiría menos que nunca un descanso o una pausa en la caza —dijo Legolas—. Los orcos han corrido ante nosotros como perseguidos por los látigos del mismísimo Sauron. Temo que hayan llegado al bosque y las colinas oscuras, y que ya estén a la sombra de los árboles.

Los dientes de Gimli rechinaron.

—¡Amargo fin de nuestras esperanzas y todos nuestros afanes! —dijo.

—De las esperanzas quizá, pero no de los afanes —dijo Aragorn—. No volveremos atrás. Sin embargo, me siento cansado. —Se volvió a contemplar el camino por donde habían venido hacia la noche, que ahora se apretaba en el este.— Hay algo extraño en esta región. No me fío del silencio. No me fío ni siquiera de la luna pálida. Las estrellas son débiles; y me siento cansado como pocas veces antes, cansado como nunca lo está ningún Montaraz, si tiene una pista clara que seguir. Hay alguna voluntad que da rapidez a nuestros enemigos, y levanta ante nosotros una barrera invisible: un cansancio del corazón más que de los miembros.

—¡Cierto! —dijo Legolas—. Lo he sabido desde que bajamos de Emyn Muil. Pues esa voluntad no está detrás de nosotros, sino delante.

Apuntó por encima de las tierras de Rohan hacia el oeste oscuro bajo la luna creciente.

—¡Saruman! —murmuró Aragorn—. ¡Pero no nos hará volver! Nos detendremos una vez más, eso sí, pues mirad: la luna misma está hundiéndose en nubes. Hacia el norte, entre las lomas y los pantanos, irá nuestra ruta, cuando vuelva el día.

Como otras veces Legolas fue el primero en despertar, si en verdad había dormido.

—¡Despertad! ¡Despertad! —gritó—. Es un amanecer rojo. Cosas extrañas nos esperan en los lindes del bosque. Buenas o malas, no lo sé, pero nos llaman. ¡Despertad!

Los otros se incorporaron de un salto, y casi en seguida se pusieron de nuevo en marcha. Poco a poco las lomas fueron acercándose. Faltaba aún una hora para el mediodía cuando las alcanzaron: unas elevaciones verdes de cimas desnudas que corrían en línea recta hacia el norte. Al pie de estos cerros el suelo era duro y la hierba corta; pero una larga franja de tierra inundada, de unas diez millas de ancho, los separaba del río que se paseaba entre macizos indistintos de cañas y juncos. Justo al oeste de la pendiente más meridional había un anillo amplio donde la hierba había sido arrancada y pisoteada por muchos pies. Desde allí la pista de los orcos iba otra vez hacia el norte a lo largo de las faldas resecas de las lomas. Aragorn se detuvo y examinó las huellas de cerca.

—Descansaron aquí un rato —dijo—, pero aun las huellas que van al norte son viejas. Temo que el corazón te haya dicho la verdad, Legolas: han pasado tres veces doce horas, creo, desde que los orcos estuvieron aquí. Si siguen a ese paso, mañana a la caída del sol llegarán a los lindes de Fangorn.

—No veo nada al norte ni al oeste; sólo unos pastos entre la niebla —dijo Gimli—. ¿Podríamos ver el bosque, si subimos a las colinas?

—Está lejos aún —dijo Aragorn—. Si recuerdo bien, estas lomas corren ocho leguas o más hacia el norte, y luego al noroeste se extienden otras tierras hasta la desembocadura del Entaguas; otras quince leguas quizá.

—Pues bien, partamos —dijo Gimli—. Mis piernas tienen que ignorar las millas. Estarían mejor dispuestas, si el corazón me pesara menos.

El sol se ponía cuando empezaron a acercarse al extremo norte de las lomas. Habían marchado muchas horas sin tomarse descanso. Iban lentamente ahora, y Gimli se inclinaba hacia adelante. Los Enanos son duros como piedras para el trabajo o los viajes, pero esta cacería interminable comenzaba a abrumarlo, más aún porque ya no alimentaba ninguna esperanza. Aragorn abría la marcha, ceñudo y silencioso, agachándose de cuando en cuando a observar una marca o señal en el suelo. Sólo Legolas caminaba con la ligereza de siempre apoyándose apenas en la hierba, no dejando ninguna huella detrás; pero en el pan del camino de los Elfos encontraba toda la sustancia que podía necesitar, y era capaz de dormir, si eso podía llamarse dormir, descansando la mente en los extraños senderos de los sueños élficos, aun caminando con los ojos abiertos a la luz del mundo.

—¡Subamos por esta colina verde! —dijo.

Lo siguieron trabajosamente, trepando por una pendiente larga, hasta que llegaron a la cima. Era una colina redonda, lisa y desnuda, que se alzaba separada de las otras en el extremo septentrional de la cadena. El sol se puso y las sombras de la noche cayeron como una cortina. Estaban solos en un mundo gris e informe sin medidas ni señales. Sólo muy lejos al noroeste la oscuridad era más densa, sobre un fondo de luz moribunda: las Montañas Nubladas y los bosques próximos.

—Nada se ve que pueda guiarnos —dijo Gimli—. Bueno, tenemos que detenernos otra vez y pasar la noche. ¡Está haciendo frío!

—El viento viene desde las nieves del norte —dijo Aragorn.

—Y antes que amanezca cambiará al este —dijo Legolas—. Pero descansad, si tenéis que hacerlo. Mas no abandonéis toda esperanza. Del día de mañana nada sabemos aún. La solución se encuentra a menudo a la salida del sol.

—En esta cacería ya hemos visto subir tres soles, y no nos trajeron ninguna solución —dijo Gimli.

La noche era más y más fría. Aragorn y Gimli dormían entre sobresaltos, y cada vez que despertaban veían a Legolas de pie junto a ellos, o caminando de aquí para allá, canturreando en su propia lengua; y mientras Legolas cantaba, las estrellas blancas se abrieron en la dura bóveda negra de allá arriba. Así pasó la noche. Juntos observaron el alba que crecía lentamente en el cielo, ahora desnudo y sin nubes, hasta que al fin asomó el sol, pálido y claro. El viento soplaba del este, y había arrastrado todas las nieblas; unos campos vastos y desiertos se extendían alrededor a la luz hurana.

Adelante y al este vieron las tierras altas y ventosas de las Mesetas de Rohan, que habían vislumbrado días antes desde el Río Grande. Al noroeste se adelantaba el bosque oscuro de Fangorn; los lindes sombríos estaban aún a diez leguas de distancia, y más allá unas pendientes montañosas se perdían en el azul de la lejanía. En el horizonte, como flotando sobre una nube gris, brillaba la cabeza blanca del majestuoso Methedras, el último pico de las Montañas Nubladas. El Entaguas salía del bosque e iba al encuentro de las montañas, corriendo ahora por un cauce estrecho, entre barrancas profundas. Las huellas de los orcos dejaron las lomas y se encaminaron al río.

Siguiendo con ojos penetrantes el rastro que llevaba al río, y luego el curso del río hasta el bosque, Aragorn vio una sombra en el verde distante, una mancha oscura que se movía rápidamente. Se arrojó al suelo y escuchó otra vez con atención. Pero Legolas, de pie junto a él, protegiéndose los brillantes ojos élficos con una mano larga y delgada, no vio una sombra, ni una mancha, sino las figuras pequeñas de unos jinetes, muchos jinetes, y en las puntas de las lanzas el reflejo matinal, como el centelleo de unas estrellas diminutas que los ojos no alcanzaban a ver. Lejos detrás de ellos un humo oscuro se elevaba en delgadas volutas.

El silencio reinaba en los campos desiertos de alrededor, y Gimli podía oír el aire que se movía en las hierbas.

—¡Jinetes! —exclamó Aragorn incorporándose bruscamente—. ¡Muchos jinetes montados en corceles rápidos vienen hacia aquí!

—Sí —dijo Legolas—, son ciento cinco. Los cabellos son rubios, y las espadas brillantes. El jefe es muy alto.

Aragorn sonrió.

—Penetrantes son los ojos de los Elfos —dijo.

—No. Los jinetes están a poco más de cinco leguas —dijo Legolas.

—Cinco leguas o una —dijo Gimli—, no podemos escapar en esta tierra desnuda. ¿Los esperaremos aquí o seguiremos adelante?

—Esperaremos —dijo Aragorn—. Estoy cansado, y la cacería ya no tiene sentido. Al menos otros se nos adelantaron, pues esos jinetes vienen cabalgando por la pista de los orcos. Quizá nos den alguna noticia.

—O lanzas —dijo Gimli.

—Hay tres monturas vacías, pero no veo ningún hobbit —dijo Legolas.

—No hablé de buenas noticias —dijo Aragorn—, pero buenas o malas las esperaremos aquí.

Los tres compañeros dejaron la cima de la loma, donde podían ser un fácil blanco contra el cielo claro, y bajaron lentamente por la ladera norte. Un poco antes de llegar a los pies de la loma, y envolviéndose en las capas, se sentaron juntos en las hierbas marchitas. El tiempo pasó lenta y pesadamente. Había un viento leve, que no dejaba de soplar. Gimli no estaba tranquilo.

—¿Qué sabes de esos hombres a caballo, Aragorn? —dijo—. ¿Nos quedaremos aquí sentados esperando una muerte súbita?

—He estado entre ellos —le respondió Aragorn—. Son orgullosos y porfiados, pero sinceros de corazón, generosos en pensamiento y actos, audaces pero no crueles; sabios pero poco doctos, no escriben libros pero cantan muchas canciones parecidas a las que cantaban los niños de los Hombres antes de los Años Oscuros. Mas no sé qué ha ocurrido aquí en los últimos años, ni en qué andan ahora los Rohirrim, acorralados quizá entre el traidor Saruman y la amenaza de Sauron. Han sido durante mucho tiempo amigos de la gente de Gondor, aunque no son parientes. Eorl el Joven los trajo del Norte en años ya olvidados, y están emparentados sobre todo con los Bárdidos del Valle y los Beórnidas del Bosque, entre quienes pueden verse todavía muchos hombres altos y hermosos, como los Jinetes de Rohan. Al menos no son amigos de los orcos.

—Pero Gandalf oyó el rumor de que rinden tributo a Mordor —dijo Gimli.

—Lo creo no más que Boromir —le respondió Aragorn.

—Pronto sabréis la verdad —dijo Legolas—. Ya están cerca.

Ahora aun Gimli podía escuchar el ruido lejano de los caballos al galope. Los jinetes, siguiendo la huella, se habían apartado del río y estaban acercándose a las lomas. Cabalgaban como el viento.

Unos gritos claros y fuertes resonaron en los campos. De pronto los jinetes llegaron con un ruido de trueno, y el que iba adelante se desvió, pasando al pie de la colina, y conduciendo a la tropa hacia el sur a lo largo de las laderas occidentales. Los otros lo siguieron: una larga fila de hombres en cota de malla, rápidos, resplandecientes, terribles y hermosos.

Los caballos eran de gran alzada, fuertes y de miembros ágiles; los pelajes grises relucían, las largas colas flotaban al viento, las melenas habían sido trenzadas sobre los pescuezos altivos. Los hombres que los cabalgaban armonizaban con ellos: grandes, de piernas largas; los cabellos rubios como el lino asomaban bajo los cascos ligeros y les caían en largas trenzas por la espalda; los rostros eran severos y enérgicos. Venían esgrimiendo unas altas lanzas de fresno, y unos escudos pintados les colgaban sobre las espaldas; en los cinturones llevaban unas espadas largas, y las lustrosas camisas de malla les llegaban a las rodillas.

Galopaban en parejas, y aunque de cuando en cuando

uno de ellos se alzaba en los estribos y miraba adelante y a los costados, no parecieron advertir la presencia de los tres extraños que estaban sentados en silencio y los observaban. La tropa casi había pasado cuando Aragorn se incorporó de pronto y llamó en voz alta:

—¿Qué noticias hay del Norte, Jinetes de Rohan?

Con una rapidez y una habilidad asombrosas, los jinetes refrenaron los caballos, dieron media vuelta, y regresaron a la carrera. Pronto los tres compañeros se encontraron dentro de un anillo de jinetes que se movían en círculos, subiendo y bajando por la falda de la colina, y acercándose cada vez más. Aragorn esperaba de pie, en silencio, y los otros estaban sentados sin moverse, preguntándose qué resultaría de todo aquello.

Sin una palabra o un grito, de súbito, los jinetes se detuvieron. Un muro de lanzas apuntaba hacia los extraños, y algunos de los hombres esgrimían arcos tendidos, con las flechas en las cuerdas. Luego uno de ellos se adelantó, un hombre alto, más alto que el resto; sobre el yelmo le flotaba como una cresta una cola de caballo blanca. El hombre avanzó hasta que la punta de la lanza casi tocó el pecho de Aragorn. Aragorn no se movió.

—¿Quién eres, y qué haces en esta tierra? —dijo el jinete hablando en la Lengua Común del Oeste, y con una entonación y de una manera que recordaba a Boromir, Hombre de Gondor.

—Me llaman Trancos —dijo Aragorn—. Vengo del Norte. Estoy cazando orcos.

El jinete se apeó. Le dio la lanza a otro que se acercó a caballo y desmontó junto a él, sacó la espada y se quedó mirando de frente a Aragorn, atentamente y no sin asombro. Al fin habló de nuevo.

—En un principio pensé que vosotros mismos erais orcos —dijo—, pero veo ahora que no es así. En verdad conocéis poco de orcos si esperáis cazarlos de esta manera. Eran rápidos y muy numerosos, e iban bien armados. Si los hubieseis alcanzado, los cazadores se habrían convertido pronto en presas. Pero hay algo raro en ti, Trancos. —Dos ojos claros y brillantes se clavaron de nuevo en el Montaraz.— No es nombre de Hombre el que tú me dices. Y esas ropas vuestras también son raras. ¿Salisteis de la hierba? ¿Cómo escapasteis a nuestra vista? ¿Sois Elfos?

—No —dijo Aragorn—. Sólo uno de nosotros es un Elfo, Legolas del Reino de los Bosques en el distante Bosque Negro. Pero pasamos por Lothlórien, y nos acompañan los dones y favores de la Dama.

El jinete los miró con renovado asombro, pero los ojos se le endurecieron.

—¡Entonces hay una Dama en el Bosque de Oro como dicen las viejas historias! —exclamó—. Pocos escapan a las redes de esa mujer, dicen. ¡Extraños días! Pero si ella os protege, entonces quizá seáis también echadores de redes y hechiceros. —Miró de pronto fríamente a Legolas y a Gimli.— ¿Por qué estáis tan callados? —preguntó.

Gimli se incorporó y se plantó firmemente en el suelo, con los pies separados y una mano en el mango del hacha. Le brillaban los ojos oscuros, coléricos.

—Dame tu nombre, señor de caballos, y te daré el mío, y también algo más —dijo.

—En cuanto a eso —dijo el jinete observando desde arriba al Enano—, el extraño tiene que darse a conocer primero. No obstante te diré que me llamo Éomer hijo de Éomund, y soy Tercer Mariscal de la Marca de los Jinetes.

—Entonces Éomer hijo de Éomund, Tercer Mariscal de la Marca de los Jinetes, permite que Gimli el Enano hijo de Glóin te advierta que no digas necedades. Hablas mal de lo que es hermoso más allá de tus posibilidades de comprensión, y sólo el poco entendimiento podría excusarte.

Los ojos de Éomer relampaguearon, y los Hombres de Rohan murmuraron airadamente, y cerraron el círculo, adelantando las lanzas.

—Te rebanaría la cabeza, Señor Enano, si se alzara un poco más del suelo —dijo Éomer.

—El Enano no está solo —dijo Legolas poniendo una flecha y tendiendo el arco con unas manos tan rápidas que la vista no podía seguirlas—. Morirías antes de que alcanzaras a golpear.

Éomer levantó la espada, y las cosas pudieron haber ido mal, pero Aragorn saltó entre ellos alzando la mano.

—¡Perdón, Éomer! —gritó—. Cuando sepas más, entenderás por qué has molestado a mis compañeros. No queremos ningún mal para Rohan, ni para ninguno de los que ahí habitan, sean hombres o caballos. ¿No oirás nuestra historia antes de atacarnos?

—La oiré —dijo Éomer, bajando la hoja—. Pero sería prudente que quienes andan de un lado a otro por la Marca de los Jinetes fueran menos orgullosos en estos días de incertidumbre. Primero dime tu verdadero nombre.

—Primero dime a quién sirves —replicó Aragorn—. ¿Eres amigo o enemigo de Sauron, el Señor Oscuro de Mordor?

—Sólo sirvo al Señor de la Marca, el Rey Théoden hijo de Thengel —respondió Éomer—. No servimos al Poder del lejano País Negro, pero tampoco estamos en guerra con él, y si estás huyendo de Sauron será mejor que dejes estas regiones. Hay dificultades ahora en todas nuestras fronteras, y estamos amenazados; pero sólo deseamos ser libres, y vivir como hemos vivido hasta ahora, conservando lo que es nuestro, y no sirviendo a ningún señor extraño, bueno o malo. En épocas mejores agasajábamos a quienes venían a vernos, pero en este tiempo los extraños que no han sido invitados nos encuentran dispuestos a todo. ¡Vamos! ¿Quién eres tú? ¿A quién sirves *tú*? ¿En nombre de quién estás cazando orcos en nuestras tierras?

—No sirvo a ningún hombre —dijo Aragorn—, pero persigo a los sirvientes de Sauron en cualquier sitio en que se encuentren. Pocos hay entre los Hombres mortales que sepan más de orcos, y no los cazo de este modo porque lo haya querido así. Los orcos a quienes perseguimos tomaron prisioneros a dos de mis amigos. En semejantes circunstancias el hombre que no tiene caballo irá a pie, y no pedirá permiso para seguir el rastro. Ni contará las cabezas del enemigo salvo con la espada. No estoy desarmado.

Aragorn echó atrás la capa. La vaina élfica centelleó, y la hoja brillante de Andúril resplandeció con una llama súbita.

—¡Elendil! —gritó—. Soy Aragorn hijo de Arathorn, y me llaman Elessar, Piedra de Elfo, Dúnadan, heredero del hijo de Isildur, hijo de Elendil de Gondor. ¡He aquí la

Espada que estuvo Rota una vez y que fue forjada de nuevo! ¿Me ayudarás o te opondrás a mí? ¡Escoge ya!

Gimli y Legolas miraron asombrados a Aragorn, pues nunca lo habían visto así antes. Parecía haber crecido en estatura, y en cambio a Éomer se lo veía más pequeño. En la cara animada de Aragorn asomó brevemente el poder y la majestad de los reyes de piedra. Durante un momento Legolas creyó ver una llama blanca que ardía sobre la frente de Aragorn como una corona viviente.

Éomer dio un paso atrás con una expresión reverente en la cara. Bajó los ojos.

—Días muy extraños son éstos en verdad —murmuró—. Sueños y leyendas brotan de las hierbas mismas.

"Dime, Señor —dijo—, ¿qué te trae aquí? ¿Qué significado tienen esas palabras oscuras? Hace ya tiempo que Boromir hijo de Denethor fue en busca de una respuesta, y el caballo que le prestamos volvió sin jinete. ¿Qué destino nos traes del Norte?

—El destino de una elección —respondió Aragorn—. Puedes decirle esto a Théoden hijo de Thengel: lo espera una guerra declarada, con Sauron o contra él. Nadie podrá vivir ahora como vivió antes, y pocos conservarán lo que tienen. Pero de estos importantes asuntos hablaremos más tarde. Si la suerte lo permite, yo mismo iré a ver al Rey. Ahora me encuentro en un grave apuro, y pido ayuda, o por lo menos alguna noticia. Ya oíste que perseguimos a una tropa de orcos que se llevó a nuestros amigos. ¿Qué puedes decirnos?

—Que no es necesario que sigan persiguiéndolos —dijo Éomer—. Los orcos fueron destruidos.

—¿Y nuestros amigos?

—No encontramos sino orcos.

—Eso es raro en verdad —dijo Aragorn—. ¿Buscaste entre los muertos? ¿No había otros cadáveres aparte de los orcos? Eran gente pequeña, quizá sólo unos niños a tus ojos, descalzos, pero vestidos de gris.

—No había Enanos ni niños —dijo Éomer—. Contamos todas las víctimas y las despojamos de armas y suministros. Luego las apilamos y las quemamos en una hoguera, como es nuestra costumbre. Las cenizas humean aún.

—No hablamos de Enanos o de niños —dijo Gimli—. Nuestros amigos eran hobbits.

—¿Hobbits? —dijo Éomer—. ¿Qué es eso? Un nombre extraño.

—Un nombre extraño para una gente extraña —dijo Gimli—, pero éstos nos eran muy queridos. Ya habéis oído en Rohan, parece, las palabras que perturbaron a Minas Tirith. Hablaban de un Mediano. Estos hobbits son Medianos.

—¡Medianos! —rió el jinete que estaba junto a Éomer—. ¡Medianos! Pero son sólo una gentecita que aparece en las viejas canciones y los cuentos infantiles del Norte. ¿Dónde estamos, en el país de las leyendas o en una tierra verde a la luz del sol?

—Un hombre puede estar en ambos sitios —dijo Aragorn—. Pues no nosotros sino otras gentes que vendrán más tarde contarán las leyendas de este tiempo. ¿La tierra verde, dices? ¡Buen asunto para una leyenda aunque te pasees por ella a la luz del día!

—El tiempo apura —dijo el jinete sin prestar oídos a Aragorn—. Tenemos que darnos prisa hacia el sur, señor. Dejemos que estas gentes se ocupen de sus propias fantasías. O atémoslos para llevarlos al Rey.

—¡Paz, Éothain! —dijo Éomer en su propia lengua—. Déjame un rato. Dile a los *éoreds* que se junten en el camino y se preparen para cabalgar hasta el Entaguas.

Éothain se retiró murmurando entre dientes, y les habló a los otros. La tropa se alejó y dejó solo a Éomer con los tres compañeros.

—Todo lo que nos cuentas es extraño, Aragorn —dijo—. Sin embargo, dices la verdad, es evidente; los Hombres de la Marca no mienten nunca, y por eso mismo no se los engaña con facilidad. Pero no has dicho todo. ¿No hablarás ahora más a fondo de tus propósitos, para que yo pueda decidir?

—Salí de Imladris, como se la llama en los cantos, hace ya muchas semanas —respondió Aragorn—. Conmigo venía Boromir de Minas Tirith. Mi propósito era llegar a esa ciudad con el hijo de Denethor, para ayudar a su gente en la guerra contra Sauron. Pero la Compañía con quien he viajado perseguía otros asuntos. De esto no puedo hablar ahora. Gandalf el Gris era nuestro guía.

—¡Gandalf! —exclamó Éomer—. ¡Gandalf Capagrís, como se lo conoce en la Marca! Pero te advierto que el nombre de Gandalf ya no es una contraseña para llegar al Rey. Ha sido huésped del reino muchas veces en la memoria de los hombres, yendo y viniendo a su antojo, luego de unos meses, o luego de muchos años. Es siempre el heraldo de acontecimientos extraños; un portador del mal, dicen ahora algunos.

"En verdad desde la última venida de Gandalf todo ha ido de mal en peor. En ese tiempo comenzaron nuestras dificultades con Saruman el Blanco. Hasta entonces contábamos a Saruman entre nuestros amigos, pero Gandalf vino y nos anunció que Isengard se preparaba rápidamente para la guerra. Dijo que él mismo había estado prisionero en Orthanc y que había escapado a duras penas, y pedía ayuda. Pero Théoden no quiso escucharlo, y Gandalf se fue. ¡No pronuncies el nombre de Gandalf en voz alta si te encuentras con Théoden! Está furioso. Pues Gandalf se llevó el caballo que llaman Sombragrís, el más precioso de los corceles del Rey, jefe de los *Mearas*, que sólo el Señor de la Marca puede montar. Pues el padre de esta raza era el gran caballo de Eorl que conocía el lenguaje de los Hombres. Sombragrís volvió hace siete noches, pero la cólera del Rey no se ha apaciguado, pues el caballo es ahora salvaje, y no permite que nadie lo monte.

—Entonces Sombragrís ha encontrado solo su camino desde el lejano Norte —dijo Aragorn—, pues fue allí donde Gandalf y él se separaron. Pero, ay, Gandalf no volverá a cabalgar. Cayó en las tinieblas de las Minas de Moria, y nadie ha vuelto a verlo.

—Malas nuevas son éstas —dijo Éomer—. Al menos para mí, y para muchos; aunque no para todos, como descubrirás si ves al Rey.

—Nadie podría entender ahora en estos territorios hasta qué extremo son malas nuevas, aunque quizá lo comprueben amargamente antes que el año avance mucho más —dijo Aragorn—. Pero cuando los grandes caen, los pequeños ocupan sus puestos. Mi parte ha sido guiar a la Compañía por el largo camino que viene de Moria. Viajamos cruzando Lórien (y a este respecto sería bueno que te enteraras de la verdad antes de hablar otra vez), y luego bajamos por el Río Grande hasta los Saltos de Rauros. Allí los orcos que tú destruiste mataron a Boromir.

—¡Tus noticias son todas de desgracias! —exclamó Éomer, consternado—. Esta muerte es una gran pérdida para Minas Tirith, y para todos nosotros. Boromir era un hombre digno, todos lo alababan. Pocas veces venía a la Marca, pues estaba siempre en las guerras de las fronteras del Este, pero yo lo conocí. Me recordaba más a los rápidos hijos de Eorl que a los graves Hombres de Gondor, y hubiera sido un gran capitán. Pero nada sabíamos de esta desgracia en Gondor. ¿Cuándo murió?

—Han pasado ya cuatro días —dijo Aragorn—, y aquella misma tarde dejamos la sombra del Tol Brandir y hemos venido viajando hasta ahora.

—¿A pie? —exclamó Éomer.

—Sí, así como nos ves.

Éomer parecía estupefacto.

—Trancos es un nombre que no te hace justicia, hijo de Arathorn —dijo—. Yo te llamaría Pies Alados. Esta hazaña de los tres amigos tendría que ser cantada en muchos castillos. ¡No ha concluido el cuarto día y ya habéis recorrido cuarenta y cinco leguas! ¡Fuerte es la raza de Elendil!

"Pero ahora, señor, ¿cómo podría ayudarte? Tendría que volver en seguida a avisar a Théoden. He hablado con cierta prudencia ante mis hombres. Es cierto que aún no estamos en guerra declarada con el País Negro, y algunos, próximos a la oreja del Rey, dan consejos cobardes, pero la guerra se acerca. No olvidamos nuestra vieja alianza con Gondor, y cuando ellos luchen los ayudaremos: así pienso yo y todos aquellos que me acompañan. La Marca del Este está a mi cuidado, el distrito del Tercer Mariscal, y he sacado de aquí todas las manadas y las gentes que las cuidan, dejando sólo unos pocos guardias y centinelas.

—Entonces, ¿no pagáis tributo a Sauron? —le preguntó Gimli.

—Ni ahora ni nunca —dijo Éomer, y un relámpago le pasó por los ojos—, aunque he oído hablar de esa mentira. Hace algunos años el Señor del País Negro deseó comprarnos algunos caballos a buen precio, pero nos rehusamos, pues emplean las bestias para malos propósitos. Entonces mandó una tropa de orcos, que saquearon nuestras tierras y se llevaron lo que pudieron, eligiendo siempre los caballos negros: de éstos pocos quedan ahora. Por esa razón nuestra enemistad con los orcos tiene un sabor amargo.

"Pero en este momento nuestra mayor preocupación es Saruman. Se ha declarado señor de todos estos territorios, y desde hace varios meses estamos en guerra. Ha reclutado Orcos, y Jinetes de Lobos, y Hombres malignos, y nos cerró los caminos de El Paso, y así es posible que nos asalten desde el este y el oeste.

"No es bueno toparse con semejante enemigo: un mago a la vez astuto y habilidoso que tiene muchos disfraces. Va de un lado a otro, dicen, encapuchado y envuelto en una capa, muy parecido a Gandalf, como muchos recuerdan ahora. Los espías que tiene a su servicio se escurren por todas partes, y sus pájaros de mal agüero recorren el cielo. No sé qué fin nos espera, y estoy preocupado, pues tengo la impresión de que sus amigos no son todos de Isengard. Pero si vienes a casa del Rey, lo verás por ti mismo. ¿No quieres venir? ¿Es vana mi esperanza de que hayas sido enviado para ayudarme en estas dudas y aprietos?

—Iré cuando pueda —dijo Aragorn.

—¡Ven ahora! —dijo Éomer—. El Heredero de Elendil sería sin duda un fuerte apoyo para los Hijos de Eorl en estos tiempos aciagos. Ahora mismo se está librando una batalla en Oestemnet, y temo que termine mal para nosotros.

"En verdad, en este viaje por el Norte partí sin autorización del Rey, y han quedado pocos guardias en la casa. Pero los centinelas me advirtieron que una tropa de orcos bajó de la Muralla del Este hace tres noches, y que algunos de ellos llevaban las insignias blancas de Saruman. De modo que sospechando lo que más temo, una alianza entre Orthanc y la Torre Oscura, me puse a la cabeza de mis *éoreds*, hombres de mi propia Casa. Alcanzamos a los orcos a la caída de la noche hace ya dos días, cerca de los lindes del Bosque de Ent. Allí los rodeamos, y ayer al alba libramos la batalla. Ay, perdí quince hombres y doce caballos. Pues los orcos eran mucho más numerosos de lo que habíamos creído. Otros se unieron a ellos, viniendo del este a través del Río Grande: se ven claramente las huellas un poco al norte de aquí. Y otros vinieron del bosque. Orcos de gran tamaño que también exhibían la Mano Blanca de Isengard; esta especie es más fuerte y cruel que todas las otras.

"Sin embargo, terminamos con ellos. Pero nos alejamos demasiado. Nos necesitan en el sur y el oeste. ¿No vendrás? Sobran caballos, como ves. Hay trabajo suficiente para la Espada. Sí, y quizá podamos servirnos también del hacha de Gimli y del arco de Legolas, si me perdonan lo que he dicho de la Dama del Bosque. Sólo digo lo que dicen los hombres de mi tierra, y me complacería enderezar mi error.

—Te agradezco tus buenas palabras —dijo Aragorn—, y en mi corazón desearía acompañarte, pero no puedo abandonar a mis amigos mientras haya alguna esperanza.

—Esperanzas no hay —dijo Éomer—. No encontrarás a tus amigos en las fronteras del Norte.

—Sin embargo, no están detrás de nosotros. —dijo Aragorn—. No lejos de la Muralla del Este encontramos una prueba clara de que uno de ellos al menos estaba con vida allí. Pero entre la muralla y las lomas no había más señales, y no vimos ninguna huella que se desviara a un lado y otro, si mis talentos no me han abandonado.

—¿Qué fue de ellos entonces?

—No lo sé. Quizá murieron, y ardieron junto con los orcos, pero tú me dices que esto no puede ser, y yo no lo temo. Quizá los llevaron al bosque antes de la batalla, quizá aun antes de que cercaras a los enemigos. ¿Estás seguro de que nadie escapó a tus redes?

—Puedo jurar que ningún orco escapó, desde el momento en que los vimos —dijo Éomer—. Llegamos a los lindes antes que ellos, y si alguna criatura rompió después el cerco, entonces no era un orco y tenía algún poder élfico.

—Nuestros amigos estaban vestidos como nosotros

42

—dijo Aragorn—, y tú pasaste a nuestro lado sin vernos a plena luz del día.

—Lo había olvidado —dijo Éomer—. Es difícil estar seguro de algo entre tantas maravillas. Todo en este mundo está teniendo un aire extraño. Elfos y Enanos recorren juntos nuestras tierras, y hay gente que habla con la Dama del Bosque y continúa con vida, y la Espada vuelve a una guerra que se interrumpió hace muchos años antes que los padres de nuestros padres cabalgaran en la Marca. ¿Cómo encontrar el camino recto en semejante época?

—Como siempre —dijo Aragorn—. El mal y el bien no han cambiado desde ayer, ni tienen un sentido para los Elfos y Enanos y otro para los Hombres. Corresponde al hombre discernir entre ellos, tanto en el Bosque de Oro como en su propia casa.

—Muy cierto —dijo Éomer—. No dudo de ti, ni de lo que me dice el corazón. Pero no soy libre de hacer lo que quiero. Está contra la ley permitir que gente extranjera ande a su antojo por nuestras tierras, hasta que el Rey mismo les haya dado permiso, y la prohibición es más estricta en estos días peligrosos. Te he pedido que vengas conmigo voluntariamente, y te has negado. No seré yo quien inicie una lucha de cien contra tres.

—No creo que tus leyes se apliquen a estas circunstancias —dijo Aragorn—, y ciertamente no soy un extranjero, pues he estado antes en estas tierras, más de una vez, y he cabalgado con las tropas de los Rohirrim, aunque con otro nombre y otras ropas. A ti no te he visto antes, pues eres joven, pero he hablado con Éomund, tu padre, y con Théoden hijo de Thengel. En otros tiempos los altos señores de estas tierras nunca hubieran obligado a un hombre a abandonar una búsqueda como la mía. Al menos mi obligación es clara: continuar. Vamos, hijo de Éomund, decídete a elegir. Ayúdanos, o en el peor de los casos déjanos en libertad. O aplica las leyes. Si así lo haces serán menos quienes regresen a tu guerra o a tu Rey.

Éomer calló un momento, y al fin habló.

—Los dos tenemos prisa —dijo—. Mi compañía está tascando el freno, y tus esperanzas se debilitan hora a hora. Ésta es mi elección. Te dejaré ir, y además te prestaré unos

43

caballos. Sólo te pido: cuando hayas terminado tu búsqueda, o la hayas abandonado, vuelve con los caballos por el Vado de Ent hasta Meduseld, la alta casa de Edoras donde Théoden reside ahora. Así le probarás que no me he equivocado. En esto quizá me juegue la vida, confiando en tu veracidad. No faltes a tu obligación.

—No lo haré —dijo Aragorn.

Cuando Éomer ordenó que los caballos sobrantes fueran prestados a los extranjeros, los demás jinetes se sorprendieron y cambiaron entre ellos miradas sombrías y desconfiadas; pero sólo Éothain se atrevió a hablar francamente.

—Quizá esté bien para este señor que pretende ser de la raza de Gondor —comentó—, ¿pero quién ha oído hablar de prestarle a un Enano un caballo de la Marca?

—Nadie —dijo Gimli—. Y no te preocupes, nadie lo oirá nunca. Antes prefiero ir a pie que sentarme en el lomo de una bestia tan grande, aunque me la dieran de buena gana.

—Pero tienes que montar o serás una carga para nosotros —dijo Aragorn.

—Vamos, te sentarás detrás de mí, amigo Gimli —dijo Legolas—. Todo estará bien entonces, y no tendrás que preocuparte ni por el préstamo ni por el caballo mismo.

Le dieron a Aragorn un caballo grande, de pelaje gris oscuro, y él lo montó.

—Se llama Hasufel —dijo Éomer—. ¡Que te lleve bien y hacia una mejor fortuna que la de Gárulf, su último dueño!

A Legolas le trajeron un caballo más pequeño y ligero, pero más arisco y fogoso. Se llamaba Arod. Pero Legolas pidió que le sacaran la montura y las riendas.

—No las necesito —dijo, y lo montó ágilmente de un salto, y, ante el asombro de los otros, Arod se mostró manso y dócil bajo Legolas, y bastaba una palabra para que fuera o viniera en seguida de aquí para allá; tal era la manera de los Elfos con todas las buenas bestias.

Pusieron a Gimli detrás de Legolas, y se aferró al Elfo, no mucho más tranquilo que Sam Gamyi en una embarcación.

—¡Adiós, y que encuentres lo que buscas! —le gritó

Éomer—. Vuelve lo más rápido que puedas, ¡y que juntas brillen entonces nuestras espadas!

—Vendré —dijo Aragorn.

—Y yo también vendré —dijo Gimli—. El asunto de la Dama Galadriel no está todavía claro. Aún tengo que enseñarte el lenguaje de la cortesía.

—Ya veremos —dijo Éomer—. Se han visto tantas cosas extrañas que aprender a alabar a una hermosa dama bajo los amables hachazos de un Enano no parecerá mucha maravilla. ¡Adiós!

Los caballos de Rohan se alejaron rápidamente. Cuando poco después Gimli volvió la cabeza, la compañía de Éomer era ya una mancha pequeña y distante. Aragorn no miró atrás: observaba las huellas mientras galopaban, con la cabeza pegada al pescuezo de Hasufel. No había pasado mucho tiempo cuando llegaron a los límites del Entaguas, y allí encontraron el rastro de que había hablado Éomer, y que bajaba de las mesetas del Este.

Aragorn desmontó y examinó el suelo; en seguida, volviendo a montar de un salto, cabalgó un tiempo hacia el este, manteniéndose a un lado y evitando pisar el rastro. Luego se apeó otra vez y escudriñó el terreno adelante y atrás.

—Hay poco que descubrir —dijo al volver—. El rastro principal está todo confundido con las huellas de los jinetes que venían de vuelta; de ida pasaron sin duda más cerca del río. Pero el rastro que va hacia el este es reciente y claro. No hay huellas de pies en la otra dirección, hacia el Anduin. Cabalgaremos ahora más lentamente asegurándonos de que no haya rastros de otras huellas a los lados. Los orcos tienen que haberse dado cuenta aquí de que los seguían; quizá intentaron llevarse lejos a los cautivos antes que les diéramos alcance.

Mientras se adelantaban cabalgando, el día se nubló. Unas nubes grises y bajas vinieron de la Meseta. Una niebla amortajó el sol. Las laderas arboladas de Fangorn se elevaron, oscureciéndose a medida que el sol descendía. No vieron signos de ninguna huella a la derecha o a la izquierda, pero de vez en cuando encontraban el cadáver de un orco, que había caído en plena carrera, y que ahora yacía con unas flechas de penacho gris clavadas en la espalda o la garganta.

Al fin, cuando el sol declinaba, llegaron a los lindes del bosque, y en un claro que se abría entre los primeros árboles encontraron los restos de una gran hoguera: las cenizas estaban todavía calientes y humeaban. Al lado había una gran pila de cascos y cotas de malla, escudos hendidos, y espadas rotas, arcos y dardos y otros instrumentos de guerra, y sobre la pila una gran cabeza empalada: la insignia blanca podía verse aún en el casco destrozado. Más allá, no lejos del río, que fluía saliendo del bosque, había un montículo. Lo habían levantado recientemente: la tierra desnuda estaba recubierta de terrones de hierba, y alrededor habían clavado quince lanzas.

Aragorn y sus compañeros inspeccionaron todos los rincones del campo de batalla, pero la luz disminuía, y pronto cayó la noche, oscura y neblinosa. No habían encontrado aún ningún rastro de Merry y Pippin.

—Más no podemos hacer —dijo Gimli tristemente—. Hemos tropezado con muchos enigmas desde que llegamos a Tol Brandir, pero éste es el más difícil de descifrar. Apostaría a que los huesos quemados de los hobbits están mezclados con los de los orcos. Malas noticias para Frodo, si llega a enterarse un día, y malas también para el viejo hobbit que espera en Rivendel. Elrond se oponía a que vinieran.

—Gandalf no —dijo Legolas.

—Pero Gandalf eligió venir él mismo, y fue el primero que se perdió —respondió Gimli—. No alcanzó a ver bastante lejos.

—El consejo de Gandalf no se fundaba en la posible seguridad de él mismo o de los otros —intervino Aragorn—. De ciertas empresas podría decirse que es mejor emprenderlas que rechazarlas, aunque el fin se anuncie sombrío. Pero no dejaremos todavía este lugar. En todo caso hemos de esperar aquí la luz de la mañana.

Acamparon poco más allá del campo de batalla bajo un árbol frondoso: parecía un castaño, y sin embargo tenía aún las hojas anchas y ocres del año anterior, como manos secas que mostraban los largos dedos; murmuraban tristemente en el viento de la noche.

Gimli tuvo un escalofrío. Habían traído sólo una manta para cada uno.

—Encendamos un fuego —dijo—. El peligro ya no me importa. Que los orcos vengan apretados como falenas de verano alrededor de una vela.

—Si esos desgraciados hobbits se han perdido en el bosque quizá este fuego los atraiga.

—Y quizá atraiga también a otras cosas que no serían ni orcos ni hobbits —dijo Aragorn—. Estamos cerca de las montañas del traidor Saruman, y también en los lindes mismos de Fangorn, y dicen que es peligroso tocar los árboles de ese bosque.

—Pero los Rohirrim hicieron una gran hoguera aquí ayer mismo —dijo Gimli—, y derribaron árboles para el fuego, como puede verse. Y sin embargo pasaron aquí la noche sin que nada los molestara, una vez concluido el trabajo.

—Eran muchos —dijo Aragorn—, y no prestan atención a la cólera de Fangorn, pues vienen por aquí raras veces, y no se internan entre los árboles. Pero es posible que nuestros caminos nos lleven al corazón del bosque. De modo que cuidado. No cortéis ninguna madera viva.

—No es necesario —dijo Gimli—. Los jinetes han dejado muchas ramas cortadas, y hay madera muerta de sobra.

Fue a juntar leña, y luego se ocupó en preparar y encender fuego, pero Aragorn se quedó sentado en silencio, ensimismado, la espalda apoyada contra el tronco corpulento. Mientras, Legolas, de pie en el claro, miraba hacia las sombras profundas del bosque, inclinado hacia adelante, como escuchando unas voces que llamaban desde lejos.

Cuando el Enano hubo obtenido una pequeña llamarada brillante, los tres compañeros se sentaron alrededor, ocultando la luz con las formas encapuchadas. Legolas alzó los ojos hacia las ramas del árbol que se extendían sobre ellos.

—¡Mirad! —dijo—. El árbol está contento con el fuego.

Quizás las sombras danzantes les engañaban los ojos, pero cada uno de los compañeros tuvo la impresión de que las ramas se inclinaban a un lado y a otro poniéndose encima del fuego, mientras que las ramas superiores se doblaban hacia abajo; las hojas pardas estaban tiesas ahora, y se frotaban unas contra otras como manos frías y envejecidas que buscaran el consuelo de las llamas.

De pronto hubo un silencio entre ellos, pues el bosque oscuro y desconocido, tan al alcance de la mano, era ahora como una gran presencia meditativa, animada por secretos propósitos. Al cabo de un rato, Legolas habló otra vez.

—Celeborn nos advirtió que no nos internásemos demasiado en Fangorn —dijo—. ¿Sabes tú por qué, Aragorn? ¿Qué son esos cuentos del bosque de que hablaba Boromir?

—He oído muchas historias en Gondor y en otras partes —dijo Aragorn—, pero si no fuese por las palabras de Celeborn yo diría que son meras fábulas, que los hombres inventan cuando los recuerdos empiezan a borrarse.

"Yo había pensado preguntarte si tú sabías la verdad. Y si un Elfo de los Bosques no lo sabe, ¿qué podrá responder un hombre?

—Tú has viajado más lejos que yo —dijo Legolas—. No he oído nada parecido en mi propia tierra, excepto unas canciones que dicen cómo los Onodrim, a quienes los hombres llaman Ents, moraban aquí hace tiempo, pues Fangorn es viejo, muy viejo, aun para las medidas élficas.

—Sí, es viejo, tan viejo como el bosque de las Quebradas de los Túmulos, y mucho más extenso. Elrond dice que están emparentados y son las últimas plazas fuertes de los bosques de los Días Antiguos, cuando los Primeros Nacidos ya iban de un lado a otro, mientras los Hombres dormían aún. Sin embargo, Fangorn tiene un secreto propio. Qué secreto es ése, no lo sé.

—Y yo no quiero saberlo —exclamó Gimli—. ¡Que mi paso no perturbe a ninguno de los moradores de Fangorn!

Tiraron a suerte los turnos de guardia, y la primera velada le tocó a Gimli. Los otros se tendieron en el suelo. Casi en seguida se quedaron dormidos.

—Gimli —dijo Aragorn, somnoliento—. No lo olvides: cortar una rama o una ramita de árbol vivo de Fangorn es peligroso. Pero no te alejes buscando madera muerta. ¡Antes deja que el fuego se apague! ¡Llámame si me necesitas!

Dicho esto, se durmió. Legolas ya no se movía; las manos hermosas cruzadas sobre el pecho, los ojos abiertos, unía la noche viviente al sueño profundo, como es costumbre entre los Elfos. Gimli se sentó en cuclillas junto a la hoguera, pensativo, pasando el pulgar por el filo del hacha. El árbol susurraba. No se oía ningún otro sonido.

De pronto Gimli alzó la cabeza, y allí, al borde mismo del resplandor del fuego, vio la figura encorvada de un anciano, un hombre apoyado en un bastón y envuelto en una capa amplia; un sombrero de ala ancha le ocultaba los ojos. Gimli dio un salto, demasiado sorprendido para gritar, aunque pensó en seguida que Saruman los había atrapado. El movimiento brusco había despertado a Aragorn y Legolas, que ya estaban sentados, los ojos muy abiertos. El anciano no habló ni hizo ningún ademán.

—Bueno, abuelo, ¿qué podemos hacer por ti? —dijo Aragorn, poniéndose de pie—. Acércate y caliéntate, si tienes frío.

Dio un paso adelante, pero el anciano ya no estaba allí. No había ninguna huella de él en las cercanías y no se atrevieron a ir muy lejos. La luna se había puesto y la noche era muy oscura.

De pronto Legolas lanzó un grito.

—¡Los caballos! ¡Los caballos!

Los caballos habían desaparecido, llevándose las estacas a la rastra.

Durante un tiempo los tres compañeros se quedaron quietos y en silencio, perturbados por este nuevo y desafortunado incidente. Estaban en los lindes de Fangorn, e innumerables leguas los separaban ahora de los Hombres de Rohan, únicas gentes en quienes podían confiar en aquellas tierras vastas y peligrosas. Mientras estaban así, creyeron oír, lejos en la noche, los relinchos de uno de los caballos. Luego el silencio reinó otra vez, interrumpido sólo por el susurro frío del viento.

—Bueno, se han ido —dijo Aragorn al fin—. No podemos encontrarlos o darles caza; de modo que si no vuelven ellos solos, tendremos que seguir como podamos. Partimos a pie, y continuaremos a pie.

—Pobres pies —dijo Gimli—. Pero no podemos comernos los pies, y caminar al mismo tiempo.

Echó un poco de leña al fuego y se dejó caer a un lado.

—Hace aún pocas horas no querías montar un caballo de Rohan —dijo Legolas riendo—. Todavía llegarás a ser un verdadero jinete.

—No parece muy probable que yo tenga esa oportunidad —dijo Gimli, y un momento después añadió—: Si queréis saber lo que pienso, creo que el viejo era Saruman. ¿Quién si no? Recordad las palabras de Éomer: "Anda de un lado a otro como un viejo encapuchado y envuelto en una capa". Así nos dijo. Se llevó los caballos, o los espantó, y aquí estamos ahora. Las dificultades no terminaron aún, no olvidéis mis palabras.

—No las olvidaré —dijo Aragorn—, pero no olvido tampoco que el viejo tenía un sombrero y no una capucha. No pienso sin embargo que no tengas razón, y que aquí no corramos peligro, de día o de noche. Pero por el momento nada podemos hacer, excepto descansar, mientras sea posible. Yo velaré ahora un rato, Gimli. Tengo más necesidad de pensar que de dormir.

La noche pasó lentamente. Legolas reemplazó a Aragorn, y Gimli reemplazó a Legolas, y las guardias concluyeron. Pero no ocurrió nada. El anciano no volvió a aparecer, y los caballos no regresaron.

3

LOS URUK-HAI

Pippin se debatía en una oscura pesadilla: creía oír su propia vocecita que resonaba en unos túneles oscuros llamando: ¡Frodo! ¡Frodo! Pero en vez de Frodo las caras horribles de centenares de orcos lo miraban desde las sombras haciendo muecas, y centenares de brazos horribles se extendían hacia él. ¿Dónde estaba Merry?

Despertó. Un aire frío le soplaba en la cara. Caía la noche, y el cielo se oscurecía en el cenit. Dio media vuelta y descubrió que el sueño era poco peor que el despertar. Tenía las manos, las piernas y los tobillos atados con cuerdas. Junto a él yacía Merry, pálido, la frente envuelta en un trapo sucio. Todo alrededor, sentados o de pie, había muchos orcos.

Lentamente la memoria se fue aclarando en la cabeza dolorida de Pippin y salió de las sombras del sueño. Por supuesto: él y Merry habían huido a los bosques. ¿Qué les había ocurrido? ¿Por qué habían escapado así sin ocuparse del viejo Trancos? Habían corrido lejos, dando gritos; no alcanzaba a recordar ni la distancia ni el tiempo; y de pronto habían tropezado con un grupo de orcos: estaban de pie, escuchando, y al parecer no habían visto a Merry y Pippin hasta que casi los tuvieron encima. Se pusieron a aullar entonces, y docenas de otras bestias salieron de entre los árboles. Merry y él habían echado mano a las espadas, pero los orcos no querían luchar y sólo intentaron apoderarse de ellos, aun cuando Merry ya había cortado muchos brazos y manos. Buen viejo Merry.

En seguida llegó Boromir, saltando entre los árboles. Los obligó a combatir. Mató a muchos y el resto escapó. Pero aún no se habían alejado en el camino de vuelta cuando un centenar de orcos los atacó otra vez. Algunos eran muy corpulentos, y lanzaban lluvias de flechas, siempre contra Boromir. Boromir tocó el gran cuerno, hasta que los sonidos estremecieron el bosque, pero cuando no llegó otra respuesta que los ecos, los orcos atacaron con más fiereza. Pippin no recordaba mucho más. La última imagen era la figura de Boromir apoyada contra un árbol, quitándose una flecha; luego la oscuridad cayó de súbito.

—Supongo que me golpearon en la cabeza —se dijo a sí mismo—. Me pregunto si la herida del pobre Merry será grave. ¿Qué le ha pasado a Boromir? ¿Por qué los orcos no nos mataron? ¿Dónde estamos, y a dónde vamos?

No encontraba respuesta. Hacía frío y se sentía enfermo.

—Ojalá Gandalf no hubiera convencido a Elrond de que nos dejara venir —pensó—. ¿Qué he hecho de bueno? He sido sólo una molestia, un pasajero, un bulto de equipaje. Ahora me han robado y soy sólo un bulto de equipaje para los orcos. Espero que Trancos o algún otro vengan a rescatarnos. ¿Pero puedo tener esperanzas? ¿No se malograrán todos los planes? Ah, cómo quisiera escapar.

Luchó un rato en vano, tratando de librarse de las ligaduras. Uno de los orcos, sentado no muy lejos, se rió y le dijo algo a un compañero en aquella lengua abominable.

—¡Descansa mientras puedas, tontito! —dijo en seguida en la Lengua Común, que le pareció entonces a Pippin tan espantosa como el lenguaje de los orcos—. ¡Descansa mientras puedas! Pronto encontrarás en qué utilizar tus piernas. Desearás no haberlas tenido nunca, antes que lleguemos a destino.

—Si por mí fuera, querrías morir ahora mismo —dijo el otro—. Te haría chillar, rata miserable. —Se inclinó sobre Pippin acercándole a la cara las garras amarillas, blandiendo un puñal negro de larga hoja mellada.— Quédate tranquilo, o te haré cosquillas con esto —siseó—. No llames la atención, pues yo podría olvidar las órdenes que me han dado. ¡Malditos sean los Isengardos! *Uglúk u bagronk sha pushdug Saruman-glob búbhosh skai* —y el orco se lanzó a un largo y colérico discurso en su propia lengua, que se perdió poco a poco en murmullos y ronquidos.

Aterrorizado, Pippin se quedó muy quieto, aunque las muñecas y los tobillos le dolían cada vez más, y las piedras del suelo se le clavaban en la espalda. Para distraerse, escuchó con la mayor atención todo lo que podía oír. Muchas voces se alzaban alrededor, y aunque en la lengua de los orcos había siempre un tono de odio y cólera, parecía evidente que había estallado alguna especie de pelea, y que los ánimos se iban acalorando.

Pippin descubrió sorprendido que mucha de la charla era inteligible; algunos de los orcos estaban usando la Lengua Común. En apariencia había allí miembros de dos o tres tribus muy diferentes, que no entendían la lengua orca de los otros. La airada disputa tenía como tema el próximo paso: qué ruta tomar y qué hacer con los prisioneros.

—No hay tiempo para matarlos de un modo adecuado —dijo uno—. No hay tiempo para diversiones en este viaje.

—Es cierto —dijo otro—, ¿pero por qué no eliminarlos rápidamente, y matarlos ahora? Son una maldita molestia, y tenemos prisa. Se acerca la noche, y hay que pensar en irse.

—Órdenes —dijo una tercera voz gruñendo roncamente—. Matadlos a todos, pero *no* a los Medianos; los quiero vivos aquí y lo más pronto posible. Ésas son las órdenes que tengo.

—¿Para qué los quiere? —preguntaron varias voces—. ¿Por qué vivos? ¿Son una buena diversión?

—No. He oído que uno de ellos tiene una cosa que se necesita para la Guerra, un artificio élfico o algo parecido. En todo caso serán interrogados.

—¿Es todo lo que sabes? ¿Por qué no los registramos y descubrimos la verdad? Quizá encontremos algo que nos sirva a nosotros.

—Muy interesante observación —dijo una voz burlona, más dulce que las otras pero más malévola—. La incluiré en mi informe. Los prisioneros no serán registrados ni saqueados. Ésas son las órdenes que *yo* tengo.

—Y también las mías —dijo la voz profunda—. Vivos y tal como fueran capturados; nada de pillajes. Así me lo ordenaron.

—¡Pero no a nosotros! —dijo una de las voces anteriores—. Hemos recorrido todo el camino desde las Minas para matar y vengar a los nuestros. Tengo ganas de matar, y luego volver al norte.

—Pues bien, quédate con las ganas —dijo la voz

ronca—. Yo soy Uglúk. Soy yo quien manda. Iré a Isengard por el camino más corto.

—¿Quién es el amo, Saruman o el Gran Ojo? —dijo la voz malévola—. Tenemos que volver en seguida a Lugbúrz.

—Sería posible, si cruzáramos el Río Grande —dijo otra voz—. Pero no somos bastante numerosos como para aventurarnos hasta los puentes.

—Yo crucé el Río Grande —dijo la voz malévola—. Un Nazgûl alado nos espera en el norte junto a la orilla oriental.

—¡Quizá, quizá! Y entonces tú te irás volando con los prisioneros, y recibirás toda la paga y los elogios en Lugbúrz, y dejarás que crucemos a pie el País de los Caballos. No, tenemos que seguir juntos. Estas tierras son muy peligrosas: infestadas de traidores y bandidos.

—Sí, tenemos que seguir juntos —gruñó Uglúk—. No confío en ti, cerdito. Fuera del establo ya no tienes ningún coraje. Si no fuera por nosotros, ya habrías escapado. ¡Somos los combatientes Uruk-hai! Hemos abatido al Gran Guerrero. Hemos apresado a esos dos. Somos los sirvientes de Saruman el Sabio, la Mano Blanca: la mano que nos da de comer carne humana. Salimos de Isengard, y trajimos aquí la tropa, y volveremos por el camino que nosotros decidamos. Soy Uglúk. He dicho.

—Has dicho demasiado, Uglúk —se burló la voz malévola—. Me pregunto qué pensarán en Lugbúrz. Quizá piensen que los hombres de Uglúk necesitan que se les quite el peso de una cabeza inflada. Quizá pregunten de dónde sacaste esas raras ideas. ¿De Saruman quizá? ¿Quién se cree, volando por cuenta propia y envuelto en sucios trapos blancos? Estarán de acuerdo conmigo, Grishnákh, el mensajero de confianza; y yo, Grishnákh, digo: Saruman es un idiota, sucio y traidor. Pero el Gran Ojo no lo deja en paz. ¿*Cerdo*, dijiste? ¿Qué pensáis vosotros? Los lacayos de un mago insignificante dicen que sois unos cerdos. Apuesto a que se alimentan de carne de orco.

Unos alaridos feroces en lengua orca fueron la respuesta, y se oyó el ruido metálico de las armas desenvainadas. Pippin se volvió con precaución esperando ver qué ocurría.

Los guardias se habían alejado para unirse a la pelea. Alcanzó a ver en la penumbra un orco grande y negro, Uglúk sin duda, que enfrentaba a Grishnákh, una criatura de talla corta y maciza, y con unos largos brazos que casi le llegaban al suelo. Alrededor había otros monstruos más pequeños. Pippin supuso que éstos eran los que venían del norte. Habían desenvainado los cuchillos y las espadas, pero no se atrevían a atacar a Uglúk.

Uglúk dio un grito, y otros orcos casi tan grandes como él aparecieron corriendo. En seguida, sin ningún aviso, Uglúk saltó hacia adelante, lanzó dos golpes rápidos, y las cabezas de dos orcos rodaron por el suelo. Grishnákh se apartó y desapareció en las sombras. Los otros se amilanaron, y uno de ellos retrocedió de espaldas y cayó sobre el cuerpo tendido de Merry. Quizá esto le salvó la vida, pues los seguidores de Uglúk saltaron por encima de él y derribaron a otro con las espadas de hoja ancha. La víctima era el guardián de garras amarillas. El cuerpo le cayó encima a Pippin, la mano del orco empuñando todavía aquel largo cuchillo mellado.

—¡Dejad las armas! —gritó Uglúk—. ¡Y basta de tonterías! De aquí iremos directamente al oeste, y escaleras abajo. De allí directamente a las quebradas, y luego a lo largo del río hasta el bosque. Y marcharemos día y noche. ¿Está claro?

—Bien —se dijo Pippin—, si esa horrible criatura tarda un poco en dominar a la tropa, tengo alguna posibilidad.

Había vislumbrado un rayo de esperanza. El filo del cuchillo negro le había desgarrado el brazo, y se le había deslizado casi hasta la muñeca. La sangre le corría ahora por la mano, pero sentía también el contacto del acero frío.

Los orcos se estaban preparando para partir, mas algunos de los del norte se resistían aún, y los Isengardos tuvieron que abatir a otros dos antes de dominar al resto. Hubo muchas maldiciones y confusión. Durante un momento nadie vigiló a Pippin. Tenía las piernas bien atadas, pero los brazos estaban sujetos sólo en las muñecas, con las manos delante de él. Podía mover las dos manos juntas, aunque las cuerdas se le incrustaban cruelmente en la carne. Empujó al orco muerto a un lado, y casi sin atreverse a respirar movió la atadura de las muñecas arriba y abajo sobre la hoja del cuchillo. La hoja era afilada, y la mano del cadáver la sostenía con firmeza. ¡La cuerda estaba cortada! Pippin la tomó rápidamente entre los dedos, hizo un flojo brazalete de dos vueltas, y metió las manos dentro. Luego se quedó muy quieto.

—¡Traed a los prisioneros! —gritó Uglúk—. ¡Y nada de trampas! Si no están vivos a nuestro regreso, algún otro morirá también.

Un orco alzó a Pippin como un saco, le puso la cabeza entre las manos atadas, y tomándolo por los brazos tiró hacia abajo. La cara de Pippin se aplastó contra el cuello del orco, que partió en seguida, traqueando. Otro dispuso a Merry de modo similar. Las garras del orco apretaban los brazos de Pippin como un par de tenazas, y las uñas se le clavaban en la carne. Cerró los ojos y se deslizó de nuevo a un mundo de negras pesadillas.

De pronto lo arrojaron otra vez a un suelo pedregoso. Era el principio de la noche, pero la luna delgada descendía ya en el oeste. Estaban al borde de un precipicio que parecía mirar a un océano de nieblas pálidas. Se oía el sonido de una cascada próxima.

—Los exploradores han vuelto al fin —dijo un orco que andaba cerca.

—Bueno, ¿qué descubriste? —gruñó la voz de Uglúk.

—Sólo un jinete solitario, e iba hacia el oeste. El camino está libre, por ahora.

—Sí, por ahora. ¿Pero durante cuánto tiempo? ¡Idiotas! Teníais que haberlo matado. Dará la alarma. Esos malditos criadores de caballos sabrán de nosotros cuando llegue la mañana. Ahora habrá que redoblar el paso.

Una sombra se inclinó sobre Pippin. Era Uglúk.

—¡Siéntate! —dijo el orco—. Mis compañeros están cansados de cargarte de aquí para allá. Vamos a bajar, y tendrás que servirte de tus piernas. No te resistas ahora. No grites, y no intentes escapar. Haríamos un escarmiento que no te gustaría, aunque el Señor aún podría sacarte algún provecho.

Cortó los lazos de cuero que sujetaban las piernas y tobillos de Pippin, lo tomó por los cabellos y lo puso de pie. Pippin cayó al suelo, y Uglúk lo levantó sosteniéndolo por los cabellos otra vez. Algunos orcos se rieron. Uglúk le metió un frasco entre los dientes y le echó un líquido ardiente en la garganta. Pippin sintió un calor arrebatado que le abrasaba el cuerpo. El dolor de las piernas y los tobillos se desvaneció. Podía tenerse en pie.

—¡Ahora el otro! —dijo Uglúk.

Pippin vio que el orco se acercaba a Merry, tendido allí cerca, y que lo pateaba. Merry se quejó. Uglúk lo obligó a sentarse, y le arrancó el vendaje de la cabeza. Luego le untó la herida con una sustancia oscura que sacó de una cajita de madera. Merry gritó y se debatió furiosamente.

Los orcos batieron las manos y se burlaron.

—No quiere tomarse la medicina —rieron—. No sabe lo que es bueno para él. ¡Ja! Cómo nos divertiremos más tarde.

Pero por el momento Uglúk no estaba con ánimo de diversiones. Le corría prisa, y no era ocasión de discutir con quienes lo seguían de mala gana. Estaba curando a Merry al modo de los orcos, y el tratamiento parecía eficaz. Cuando consiguió de viva fuerza que el hobbit tragara el contenido del frasco, le cortó las ataduras de las piernas, y tironeó de él hasta ponerlo de pie. Merry se enderezó, pálido pero alerta y desafiante. La herida de la frente no le molestaba, aunque le dejó una cicatriz oscura para toda la vida.

—¡Hola, Pippin! —dijo—. ¿Así que tú también vendrás en esta pequeña expedición? ¿Dónde encontraremos una cama y un desayuno?

—Atención —dijo Uglúk—. Nada de charlas. Cualquier dificultad será denunciada al final del camino, y Él sabrá seguramente cómo pagaros. Tendréis cama y desayuno, más de lo que vuestros estómagos puedan recibir.

La banda de orcos comenzó a descender por una cañada estrecha que llevaba a la llanura brumosa. Merry y Pippin caminaban con ellos, separados por una docena o más de orcos. Abajo encontraron un prado de hierbas, y los hobbits se sintieron algo más animados.

—¡Ahora en línea recta! —gritó Uglúk—. Hacia el oeste y un poco al norte. Seguid a Lugdush.

—¿Pero qué haremos a la salida del sol? —dijo alguno de los norteños.

—Seguiremos corriendo —dijo Uglúk—. ¿Qué pretendes? ¿Sentarte en la hierba y esperar a que los Pálidos vengan a la fiesta?

—Pero no podemos correr a la luz del sol.

—Correrás, y yo iré detrás vigilándote —dijo Uglúk—. ¡Corred! O nunca volveréis a ver vuestras queridas madrigueras. ¿De qué sirve una tropa de gusanos de montaña entrenados a medias? ¡Por la Mano Blanca! ¡Corred, maldición! ¡Corred mientras dure la noche!

Toda la compañía echó a correr entonces a los saltos, con las largas zancadas de los orcos, y en desorden. Se empujaban, se daban codazos, y maldecían; sin embargo, avanzaban muy rápidamente. Cada uno de los hobbits iba vigilado por tres orcos; Pippin corría entre los rezagados, casi cerrando la columna. Se preguntaba cuánto tiempo podría seguir a este paso; no había comido desde la mañana. Uno de los guardias blandía un látigo. Pero por ahora el licor de los orcos le calentaba todavía el cuerpo, y de algún modo le había despejado la mente.

Una y otra vez, una imagen espontánea se le presentaba de pronto: la cara atenta de Trancos que se inclinaba sobre una senda oscura, y corría, corría detrás. ¿Pero qué podría ver aun un Montaraz excepto un rastro confuso de pisadas de orcos? Las pequeñas señales que dejaban Merry y él mismo desaparecían bajo las huellas de los zapatos de hierro, delante, detrás y alrededor.

Habían avanzado poco más de una milla cuando el terreno descendió a una amplia depresión llana, de suelo blando y húmedo. La bruma se demoraba allí, brillando pálidamente a los últimos rayos de una luna delgada. Las formas de los primeros orcos se hicieron más oscuras.

—¡Atención! ¡No tan rápido ahora! —gritó Uglúk a retaguardia.

Una idea se le ocurrió de pronto a Pippin, que no titubeó. Se apartó bruscamente a la derecha, y librándose de la mano del guardia, se hundió de cabeza en la bruma; cayó de bruces sobre la hierba, con las piernas y los brazos abiertos.

—¡Alto! —aulló Uglúk.

Durante un momento hubo mucho ruido y confusión. Pippin se levantó de un salto y echó a correr. Pero los orcos fueron detrás. Algunos aparecieron de pronto delante de él.

—No podré escapar —se dijo Pippin—. Pero quizá deje alguna huella nítida en este suelo húmedo. —Se tanteó el cuello con las manos atadas, y desprendió el broche que le sujetaba la capa. En el momento en que unos brazos largos y unas garras duras lo alzaban en vilo, soltó el broche.— Supongo que ahí se quedará hasta el fin de los tiempos —pensó—. No sé por qué lo hice. Si los otros escaparon, lo más probable es que hayan ido con Frodo.

La cola de un látigo se le enredó en las piernas, y ahogó un grito.

—¡Basta! —gritó Uglúk, acercándose de prisa—. Todavía tiene mucho que correr. ¡Que los dos corran! Recurrid al látigo sólo para que no lo olviden. —Y en seguida añadió, volviéndose a Pippin—: Pero eso no es todo. No lo olvidaré. La pena sólo ha sido postergada. ¡Adelante!

Ni Pippin ni Merry conservaron muchos recuerdos de la última parte del viaje. Los malos sueños y los malos despertares se confundieron en un largo túnel de miserias; las esperanzas iban quedando atrás, cada vez más débiles. Corrieron, corrieron, aunque se les doblaban las piernas, azotados de vez en cuando por una mano cruel y hábil. Si se detenían o trastabillaban, los levantaban y los arrastraban un rato.

El calor de la bebida orca se había desvanecido. Pippin se sentía otra vez helado y enfermo. De repente cayó de bruces sobre la hierba. Unas manos duras de uñas afiladas lo aferraron y lo alzaron. Lo cargaron como un saco una vez más, y le pareció que la oscuridad crecía a su alrededor. No podía decir si era aquella la oscuridad de otra noche o si se estaba quedando ciego.

De pronto creyó oír unas voces que llamaban: parecía que muchos de los orcos querían detenerse un momento; Uglúk gritaba. Sintió que lo arrojaban al suelo, y se quedó allí tendido, hasta que unas pesadillas negras cayeron sobre él. Pero no escapó mucho tiempo al dolor; las tenazas de hierro de unas manos implacables lo aferraron otra vez. Durante un largo rato lo empujaron y lo sacudieron, y luego la oscuridad fue cediendo lentamente, y así volvió al mundo de la vigilia, y descubrió que era de mañana. Se oyeron unas órdenes, y lo echaron sobre la hierba.

Se quedó allí un momento, luchando con la desesperación. La cabeza le daba vueltas, pero por el calor que sentía en el cuerpo supuso que le habían dado otro trago de licor. Un orco se inclinó sobre él y le echó encima un poco de pan y una tira de carne seca. Devoró ávidamente el pan grisáceo y rancio, pero no tocó la carne. Se sentía hambriento, aunque no tanto como para comer la carne que le daba un orco, la carne de quién sabe qué criatura.

Se sentó y miró alrededor. Merry no estaba muy lejos. Habían acampado a orillas de un río angosto y rápido. Enfrente se elevaban unas montañas: en una de las cimas se reflejaban ya los primeros rayos del sol. En las faldas más bajas de adelante se extendía la mancha oscura de un bosque.

Había muchos gritos y discusiones entre los orcos; parecía que en cualquier momento iba a estallar otra pelea entre los del Norte y los Isengardos. Algunos señalaban el sur detrás de ellos, y otros señalaban el este.

—Muy bien —dijo Uglúk—. ¡Dejádmelos a mí entonces! Nada de darles muerte, como dije antes; pero si queréis abandonar lo que hemos venido a buscar desde tan lejos, abandonadlo. Yo lo cuidaré. Dejad que los aguerridos Uruk-hai hagan el trabajo, como de costumbre. Si tenéis miedo de los Pálidos, ¡corred! ¡Corred! Allí está el bosque —gritó, señalando adelante—. Id hasta allí, es vuestra mayor esperanza. Rápido, antes que yo derribe unas cabezas más para poner un poco de sentido común en el resto.

Se oyeron unos juramentos y un ruido de cuerpos que se empujaban unos a otros, y luego la mayoría de los norteños se separó de los demás y echó a correr, un centenar de ellos, atropellándose en desorden a lo largo del río, hacia las montañas. Los hobbits quedaron con los Isengardos: una tropa sombría y siniestra de por lo menos ochenta orcos corpulentos de tez morena, ojos oblicuos, que llevaban grandes arcos y unas espadas cortas de hoja ancha.

—Y ahora nos ocuparemos de ese Grishnákh —dijo Uglúk, pero algunos orcos miraban al sur y parecían inquietos—. Sí —continuó con un gruñido—, esos malditos palafreneros han venido detrás de nosotros. Pero la culpa es toda tuya, Snaga. A ti y a los otros exploradores habría que arrancarles las orejas. Pero somos los combatientes. Todavía tendremos un festín de carne de caballo, o de algo mejor.

En ese momento Pippin vio por qué algunos orcos habían estado señalando al este. De allí llegaban ahora unos gritos roncos. Grishnákh reapareció, y detrás una veintena de otros como él: orcos patizambos de brazos largos. Llevaban un ojo rojo pintado en los escudos. Uglúk se adelantó a recibirlos.

—¿De modo que has vuelto? —dijo—. ¿Lo pensaste mejor, eh?

—He vuelto a ver cómo se cumplen las órdenes, y se protege a los prisioneros —dijo Grishnákh.

—¿De veras? —dijo Uglúk—. Un esfuerzo desperdiciado. Yo cuidaré de que las órdenes se cumplan. ¿Y para qué otra cosa volviste? Viniste pronto. ¿Olvidaste algo atrás?

—Olvidé a un idiota —gruñó Grishnákh—. Pero hay aquí gente de coraje acompañándolo, y sería una lástima que se perdiera. Sé que tú los meterías en dificultades. He venido a ayudarlos.

—¡Espléndido! —rió Uglúk—. Pero si eres débil y escapas al combate, has equivocado el camino. Tu ruta es la de Lugbúrz. Los Pálidos se acercan. ¿Qué le ha ocurrido a tu precioso Nazgûl? ¿Monta todavía un caballo muerto? Pero si lo has traído contigo quizá nos sea útil, si esos Nazgûl son todo lo que se cuenta.

—Nazgûl, Nazgûl —dijo Grishnákh, estremeciéndose y pasándose la lengua por los labios, como si la palabra tuviera un mal sabor, desagradable—. Hablas de algo que tus sueños cenagosos no alcanzan a concebir, Uglúk —dijo—. ¡Nazgûl! ¡Ah! ¡Todo lo que se cuenta! Un día desearás no haberlo dicho. ¡Mono! —gruñó fieramente—.

Ignoras que son las niñas del Gran Ojo. Pero los Nazgûl alados: todavía no, todavía no. Él no dejará que se muestren por ahora más allá del Río Grande, no demasiado pronto. Se los reserva para la Guerra... y otros propósitos.

—Pareces saber mucho —dijo Uglúk—. Más de lo que te conviene, pienso. Quizá la gente de Lugbúrz se pregunte cómo, y por qué. Pero entretanto los Uruk-hai de Isengard pueden hacer el trabajo sucio, como de costumbre. ¡No te quedes ahí babeando! ¡Reúne a tu gentuza! Los otros cerdos escaparon al bosque. Será mejor que vayas detrás. No regresarás con vida al Río Grande. ¡De prisa! ¡Ahora mismo! Iré pisándote los talones.

Los Isengardos levantaron de nuevo a Merry y a Pippin y se los echaron a la espalda. Luego la tropa se puso en camino. Corrieron durante horas, deteniéndose de cuando en cuando sólo para que otros orcos cargaran a los hobbits. Ya porque fueran más rápidos y más resistentes, o quizá obedeciendo a algún plan de Grishnákh, los Isengardos fueron adelantándose a los Orcos de Mordor, y la gente de Grishnákh se agrupó en la retaguardia. Pronto se aproximaron también a los norteños que iban delante. Se acercaban ya al bosque.

Pippin sentía el cuerpo magullado y lacerado, y la mandíbula repugnante y la oreja peluda del orco le raspaban la cabeza dolorida. Enfrente había espaldas dobladas, y piernas gruesas y macizas que bajaban y subían y bajaban y subían sin descanso, como si fueran de alambre y cuerno, marcando los segundos de pesadilla de un tiempo interminable.

Por la tarde la tropa de Uglúk rebasó las líneas de los norteños. Se tambaleaban ahora a la luz del sol brillante, que en verdad no era sino un sol de invierno en un cielo pálido y frío; iban con las cabezas bajas y las lenguas fuera.

—¡Larvas! —se burlaron los Isengardos—. Estáis cocinados. Los Pálidos os alcanzarán y os comerán. ¡Ya vienen!

Un grito de Grishnákh mostró que no se trataba de una broma. En efecto, unos hombres a caballo, que venían a todo correr, habían sido avistados detrás y a lo lejos, e iban ganando terreno a los orcos, como una marea que avanza sobre una playa, acercándose a unas gentes que se han extraviado en un tembladeral.

Los Isengardos se adelantaron con un paso redoblado que asombró a Pippin, como si cubrieran ahora los múltiples tramos de una carrera desenfrenada. Luego vio que el sol estaba poniéndose, cayendo detrás de las Montañas Nubladas; las sombras se extendían sobre la tierra. Los soldados de Mordor alzaron las cabezas y también ellos aceleraron el paso. El bosque sombrío estaba cerca, ya habían dejado atrás unos pocos árboles aislados. El terreno comenzó a elevarse cada vez más abrupto, pero los orcos no dejaron de correr. Uglúk y Grishnákh gritaban exigiéndoles un último esfuerzo.

—Todavía lo conseguirán. Van a escaparse —se dijo Pippin, y torciendo el pescuezo miró con un ojo por encima del hombro. Allá a lo lejos en el este vio que los jinetes ya habían alcanzado las líneas de los orcos, galopando en la llanura. El sol poniente doraba las lanzas y los cascos, y centelleaba sobre los pálidos cabellos flotantes. Estaban rodeando a los orcos, impidiendo que se dispersaran, y obligándolos a seguir la línea del río.

Se preguntó con inquietud qué clase de gentes serían. Lamentaba ahora no haber aprendido más en Rivendel, y no haber mirado con mayor atención los mapas y demás; pero en aquellos días los planes para el viaje parecían estar en manos más competentes, y nunca se le había ocurrido que podían separarlo de Gandalf, o de Trancos, o aun de Frodo. Todo lo que podía recordar de Rohan era que el caballo de Gandalf, Sombragrís, había venido de aquellas tierras. Esto parecía alentador, dentro de ciertos límites.

—¿Cómo podrían saber que no somos orcos? —se dijo—. No creo que aquí hayan oído hablar de hobbits alguna vez. Tendría que regocijarme, supongo, de que quizá los orcos sean destruidos, pero preferiría salvarme yo. —Lo más probable era que él y Merry murieran junto con los orcos antes que los Hombres de Rohan repararan en ellos.

Unos pocos de los jinetes parecían ser arqueros, capaces de disparar hábilmente desde un caballo a la carrera. Acercándose rápidamente descargaron una lluvia de flechas sobre los orcos de la desbandada retaguardia, y algunos cayeron; en seguida los jinetes dieron media vuelta poniéndose fuera del alcance de los arcos enemigos; los orcos disparaban las flechas de cualquier modo, pues no se atrevían a detenerse. Esto ocurrió una vez y otra, y en una ocasión las flechas cayeron entre los Isengardos. Uno de ellos, justo frente a Pippin, rodó por el suelo, y ya no se levantó.

Llegó la noche y los jinetes no habían vuelto a acercarse. Muchos orcos habían caído, pero aún quedaban no menos de doscientos. Ya oscurecía cuando los orcos llegaron a una loma. Los lindes del bosque estaban muy cerca, quizá a no más de doscientos metros, pero tuvieron que detenerse. Los jinetes los habían cercado. Un grupo pequeño desoyó las órdenes de Uglúk, y corrió hacia el bosque: sólo tres volvieron.

—Bueno, aquí estamos —se burló Grishnákh—. ¡Excelente conducción! Espero que el gran Uglúk vuelva a guiarnos alguna otra vez.

—¡Bajen a los Medianos! —ordenó Uglúk, sin prestar atención a Grishnákh—. Tú, Lugdush, toma otros dos y vigílalos. No hay que matarlos, a menos que esos inmundos Pálidos nos obliguen. ¿Entendéis? Mientras yo esté con vida quiero conservarlos. Pero no hay que dejar que griten, ni que escapen. ¡Atadles las piernas!

La última parte de la orden fue llevada a cabo sin misericordia. Pero Pippin descubrió que por primera vez estaba cerca de Merry. Los orcos hacían mucho ruido, gritando y entrechocando las armas, y los hobbits pudieron cambiar algunas palabras en voz baja.

—No tengo muchas esperanzas —dijo Merry—. Estoy agotado. No creas que pueda arrastrarme muy lejos, aun sin estas ataduras.

—¡*Lembas*! —susurró Pippin—. *Lembas*: tengo un poco. ¿Tienes tú? Creo que sólo nos sacaron las espadas.

—Sí, tengo un paquete en el bolsillo —le respondió Merry—. Pero ha de estar convertido en migas. De todos modos, ¡no puedo ponerme la boca en el bolsillo!

—No será necesario. Yo he... —pero en ese momento un

feroz puntapié advirtió a Pippin que el ruido había cesado y que los guardias vigilaban.

La noche era fría y silenciosa. Todo alrededor de la elevación donde se habían agrupado los orcos, se alzaron unas pequeñas hogueras, rojas y doradas en la oscuridad, un círculo completo. Estaban allí a tiro de arco, pero los jinetes no eran visibles a contraluz, y los orcos desperdiciaron muchas flechas disparando a los fuegos hasta que Uglúk los detuvo. Los jinetes no hacían ruido. Más tarde en la noche, cuando la luna salió de las nieblas, se los pudo ver de cuando en cuando: unas sombras oscuras que a veces la luz blanca iluminaba un momento mientras se movían en una ronda incesante.

—¡Están esperando a que salga el sol, malditos sean! —refunfuñó un guardia—. ¿Por qué no cargamos todos juntos sobre ellos y nos abrimos paso? ¡Qué piensa ese viejo Uglúk, quisiera saber!

—Claro que quisieras saberlo —gruñó Uglúk, avanzando por detrás—. ¿Quieres decir que no pienso nada, eh? ¡Maldito seas! No vales más que toda esa canalla: las larvas y los monos de Lugbúrz. De nada serviría intentar una carga con ellos. No harán otra cosa que chillar y dar saltos, y hay bastantes de esos inmundos palafreneros para hacernos morder el polvo aquí mismo.

"Hay una sola cosa que pueden hacer estas larvas: tienen ojos que penetran como taladros en la oscuridad. Pero esos Pálidos ven mejor de noche que la mayoría de los Hombres, he oído decir, ¡y no olvidemos los caballos! Pueden ver la brisa nocturna, se dice por ahí. Sin embargo, ¡aún hay algo que esos despabilados no saben! Las gentes de Mauhúr están en el bosque, y se presentarán en cualquier momento.

Las palabras de Uglúk bastaron en apariencia para satisfacer a los Isengardos, aunque los otros orcos se mostraron a la vez desanimados y disconformes. Pusieron unos pocos centinelas, pero la mayoría se quedó tendida en el suelo, descansando en la agradable oscuridad. La noche había cerrado otra vez, pues la luna descendía al oeste envuelta en espesas nubes, y Pippin no distinguía nada más allá de un par de metros. Los fuegos no alcanzaban a iluminar la loma. Los jinetes, sin embargo, no se contentaron con esperar al alba, dejando que los enemigos descansasen. Un clamor repentino estalló en la falda este de la loma, mostrando que algo andaba mal. Al parecer algunos Hombres se habían acercado a caballo, y desmontando en silencio se habían arrastrado hasta los bordes del campamento. Allí mataron a varios orcos, y se perdieron otra vez en las tinieblas. Uglúk corrió a prevenir una huida precipitada.

Pippin y Merry se enderezaron. Los guardias Isengardos habían partido con Uglúk. Pero si los hobbits creyeron poder escapar, la esperanza les duró poco. Un brazo largo y velludo los tomó por el cuello y los juntó, arrastrándolos. Alcanzaron a ver la cabezota y la cara horrible de Grishnákh entre ellos. Sentían en las mejillas el aliento infecto del orco, que se puso a manosearlos y a palparlos. Pippin se estremeció cuando unos dedos duros y fríos le bajaron tanteando por la espalda.

—¡Bueno, mis pequeños! —dijo Grishnákh en un susurro sofocado—. ¿Disfrutando de un bonito descanso? ¿O no? No en muy buena posición, quizá; espadas y látigos de un lado, y lanzas traicioneras del otro. Las gentes pequeñas no tendrían que meterse en asuntos demasiado grandes.

Los dedos de Grishnákh seguían tanteando. Tenía en los ojos una luz que era como fuego, pálido pero ardiente.

La idea se le ocurrió de pronto a Pippin, como si le hubiera llegado directamente de los pensamientos que urgían al orco. "¡Grishnákh conoce la existencia del Anillo! Está buscándolo, mientras Uglúk se ocupa de otras cosas; es probable que lo quiera para él." Pippin sintió un miedo helado en el corazón, pero preguntándose al mismo tiempo cómo podría utilizar en provecho propio el deseo de Grishnákh.

—No creo que ése sea el modo —murmuró—. No es fácil de encontrar.

—¿Encontrar? —dijo Grishnákh; los dedos dejaron de hurgar y se cerraron en el hombro de Pippin—. ¿Encontrar qué? ¿De qué estás hablando, pequeño?

Pippin calló un momento. Luego, de pronto, gorgoteó en la oscuridad: *gollum, gollum*.

—Nada, mi tesoro —añadió.

Los hobbits sintieron que los dedos se le crispaban a Grishnákh.

—¡Oh, ah! —siseó la criatura entre dientes—. Eso es lo que quieres decir, ¿eh? ¡Oh, ah! Muy, pero muy peligroso, mis pequeños.

—Quizá —dijo Merry, atento ahora y advirtiendo la sospecha de Pippin—. Quizá, y no sólo para nosotros. Claro que usted sabrá mejor de qué se trata. ¿Lo quiere, o no? ¿Y qué daría por él?

—¿Si yo lo quiero? ¿Si yo lo quiero? —dijo Grishnákh, como perplejo; pero le temblaban los brazos—. ¿Qué daría por él? ¿Qué queréis decir?

—Queremos decir —dijo Pippin eligiendo con cuidado las palabras— que no es bueno tantear en la oscuridad. Podríamos ahorrarle tiempo y dificultades. Pero primero tendría que desatarnos las piernas, o no haremos nada, ni diremos nada.

—Mis queridos y tiernos tontitos —siseó Grishnákh—, todo lo que tenéis, y todo lo que sabéis, se os sacará en el momento adecuado: ¡todo! Desearéis tener algo más que decir para contentar al Inquisidor; así será en verdad y muy pronto. No apresuraremos el interrogatorio. Claro que no. ¿Por qué pensáis que os perdonamos la vida? Mis pequeños amiguitos, creedme, os lo ruego, si os digo que no fue por bondad. Ni siquiera Uglúk habría caído en esa falta.

—No me cuesta nada creerlo —dijo Merry—. Pero aún no ha llevado la presa a destino. Y no parece que vaya a parar a las manos de usted, pase lo que pase. Si llegamos a Isengard no será el gran Grishnákh el beneficiario. Saruman tomará todo lo que pueda encontrar. Si quiere algo para usted, es el momento de hacer un trato.

Grishnákh empezó a perder la cabeza. El nombre de Saruman sobre todo parecía haberlo enfurecido. El tiempo pasaba y el alboroto estaba apagándose; Uglúk o los Isengardos volverían en cualquier instante.

—¿Lo tenéis aquí, o no? —gruñó el orco.

—¡*Gollum, gollum!* —dijo Pippin.

—¡Desátanos las piernas! —dijo Merry.

Los brazos del orco se estremecieron con violencia.

—¡Maldito seas, gusanito sucio! —siseó—. ¿Desataros las piernas? Os desataré todas las fibras del cuerpo. ¿Creéis que yo no podría hurgaros las entrañas? ¿Hurgar digo? Os reduciré a lonjas palpitantes. No necesito la ayuda de vuestras piernas para sacaros de aquí, ¡y teneros para mí solo!

De pronto los alzó a los dos. La fuerza de los largos brazos y los hombros era aterradora. Se puso a los hobbits bajo los brazos y los apretó ferozmente contra las costillas; unas manos grandes y sofocantes les cerraron las bocas. Luego saltó hacia adelante, el cuerpo inclinado. Así se alejó, rápido y en silencio, hasta llegar al borde de la loma. Allí, eligiendo un espacio libre entre los centinelas, se internó en la noche como una sombra maligna, bajó por la pendiente y fue hacia el río que corría en el oeste saliendo del bosque. Allí se abría un claro amplio, con hoguera encendida.

Luego de haber cubierto una docena de metros, Grishnákh se detuvo, espiando y escuchando. No se veía ni oía nada. Se arrastró lentamente, inclinado casi hasta el suelo. Luego se detuvo en cuclillas y escuchó otra vez. En seguida se incorporó, como si fuera a saltar. En ese momento la forma oscura de un jinete se alzó justo delante. Un caballo bufó y se encabritó. Un hombre llamó en voz alta.

Grishnákh se echó de bruces al suelo, arrastrando a los hobbits; luego sacó la espada. Había decidido evidentemente matar a los cautivos antes que permitirles escapar, o que los rescatasen, pero esto lo perdió. La espada resonó débilmente, y brilló un poco a la luz de la hoguera que ardía a la izquierda. Una flecha salió silbando de la oscuridad; arrojada con habilidad, o guiada por el destino, le atravesó a Grishnákh la mano derecha. El orco dejó caer la espada y chilló. Se oyó un rápido golpeteo de cascos, y en el mismo momento en que Grishnákh se incorporaba y echaba a correr, lo atropelló un caballo, y lo traspasó una lanza. Grishnákh lanzó un grito terrible y estremecido y ya no se movió.

Los hobbits estaban aún en el suelo, como Grishnákh los había dejado. Otro jinete acudió rápidamente. Ya fuese porque era capaz de ver en la oscuridad o por algún otro sentido, el caballo saltó y pasó con facilidad sobre ellos, pero el jinete no los vio. Los hobbits se quedaron allí tendidos, envueltos en los mantos élficos, demasiado aplastados, demasiado asustados para levantarse.

Al fin Merry se movió y susurró en voz baja:

—Todo bien hasta ahora, pero ¿cómo evitaremos nosootros que nos traspasen de parte a parte?

La respuesta llegó casi en seguida. Los gritos de Grishnákh habían alertado a los orcos. Por los aullidos y chillidos que venían de la loma, los hobbits dedujeron que los orcos estaban buscándolos; Uglúk sin duda cortaba en ese momento algunas cabezas más. Luego, de pronto, unas voces de orcos respondieron a los gritos desde la derecha, más allá del círculo de los fuegos, desde el bosque y las montañas. Parecía que Mauhúr había llegado y atacaba ahora a los sitiadores. Se oyó un galope de caballos. Los jinetes estaban cerrando el círculo alrededor de la loma, afrontando las flechas de los orcos, como para prevenir que alguien saliese, mientras que una tropa corría a ocuparse de los recién llegados. De pronto Merry y Pippin cayeron en la cuenta de que sin haberse movido se encontraban ahora fuera del círculo; nada impedía que escaparan.

—Bueno —dijo Merry—, si al menos tuviésemos las piernas y las manos libres, podríamos irnos. Pero no puedo tocar los nudos, y no puedo morderlos.

—No hay por qué intentarlo —dijo Pippin—. Iba a decírtelo. Conseguí librarme de las manos. Estos lazos son sólo un simulacro. Será mejor que primero tomes un poco de *lembas*.

Retiró las cuerdas de las muñecas y sacó un paquete del bolsillo. Las galletas estaban rotas, pero bien conservadas, envueltas aún en las hojas. Los hobbits comieron uno o dos trozos cada uno. El sabor les trajo el recuerdo de unas caras hermosas, y de risas, y comidas sanas en días tranquilos y lejanos ahora. Durante un rato comieron con aire pensativo, sentados en la oscuridad, sin prestar atención a los gritos y ruidos de la batalla cercana. Pippin fue el primero en regresar al presente.

—Tenemos que irnos ya —dijo—. Espera un momento.

La espada de Grishnákh estaba allí en el suelo al alcance de la mano, pero era demasiado pesada y embarazosa; de modo que se arrastró hacia adelante, y cuando encontró el cuerpo del orco le sacó de entre las ropas un cuchillo largo y afilado. Luego cortó rápidamente las cuerdas.

—¡Y ahora vámonos! —dijo—. Cuando nos hayamos desentumecido un poco, quizá podamos tenernos en pie y caminar. De cualquier modo será mejor que empecemos arrastrándonos.

Se arrastraron. La hierba era espesa y blanda, y esto los ayudó, aunque avanzaban muy lentamente. Dieron un amplio rodeo para evitar las hogueras, y se adelantaron poco a poco hasta la orilla del río, que se alejaba gorgoteando entre las sombras oscuras de las barrancas. Luego miraron atrás.

Los ruidos se habían apagado. Parecía evidente que la tropa de Mauhúr había sido destruida o rechazada. Los jinetes habían vuelto a la ominosa y silenciosa vigilia. No se prolongaría mucho tiempo. La noche envejecía ya. En el este, donde no había nubes, el cielo era más pálido.

—Tenemos que ponernos a cubierto —dijo Pippin—, o pronto nos verán. No nos ayudará que esos jinetes descubran que no somos orcos, luego de darnos muerte. —Se incorporó y golpeó los pies contra el suelo—. Esas cuerdas se me han incrustado en la carne como alambres, pero los pies se me están calentando. Yo ya podría echar a andar. ¿Y tú, Merry?

Merry se puso de pie.

—Sí —dijo—, yo también. El *lembas* te da realmente ánimos. Y una sensación más sana, también, que el calor de esa bebida de los orcos. Me pregunto qué sería. Mejor que no lo sepamos. ¡Tomemos un poco de agua para sacarnos ese recuerdo!

—No aquí, las orillas son muy abruptas —dijo Pippin—. ¡Adelante ahora!

Dieron media vuelta y caminaron juntos y despacio a lo largo del río. Detrás la luz crecía en el este. Mientras caminaban compararon lo que habían visto y oído, hablando en un tono ligero, a la manera de los hobbits, de todo lo que había ocurrido desde que los capturaran. Nadie hubiera sospechado entonces que habían pasado por crueles sufrimientos, y que se habían encontrado en grave peligro, arrastrados sin esperanza al tormento y la muerte, o que aún ahora, como ellos lo sabían bien, no tenían muchas posibilidades de encontrarse otra vez con un amigo o sanos y salvos.

—Parece que has mostrado mucho tino, Maese Tuk —dijo Merry—. Casi te mereces un capítulo en el libro del viejo Bilbo, si alguna vez tengo la oportunidad de contárselo. Buen trabajo: sobre todo por haber adivinado las intenciones de ese canalla peludo, y haberle seguido el juego. Pero me pregunto si alguien descubrirá alguna vez nuestras huellas y encontrará ese broche. No me gustaría perder el mío, aunque me temo que el tuyo haya desaparecido para siempre.

"Mucho tendré que esforzarme si pretendo llegar a tu altura. En verdad el primo Brandigamo va ahora al frente. Entra en escena en este momento. No creo que sepas muy bien dónde estamos; pero he aprovechado mejor que tú el tiempo que pasamos en Rivendel. Vamos hacia el oeste a lo largo del Entaguas. Las estribaciones de las Montañas Nubladas se alzan ahí delante, y el bosque de Fangorn.

Hablaba aún cuando el linde sombrío del bosque apareció justo ante ellos. La noche parecía haberse refugiado bajo los grandes árboles, alejándose furtivamente del alba próxima.

—¡Adelante, Maese Brandigamo! —dijo Pippin—. ¡O demos media vuelta! Nos han advertido a propósito de Fangorn. Pero alguien tan avisado como tú no puede haberlo olvidado.

—No lo he olvidado —respondió Merry—, pero aun así el bosque me parece preferible a regresar y encontrarnos en medio de una batalla.

Marchó adelante y se metió bajo las ramas enormes. Los árboles parecían no tener edad. Unas grandes barbas de liquen colgaban ante ellos, ondulando y balanceándose en la brisa. Desde el fondo de sombras los hobbits se atrevieron a mirar atrás: pequeñas figuras furtivas que a la débil luz parecían niños Elfos en los abismos del tiempo mirando asombrados desde la floresta salvaje la luz de la primera aurora.

Lejos y por encima del Río Grande, y las Tierras Pardas, sobre leguas y leguas de extensiones grises, llegó el alba, roja como un fuego. Los cuernos de caza resonaron saludándola. Los Jinetes de Rohan despertaron a la vida. Los cuernos respondieron a los cuernos.

Merry y Pippin oyeron, claros en el aire frío, los relinchos de los caballos de guerra, y el canto repentino de muchos hombres. El limbo del sol se elevó como un arco de fuego sobre las márgenes del mundo. Dando grandes gritos, los jinetes cargaron desde el este; la luz roja centelleaba sobre las mallas y las lanzas. Los orcos aullaron y dispararon las flechas que les quedaban aún. Los hobbits vieron que varios hombres caían; pero la línea de jinetes consiguió mantenerse a lo largo y por encima de la loma, y dando media vuelta cargaron otra vez. La mayoría de los orcos que estaban aún con vida se desbandaron y huyeron, en distintas direcciones, y fueron perseguidos uno a uno hasta que casi todos murieron. Pero una tropa, apretada en una cuña negra, avanzó resuelta hacia el bosque. Subiendo por la pendiente cargaron contra los centinelas. Estaban acercándose, y parecía que iban a escapar: ya habían derribado a tres jinetes que les cerraban el paso.

—Nos hemos detenido demasiado tiempo —dijo Merry—. ¡Allí está Uglúk! No quisiera encontrármelo otra vez.

Los hobbits se volvieron y se internaron profundamente en las sombras del bosque.

Así fue como presenciaron la última resistencia, cuando Uglúk fue atrapado en el linde mismo del bosque. Allí murió al fin a manos de Éomer, el Tercer Mariscal de la Marca, que desmontó y luchó con él, espada contra espada. Y en aquellas vastas extensiones los jinetes de ojos penetrantes persiguieron a los pocos orcos que habían conseguido escapar y que aún tenían fuerzas para correr. Luego, habiendo enterrado a los compañeros muertos bajo un montículo, y habiendo entonado los cantos de alabanza, los jinetes prepararon una gran hoguera y desparramaron las cenizas de los enemigos. Así terminó la aventura, y ninguna noticia llegó de vuelta a Mordor o a Isengard; pero el humo de la incineración subió muy alto en el cielo y fue visto por muchos ojos atentos.

4

BÁRBOL

Entretanto los hobbits corrían tan rápidamente como era posible en la oscuridad y la maraña del bosque, siguiendo el curso del río, hacia el oeste y las pendientes de las montañas, internándose más y más en Fangorn. El miedo a los orcos fue muriendo en ellos poco a poco, y aminoraron el paso. De pronto se sintieron invadidos por una curiosa sensación de ahogo, como si el aire se hubiera enrarecido.

Al fin Merry se detuvo.

—No podemos seguir así —jadeó—. Necesito aire.

—Bebamos un trago al menos —dijo Pippin—. Tengo la garganta seca.

Se trepó a una gruesa raíz de árbol que bajaba torciéndose a la corriente, y se inclinó y recogió un poco de agua en las manos juntas. El agua era fría y clara, y Pippin bebió varias veces. Merry lo siguió. El agua los refrescó y reanimó; se quedaron sentados un rato a orillas del río, moviendo en el agua las piernas y pies doloridos, y examinando los árboles que se alzaban en silencio en filas apretadas, hasta perderse todo alrededor en el crepúsculo gris.

—Espero que todavía no hayas perdido el rumbo —dijo Pippin, apoyándose en un tronco corpulento. Podríamos al menos seguir el curso de este río, el Entaguas, o como lo llames, y salir por donde hemos venido.

—Podríamos, sí, si las piernas nos ayudan —dijo Merry—, y si el aire no nos falta.

—Sí, todo es muy oscuro y sofocante aquí —dijo Pippin—. Me recuerda de algún modo la vieja sala de la Gran Morada de los Tuk en los Smials de Tukburgo: una inmensa habitación donde los muebles no se movieron ni se cambiaron durante siglos. Se dice que Tuk el Viejo vivió allí muchos años, y que él y la habitación envejecieron y decayeron juntos. Nadie tocó nada allí desde que él murió, hace ya un siglo. Y el viejo Geronte era mi tatarabuelo, de modo que el cuarto está así desde hace rato. Pero no era nada comparado con la impresión de vejez que da este bosque. ¡Mira todas esas barbas y patillas de líquenes que lloran y se arrastran! Y casi todos los árboles parecen estar recubiertos con unas hojas secas y raídas que nunca han caído. Desaliñados. No alcanzo a imaginar qué aspecto tendrá aquí la primavera, si llega alguna vez; menos aún una limpieza de primavera.

—Pero el sol tiene que asomar aquí algunas veces —dijo Merry—. No se parece ni en el aspecto ni en la atmósfera al Bosque Negro según la descripción de Bilbo. Aquél era sombrío y negro, y morada de cosas sombrías y negras. Éste es sólo oscuro, y terriblemente tupido. No puedes imaginar que vivan *animales* aquí, o que se queden mucho tiempo.

—No, ni hobbits —dijo Pippin—. Y la idea de atravesarlo no me hace ninguna gracia. Nada que comer durante cientos de millas, me parece. ¿Cómo están nuestras provisiones?

—Escasas —respondió Merry—. Escapamos sin nada más que dos pequeños paquetes de *lembas*, y abandonamos todo el resto. —Examinaron lo que quedaba de los bizcochos de los Elfos: sólo unos pedazos que no durarían más de cinco días.— Y nada con que cubrirnos —dijo Merry—. Pasaremos frío esta noche, no importa por dónde vayamos.

—Bueno, será mejor que lo decidamos ahora —dijo Pippin—. La mañana estará ya bastante avanzada.

En ese mismo momento vieron que una luz amarilla había aparecido un poco más allá: los rayos del sol parecían haber traspasado de pronto la bóveda del bosque.

—¡Mira! —dijo Merry—. El sol tiene que haberse ocultado en una nube mientras estábamos bajo los árboles, y ahora ha salido otra vez, o ha subido lo suficiente como para echar una mirada por alguna abertura. No es muy lejos, ¡vamos a ver!

Pronto descubrieron que el sitio estaba más lejos de lo que habían imaginado. El terreno continuaba elevándose en una empinada pendiente, y era cada vez más pedregoso.

La luz crecía a medida que avanzaban, y pronto se encontraron ante una pared de piedra: la falda de una colina o el fin abrupto de alguna larga estribación que venía de las montañas distantes. No había allí ningún árbol, y el sol caía de lleno sobre la superficie de piedra. Las ramas de los árboles que crecían al pie de la pared se extendían tiesas e inmóviles, como para recibir el calor. Donde todo les pareciera antes tan avejentado y gris, brillaban ahora los pardos y los ocres, y los grises y negros de la corteza, lustrosos como cuero encerado. En las copas de los árboles había un claro resplandor verde, como de hierba nueva, como si una primavera temprana —o una visión fugaz de la primavera— flotara alrededor.

En la cara del muro de piedra se veía una especie de escalinata: quizá natural, labrada por las inclemencias del tiempo y el desgaste de la piedra, pues los escalones eran desiguales y toscos. Arriba, casi a la altura de las cimas de los árboles, había una cornisa, debajo de un risco. Nada crecía allí excepto unas pocas hierbas y malezas en el borde, y un viejo tronco de árbol donde sólo quedaban dos ramas retorcidas; parecía casi la silueta de un hombre viejo y encorvado que estuviera allí de pie, parpadeando a la luz de la mañana.

—¡Subamos! —dijo Merry alegremente—. ¡Vayamos a respirar un poco de aire fresco y echar una mirada a las cercanías!

Treparon por la pared. Si los escalones no eran naturales habían sido labrados para pies más grandes y piernas más largas que las de los hobbits. Se sentían demasiado impacientes y no se detuvieron a pensar cómo era posible que ya hubieran recobrado las fuerzas y que las heridas y lastimaduras del cautiverio hubieran cicatrizado de un modo tan notable. Llegaron al fin al borde de la cornisa, casi al pie del viejo tronco; subieron entonces de un salto y se volvieron dando la espalda a la colina, respirando profundamente y mirando hacia el este. Vieron entonces que se habían internado en el bosque sólo unas tres o cuatro millas: las copas de los árboles descendían por la pendiente hacia la llanura. Allí, cerca de las márgenes del bosque, unas altas volutas de humo negro se alzaban en espiral y venían flotando y ondulando hacia ellos.

—El viento está cambiando —dijo Merry—. Sopla otra vez del este. Hace fresco aquí.

—Sí —dijo Pippin—. Temo que sólo sean unos rayos pasajeros, y que pronto todo sea gris otra vez. ¡Qué lástima! Este viejo bosque hirsuto parecía tan distinto a la luz del sol. Casi me gustaba el lugar.

—¡Casi te gustaba el Bosque! ¡Muy bien! Una amabilidad nada común —dijo una voz desconocida—. Daos vuelta, que quiero veros las caras. Me parece que no me vais a gustar, pero no nos apresuremos. ¡Volveos! —Unas manos grandes y nudosas se posaron en los hombros de los hobbits, y los obligaron a darse vuelta, gentilmente pero con una fuerza irresistible; dos grandes brazos los alzaron en el aire.

Se encontraron entonces mirando una cara de veras extraordinaria. La figura era la de un hombre corpulento, casi de troll, de por lo menos catorce pies de altura, muy robusto, cabeza grande, encajada entre los hombros. Era difícil decir si estaba cubierto por una especie de estameña que parecía una corteza gris verdosa, o si esto era la piel. En todo caso, los brazos no tenían arrugas y la piel que los recubría era parda y lisa. Los grandes pies tenían siete dedos cada uno. De la parte inferior de la larga cara colgaba una barba gris, abundante, casi ramosa en las raíces, delgada y mohosa en las puntas. Pero en este momento los hobbits no miraron otra cosa que los ojos. Aquellos ojos profundos los examinaban ahora, lentos y solemnes, pero muy penetrantes. Eran de color castaño, atravesados por una luz verde. Más tarde, Pippin trató a menudo de describir la impresión que le causaron aquellos ojos.

—Uno hubiera dicho que había un pozo enorme detrás de los ojos, colmado de siglos de recuerdos, y con una larga, lenta y sólida reflexión; pero en la superficie centelleaba el presente: como el sol que centellea en las hojas exteriores de un árbol enorme, o sobre las ondulaciones de un lago muy profundo. No lo sé, pero parecía algo que crecía de la tierra, o que quizá dormía y era a la vez raíz y hojas, tierra y cielo, y que hubiera despertado de pronto y te examinase con la misma lenta atención que había dedicado a sus propios asuntos interiores durante años interminables.

—*Hrum, hum* —murmuró la voz, profunda como un instrumento de madera de voz muy grave—. ¡Muy curioso en verdad! No te apresures, ésa es mi divisa. Pero si os hubiera visto antes de oír vuestras voces (me gustaron, hermosas vocecitas que me recuerdan algo que no puedo precisar), si os hubiera visto antes de oíros, os habría aplastado en seguida, pues os habría tomado por pequeños orcos, descubriendo tarde mi error. Muy raros sois en verdad. ¡Raíces y brotes, muy raros!

Pippin, aunque todavía muy asombrado, perdió el miedo. Sentía ante aquellos ojos una curiosa incertidumbre, pero ningún temor.

—Por favor —dijo—, ¿quién eres? ¿Y qué eres?

Una mirada rara asomó entonces a los viejos ojos, una suerte de cautela; los pozos profundos estaban de nuevo cubiertos.

—*Hrum,* bueno —respondió la voz—. En fin, soy un Ent, o así me llaman. Sí, Ent es la palabra. Soy *el* Ent, podríais decir, en vuestro lenguaje. Algunos me llaman Fangorn, otros Bárbol. Vosotros podéis llamarme Bárbol.

—¿Un Ent? —dijo Merry—. ¿Qué es eso? ¿Pero qué nombre te das? ¿Cómo te llamas en verdad?

—¡Hu, veamos! —respondió Bárbol—. ¡Hu! ¡Eso sería decirlo todo! No tan de prisa. Soy *yo* quien hace las preguntas. Estáis en *mi* país. ¿Quiénes sois vosotros, me pregunto? No alcanzo a reconoceros. No me parece que estéis en las largas listas que aprendí cuando era joven. Pero eso fue hace muchísimo tiempo, y pueden haber hecho nuevas listas. ¡Veamos! ¡Veamos! ¿Cómo era?

> *¡Aprended ahora la ciencia de las criaturas vivientes!*
> *Nombrad primero los cuatro, los pueblos libres:*
> *los más antiguos, los hijos de los Elfos;*
> *el Enano que habita en moradas sombrías;*
> *el Ent, nacido de la tierra, viejo como los montes;*
> *el Hombre mortal, domador de caballos.*

"Hm, hm, hm.

El castor que construye, el gamo que salta,
el oso aficionado a la miel, el jabalí que lucha,
el perro hambriento, la liebre temerosa...

"Hm, hm.

El águila en el aire, el buey en la pradera,
el ciervo de corona de cuerno, el halcón el más rápido,
el cisne el más blanco, la serpiente la más fría...

"Hum, hm hum, hm, ¿cómo seguía? Rum tum, rum tum, rumti tum tm. Era una larga lista. ¡Pero de todos modos parece que no encajaréis en ningún sitio!

—Parece que siempre nos dejaron fuera de las viejas listas, y las viejas historias —dijo Merry—. Sin embargo, andamos de un lado a otro desde hace bastante tiempo. Somos *hobbits*.

—¿Por qué no añadir otra línea? —dijo Pippin.

Los hobbits medianos, que habitan en agujeros.

"Si nos pones entre los cuatro, después del Hombre (la Gente Grande), quizá hayas resuelto el problema.

—Hm. No está mal. No está mal —dijo Bárbol—. Podemos hacerlo. ¿Así que habitáis en agujeros, eh? Parece muy bien, y adecuado. ¿Quién os llama *hobbits*, de todos modos? No me parece una palabra élfica. Los Elfos crearon todas las palabras antiguas; ellos empezaron.

—Nadie nos llama hobbits. Nosotros nos llamamos así a nosotros mismos —dijo Pippin.

—Hm, hm. Un momento. No tan de prisa. ¿Os llamáis hobbits a vosotros mismos? Pero no tenéis que decírselo a cualquiera. Pronto estaréis divulgando vuestros verdaderos nombres si no tenéis cuidado.

—Eso no nos preocupa —dijo Merry—. En verdad yo soy un Brandigamo, Meriadoc Brandigamo, aunque casi todos me llaman Merry.

—Y yo soy Tuk, Peregrin Tuk, pero generalmente me llaman Pippin, o aun Pip.

—Hm, sois realmente gente apresurada —dijo Bárbol—.

Vuestra confianza me honra, pero no tenéis que ser tan francos al principio. Hay Ents y Ents, ya sabéis; o hay Ents y cosas que parecen Ents pero no lo son, como diríais vosotros. Os llamaré Merry y Pippin, si os parece bien; bonitos nombres. En cuanto a mí, no os diré cómo me llamo, no por ahora al menos. —Una curiosa sonrisa, como si ocultara algo, pero a la vez de un cierto humor, le asomó a los ojos como un resplandor verde—. Ante todo me llevaría mucho tiempo; mi nombre crece continuamente; de modo que mi nombre es como una historia. Los nombres verdaderos os cuentan la historia de quienes los llevan, en mi lenguaje, en el viejo éntico, como podría decirse. Es un lenguaje encantador, pero lleva mucho tiempo decir algo en él, pues nunca decimos nada, excepto cuando vale la pena pasar mucho tiempo hablando y escuchando.

"Pero ahora —y los ojos se volvieron muy brillantes y 'presentes', y pareció que se achicaban, y hasta que se afilaban— ¿qué ocurre? ¿Qué hacéis vosotros en todo esto? Puedo ver y oír (y oler y sentir) muchas de estas cosas, y de estas y de estas *a-lalla-lalla-rumba-kamanda-lind-or-burúmë*. Excusadme, es una parte del nombre que yo le doy; no sé qué nombre tiene en los lenguajes de fuera; ya sabéis, el sitio en que estamos, el sitio en que estoy de pie mirando las mañanas hermosas, y pensando en el Sol, y en las hierbas de más allá del bosque, y en los caballos, y en las nubes, y en cómo se despliega el mundo. ¿Qué ocurre? ¿En qué anda Gandalf? Y esos... *burárum* —Bárbol emitió un sonido retumbante y profundo, como el acorde disonante de un órgano—, y esos orcos, y el joven Saruman en Isengard, ¿qué hacen? Me gusta que me cuenten las noticias. Pero no demasiado aprisa ahora.

—Pasan muchas cosas —dijo Merry—, y aunque nos diéramos prisa sería largo de contar, y nos has pedido que no nos apresuremos. ¿Conviene que te contemos algo tan en seguida? ¿Sería impertinente que te preguntáramos qué vas a hacer con nosotros y de qué lado estás? ¿Y conociste a Gandalf?

—Sí, lo conozco: el único mago a quien realmente le importan los árboles —dijo Bárbol—. ¿Lo conocéis?

—Sí —dijo Pippin tristemente—, lo conocimos. Era un gran amigo, y era nuestro guía.

—Entonces puedo responder a vuestras otras preguntas —dijo Bárbol—. No haré nada con vosotros: no si eso quiere decir "haceros algo a vosotros" sin vuestro permiso. Podemos intentar algunas cosas juntos. No sé nada acerca de *lados*. Sigo mi propio camino, aunque podéis acompañarme un momento. Pero habláis del Señor Gandalf como parte de una historia que ha terminado.

—Sí, así es —dijo tristemente Pippin—. La historia parece continuar, pero me temo que Gandalf haya quedado fuera.

—¡Hu, vamos! —dijo Bárbol—. Hum, hm, ah, bien. —Hizo una pausa, mirando largamente a los hobbits—. Hum, ah, bien, no sé qué decir, vamos.

—Si quieres oír algo más —dijo Merry—, te lo contaremos. Pero llevará tiempo. ¿No quisieras ponernos en el suelo? ¿No podríamos sentarnos juntos al sol, mientras hay sol? Estarás cansado de tenernos siempre alzados.

—Hm, ¿cansado? No, no estoy cansado. No me canso fácilmente. Y no tengo la costumbre de sentarme. No soy muy, hm, plegadizo. Pero mirad, el sol se está yendo, en efecto. Dejemos este... ¿habéis dicho cómo lo llamáis?

—¿Colina? —sugirió Pippin—. ¿Cornisa? ¿Escalón? —sugirió Merry. Bárbol repitió pensativo las palabras.

—Colina. Sí, eso era. Pero es una palabra apresurada para algo que ha estado siempre aquí desde que se formó esta parte del mundo. No importa. Dejémosla, y vámonos.

—¿A dónde iremos? —preguntó Merry.

—A mi casa, o a una de mis muchas casas —respondió Bárbol.

—¿Está lejos?

—No lo sé. Quizá lo llaméis lejos. ¿Pero qué importa?

—Bueno, verás, hemos perdido todo lo que teníamos —dijo Merry—. Sólo nos queda un poco de comida.

—¡Oh! ¡Hum! No hay de qué preocuparse —dijo Bárbol—. Puedo daros una bebida que os mantendrá verdes y en estado de crecimiento durante un largo, largo rato. Y si decidimos separarnos, puedo depositaros fuera de mi país en el punto que queráis. ¡Vamos!

Sosteniendo a los hobbits gentilmente pero con firmeza, cada uno en el hueco de un brazo, Bárbol alzó primero un gran pie y luego el otro, y los llevó al borde de la cornisa. Los dedos que parecían raíces se aferraron a las rocas. Luego Bárbol descendió cuidadosa y solemnemente de escalón en escalón y llegó así al nivel del bosque.

En seguida echó a andar entre los árboles con largos pasos cautelosos, internándose más y más en el bosque, sin alejarse del río, subiendo siempre hacia las faldas de las montañas. Muchos de los árboles parecían dormidos, o no le prestaban atención, como si fuera una de aquellas criaturas que iban simplemente de aquí para allá; pero algunos se estremecían, y algunos levantaban las ramas por encima de la cabeza de Bárbol para dejarlo pasar. En todo este tiempo, mientras caminaba, Bárbol se hablaba a sí mismo en una ininterrumpida corriente de sonidos musicales.

Los hobbits estuvieron callados un tiempo. Se sentían, lo que era raro, a salvo y cómodos, y tenían mucho que pensar, y mucho que preguntarse. Al fin Pippin se atrevió a hablar otra vez.

—Por favor, Bárbol —dijo—, ¿puedo preguntarte algo? ¿Por qué Celeborn nos previno contra el bosque? Nos dijo que no nos arriesgáramos a extraviarnos en el bosque.

—Hm, ¿les dijo eso? —gruñó Bárbol—. Y yo hubiera dicho lo mismo, si hubierais ido en dirección opuesta. ¡No te arriesgues a extraviarte en los bosques de Laurelindórinan! Así es como lo llamaban los Elfos, pero ahora han abreviado el nombre: Lothlórien lo llaman. Quizá tienen razón, quizá el bosque está decayendo, no creciendo. El Valle del Oro que Cantaba, así llamaban al país, en los tiempos de érase una vez. Ahora lo llaman Flor del Sueño. En fin. Pero es un lugar raro, donde no todos pueden aventurarse. Me sorprende que hayáis salido de allí, pero mucho más que hayáis entrado; esto no le ha ocurrido a ningún extranjero desde hace tiempo. Es un curioso país.

"Y así pasa con este bosque. La gente ha tenido mucho que lamentar aquí. Ay, sí, mucho que lamentar, sí. *Laurelindórinan lindelorendor malinornélion ornemalin* —canturreó entre dientes—. Me parece que allá se han quedado un poco atrás —dijo—. Ni este país ni ninguna otra cosa fuera del Bosque de Oro son lo que eran en la juventud de Celeborn. Sin embargo... *Taurelilómëa-tumbalemorna Tumbaletaurëa Lómëanor.* Eso es lo que decían. Las cosas han cambiado, pero aún son verdad en algunos sitios.

—¿Qué quieres decir? —preguntó Pippin—. ¿Qué es verdad?

—Los árboles y los Ents —dijo Bárbol—. No entiendo todo lo que pasa, de modo que no puedo explicártelo. Algunos de los nuestros son todavía verdaderos Ents, y andan bastante animados a nuestra manera, pero muchos otros parecen somnolientos, se están poniendo *arbóreos,* podría decirse. La mayoría de los árboles son sólo árboles, por supuesto; pero muchos están medio despiertos. Algunos han despertado del todo, y unos pocos, bien, ah, bien, están volviéndose *entescos.* Esto nunca cesa.

"Cuando le ocurre esto a un árbol, descubres que algunos tienen mal corazón. No me refiero a la calidad de la madera. Yo mismo he conocido algunos viejos buenos sauces Entaguas abajo y que desaparecieron hace tiempo, ay. Eran bastante huecos, en realidad estaban cayéndose a pedazos, pero tan tranquilos y de tan dulce lenguaje como una hoja joven. Y luego hay algunos árboles de los valles al pie de las montañas que tienen una salud de hierro y que son malos de punta a punta. Esta clase de cosas parecen extenderse cada día. Antes había zonas peligrosas en este país. Hay todavía sitios muy negros.

—¿Como el Bosque Viejo allá en el norte, quieres decir?

—Ay, ay, algo parecido, pero mucho peor. No dudo de que una sombra de la Gran Oscuridad todavía reposa allá en el norte; y los malos recuerdos han llegado hasta nosotros. Pero hay cañadas bajas en esta tierra de donde nunca sacaron la Oscuridad, y los árboles son allí más viejos que yo. No obstante, hacemos lo que podemos. Rechazamos a los extranjeros y a los imprudentes, y entrenamos y enseñamos, caminamos y quitamos las malezas.

"Somos pastores de árboles, nosotros los viejos Ents. Pocos quedamos ahora. Las ovejas terminan por parecerse a los pastores, y los pastores a las ovejas, se dice; pero lentamente, y ni unos ni otros se demoran demasiado en el mundo. El proceso es más íntimo y rápido entre árboles y

Ents, y ellos vienen caminando juntos desde hace milenios. Pues los Ents son bastante parecidos a los Elfos: menos interesados en sí mismos que los Hombres, y más dispuestos a meterse dentro de otras cosas. Y, sin embargo, los Ents son también parecidos a los Hombres, más cambiantes que los Elfos, y toman más rápidamente los colores del mundo, podría decirse. O mejor que los dos: pues son más tenaces, y más capaces de dedicarse a algo durante mucho tiempo.

"Algunos de los nuestros son ahora exactamente como árboles, y se necesita mucho para despertarlos; y hablan sólo en susurros. Pero otros son de miembros flexibles, y muchos pueden hablarme. Fueron los Elfos quienes empezaron, por supuesto, despertando árboles y enseñándoles a hablar y aprendiendo el lenguaje de los árboles. Siempre quisieron hablarle a todo, los viejos Elfos. Pero luego sobrevino la Gran Oscuridad, y se alejaron cruzando el Mar, o se escondieron en valles lejanos, e inventaron canciones acerca de unos días que ya nunca volverán. Nunca jamás. Ay, ay, érase una vez un solo bosque, desde aquí hasta las Montañas de Lune, y esto no era sino el Extremo Oriental.

"¡Aquéllos fueron grandes días! Hubo un tiempo en que yo pude caminar y cantar el día entero, y sólo oír el eco de mi propia voz en las cuevas de las colinas. Los bosques eran como los bosques de Lothlórien, pero más densos, más fuertes, más jovenes. ¡Y el olor del aire! A veces me pasaba toda una semana ocupado sólo en respirar.

Bárbol calló, caminando con largas zancadas, y sin embargo casi sin hacer ruido. Luego zumbó de nuevo entre dientes, y pronto el zumbido pasó a ser un canturreo. Poco a poco los hobbits fueron cayendo en la cuenta de que estaba cantando para ellos.

En los sauzales de Tasarinan yo me paseaba en primavera,
¡Ah, los colores y el aroma de la primavera en Nantasarion!
Y yo dije que aquello era bueno.
Recorrí en el verano los olmedos de Ossiriand.
¡Ah, la luz y la música en el verano junto a los Siete Ríos
* de Ossir!*
Y yo pensé que aquello era mejor.

A los hayales de Neldoreth vine en el otoño.
¡Ah, el oro y el rojo y el susurro de las hojas en el otoño de
*   Taur-na-neldor!*
Yo no había deseado tanto.
A los pinares de la meseta de Dorthonion subí en el invierno.
¡Ah, el viento y la blancura y las ramas negras del invierno en
*   Orod-na-Thón!*
Mi voz subió y cantó en el cielo.
Y todas aquellas tierras yacen ahora bajo las olas,
y caminé por Ambarona, y Taremorna, y Aldalómë,
y por mis propias tierras, el país de Fangorn,
donde las raíces son largas.
Y los años se amontonan más que las hojas
en Tauremornalómë.

Bárbol dejó de cantar, y caminó a grandes pasos y en silencio, y en todo el bosque, hasta donde alcanzaba el oído, no se oía nada.

El día menguó, y el crepúsculo abrazó los troncos de los árboles. Al fin los hobbits vieron una tierra abrupta y oscura que se alzaba borrosamente ante ellos: habían llegado a los pies de las montañas, y a las verdes raíces del elevado Methedras. Al pie de la ladera el joven Entaguas, saltando desde los manantiales de allá arriba, escalón tras escalón, corría ruidosamente hacia ellos. A la derecha del río había una pendiente larga, recubierta de hierba, ahora gris a la luz del crepúsculo. No crecía allí ningún árbol, y la pendiente se abría al cielo: las estrellas ya brillaban en lagos entre costas de nubes.

Bárbol trepó por la loma, aflojando apenas el paso. De pronto los hobbits vieron ante ellos una amplia abertura. Dos grandes árboles se erguían allí, uno a cada lado, como montantes vivientes de una puerta, pero no había otra puerta que las rampas que se entrecruzaban y entretejían. Cuando el viejo Ent se acercó, los árboles levantaron las ramas, y las hojas se estremecieron y susurraron. Pues eran árboles perennes, y las hojas eran oscuras y lustrosas, y brillaban a la luz crepuscular. Más allá se abría un espacio amplio y liso, como el suelo de una sala enorme, tallado en la colina. A cada lado se elevaban las paredes, hasta una altura de cincuenta pies o más, y a lo largo de las paredes crecía una hilera de árboles, cada vez más altos a medida que Bárbol avanzaba.

La pared del fondo era perpendicular, pero al pie habían cavado una abertura de techo abovedado: el único techo del recinto, excepto las ramas de los árboles, que en el extremo interior daban sombra a todo el suelo dejando sólo una senda ancha en el medio. Un arroyo escapaba de los manantiales de arriba, y abandonando el curso mayor caía tintineando por la cara perpendicular de la pared, derramándose en gotas de plata, como una delgada cortina delante de la abertura abovedada. El agua se juntaba de nuevo en una concavidad de piedra entre los árboles y luego corría junto al sendero y salía a unirse al Entaguas que se internaba en el bosque.

—¡Hm! ¡Aquí estamos! —dijo Bárbol, quebrando el largo silencio—. Os he traído conmigo unos setenta mil pasos de Ent, pero no sé cuánto es eso en las medidas de vuestras tierras. De cualquier modo estamos cerca de las raíces de la Última Montaña. Parte del nombre de este lugar podría ser Sala del Manantial, si lo traducimos a vuestro lenguaje. Me gusta. Pasaremos aquí la noche.

Puso a los hobbits en la hierba entre las hileras de árboles, y ellos lo siguieron hacia la gran bóveda. Los hobbits notaron ahora que Bárbol apenas doblaba las rodillas al caminar, pero que los pasos eran largos. Plantaba en el suelo ante todo los dedos gordos (y eran gordos en verdad y muy anchos) antes de apoyar el resto del pie.

Bárbol se detuvo un momento bajo la llovizna del manantial, y respiró profundamente; luego se rió y entró. Había allí una gran mesa de piedra, pero ninguna silla. En el fondo de la bóveda se apretaban las sombras. Bárbol tomó dos grandes vasijas y las puso en la mesa. Parecían estar llenas de agua; pero Bárbol mantuvo las manos sobre ellas, e inmediatamente se pusieron a brillar, una con una luz dorada, y la otra con una hermosa luz verde; y la unión de las dos luces iluminó la bóveda, como si el sol del verano resplandeciera a través de un techo de hojas jóvenes.

Mirando hacia atrás, los hobbits vieron que los árboles del patio brillaban también ahora, débilmente al principio, pero luego más y más, hasta que en todas las hojas aparecieron nimbos de luz: algunos verdes, otros dorados, otros rojos como cobre; y los troncos de los árboles parecían pilares de piedra luminosa.

—Bueno, bueno, ahora podemos hablar otra vez —dijo Bárbol—. Tenéis sed, supongo. Quizá también estéis cansados. ¡Bebed! —Fue hasta el fondo de la bóveda donde se alineaban unas jarras de piedra, con tapas pesadas. Sacó una de las tapas, y metió un cucharón en la jarra, y llenó tres tazones, uno grande y otros dos más pequeños.

—Ésta es una casa de Ent —dijo—, y no hay asientos, me temo. Pero podéis sentaros en la mesa.

Alzando en vilo a los hobbits los sentó en la gran losa de piedra, a unos seis pies del suelo, y allí se quedaron balanceando las piernas y bebiendo a pequeños sorbos.

La bebida parecía agua, y en verdad el gusto era parecido al de los tragos que habían bebido antes a orillas del Entaguas cerca de los lindes del bosque, y sin embargo tenía también un aroma o sabor que ellos no podían describir: era débil, pero les recordaba el olor de un bosque distante que una brisa nocturna trae desde lejos. El efecto de la bebida comenzó a sentirse en los dedos de los pies, y subió firmemente por todos los miembros, refrescándolos y vigorizándolos, hasta las puntas mismas de los cabellos. En verdad los hobbits sintieron que se les erizaban los cabellos, que ondeaban y se rizaban y crecían. En cuanto a Bárbol, primero se lavó los pies en el estanque de más allá del arco y luego vació el tazón de un solo trago, largo y lento. Los hobbits pensaron que nunca dejaría de beber.

Al fin dejó otra vez el tazón sobre la mesa.

—Ah, ah —suspiró—. Hm, hum, ahora podemos hablar con mayor facilidad. Podéis sentaros en el suelo, y yo me acostaré; así evitaré que la bebida se me suba a la cabeza y me dé sueño.

A la derecha de la bóveda había un lecho grande de patas bajas, de no más de dos pies, muy recubierto de hierbas y helechos secos. Bárbol se echó lentamente en esta cama (doblando apenas la cintura) hasta que descansó acostado, con las manos detrás de la cabeza, mirando el cielo raso, donde centelleaban las luces, como hojas que se mueven al sol. Merry y Pippin se sentaron junto a él sobre almohadones de hierba.

—Ahora contadme vuestra historia, ¡y no os apresuréis!

Los hobbits empezaron a contarle la historia de todo lo que había ocurrido desde que dejaran Hobbiton. No siguieron un orden muy claro, pues se interrumpían uno a otro de continuo, y Bárbol detenía a menudo a quien hablaba, y volvía a algún punto anterior, o saltaba hacia adelante haciéndoles preguntas sobre acontecimientos posteriores. No hablaron, sin embargo, del Anillo, y no le dijeron por qué se habían puesto en camino ni hacia dónde iban; y Bárbol no les pidió explicaciones.

Todo le interesaba enormemente: los Jinetes Negros, Elrond, Rivendel, y el Bosque Viejo, y Tom Bombadil, y las Minas de Moria, y Lothlórien y Galadriel. Insistió en que le describieran la Comarca, una y otra vez. En este punto, hizo un curioso comentario:

—¿Nunca visteis, hm, ningún Ent rondando por allí, no es cierto? —preguntó—. Bueno, no Ents, *Entsmujeres,* tendría que decir.

—¿Ents-mujeres? —dijo Pippin—. ¿Se parecen a ti?

—Sí, hm, bueno, no: realmente no lo sé —dijo Bárbol, pensativo—. Pero a ellas les hubiera gustado vuestro país, por eso preguntaba. —Bárbol, sin embargo, estaba particularmente interesado en todo lo que se refería a Gandalf, y más interesado aún en lo que hacía Saruman. Los hobbits lamentaron de veras saber tan poco acerca de ellos: sólo unas vagas referencias de Sam a lo que Gandalf había dicho en el Concilio. Pero de cualquier modo era claro que Uglúk y parte de los orcos habían venido de Isengard y que hablaban de Saruman como si fuera el amo de todos ellos.

—¡Hm, hum! —dijo Bárbol, cuando al fin luego de muchas vueltas y revueltas la historia de los hobbits desembocó en la batalla entre los orcos y los Jinetes de Rohan—. ¡Bueno, bueno! Un buen montón de noticias, sin ninguna duda. No me habéis dicho todo, no en verdad, y falta bastante. Pero no dudo de que os comportáis como Gandalf hubiera deseado. Algo muy importante está ocurriendo, me doy cuenta, y ya me enteraré cuando sea el momento, bueno o malo. Por las raíces y las ramas, qué extraño asunto. De pronto asoma una gente menuda, que no está en las viejas listas, y he aquí que los Nueve Jinetes olvidados reaparecen y los persiguen, y Gandalf los lleva a un largo viaje, y Galadriel los acoge en Caras Galadon, y los orcos los persiguen de un extremo a otro de las Tierras Ásperas: en verdad parece que los hubiera alcanzado una terrible tormenta. ¡Espero que puedan capear el temporal!

—¿Y qué nos dices de ti? —preguntó Merry.

—Hum, hm, las Grandes Guerras no me preocupan —dijo Bárbol—, ellas conciernen sobre todo a los Elfos y a los Hombres. Es un asunto de magos: los magos andan siempre preocupados por el futuro. No me gusta preocuparme por el futuro. No estoy enteramente del *lado* de nadie, porque nadie está enteramente de mi *lado*, si me entendéis. Nadie cuida de los bosques como yo, hoy ni siquiera los Elfos. Sin embargo, tengo más simpatía por los Elfos que por los otros: fueron los Elfos quienes nos sacaron de nuestro mutismo en otra época, y esto fue un gran don que no puede ser olvidado, aunque hayamos tomado distintos caminos desde entonces. Y hay algunas cosas, por supuesto, de cuyo lado yo nunca podría estar: esos... *burárum* —se oyó otra vez un gruñido profundo de disgusto—, esos orcos, y los jefes de los orcos.

"Me sentí inquieto en otras épocas cuando la sombra se extendía sobre el Bosque Negro, pero cuando se mudó a Mordor, durante un tiempo no me preocupé: Mordor está muy lejos. Pero parece que el viento sopla ahora del este, y no sería raro que muy pronto todos los bosques empezaran a marchitarse. No hay nada que un viejo Ent pueda hacer para impedir la tormenta: tiene que capearla o caer partido en dos.

"¡Pero Saruman! Saruman es un vecino: no puedo descuidarlo. Algo tengo que hacer, supongo. Me he preguntado a menudo últimamente qué puedo hacer con Saruman.

—¿Quién es Saruman? —le preguntó Pippin—. ¿Sabes algo de él?

—Saruman es un mago —dijo Bárbol—. Más no podría decir. No sé nada de la historia de los magos. Aparecieron por vez primera poco después que las Grandes Naves llegaran por el Mar; pero ignoro si vinieron con los barcos. Saruman era reconocido como uno de los grandes, creo. Un día, hace tiempo, vosotros diríais que hace mucho tiempo, dejó de ir de aquí para allá y de meterse en los asuntos de los Hombres y los Elfos, y se instaló en Angrenost, o Isengard como lo llaman los Hombres de Rohan. Se quedó muy tranquilo al principio, pero fue haciéndose cada vez más famoso. Fue elegido como cabeza del Concilio Blanco, dicen; pero el resultado no fue de los mejores. Me pregunto ahora si ya entonces Saruman no estaba volviéndose hacia el mal. Pero en todo caso no molestaba demasiado a los vecinos. Yo acostumbraba hablar con él. Hubo un tiempo en que se paseaba siempre por mis bosques. Era cortés en ese entonces, siempre pidiéndome permiso (al menos cuando tropezaba conmigo), y siempre dispuesto a escuchar. Le dije muchas cosas que él nunca hubiera descubierto por sí mismo; pero nunca me lo retribuyó. No recuerdo que llegara a decirme algo. Y así fue transformándose día a día. La cara, tal como yo la recuerdo, y no lo veo desde hace mucho, se parecía al fin a una ventana en un muro de piedra: una ventana con todos los postigos bien cerrados.

"Creo entender ahora en qué anda. Está planeando convertirse en un Poder. Tiene una mente de metal y ruedas, y no le preocupan las cosas que crecen, excepto cuando puede utilizarlas en el momento. Y ahora está claro que es un malvado traidor. Se ha mezclado con criaturas inmundas, los orcos. ¡Brm, hum! Peor que eso: ha estado haciéndoles algo a esos orcos, algo peligroso. Pues esos Isengardos se parecen sobre todo a hombres de mala entraña. Como otra señal de las maldades que sobrevinieron junto con la Gran Oscuridad, los orcos nunca toleraron la luz del sol; pero estas criaturas de Saruman pueden soportarla, aunque la odien. Me pregunto qué les ha hecho. ¿Son Hombres que Saruman ha arruinado, o ha mezclado las razas de los Hombres y los Orcos? ¡Qué negra perversidad!

Bárbol rezongó un momento, como si estuviera recitando una negra y profunda maldición éntica.

—Hace un tiempo que me sorprendió que los orcos se atreviesen a pasar con tanta libertad por mis bosques —continuó—. Sólo últimamente empecé a sospechar que todo era obra de Saruman, y que había estado espiando mis caminos, y descubriendo mis secretos. Él y esas gentes inmundas hacen estragos ahora, derribando árboles allá en la frontera, buenos árboles. Algunos de los árboles los cortan simplemente y dejan que se pudran; maldad propia de un orco, pero otros los desbrozan y los llevan a alimentar las hogueras de Orthanc. Siempre hay humo brotando en Isengard en estos días.

”¡Maldito sea, por raíces y ramas! Muchos de estos árboles eran mis amigos, criaturas que conocí en la nuez o en el grano; muchos tenían voces propias que se han perdido para siempre. Y ahora hay claros de tocones y zarzas donde antes había avenidas pobladas de cantos. He sido perezoso. He descuidado las cosas. ¡Esto tiene que terminar!

Bárbol se levantó del lecho con una sacudida, se incorporó, y golpeó con la mano sobre la mesa. Las vasijas se estremecieron y lanzaron hacia arriba dos chorros luminosos. En los ojos de Bárbol osciló una luz, como un fuego verde, y la barba se le adelantó, tiesa como una escoba de paja.

—¡Yo terminaré con eso! —estalló—. Y vosotros vendréis conmigo. Quizá podáis ayudarme. De ese modo estaréis ayudando también a esos amigos vuestros, pues si no detenemos a Saruman, Rohan y Gondor tendrán un enemigo detrás y no sólo delante. Nuestros caminos van juntos... ¡hacia Isengard!

—Iremos contigo —dijo Merry—. Haremos lo que podamos.

—Sí —dijo Pippin—. Me gustaría ver la Mano Blanca destruida para siempre. Me gustaría estar allí, aunque yo no sirviera de mucho. Nunca olvidaré a Uglúk y cómo cruzamos Rohan.

—¡Bueno! ¡Bueno! —dijo Bárbol—. Pero he hablado

apresuradamente. No tenemos que apresurarnos. Me excité demasiado. Tengo que tranquilizarme y pensar, pues es más fácil gritar *¡basta!*, que obligarlos a detenerse.

Fue a grandes pasos hacia la arcada y se detuvo un tiempo bajo la llovizna del manantial. Luego se rió y se sacudió, y unas gotas de agua cayeron al suelo centelleando como chispas rojas y verdes. Volvió, se tendió de nuevo en la cama, y guardó silencio.

Al rato los hobbits oyeron que murmuraba otra vez. Parecía estar contando con los dedos.

—Fangorn, Finglas, Fladrif, ay, ay —suspiró—. El problema es que quedamos tan pocos —dijo volviéndose hacia los hobbits—. Sólo quedan tres de los primeros Ents que anduvieron por los bosques antes de la Oscuridad: sólo yo, Fangorn, y Finglas y Fladrif, si los llamamos con los nombres élficos; podéis llamarlos también Zarcillo y Corteza, si preferís. Y de nosotros tres, Zarcillo y Corteza no servirán de mucho en este asunto. Zarcillo está cada día más dormido, y muy arbóreo, podría decirse. Prefiere pasarse el verano de pie y medio dormido, con las hierbas hasta las rodillas. Un vello de hojas le cubre el cuerpo. Acostumbraba despertar en invierno, pero últimamente se ha sentido demasiado somnoliento para caminar mucho. Corteza vive en las faldas de las montañas al este de Isengard. Allí es donde ha habido más dificultades. Los orcos lo lastimaron, y muchos de los suyos y de los árboles que apacentaba han sido asesinados y destruidos. Ha subido a los lugares altos, entre los abedules que él prefiere, y no descenderá. Sin embargo, me atrevo a decir que yo podría juntar un grupo bastante considerable de la gente más joven... si consigo que entiendan en qué aprieto nos encontramos ahora; si consigo despertarlos: nosotros no somos gente apresurada. ¡Qué lástima que seamos tan pocos!

—¿Cómo sois tan pocos habiendo vivido en este país tanto tiempo? —preguntó Pippin—. ¿Han muerto muchos?

—¡Oh, no! —dijo Bárbol—. Nadie ha muerto por dentro, como podría decirse. Algunos cayeron en las vicisitudes de los largos años, por supuesto; y muchos son ahora arbóreos.

Pero nunca fuimos muchos y no hemos aumentado. No ha habido Entandos, no ha habido niños diríais vosotros, desde hace un terrible número de años. Pues veréis, hemos perdido a las Ents-mujeres.

—¡Qué pena! —dijo Pippin—. ¿Cómo fue que murieron todas?

—¡No murieron! —dijo Bárbol—. Nunca dije que murieran. Las perdimos, dije. Las perdimos y no podemos encontrarlas. —Suspiró—. Pensé que casi todos lo sabían. Los Elfos y los Hombres del Bosque Negro en Gondor han cantado cómo los Ents buscaron a las Ents-mujeres. No es posible que esos cantos se hayan olvidado.

—Bueno, temo que esas canciones no hayan pasado al Oeste por encima de las Montañas de la Comarca —dijo Merry—. ¿No nos dirás más, o no nos cantarás una de las canciones?

—Sí, lo haré —dijo Bárbol, en apariencia complacido—. Pero no puedo contarlo como sería menester; sólo un resumen; y luego interrumpiremos la charla; mañana habrá que llamar a concilio, y nos esperan trabajos, y quizá un largo viaje.

"Es una historia bastante rara y triste —dijo luego de una pausa—. Cuando el mundo era joven, y los bosques vastos y salvajes, los Ents y las Ents-mujeres (y había entonces Ents-doncellas: ¡ah, la belleza de Fimbrethil, Miembros de Junco, de los pies ligeros, en nuestra juventud!) caminaban juntos y habitaban juntos. Pero los corazones de unos y otros no crecieron del mismo modo: los Ents se consagraban a lo que encontraban en el mundo, y las Ents-mujeres a otras cosas, pues los Ents amaban los grandes árboles, y los bosques salvajes, y las faldas de las altas colinas, y bebían de los manantiales de las montañas, y comían sólo las frutas que los árboles dejaban caer delante de ellos; y aprendieron de los Elfos y hablaron con los árboles. Pero las Ents-mujeres se interesaban en los árboles más pequeños, y en las praderas asoleadas más allá del pie de los bosques; y ellas veían el endrino en el arbusto, y la manzana silvestre y la cereza que florecían en primavera, y las hierbas verdes en las tierras anegadas del verano, y las hierbas granadas en los campos de otoño. No deseaban hablar con esas cosas, pero sí que entendieran lo que se les decía, y que obedecieran. Las Ents-mujeres les ordenaban que crecieran de acuerdo con los deseos que ellas tenían, y que las hojas y los frutos fueran del agrado de ellas, pues las Ents-mujeres deseaban orden, y abundancia, y paz (o sea que las cosas se quedaran donde ellas las habían puesto). De modo que las Ents-mujeres cultivaron jardines para vivir. Pero los Ents siguieron errando por el mundo, y sólo de vez en cuando íbamos a los jardines. Luego, cuando la Oscuridad entró en el Norte, las Ents-mujeres cruzaron el Río Grande, e hicieron otros jardines, y trabajaron los campos nuevos, y las vimos menos aún. Luego de la derrota de la Oscuridad las tierras de las Ents-mujeres florecieron en abundancia, y los campos se colmaron de grano. Muchos hombres aprendieron las artes de las Ents-mujeres, y les rindieron grandes honores; pero nosotros sólo éramos una leyenda para ellos, un secreto guardado en el corazón del bosque. Sin embargo aquí estamos todavía, mientras que todos los jardines de las Ents-mujeres han sido devastados: los Hombres los llaman ahora las Tierras Pardas.

"Recuerdo que hace mucho tiempo, en los días de la guerra entre Sauron y los Hombres del Mar, tuve una vez el deseo de ver de nuevo a Fimbrethil. Muy hermosa era ella todavía a mis ojos, cuando la viera por última vez, aunque poco se parecía a la Ent-doncella de antes. Pues el trabajo había encorvado y tostado a las Ents-mujeres, y el sol les había cambiado el color de los cabellos, que ahora parecían espigas maduras, y las mejillas eran como manzanas rojas. Sin embargo, tenían aún los ojos de nuestra gente. Cruzamos el Anduin y fuimos a aquellas tierras, pero encontramos un desierto. Todo había sido quemado y arrancado de raíz, pues la guerra había visitado esos lugares. Pero las Ents-mujeres no estaban allí. Mucho tiempo las llamamos, y mucho tiempo las buscamos; y a todos les preguntábamos a dónde habían ido las Ents-mujeres. Algunos decían que nunca las habían visto; y algunos decían que las habían visto yendo hacia el oeste, y algunos decían el este, y otros el sur. Pero fuimos a todas partes y no pudimos encontrarlas. Nuestra pena era muy honda. No obstante, el bosque salvaje nos reclamaba, y volvimos. Durante muchos años mantuvimos la costumbre de salir del bosque de cuando en cuando y buscar a las Ents-mujeres, caminando de aquí para allá y llamándolas por aquellos hermosos nombres que ellas tenían. Pero el tiempo fue pasando y salíamos y nos alejábamos cada vez menos. Y ahora las Ents-mujeres son sólo un recuerdo para nosotros, y nuestras barbas son largas y grises. Los Elfos inventaron muchas canciones sobre la Busca de los Ents, y algunas de esas canciones pasaron a las lenguas de los Hombres. Pero nosotros no compusimos ninguna canción, y nos contentamos con canturrear los hermosos nombres cuando nos acordamos de las Ents-mujeres. Creemos que volveremos a encontrarnos en un tiempo próximo, quizá en una tierra donde podamos vivir juntos y ser felices. Pero se ha dicho que esto se cumplirá cuando hayamos perdido todo lo que tenemos ahora. Y es posible que ese tiempo se esté acercando al fin. Pues si el Sauron de antaño destruyó los jardines, el Enemigo de hoy parece capaz de marchitar todos los bosques.

"Hay una canción élfica que habla de esto, o al menos así la entiendo yo. Antes se la cantaba todo a lo largo del Río Grande. No fue nunca una canción éntica, notadlo bien: ¡hubiese sido una canción muy larga en éntico! Pero aún la recordamos, y la canturreamos a veces. Hela aquí en vuestra lengua:

ENT *Cuando la primavera despliega la hoja del haya, y hay savia en las ramas;*
cuando la luz se apoya en el río del bosque, y el viento toca la cima;
cuando el paso es largo, la respiración profunda y el aire se anima en la montaña,
¡regresa a mí! ¡Regresa a mí, y di que mi tierra es hermosa!

ENT-MUJER *Cuando la primavera llega a los regadíos y los campos, y aparece la espiga;*
cuando en las huertas florecen los capullos como una nieve brillante;

94

cuando la llovizna y el sol sobre la tierra perfuman
    el aire,
me demoraré aquí, y no me iré, pues mi tierra es
    hermosa.

ENT   Cuando el verano se extiende sobre el mundo, en un
            mediodía de oro,
        bajo la bóveda de las hojas dormidas se despliegan
            los sueños de los árboles;
        cuando las salas del bosque son verdes y frescas, y el
            viento sopla del oeste,
        ¡regresa a mí! ¡Regresa a mí y di que mi tierra es
            la mejor!

ENT-MUJER   Cuando el verano calienta los frutos que cuelgan y
                oscurece las bayas;
            cuando la paja es de oro y la espiga blanca, y es
                tiempo de cosechar;
            cuando la miel se derrama, y el manzano crece,
                aunque el viento sople del oeste,
            me demoraré aquí a la luz del sol, porque mi tierra
                es la mejor.

ENT   Cuando llegue el invierno, el invierno salvaje que
            matará la colina y el bosque;
        cuando caigan los árboles y la noche sin estrellas
            devore al día sin sol;
        cuando el viento sople mortalmente del este, entonces
            en la lluvia que golpea
        te buscaré, y te llamaré, ¡y regresaré otra vez contigo!

ENT-MUJER   Cuando llegue el invierno, y terminen los cantos;
            cuando las tinieblas caigan al fin;
            cuando la rama estéril se rompa, y la luz y el
                trabajo hayan pasado;
            te buscaré, y te esperaré, hasta que volvamos a
                encontrarnos:
            ¡juntos tomaremos el camino bajo la lluvia que
                golpea!

Juntos tomaremos el camino que lleva al oeste,
y juntos encontraremos una tierra en donde los
corazones tengan descanso.

Bárbol dejó de cantar.

—Así dice la canción. Es una canción élfica, por supuesto, alegre, concisa, y termina pronto. Me atrevería a decir que es bastante hermosa. Aunque los Ents podrían decir mucho más, ¡si tuvieran tiempo! Pero ahora voy a levantarme para dormir un poco. ¿Dónde os pondréis de pie?

—Nosotros comúnmente nos acostamos para dormir —dijo Merry—. Nos quedaremos donde estamos.

—¡Acostarse para dormir! —exclamó Bárbol—. ¡Pero claro, eso es lo que hacéis! Hm, hum, me olvido a veces; cantando esa canción creí estar de nuevo en los tiempos de antaño: casi como si estuviera hablándoles a unos jóvenes Entandos. Bueno, podéis acostaros en la cama. Yo me pondré de pie bajo la lluvia. ¡Buenas noches!

Merry y Pippin treparon a la cama y se acomodaron en la hierba y los helechos blandos. Era una cama fresca, perfumada y tibia. Las luces se apagaron y el resplandor de los árboles se desvaneció; pero afuera, bajo el arco, alcanzaban a ver al viejo Bárbol de pie, inmóvil, con los brazos levantados por encima de la cabeza. Las estrellas brillantes miraban desde el cielo, e iluminaban el agua que caía y se le derramaba sobre los dedos y la cabeza, y goteaba, goteaba, en cientos de gotas de plata. Escuchando el tintineo de las gotas los hobbits se durmieron.

Despertaron y vieron que un sol fresco brillaba en el patio y en el suelo de la caverna. Unos andrajos de nubes corrían en el cielo, arrastradas por un fuerte viento que soplaba del este. No vieron a Bárbol, pero mientras se bañaban en el estanque junto al arco, oyeron que zumbaba y cantaba, subiendo por el camino entre los árboles.

—¡Hu, ho! ¡Buenos días, Merry y Pippin! —bramó al verlos—. Dormís mucho. Yo ya he dado cientos de pasos. Ahora beberemos un poco, y luego iremos a la Cámara de los Ents.

Trajo una jarra de piedra, pero no la misma de la noche

anterior, y les sirvió dos tazones. El sabor tampoco era el mismo: más terrestre, más generoso, más fortificante y nutritivo, por así decir. Mientras los hobbits bebían, sentados en el borde de la cama, y mordisqueaban los bizcochos élficos (porque comer algo les parecía parte necesaria del desayuno, no porque tuvieran hambre), Bárbol se quedó allí de pie, canturreando en éntico o élfico o alguna extraña lengua, y mirando el cielo.

—¿Dónde está la Cámara de los Ents? —se atrevió a preguntar Pippin.

—¿Hu, eh? ¿La Cámara de los Ents? —dijo Bárbol, dándose la vuelta—. No es un lugar, es una reunión de Ents, no muy frecuente por cierto. Pero he conseguido que un número considerable me prometiera venir. Nos reuniremos en el sitio donde nos hemos reunido siempre. El Valle Emboscado, lo llaman los Hombres. Está lejos de aquí, en el sur. Tenemos que llegar allí antes del mediodía.

Partieron sin tardanza. Bárbol llevó en brazos a los hobbits, como en la víspera. A la entrada del patio dobló a la derecha, atravesó de una zancada la corriente, y caminó a grandes pasos hacia el sur bordeando las faldas de piedras desmoronadas donde los árboles eran raros. Los hobbits alcanzaron a distinguir montes de abedules y fresnos, y más arriba unos pinos sombríos. Pronto Bárbol se apartó un poco de las colinas para meterse en unos bosquecillos espesos; los hobbits nunca habían visto hasta entonces árboles más grandes, más altos, y más gruesos. Durante un momento creyeron tener aquella sensación de ahogo que los había asaltado cuando entraron por primera vez en Fangorn, pero pasó pronto. Bárbol no les hablaba. Canturreaba entre dientes, con un tono grave y meditativo, pero Merry y Pippin no alcanzaban a distinguir las palabras: sonaba bum, bum, rumbum, burar, bum, bum, dahrar bum bum, dahrar bum, y así continuamente con un cambio incesante de notas y ritmos. De cuando en cuando creían oír una respuesta, un zumbido, o un sonido tembloroso que salía de la tierra, o que bajaba de las ramas altas, o quizá de los troncos de los árboles; pero Bárbol no se detenía ni volvía la cabeza a uno u otro lado.

Bárbol estaba caminando desde hacía largo rato —Pippin había tratado de llevar la cuenta de los «pasos-de-Ent», pero se había perdido alrededor de los tres mil— cuando empezó a aflojar el paso. De pronto se detuvo, bajó a los hobbits, y se llevó a la boca las manos juntas, como formando un tubo hueco. Luego sopló o llamó. Un gran hum, hom resonó en los bosques como un cuerno de voz grave, y pareció que los árboles devolvían el eco. De lejos y de distintos sitios llegó un similar hum, hom, hum que no era un eco sino una respuesta.

Bárbol cargó a Merry y Pippin sobre los hombros y echó a andar otra vez, lanzando de cuando en cuando otra llamada de cuerno, y las respuestas eran cada vez más claras y próximas. De este modo llegaron al fin a lo que parecía ser un muro impenetrable de árboles oscuros y de hoja perenne, árboles de una especie que los hobbits nunca habían visto antes: las ramas salían directamente de las raíces, y estaban densamente cubiertas de hojas oscuras y lustrosas como de acebo, pero sin espinas, y en el extremo de unos peciolos tiesos y verticales brillaban unos botones grandes y relucientes de color oliva.

Volviéndose hacia la izquierda, y bordeando esta cerca enorme, Bárbol llegó en unas pocas zancadas a una entrada angosta. Un sendero donde se veían muchas huellas atravesaba la cerca y bajaba de repente en una pendiente larga y abrupta. Los hobbits vieron que estaban descendiendo hacia un valle grande, casi tan redondo como un tazón, muy ancho y profundo, coronado en el borde por la alta cerca de árboles oscuros. El interior era liso y herboso, y no había árboles excepto tres abedules plateados muy altos y hermosos que crecían en el fondo del tazón. Otros dos senderos bajaban del valle: desde el oeste y desde el este.

Varios Ents habían llegado ya. Más estaban descendiendo por los otros senderos, y algunos seguían ahora a Bárbol. Cuando se acercaron, los hobbits los miraron con curiosidad. Habían esperado ver un cierto número de criaturas parecidas a Bárbol así como un hobbit se parece a otro (al menos a los ojos de un extranjero), y les sorprendió mucho encontrarse con algo muy distinto. Los Ents eran tan diferentes entre sí como un árbol de otro árbol: algunos tan diferentes como árboles del mismo nombre, pero que no han crecido del mismo modo y no tienen la misma historia; y algunos tan diferentes como si pertenecieran a distintas familias de árboles, como el abedul y el haya, el roble y el abeto. Había unos pocos Ents muy viejos, barbudos y nudosos, como árboles vigorosos pero de mucha edad (aunque ninguno parecía tan viejo como Bárbol), y había Ents robustos y altos, bien ramificados y de piel lisa como árboles del bosque en la plenitud de la edad; pero no se veían Ents jóvenes. Eran en total unas dos docenas de pie en las hierbas del valle, y otros tantos llegaban ahora.

Al principio, a Merry y Pippin les sorprendió sobre todo la variedad de lo que veían: las muchas formas, los colores, las diferencias en el talle, la altura, y el largo de los brazos y piernas; y en el número de dedos de los pies (de tres a nueve). Algunos eran quizá parientes de Bárbol, y parecían hayas o robles. Pero los había de distintas especies. Algunos recordaban al castaño: Ents de piel parda con manos grandes y dedos abiertos, y piernas cortas y macizas; otros, el fresno: Ents altos, rectos y grises con manos de muchos dedos y piernas largas; algunos el abeto (los Ents más altos) y otros el abedul, el pino y el tilo. Pero cuando todos los Ents se reunieron alrededor de Bárbol, inclinando ligeramente las cabezas, murmurando con aquellas voces lentas y musicales, y mirando alrededor larga y seriamente a los extraños, entonces los hobbits vieron que todos eran de la misma condición, y que todos tenían los mismos ojos: no siempre tan viejos y profundos como los de Bárbol, pero con la misma expresión lenta, firme y pensativa, y el mismo centelleo verde.

Tan pronto como toda la compañía estuvo reunida, de pie en un amplio círculo alrededor de Bárbol, se inició una curiosa e ininteligible conversación. Los Ents se pusieron a murmurar lentamente: primero uno y luego otro, hasta que todos estuvieron cantando juntos en una cadencia larga que subía y bajaba, ahora más alta en un sector del círculo, ahora muriendo aquí y creciendo y resonando en algún otro sitio. Aunque Pippin no podía distinguir o entender ninguna de las palabras —suponía que el lenguaje era éntico—, el sonido le pareció muy agradable al principio, aunque poco a poco dejó de prestar atención. Al cabo de mucho tiempo (y la salmodia no mostraba signos de declinación) se encontró preguntándose, y ya que el éntico era un lenguaje tan poco "apresurado", si no estarían aún en los *Buenos días,* y en el caso de que Bárbol pasara lista cuánto tiempo tardarían en entonar todos los nombres. —Me pregunto cómo se dirá *sí* o *no* en éntico —se dijo. Bostezó.

Bárbol advirtió en seguida la inquietud de Pippin.

—Hm, ha, hey, mi Pippin —dijo, y todos los otros Ents interrumpieron el canto—. Sois gente apresurada, lo había olvidado; y por otra parte es fatigoso escuchar un discurso que no se entiende. Podéis bajar ahora. Ya he transmitido vuestros nombres a la Cámara de los Ents, y ellos os han visto, y todos están de acuerdo en que no sois orcos, y en que es necesario añadir otra línea a las viejas listas. No hemos ido más allá hasta ahora, pero hemos ido rápido tratándose de una Cámara de Ents. Tú y Merry podéis pasearos por el valle, si queréis. Hay un manantial de agua buena y fresca allá en la barranca norte. Todavía tenemos que decir algunas palabras antes que la asamblea comience de veras. Yo iré a veros y os contaré cómo van las cosas.

Puso a los hobbits en tierra. Antes de alejarse, Merry y Pippin saludaron haciendo una reverencia. Esta proeza pareció divertir mucho a los Ents, a juzgar por el tono de los murmullos que se oyeron entonces, y el centelleo que les asomó a los ojos; pero pronto volvieron de nuevo a sus propios asuntos. Merry y Pippin subieron por el sendero que venía del oeste, y miraron a través de la abertura en la cerca. Unas cuestas largas y cubiertas de árboles subían desde el borde del valle, y más allá, sobre los pinos de la estribación más lejana, se alzaba, afilado y blanco, el pico de una elevada montaña. A la izquierda y hacia el sur alcanzaban a ver el bosque que se perdía en una lejanía gris. Allí y muy distante creyeron distinguir un débil resplandor verde, que Merry atribuyó a las llanuras de Rohan.

—Me pregunto dónde estará Isengard —reflexionó Pippin.

—No sé muy bien dónde estamos nosotros —dijo Merry—, pero es posible que sea el Methedras, y creo recordar que el anillo de Isengard se encuentra en una bifurcación o una abertura profunda en el extremo de las montañas, probablemente detrás de esa cordillera. Parece haber una niebla o humo allí arriba, a la izquierda del pico, ¿no crees?

—Pero, ¿cómo es Isengard? —dijo Pippin—. Me pregunto qué pueden hacer ahí los Ents, de todos modos.

—Yo también me lo pregunto —dijo Merry—. Isengard es una especie de anillo de rocas o colinas, pienso, alrededor de un espacio llano o una isla o pilar de piedra en el medio, y que llaman Orthanc. Saruman tiene una torre ahí. Hay una entrada, quizá más de una, en la muralla circular, y creo que la atraviesa un río; desciende de las montañas y corre a través del Paso de Rohan. No parece un lugar muy apropiado para que los Ents puedan hacer algo ahí. Pero tengo una rara impresión acerca de estos Ents: de algún modo no creo que sean tan poco peligrosos y, bueno, tan graciosos como parecen. Son lentos, extraños, y pacientes, casi tristes; y, sin embargo, creo que algo podría despertarlos. Si eso ocurriera alguna vez, no me gustaría estar en el bando opuesto.

—¡Sí! —dijo Pippin—. Entiendo qué quieres decir. Quizá ésa sea toda la diferencia entre una vieja vaca echada que rumia en paz y un toro que embiste, y el cambio puede ocurrir de pronto. Me pregunto si Bárbol conseguirá despertarlos. Estoy seguro de que lo intentará. Pero no les gusta que los exciten. Bárbol se excitó durante un momento anoche, y luego se contuvo otra vez.

Los hobbits se volvieron. Las voces de los Ents todavía se alzaban y bajaban en el cónclave. El sol había subido y miraba ahora por encima de la cerca; brillaba en las copas de los abedules e iluminaba el lado norte del valle con una fresca luz amarilla. Allí centelleaba un pequeño manantial. Caminaron a lo largo del borde de la concavidad al pie de los árboles perennes —era agradable sentir de nuevo la hierba fresca en los pies, y no tener prisa— y luego descendieron al agua del manantial. Bebieron un poco, un trago de agua fresca, fría y acre, y se sentaron sobre una piedra mohosa, mirando los dibujos del sol en la hierba y las sombras de las nubes que navegaban en el cielo. El murmullo de los Ents continuaba. El valle parecía un sitio muy extraño y remoto, fuera del mundo, y alejado de todo lo que habían vivido hasta entonces. Los invadió una profunda nostalgia, y recordaron con tristeza los rostros y las voces de los otros compañeros, especialmente de Frodo y Sam y Trancos.

Al fin hubo una pausa en las voces de los Ents; y alzando los ojos vieron que Bárbol venía hacia ellos, con otro Ent al lado.

—Hum, hum, aquí estoy otra vez —dijo Bárbol—. ¿Comenzabais a cansaros y a sentir alguna impaciencia, hmm, eh? Bueno, temo que aún no sea tiempo de sentirse impaciente. Hemos cumplido la primera etapa, pero todavía falta mucho que explicar a aquellos que viven lejos de aquí, lejos de Isengard, y también a aquellos que no pude ver antes de la asamblea, y luego habrá que decidir si se puede hacer algo. Sin embargo, para decidirse a hacer algo, los Ents no necesitan tanto tiempo como para examinar todos los hechos y acontecimientos sobre los que será necesario decidirse. No obstante, y de nada serviría negarlo, estaremos aquí mucho tiempo todavía: un par de días quizá. De modo que os traje compañía. Tiene una casa éntica cerca. Se llama Bregalad, en élfico. Dice que ya se ha decidido y no necesita quedarse en la asamblea. Hum, hum, es lo que más se parece entre nosotros a un Ent con prisa. Creo que os entenderéis. ¡Adiós!

Bárbol dio media vuelta y los dejó.

Bregalad se quedó un momento mirando a los hobbits con solemnidad; y ellos también lo miraron, preguntándose cuándo mostraría algún signo de "apresuramiento". Era alto, y parecía ser uno de los Ents más jóvenes; una piel lisa y brillante le cubría los brazos y piernas; tenía labios rojos, y el cabello era verdegrís. Podía inclinarse y balancearse como un árbol joven al viento. Al fin habló, y con una voz resonante pero más alta y clara que la de Bárbol.

—Ha, hum, ¡vamos a dar un paseo, amigos míos! —dijo—. Me llamo Bregalad, lo que en vuestra lengua significa Ramaviva. Pero esto no es más que un apodo, por supuesto. Me llaman así desde el momento en que le dije sí a un Ent anciano antes que terminara de hacerme una pregunta. También bebo rápidamente y me voy cuando otros todavía están mojándose las barbas. ¡Venid conmigo!

Bajó dos brazos bien torneados y les dio una mano de dedos largos a cada uno de los hobbits. Todo ese día caminaron con él por los bosques, cantando y riendo, pues Ramaviva reía a menudo. Reía si el sol salía de detrás de una nube, reía cuando encontraban un arroyo o un manantial: se inclinaba entonces y se refrescaba con agua los pies y la cabeza; reía a veces cuando se oía algún sonido o murmullo en los árboles. Cada vez que tropezaban con un fresno se detenía un rato con los brazos extendidos, y entonces cantaba, balanceándose.

Al atardecer llevó a los hobbits a una casa éntica que era sólo una piedra musgosa puesta sobre unas matas de hierba en un barranco verde. Unos fresnos crecían en círculo alrededor, y había agua, como en todas las casas énticas, un manantial que brotaba en burbujas. Hablaron un rato mientras la oscuridad caía en el bosque. No muy lejos las voces de la Cámara de los Ents podían oírse aún; pero ahora parecían más graves y menos ociosas, y de cuando en cuando un vozarrón se alzaba en una música alta y rápida, mientras todas las otras parecían apagarse. Pero junto a ellos Bregalad hablaba gentilmente en la lengua de los hobbits, casi susurrando; y ellos se enteraron de que pertenecía a la raza de los Cortezas, y que el país donde vivieran antes había sido devastado. Esto pareció a los hobbits suficiente como para explicar el "apresuramiento" de Ramaviva, al menos en lo que se refería a los orcos.

—Había fresnos en mi casa —dijo Bregalad, con una dulce tristeza—, fresnos que echaron raíces cuando yo era aún un Entando, hace muchos años en el silencio del mundo. Los más viejos fueron plantados por Ents para probar y complacer a las Ents-mujeres; pero ellas los miraron y sonrieron y dijeron que conocían un sitio donde los capullos eran más blancos y los frutos más abundantes. Pero ya no quedan árboles de esa raza, el pueblo de la Rosa, que eran tan hermosos a mis ojos. Y esos árboles crecieron y crecieron, hasta que la sombra de cada uno fue como una sala verde, y los frutos rojos del otoño colgaron como una carga, de maravillosa belleza. Los pájaros acostumbraban anidar en ellos. Me gustan los pájaros, aun cuando parlotean; y en los fresnos había pájaros de sobra. Pero estos pájaros de pronto se hicieron hostiles, ávidos, y desgarraron los árboles y derribaron los frutos pero no se los comieron. Luego llegaron los orcos blandiendo hachas y echaron abajo los árboles. Llegué y los llamé por los largos nombres que ellos tenían, pero no se movieron, no oyeron ni respondieron: estaban todos muertos.

¡Oh Orofarnë, Lassemista, Carnimirië!
¡Oh hermoso fresno, sobre tu cabellera qué hermosas son las flores!
¡Oh fresno mío, te vi brillar en un día de verano!
Tu brillante corteza, tus leves hojas, tu voz tan fresca y dulce:
¡qué alta llevas en tu cabeza la corona de oro rojo!
Oh fresno muerto, tu cabellera es seca y gris;
tu corona ha caído, tu voz ha callado para siempre.
¡Oh Orofarnë, Lassemista, Carnimirië!

Los hobbits se durmieron con la música del dulce canto de Bregalad, que parecía lamentar en muchas lenguas la caída de los árboles que él había amado.

El día siguiente también lo pasaron en compañía de Bregalad, pero no se alejaron mucho de la "casa". La mayor parte del tiempo se quedaron sentados en silencio al abrigo de la barranca; pues el viento era más frío, y las nubes más bajas y grises; el sol brillaba poco, y a lo lejos las voces de los Ents reunidos en asamblea todavía subían y bajaban, a veces altas y fuertes, a veces bajas y tristes, a veces rápidas, a veces lentas y solemnes como un himno. Llegó otra noche y el cónclave de los Ents continuaba bajo unas nubes rápidas y estrellas caprichosas.

El tercer día amaneció triste y ventoso. Al alba las voces de los Ents estallaron en un clamor y luego se apagaron de nuevo. La mañana avanzó, y el viento amainó y el aire se colmó de una pesada expectativa. Los hobbits pudieron ver que Bregalad escuchaba ahora con atención, aunque ellos, en la cañada de la casa éntica, apenas alcanzaban a oír los rumores provenientes de la asamblea.

Llegó la tarde, y el sol que descendía en el oeste hacia las montañas lanzó unos largos rayos amarillos entre las grietas y fisuras de las nubes. De pronto cayeron en la cuenta de que todo estaba muy tranquilo; el bosque entero esperaba en un atento silencio. Por supuesto, las voces de los Ents habían callado. ¿Qué significaba esto? Bregalad, erguido y tenso, miraba al norte, hacia el Valle Emboscado.

En seguida y con un estruendo llegó un grito resonante: *¡Rahum-rah!* Los árboles se estremecieron y se inclinaron como si los hubiera atacado un huracán. Hubo otra pausa, y luego se oyó una música de marcha, como de solemnes tambores, y por encima de los redobles y los golpes se elevaron unas voces que cantaban altas y fuertes.

Venimos, venimos, con un redoble de tambor: ¡ta-runda runda
runda rom!

Los Ents venían, y el canto se elevaba cada vez más cerca y más sonoro.

Venimos, venimos con cuernos y tambores: ¡ta-rûna rûna rûna rom!

Bregalad recogió a los hobbits y se alejó de la casa.

No tardaron en ver la tropa en marcha que se acercaba; los Ents cantaban bajando por la pendiente a grandes pasos. Bárbol venía a la cabeza, y detrás unos cincuenta seguidores, de dos en fondo, marcando el ritmo con los pies y golpeándose los flancos con las manos. Cuando estuvieron más cerca, se pudo ver que los ojos de los Ents relampagueaban y centelleaban.

—¡Hum, hom! ¡Henos aquí con un estruendo, henos aquí por fin! —llamó Bárbol cuando estuvo a la vista de Bregalad y los hobbits—. ¡Venid, uníos a la asamblea! Partimos. ¡Partimos hacia Isengard!

—¡A Isengard! —gritaron los Ents con muchas voces.

—¡A Isengard!

¡A Isengard! Aunque Isengard esté clausurada con puertas de
*   piedra;*
aunque Isengard sea fuerte y dura, tan fría como la piedra y
*   desnuda como el hueso,*
partimos, partimos, partimos a la guerra, a romper la piedra y
*   derribar las puertas;*
pues el tronco y la rama están ardiendo ahora, el horno ruge;
*   ¡partimos a la guerra!*
Al país de las tinieblas con paso de destino, con redoble de tambor,
*   marchamos, marchamos.*
¡A Isengard marchamos con el destino!
¡Marchamos con el destino, con el destino marchamos!

Así cantaban mientras marchaban hacia el sur.

Bregalad, los ojos brillantes, se metió de un salto en la fila junto a Bárbol. El viejo Ent volvió a levantar a los hobbits, y se los puso otra vez sobre los hombros, y así ellos cabalgaron orgullosos a la cabeza de la compañía que iba cantando, el corazón palpitante, y la frente bien alta. Aunque habían esperado que algo ocurriera al fin, el cambio que se había operado en los Ents les parecía sorprendente, como si ahora se hubiese soltado una avenida de agua, que un dique había contenido mucho tiempo.

—Al fin y al cabo, los Ents no tardan mucho en decidirse, ¿no te parece? —se aventuró a decir Pippin al cabo de un rato, cuando el canto se interrumpió un momento, y sólo se oyó el batir de las manos y los pies.

—¿No tardan mucho? —dijo Bárbol—. ¡Hum! Sí, en verdad. Tardamos menos de lo que yo había pensado. En verdad no los he visto despiertos como ahora desde hace siglos. A nosotros los Ents no nos gusta que nos despierten, y no despertamos sino cuando nuestros árboles y nuestras vidas están en grave peligro. Esto no ha ocurrido en el Bosque desde las guerras de Sauron y los Hombres del Mar. Es la obra de los orcos, esa destrucción por el placer de destruir, *rárum,* sin ni siquiera la mala excusa de tener que alimentar las hogueras, lo que nos ha encolerizado de este modo, y la traición de un vecino, de quien esperábamos ayuda. Los Magos tendrían que ser más sagaces: son más sagaces. No hay maldición en élfico, éntico, o las lenguas de los hombres bastante fuerte para semejante perfidia. ¡Abajo Saruman!

—¿Derribaréis realmente las puertas de Isengard? —preguntó Merry.

—Ho, hm, bueno, podríamos hacerlo en verdad. No sabéis quizá qué fuertes somos. Quizá habéis oído hablar de los trolls. Son extremadamente fuertes. Pero los trolls son sólo una impostura, fabricados por el Enemigo en la Gran Oscuridad, una falsa imitación de los Ents, así como los orcos son imitación de los Elfos. Somos más fuertes que los trolls. Estamos hechos de los huesos de la tierra. Somos capaces de quebrar la piedra, como las raíces de los árboles, sólo que más de prisa, mucho más de prisa, ¡cuando estamos despiertos! Si no nos abaten, o si no nos destruye el fuego o alguna magia, podríamos reducir Isengard a un montón de astillas, y convertir esos muros en escombros.

—Pero Saruman tratará de deteneros, ¿no es cierto?

—Hm, ah, sí, así es. No lo he olvidado. En verdad lo he pensado mucho tiempo. Pero, veréis, muchos de los Ents son más jóvenes que yo, en muchas vidas de árboles. Están todos despiertos ahora, y no piensan sino una cosa: destruir Isengard. Pero pronto se pondrán a pensar en otras cosas; se enfriarán un poco, cuando tomemos la bebida de la noche. ¡Qué sed tendremos! ¡Pero que ahora marchen y canten! Hay que recorrer un largo camino, y sobrará tiempo para pensar. Ya es bastante habernos puesto en camino.

Bárbol continuó marchando, cantando con los otros durante un tiempo. Pero luego bajó la voz, que fue sólo un murmullo, y al fin calló otra vez. Pippin alcanzó a ver que la vieja frente del Ent estaba toda arrugada y nudosa. Al fin Bárbol alzó los ojos, y Pippin descubrió una mirada triste, triste pero no desdichada. Había una luz en ellos, como si la llama verde se le hubiera hundido aún más en los pozos oscuros del pensamiento.

—Por supuesto, es bastante verosímil, amigos míos —dijo con lentitud—, bastante verosímil que estemos yendo a nuestra perdición: la última marcha de los Ents. Pero si nos quedamos en casa y no hacemos nada, la perdición nos alcanzará de todos modos, tarde o temprano. Este pensamiento está creciendo desde hace mucho en nuestros corazones; y por eso estamos marchando ahora. No fue una resolución apresurada. Ahora al menos la última marcha de los Ents quizá merezca una canción. Ay —suspiró—, podemos ayudar a los otros pueblos antes de irnos. Sin embargo, me hubiera gustado ver que las canciones sobre las Ents-mujeres se cumplían de algún modo. Me hubiera gustado de veras ver otra vez a Fimbrethil. Pero en esto, amigos míos, las canciones como los árboles dan frutos en el tiempo que corresponde y según leyes propias: y a veces se marchitan prematuramente.

Los Ents continuaban caminando a grandes pasos. Habían descendido a un largo repliegue del terreno que se alejaba bajando hacia el sur, y ahora empezaban a trepar, cada vez más arriba, hacia la elevada cresta del oeste. El bosque se hizo menos denso y llegaron a unos pequeños montes de abedules, y luego a unas pendientes desnudas donde sólo crecían unos pinos raquíticos. El sol se hundió detrás de la giba oscura de la loma que se alzaba delante. El crepúsculo gris cayó sobre ellos.

Pippin miró hacia atrás. El número de los Ents había crecido... ¿o qué ocurría ahora? Donde se extendían las faldas desnudas y oscuras que acababan de cruzar, creyó ver montes de árboles. ¡Pero estaban moviéndose! ¿Era posible que el bosque entero de Fangorn hubiera despertado, y que ahora marchase por encima de las colinas hacia la guerra? Se frotó los ojos preguntándose si no lo habrían engañado el sueño o las sombras; pero las grandes formas grises continuaban avanzando firmemente. Se oía un ruido como el del viento en muchas ramas. Los Ents se acercaban ahora a la cima de la estribación, y todos los cantos habían cesado. Cayó la noche, y se hizo el silencio; no se oía otra cosa que un débil temblor de tierra bajo los pies de los Ents, y un roce, la sombra de un susurro, como de muchas hojas llevadas por el viento. Al fin se encontraron sobre la cima, y miraron allá abajo un pozo oscuro: la gran depresión en el extremo de las montañas: Nam Curunír, el Valle de Saruman.

—La noche se extiende sobre Isengard —dijo Bárbol.

5

EL CABALLERO BLANCO

—Estoy helado hasta los huesos —dijo Gimli batiendo los brazos y golpeando los pies contra el suelo. Por fin había llegado el día. Al alba los compañeros habían desayunado como habían podido; ahora, a la luz creciente, estaban preparándose a examinar el suelo otra vez en busca de rastros de hobbits.

—¡Y no olvidéis a ese viejo! —dijo Gimli—. Me sentiría más feliz si pudiera ver la huella de una bota.

—¿Por qué eso te haría feliz? —preguntó Legolas.

—Porque un viejo con pies que dejan huellas no será sino lo que parece —respondió el Enano.

—Quizá —dijo el Elfo—, pero es posible que una bota pesada no deje aquí marca alguna. La hierba es espesa y elástica.

—Eso no confundiría a un Montaraz —dijo Gimli—. Una brizna doblada le basta a Aragorn. Pero no espero que él encuentre algún rastro. Era el fantasma maligno de Saruman lo que vimos anoche. Estoy seguro, aun a la luz de la mañana. Quizá los ojos de Saruman nos miran desde Fangorn en este mismo momento.

—Es muy posible —dijo Aragorn—; sin embargo, no estoy seguro. Estaba pensando en los caballos. Dijiste anoche, Gimli, que el miedo los espantó. Pero yo no lo creo. ¿Los oíste, Legolas? ¿Te parecieron unas bestias aterrorizadas?

—No —dijo Legolas—. Los oí claramente. Si no hubiese sido por las tinieblas y nuestro propio miedo, yo hubiera pensado que eran bestias dominadas por alguna alegría repentina. Hablaban como caballos que encuentran un amigo después de mucho tiempo.

—Así me pareció —dijo Aragorn—, pero no puedo resolver el enigma, a menos que vuelvan. ¡Vamos! La luz crece rápidamente. ¡Miremos primero y dejemos las conjeturas para después! Comenzaremos por aquí, cerca del campamento, buscando con cuidado alrededor, y subiendo después hacia el bosque. Nuestro propósito es encontrar a los hobbits, aparte de lo que podamos pensar de nuestro visitante nocturno. Si por alguna casualidad han podido escapar, tienen que haberse ocultado entre los árboles, o los hubieran visto. Si no encontramos nada entre aquí y los lindes del bosque, los buscaremos en el campo de batalla entre las cenizas. Pero ahí hay pocas esperanzas: los Jinetes de Rohan han hecho su trabajo demasiado bien.

Durante algún tiempo los compañeros se arrastraron tanteando el suelo. El árbol se alzaba melancólico sobre ellos; las hojas secas colgaban flojas ahora y crujían en el viento helado del este. Aragorn se alejó con lentitud. Llegó junto a las cenizas de la hoguera de campaña cerca de la orilla del río, y luego retrocedió hasta la loma donde se había librado el combate. De pronto se detuvo y se inclinó, casi tocando la hierba con la cara. Llamó a los otros, que se acercaron corriendo.

—¡Aquí al fin hay algo nuevo! —dijo Aragorn. Alzó una hoja rota y la mostró, una hoja grande y pálida de desvaído color dorado, ya casi pardo—. He aquí una hoja de mallorn de Lórien, con unas pequeñas migas encima, y unas pocas migas más en la hierba. ¡Y mirad! ¡Unos trozos de cuerda cerca!

—¡Y he aquí el cuchillo que cortó la cuerda! —dijo Gimli, y extrajo de entre unas hierbas, donde la había hundido algún pie pesado, una hoja corta y mellada. Al lado estaba la empuñadura—. Es un arma de orco —dijo tomándola con precaución y observando con disgusto el mango labrado; tenía la forma de una horrible cabeza de ojos bizcos y boca torcida.

—Pues bien, ¡he aquí el enigma más raro que hayamos encontrado hasta ahora! —dijo Legolas—. Un prisionero atado consigue eludir a los orcos y a los jinetes que los rodean. Luego se detiene, aún al descubierto, y corta las ataduras con un cuchillo de orco. ¿Pero cómo y por qué? Pues si tenía las piernas atadas, ¿cómo pudo caminar? Y si tenía los brazos atados, ¿cómo pudo utilizar el cuchillo? Y si ni las piernas ni los brazos estaban atados, ¿por qué cortó las cuerdas? Contento de haber mostrado tamaña habilidad, ¡se sienta a comer tranquilamente un poco de pan de viaje! Esto al menos basta para saber que se trataba de un hobbit, aun sin la hoja de mallorn. Luego de esto, supongo, trocó los brazos en alas y se alejó cantando hacia los árboles. Tiene que ser fácil encontrarlo, ¡sólo falta que nosotros también tengamos alas!

—Es cosa de brujos, obviamente —dijo Gimli—. ¿Qué estaba haciendo ese viejo? ¿Qué dices tú, Aragorn, de la interpretación de Legolas? ¿Puedes mejorarla?

—Quizá —dijo Aragorn, sonriendo—. Hay otros signos al alcance de la mano que no habéis tenido en cuenta. Estoy de acuerdo en que el prisionero era un hobbit, y que tenía los pies o las manos libres antes de llegar aquí. Supongo que eran las manos, pues el enigma se aclara un poco entonces, y también porque de acuerdo con las huellas fue traído aquí por un orco. Se ha vertido sangre en este sitio, sangre de orco. Hay marcas profundas de cascos todo alrededor, y signos de que se llevaron a la rastra una cosa pesada. Los jinetes mataron a un orco, y luego lo arrastraron hasta las hogueras. Pero no vieron al hobbit: no estaba "al descubierto", pues era de noche y llevaba todavía el manto élfico. Estaba agotado y con hambre, y no es raro que después de librarse de las ataduras con el cuchillo del enemigo caído haya descansado y comido un poco antes de irse sigilosamente. Pero es un alivio saber que tenía unas pocas lembas en el bolsillo, aunque haya escapado sin armas ni provisiones; esto es quizá típico de un hobbit. Hablo en singular, aunque espero que Merry y Pippin hayan estado aquí juntos. Nada, sin embargo, permite asegurarlo.

—¿Y cómo supones que alguno de nuestros amigos haya llegado a tener una mano libre?

—No sé cómo ocurrió —respondió Aragorn—. Ni sé tampoco por qué un orco estaba llevándoselos. No para ayudarlos a escapar, es indudable. Pero creo que empiezo a entender algo que me ha intrigado desde el principio. ¿Por qué cuando cayó Boromir los orcos se contentaron con capturar a Merry y a Pippin? No buscaron al resto de nuestra tropa, ni atacaron el campamento, pero en cambio partieron apresuradamente hacia Isengard. ¿Pensaron que habían capturado al Portador del Anillo y a su fiel camarada? No lo creo. Los amos de los orcos no se habrían atrevido a darles órdenes tan claras, aun si estuviesen tan enterados, ni les hubieran hablado tan abiertamente del Anillo; no son servidores de confianza. Pero creo que les ordenaron que capturaran *hobbits* vivos, a toda costa. Hubo un intento de escapar con los preciosos prisioneros antes de la batalla. Una traición quizá, bastante verosímil en tales criaturas. Algún orco grande y audaz pudo haber tratado de huir llevándose la presa, para beneficiarse él mismo. Bueno, ésa es mi historia. Podríamos imaginar otras. Pero, en todo caso, de algo podemos estar seguros: al menos uno de nuestros amigos ha escapado. Nuestra tarea es ahora dar con él y ayudarlo antes de volver a Rohan. No permitamos que Fangorn nos desanime, pues la necesidad tiene que haberlo llevado a este sitio oscuro.

—No sé qué me desanima más, si Fangorn o la idea de recorrer a pie el largo camino hasta Rohan —dijo Gimli.

—Pues bien, vayamos al bosque —dijo Aragorn.

Aragorn no tardó mucho en encontrar nuevas huellas. En un lugar cerca del Entaguas tropezó con el rastro de unas pisadas: marcas de hobbits, pero demasiado débiles para sacar alguna conclusión. Luego otra vez junto al tronco de un árbol grande en el linde del bosque descubrieron otras marcas. El terreno era allí desnudo y seco, y no revelaba demasiado.

—Un hobbit al menos se detuvo aquí un rato y miró atrás, antes de penetrar en el bosque —dijo Aragorn.

—Entonces vayamos nosotros también —dijo Gimli—. Pero el aspecto de este Fangorn no me agrada, y nos han advertido contra él. Mejor sería que la persecución nos hubiera llevado a otro sitio.

—No creo que el bosque dé una impresión de malignidad, digan lo que digan las historias —dijo Legolas. Se había detenido en los límites del bosque, inclinándose hacia adelante como si escuchara, y espiando las sombras con los ojos muy abiertos—. No, no es maligno, y si hay algún mal en él está muy lejos. Sólo me llegan los ecos débiles de un sitio en penumbras donde los corazones de los árboles son negros. No hay ninguna maldad cerca de nosotros, pero sí vigilancia, y cólera.

—Bueno, no hay razón para que esté enojado conmigo —dijo Gimli—. No le hice daño.

—Lo mismo da —dijo Legolas—. De todos modos le han hecho daño. Hay algo que está ocurriendo ahí dentro, o que está por ocurrir. ¿No sientes la tensión? Me quita el aliento.

—Yo siento que el aire es pesado —dijo el Enano—. Este bosque es menos denso que el Bosque Negro, pero parece mohoso y decrépito.

—Es viejo, muy viejo —dijo el Elfo—. Tan viejo que casi me siento joven otra vez, como no he vuelto a sentirme desde que viajo con niños como vosotros. Viejo, y poblado de recuerdos. Yo podía haber sido feliz aquí, si hubiera venido en días de paz.

—Me atrevo a asegurarlo —se burló Gimli—. De todos modos eres un Elfo de los Bosques, aunque los Elfos son siempre gente rara. Sin embargo, me reconfortas. A donde tú vayas, yo también iré. Pero ten tu arco bien dispuesto, y yo llevaré el hacha suelta en el cinturón. No para usarla contra los árboles —dijo de prisa, alzando los ojos hacia el árbol que se erguía sobre ellos—. No me gustaría tropezarme de improviso con ese hombre viejo sin un argumento en la mano. ¡Adelante!

Luego de esto los tres cazadores se metieron en el bosque de Fangorn. Legolas y Gimli dejaron que Aragorn fuese adelante, buscando una pista. No había mucho que ver. El suelo del bosque estaba seco y cubierto con montones de hojas, pero imaginando que los fugitivos no se alejarían del agua, Aragorn retornaba a menudo a la orilla del río. Fue así como llegó al sitio donde Merry y Pippin habían estado bebiendo y se habían lavado los pies. Allí, muy claras, se veían las huellas de dos hobbits, uno más pequeño que el otro.

—Buenas noticias al fin —concluyó Aragorn—. Pero las marcas son de dos días atrás. Y parece que en este punto los hobbits dejaron la orilla del agua.

—¿Qué haremos ahora entonces? —dijo Gimli—. No

podemos perseguirlos todo a lo largo de Fangorn. No tenemos bastantes provisiones. Si no los encontramos pronto, no podremos ayudarlos mucho, excepto sentarnos con ellos y mostrarles nuestra amistad y morirnos juntos de hambre.

—Si en verdad eso es todo lo que podemos hacer, tenemos que hacerlo —dijo Aragorn—. Sigamos.

Llegaron al fin al extremo abrupto de la colina de Bárbol y observaron la pared de piedra con aquellos toscos escalones que llevaban a la elevada saliente. Unos rayos de sol caían a través de las nubes rápidas, y el bosque parecía ahora menos gris y triste.

—¡Subamos para mirar un poco alrededor! —dijo Legolas—. Todavía me falta el aliento. Me gustaría saborear un aire más libre.

Los compañeros treparon. Aragorn iba detrás subiendo lentamente, mirando de cerca los escalones y las cornisas.

—Podría asegurar que los hobbits subieron por aquí —dijo—, pero hay otras huellas, huellas muy extrañas que no entiendo. Me pregunto si desde esa cornisa podríamos ver algo que nos ayudara a saber a dónde han ido.

Se enderezó y miró alrededor, pero no vio nada de provecho. La cornisa daba al sur y al este, pero la perspectiva era amplia sólo en el este. Allí se veían las copas de los árboles que descendían en filas apretadas hacia la llanura por donde habían venido.

—Hemos dado un largo rodeo —dijo Legolas—. Podíamos haber llegado aquí todos juntos y sanos y salvos si hubiéramos dejado el Río Grande el segundo o el tercer día para ir hacia el oeste. Raros son aquéllos capaces de prever a dónde los llevará el camino, antes de llegar.

—Pero no deseábamos venir a Fangorn —señaló Gimli.

—Sin embargo, aquí estamos; y hemos caído limpiamente en la red —dijo Legolas—. ¡Mira!

—¿Mira qué? —preguntó Gimli.

—Allí en los árboles.

—¿Dónde? No tengo ojos de Elfo.

—¡Cuidado, habla más bajo! —dijo Legolas apuntando—. Allá abajo en el bosque, en el camino por donde hemos venido. ¿No lo ves, pasando de árbol en árbol?

—¡Lo veo, ahora lo veo! —siseó Gimli—. ¡Mira, Aragorn! ¿No te lo advertí? Todo en andrajos grises y sucios: por eso no pude verlo al principio.

Aragorn miró y vio una figura inclinada que se movía lentamente. No estaba muy lejos. Parecía un viejo mendigo, que caminaba con dificultad, apoyándose en una vara tosca. Iba cabizbajo, y no miraba hacia ellos. En otras tierras lo hubieran saludado con palabras amables; pero ahora lo miraban en silencio, inmóviles, dominados todos por una rara expectativa; algo se acercaba trayendo un secreto poder, o una amenaza.

Gimli observó un rato con los ojos muy abiertos, mientras la figura se acercaba paso a paso. De pronto estalló, incapaz ya de dominarse.

—¡Tu arco, Legolas! ¡Tiéndelo! ¡Prepárate! Es Saruman. ¡No permitas que hable, o que nos eche un encantamiento! ¡Tira primero!

Legolas tendió el arco y se dispuso a tirar, lentamente, como si otra voluntad se le resistiese. Tenía una flecha en la mano, y no la ponía en la cuerda. Aragorn callaba, el rostro atento y vigilante.

—¿Qué esperas? ¿Qué te pasa? —dijo Gimli en un murmullo sibilante.

—Legolas tiene razón —dijo Aragorn con tranquilidad—. No podemos tirar así sobre un viejo, de improviso y sin provocación, aun dominados por el miedo y la duda. ¡Mira y espera!

En ese momento el viejo aceleró el paso y llegó con sorprendente rapidez al pie de la pared rocosa. Entonces de pronto alzó los ojos, mientras los otros esperaban inmóviles mirando hacia abajo. No se oía ningún ruido.

No alcanzaban a verle el rostro; estaba encapuchado, y encima de la capucha llevaba un sombrero de alas anchas, que le ensombrecía las facciones excepto la punta de la nariz y la barba grisácea. No obstante, Aragorn creyó ver un momento el brillo de los ojos, penetrantes y vivos bajo la sombra de la capucha y las cejas.

Al fin el viejo rompió el silencio.

—Feliz encuentro en verdad, amigos míos —dijo con voz dulce—. Deseo hablaros. ¿Bajaréis vosotros, o subiré yo?

Sin esperar una respuesta empezó a trepar.

—¡No! —gritó Gimli—. ¡Detenlo, Legolas!

—¿No os dije que deseaba hablaros? —replicó el viejo—. ¡Retira ese arco, Señor Elfo!

El arco y la flecha cayeron de las manos de Legolas, y los brazos le colgaron a los costados.

—Y tú, Señor Enano, te ruego que sueltes el mango del hacha, ¡hasta que yo haya llegado arriba! No necesitaremos de tales argumentos.

Gimli tuvo un sobresalto y en seguida se quedó quieto como una piedra, los ojos clavados en el viejo que subía saltando por los toscos escalones con la agilidad de una cabra. Ya no parecía cansado. Cuando puso el pie en la cornisa, hubo un resplandor, demasiado breve para ser cierto, un relámpago blanco, como si una vestidura oculta bajo los andrajos se hubiese revelado un instante. La respiración sofocada de Gimli pudo oírse en el silencio como un sonoro silbido.

—¡Feliz encuentro, repito! —dijo el viejo, acercándose. Cuando estuvo a unos pocos pasos se detuvo, apoyándose en la vara, con la cabeza echada hacia adelante, mirándolos desde debajo de la capucha—. ¿Y qué podéis estar haciendo en estas regiones? Un Elfo, un Hombre, y un Enano, todos vestidos a la manera élfica. Detrás de todo esto hay sin duda alguna historia que valdría la pena escuchar. Cosas semejantes no se ven aquí a menudo.

—Habláis como alguien que conoce bien Fangorn —dijo Aragorn—. ¿Es así?

—No muy bien —dijo el viejo—, eso demandaría muchas vidas de estudio. Pero vengo aquí de cuando en cuando.

—¿Podríamos saber cómo os llamáis, y luego oír lo que tenéis que decirnos? —preguntó Aragorn—. La mañana pasa, y tenemos algo entre manos que no puede esperar.

—En cuanto a lo que deseo deciros, ya lo he dicho: ¿Qué estáis haciendo, y qué historia podéis contarme de vosotros mismos? ¡En cuanto a mi nombre! —El viejo calló, y soltó una risa larga y dulce.

Aragorn se estremeció al oír el sonido de esa risa, y no era, sin embargo, miedo o terror lo que sentía, sino algo que podía compararse a la mordedura súbita de una ráfaga penetrante, o el batimiento de una lluvia helada que arranca a un hombre de un sueño inquieto.

—¡Mi nombre! —dijo el viejo otra vez—. ¿Todavía no lo habéis adivinado? Sin embargo, lo habéis oído antes, me parece. Sí, lo habéis oído antes. ¿Pero qué podéis decirme de vosotros?

Los tres compañeros no respondieron.

—Alguien podría decir sin duda que vuestra misión es quizá inconfesable —continuó el viejo—. Por fortuna, algo sé. Estáis siguiendo las huellas de dos jóvenes hobbits, me parece. Sí, hobbits. No me miréis así, como si nunca hubieseis oído esa palabra. Los conocéis, y yo también. Sabed entonces que ellos treparon aquí anteayer. Y se encontraron con alguien que no esperaban. ¿Os tranquiliza eso? Y ahora quisierais saber a dónde los llevaron. Bueno, bueno, quizá yo pueda daros algunas noticias. ¿Pero por qué estáis de pie? Pues veréis, vuestra misión no es ya tan urgente como habéis pensado. Sentémonos y pongámonos cómodos.

El viejo se volvió y fue hacia un montón de piedras y peñascos caídos al pie del risco, detrás de ellos. En ese instante, como si un encantamiento se hubiese roto, los otros se aflojaron y se sacudieron. La mano de Gimli aferró el mango del hacha. Aragorn desenvainó la espada. Legolas recogió el arco.

El viejo, sin prestarles la menor atención, se inclinó y se sentó en una piedra baja y chata. El manto gris se entreabrió, y los compañeros vieron, ahora sin ninguna duda, que debajo estaba vestido todo de blanco.

—¡Saruman! —gritó Gimli, y saltó hacia el viejo blandiendo el hacha—. ¡Habla! ¡Dinos dónde has escondido a nuestros amigos! ¿Qué has hecho con ellos? ¡Habla o te abriré una brecha en el sombrero que aun a un mago le costará trabajo reparar!

El viejo era demasiado rápido. Se incorporó de un salto y se encaramó en una roca. Allí esperó, de pie, de pronto muy alto, dominándolos. Había dejado caer la capucha y los harapos grises, y ahora la vestidura blanca centelleaba.

Levantó la vara, y a Gimli el hacha se le desprendió de la mano y cayó resonando al suelo. La espada de Aragorn, inmóvil en la mano tiesa, se encendió con un fuego súbito. Legolas dio un grito y soltó una flecha que subió por el aire y se desvaneció en un estallido de llamas.

—¡Mithrandir! —gritó—. ¡Mithrandir!

—¡Feliz encuentro, te digo a ti otra vez, Legolas! —exclamó el viejo.

Todos tenían los ojos fijos en él. Los cabellos del viejo eran blancos como la nieve al sol; y las vestiduras eran blancas y resplandecientes; bajo las cejas espesas le brillaban los ojos, penetrantes como los rayos del sol; y había poder en aquellas manos. Asombrados, felices y temerosos, los compañeros estaban allí de pie y no sabían qué decir.

Al fin Aragorn reaccionó.

—¡Gandalf! —dijo—. ¡Más allá de toda esperanza regresas ahora a asistirnos! ¿Qué velo me oscurecía la vista? ¡Gandalf!

Gimli no dijo nada; cayó de rodillas, cubriéndose los ojos.

—Gandalf —repitió el viejo como sacando de viejos recuerdos una palabra que no utilizaba desde hacía mucho—. Sí, ése era el nombre. Yo era Gandalf.

Bajó de la roca, y recogiendo el manto gris se envolvió en él; fue como si el sol, luego de haber brillado un momento, se ocultara otra vez entre las nubes.

—Sí, todavía podéis llamarme Gandalf —dijo, y era aquella la voz del amigo y el guía—. Levántate, mi buen Gimli. No tengo nada que reprocharte, y no me has hecho ningún daño. En verdad, amigos míos, ninguno de vosotros tiene aquí un arma que pueda lastimarme. ¡Alegraos! Nos hemos encontrado de nuevo. En la vuelta de la marea. El huracán viene, pero la marea ha cambiado.

Puso la mano sobre la cabeza de Gimli, y el Enano alzó los ojos y de pronto se rió.

—¡Gandalf! —dijo—. ¡Pero ahora estás todo vestido de blanco!

—Sí, soy blanco ahora —dijo Gandalf—. En verdad soy Saruman, podría decirse. Saruman como él tendría que haber sido. Pero, ¡contadme vosotros! He pasado por el fuego y por el agua profunda desde que nos vimos la última vez. He olvidado buena parte de lo que creía saber, y he aprendido muchas cosas que había olvidado. Ahora veo cosas muy lejanas, pero muchas otras que están al alcance de la mano no puedo verlas. ¡Habladme de vosotros!

—¿Qué quieres saber? —preguntó Aragorn—. Todo lo que ocurrió desde que nos separamos en el puente haría una larga historia. ¿No quisieras ante todo hablarnos de los hobbits? ¿Los encontraste, y están a salvo?

—No, no los encontré —dijo Gandalf—. Hay tinieblas que cubren los valles de Emyn Muil, y no supe que los habían capturado hasta que el águila me lo dijo.

—¡El águila! —dijo Legolas—. He visto un águila volando alto y lejos: la última vez fue hace tres días, sobre Emyn Muil.

—Sí —dijo Gandalf—, era Gwaihir el Señor de los Vientos que me rescató de Orthanc. Lo envié ante mí a observar el Río y a recoger noticias. Tiene ojos penetrantes, pero no puede ver todo lo que pasa bajo los árboles y las colinas. Algo ha visto, y yo vi otras cosas. El Anillo es ahora para mí inalcanzable, lo mismo que para cualquier miembro de la Compañía que partió de Rivendel. El Enemigo estuvo muy cerca de descubrirlo, pero el Anillo escapó. Tuve en eso parte de culpa, pues yo residía entonces en un sitio alto y luché con la Torre Oscura; y la Sombra pasó. Luego me sentí cansado, muy cansado; y marché mucho tiempo hundido en pensamientos sombríos.

—¡Entonces sabes algo de Frodo! —exclamó Gimli—. ¿Cómo le van a él las cosas?

—No puedo decirlo. Ha escapado a un peligro grande, pero otros muchos le aguardan aún. Ha resuelto ir solo a Mordor, y ya se ha puesto en camino; eso es todo lo que puedo decir.

—No solo —dijo Legolas—. Creemos que Sam lo acompaña.

—¿Sam? —dijo Gandalf, y una luz le pasó por los ojos, y una sonrisa le iluminó la cara—. ¿Sam, de veras? No sabía nada, y sin embargo no me sorprende. ¡Bien! ¡Muy bien! Me sacáis un peso del corazón. Tenéis que decirme más. Ahora sentaos junto a mí y contadme la historia de vuestro viaje.

Los compañeros se sentaron en el suelo a los pies de Gandalf, y Aragorn contó la historia. Durante un tiempo Gandalf no dijo nada, y no hizo preguntas. Tenía las manos extendidas sobre las rodillas, y los ojos cerrados. Al fin, cuando Aragorn habló de la muerte de Boromir, y de la última jornada por el Río Grande, el viejo suspiró.

—No has dicho todo lo que sabes o sospechas, Aragorn, amigo mío —dijo serenamente—. ¡Pobre Boromir! No pude ver qué le ocurrió. Fue una dura prueba para un hombre como él, un guerrero, y señor de los hombres. Galadriel me dijo que estaba en peligro. Pero consiguió escapar de algún modo. Me alegro. No fue en vano que los hobbits jóvenes vinieran con nosotros, al menos para Boromir. Pero no fue éste el único papel que les tocó desempeñar. Los trajeron a Fangorn, y la llegada de ellos fue como la caída de unas piedrecitas que desencadenan un alud en las montañas. Aun desde aquí, mientras hablamos, alcanzo a oír los primeros ruidos. ¡Será bueno para Saruman no estar demasiado lejos cuando el dique se rompa!

—En una cosa no has cambiado, querido amigo —dijo Aragorn—, todavía hablas en enigmas.

—¿Qué? ¿En enigmas? —dijo Gandalf—. ¡No! Pues estaba pensando en voz alta. Una costumbre de la gente vieja: eligen siempre al más enterado de los presentes cuando llega el momento de hablar; las explicaciones que necesitan los jóvenes son largas y fatigosas.

Se rió, pero la risa era ahora cálida y amable como un rayo de sol.

—Yo ya no soy joven, ni siquiera en las estimaciones de los Hombres de las Casas Antiguas —dijo Aragorn—. ¿No quieres hablarme más claramente?

—¿Qué podría decir? —preguntó Gandalf, e hizo una pausa, reflexionando—. He aquí un resumen de cómo veo las cosas en la actualidad, si deseáis conocer con la mayor claridad posible una parte de mi pensamiento. El Enemigo, por supuesto, sabe desde hace tiempo que el Anillo está en viaje, y que lo lleva un hobbit. Sabe también cuántos éramos en la Compañía cuando salimos de Rivendel, y la especie de cada uno de nosotros. Pero aún no ha entendido claramente nuestro propósito. Supone que todos íbamos a Minas Tirith, pues eso es lo que él hubiera hecho en nuestro lugar. Y de acuerdo con lo que él piensa, el poder de Minas Tirith hubiera sido entonces para él una grave amenaza. En verdad está muy asustado, no sabiendo qué criatura poderosa podría aparecer de pronto, llevando el Anillo, declarándole la guerra y tratando de derribarlo y reemplazarlo. Que deseemos derribarlo pero no sustituirlo por nadie es un pensamiento que nunca podría ocurrírsele. Que queramos destruir el Anillo mismo no ha entrado aún en los sueños más oscuros que haya podido alimentar. En esto, como entenderéis sin duda, residen nuestra mayor fortuna y nuestra mayor esperanza. Imaginando la guerra, la ha desencadenado, creyendo ya que no hay tiempo que perder, pues quien primero golpea, si golpea con bastante fuerza, quizá no tenga que golpear de nuevo. Ha puesto pues en movimiento, y más pronto de lo que pensaba, las fuerzas que estaba preparando desde hace mucho. Sabiduría insensata: si hubiera aplicado todo el poder de que dispone a guardar Mordor, de modo que nadie pudiese entrar, y se hubiera dedicado por entero a la caza del Anillo, entonces en verdad toda esperanza sería inútil: ni el Anillo ni el portador lo hubieran eludido mucho tiempo. Pero ahora se pasa las horas mirando a lo lejos y no atendiendo a los asuntos cercanos; y sobre todo le preocupa Minas Tirith. Pronto todas sus fuerzas se abatirán allí como una tormenta.

"Pues sabe ya que los mensajeros que él envió a acechar a la Compañía han fracasado otra vez. No han encontrado el Anillo. No han conseguido tampoco llevarse a algún hobbit como rehén. Esto solo hubiese sido para nosotros un duro revés, quizá fatal. Pero no confundamos nuestros corazones imaginando cómo pondrían a prueba la gentil lealtad de los hobbits allá en la Torre Oscura. Pues el Enemigo ha fracasado, hasta ahora, y gracias a Saruman.

—¿Entonces Saruman no es un traidor? —preguntó Gimli.

—Sí, lo es —dijo Gandalf—. Por partida doble. ¿Y no es

raro? Nada de lo que hemos soportado en los últimos tiempos nos pareció tan doloroso como la traición de Isengard. Aun reconocido sólo como señor y capitán, Saruman se ha hecho muy poderoso. Amenaza a los Hombres de Rohan e impide que ayuden a Minas Tirith en el momento mismo en que el ataque principal se acerca desde el Este. No obstante, un arma traidora es siempre un peligro para la mano. Saruman tiene también la intención de apoderarse del Anillo por su propia cuenta, o al menos atrapar algunos hobbits para llevar a cabo sus malvados propósitos. De ese modo nuestros enemigos sólo consiguieron arrastrar a Merry y Pippin con una rapidez realmente asombrosa y en un abrir y cerrar de ojos hasta Fangorn, ¡a donde de otro modo ellos nunca hubieran ido!

”A la vez han alimentado en ellos mismos nuevas dudas, y han perturbado sus propios planes. Ninguna noticia de la batalla llegará a Mordor, gracias a los Jinetes de Rohan, pero el Señor Oscuro sabe que dos hobbits fueron tomados prisioneros en Emyn Muil y llevados a Isengard contra la voluntad de sus propios servidores. Ahora él teme a Isengard tanto como a Minas Tirith. Si Minas Tirith cae, las cosas empeorarán para Saruman.

—Es una pena que nuestros amigos estén en el medio —dijo Gimli—. Si ninguna tierra separara a Isengard de Mordor, podrían entonces luchar entre ellos mientras nosotros observamos y esperamos.

—El vencedor saldrá más fortalecido que cualquiera de los dos bandos, y ya no tendrá dudas —dijo Gandalf—. Pero Isengard no puede luchar contra Mordor, a menos que Saruman obtenga antes el Anillo. Esto no lo conseguirá ahora. Nada sabe aún del peligro en que se encuentra. Son muchas las cosas que ignora. Estaba tan ansioso de echar mano a la presa que no pudo esperar en Isengard y partió a encontrar y espiar a los mensajeros que él mismo había enviado. Pero esta vez vino demasiado tarde, y la batalla estaba terminada aun antes que él llegara a estas regiones, y ya no podía intervenir. No se quedó aquí mucho tiempo. He mirado en la mente de Saruman y he visto qué dudas lo afligen. No tiene ningún conocimiento del bosque. Piensa que los jinetes han masacrado y quemado todo en el mismo campo de batalla, pero no sabe si los orcos llevan o no algún prisionero. Y no se ha enterado de la disputa entre los servidores de Isengard y los orcos de Mordor; nada sabe tampoco del Mensajero Alado.

—¡El Mensajero Alado! —exclamó Legolas—. Le disparé con el arco de Galadriel sobre Sarn Gebir, y él cayó del cielo. Todos sentimos miedo entonces. ¿Qué nuevo terror es ése?

—Uno que no puedes abatir con flechas —dijo Gandalf—. Sólo abatiste la cabalgadura. Fue una verdadera hazaña, pero el Jinete pronto montó de nuevo. Pues él era un Nazgûl, uno de los Nueve, que ahora cabalgan sobre bestias aladas. Pronto ese terror cubrirá de sombras los últimos ejércitos amigos, ocultando el sol. Pero no se les ha permitido aún cruzar el Río, y Saruman nada sabe de esta nueva forma que visten los Espectros del Anillo. No piensa sino en el Anillo. ¿Estaba presente en la batalla? ¿Fue encontrado? ¿Y qué pasaría si Théoden, el Señor de la Marca, tropezara con el Anillo y se enterara del poder que se le atribuye? Ve todos esos peligros, y ha vuelto de prisa a Isengard a redoblar y triplicar el asalto a Rohan. Y durante todo ese tiempo hay otro peligro, que él no ve, dominado como está por tantos pensamientos. Ha olvidado a Bárbol.

—Ahora otra vez piensas en voz alta —dijo Aragorn con una sonrisa—. No conozco a ningún Bárbol. Y he adivinado una parte de la doble traición de Saruman; pero no sé de qué puede haber servido la llegada de los hobbits a Fangorn, excepto obligarnos a una persecución larga e infructuosa.

—¡Espera un minuto! —dijo Gimli—. Hay otra cosa que quisiera saber antes. ¿Fuiste tú, Gandalf, o fue Saruman a quien vimos anoche?

—No fui yo a quien visteis, por cierto —respondió Gandalf—. He de suponer pues que visteis a Saruman. Nos parecemos tanto, evidentemente, que he de perdonarte que hayas querido abrirme una brecha incurable en el sombrero.

—¡Bien, bien! —dijo Gimli—. Mejor que no fueras tú.

Gandalf rió otra vez.

—Sí, mi buen Enano —dijo—, es un consuelo que a uno no lo confundan siempre. ¡Y si no que me lo digan a mí! Pero, por supuesto, nunca os acusé de cómo me recibisteis. Cómo podría hacerlo, si yo mismo he aconsejado a menudo a mis amigos que ni siquiera confíen en sus propias manos cuando tratan con el Enemigo. ¡Bendito seas, Gimli hijo de Glóin! ¡Quizá un día nos veas juntos y puedas distinguir entre los dos!

—¡Pero los hobbits! —interrumpió Legolas—. Hemos andado mucho buscándolos, y tú pareces saber dónde se encuentran. ¿Dónde están ahora?

—Con Bárbol y los Ents —dijo Gandalf.

—¡Los Ents! —exclamó Aragorn—. ¿Entonces son ciertas las viejas leyendas sobre los habitantes de los bosques profundos y los pastores de árboles? ¿Hay todavía Ents en el mundo? Pensé que eran sólo un recuerdo de los días de antaño, o quizá apenas una leyenda de Rohan.

—¡Una leyenda de Rohan! —exclamó Legolas—. No, todo Elfo de las Tierras Ásperas ha cantado canciones sobre el viejo Onodrin y la pena que lo acosaba. Aunque aun entre nosotros son sólo apenas un recuerdo. Si me encontrara a alguno que anda todavía por este mundo, en verdad me sentiría joven de nuevo. Pero Bárbol no es más que una traducción de Fangorn a la Lengua Común; sin embargo, hablas de él como si fuera una persona. ¿Quién es este Bárbol?

—¡Ah! Ahora haces demasiadas preguntas —dijo Gandalf—. Lo poco que sé de esta larga y lenta historia demandaría un relato para el que nos falta tiempo. Bárbol es Fangorn, el guardián del bosque; es el más viejo de los Ents, la criatura más vieja entre quienes caminan todavía bajo el sol en la Tierra Media. Espero en verdad, Legolas, que tengas la oportunidad de conocerlo. Merry y Pippin han sido afortunados; se encontraron con él en este mismo sitio. Pues llegó aquí hace dos días y se los llevó a la morada donde él habita, al pie de las montañas. Viene aquí a menudo, principalmente cuando no se siente tranquilo y los rumores del mundo exterior lo perturban. Lo vi hace cuatro días paseándose entre los árboles, y creo que él me vio, pues hizo una pausa; pero no llegué a hablarle; muchos pensamientos me abrumaban, y me sentía fatigado luego de mi lucha con el Ojo de Mordor, y él tampoco me habló, ni me llamó por mi nombre.

—Quizá creyó él también que eras Saruman —dijo Gimli—. Pero hablas de él como si fuera un amigo. Yo creía que Fangorn era peligroso.

—¡Peligroso! —exclamó Gandalf—. Y yo también lo soy, muy peligroso, más peligroso que cualquier otra cosa que hayáis encontrado hasta ahora, a menos que os lleven vivos a la residencia del Señor Oscuro. Y Aragorn es peligroso, y Legolas es peligroso. Estás rodeado de peligros, Gimli hijo de Glóin, pues tú también eres peligroso, a tu manera. En verdad el bosque de Fangorn es peligroso, y más aún para aquellos que en seguida echan mano al hacha; y Fangorn mismo, él también es peligroso; aunque sabio, y bueno. Pero ahora la larga y lenta cólera de Fangorn está desbordando, y comunicándose a todo el bosque. La llegada de los hobbits y las noticias que le trajeron fueron la gota que colmó el vaso; pronto esa cólera se extenderá como una inundación, volviéndose contra Saruman y las hachas de Isengard. Está por ocurrir algo que no se ha visto desde los Días Antiguos: los Ents despertarán, y descubrirán que son fuertes.

—¿Qué harán entonces? —preguntó Legolas, sorprendido.

—No lo sé —dijo Gandalf—. Y no creo que ellos lo sepan.

Calló y bajó la cabeza, ensimismado.

Los otros se quedaron mirándolo. Un rayo de sol se filtró entre las nubes rápidas y cayó en las manos de Gandalf, que ahora las tenía en el regazo con las palmas vueltas hacia arriba: parecían estar colmadas de luz como una copa llena de agua. Al fin alzó los ojos y miró directamente al sol.

—La mañana se va —dijo—. Pronto tendremos que partir.

—¿Iremos a buscar a nuestros amigos y ver a Bárbol? —preguntó Aragorn.

—No —respondió Gandalf—, no es ésa la ruta que os

aconsejo. He pronunciado palabras de esperanza. Pero sólo de esperanza. La esperanza no es la victoria. La guerra está sobre nosotros, y nuestros amigos; una guerra en la que sólo recurriendo al Anillo podríamos asegurarnos la victoria. Me da tristeza y miedo, pues muchas cosas se destruirán, y todo puede perderse. Soy Gandalf, Gandalf el Blanco, pero el Negro es todavía más poderoso.

Se incorporó y miró al este, protegiéndose los ojos, como si viera allá lejos muchas cosas que los otros no alcanzaban a ver. Al fin meneó la cabeza.

—No —dijo en voz baja—, está ahora fuera de nuestro alcance. Alegrémonos de esto al menos. El Anillo ya no puede tentarnos. Tendremos que descender a enfrentar un riesgo que es casi desesperado; pero el peligro mortal ha sido suprimido.

Se volvió a Aragorn.

—¡Vamos, Aragorn hijo de Arathorn! —dijo Gandalf—. No lamentes tu elección en el valle de Emyn Muil, ni hables de una persecución vana. En la duda elegiste el camino que te parecía bueno; la elección fue justa, y ha sido recompensada. Pues nos hemos reencontrado a tiempo, y de otro modo nos hubiésemos reencontrado demasiado tarde. Pero la busca de tus compañeros ha concluido. La continuación de tu viaje está señalada por la palabra que diste. Tienes que ir a Edoras y buscar a Théoden. Pues te necesitan. La luz de Andúril ha de descubrirse ahora en la batalla por la que ha esperado durante tanto tiempo. Hay guerra en Rohan, y un mal todavía peor; la desgracia amenaza a Théoden.

—¿Entonces ya no veremos otra vez a esos alegres y jóvenes hobbits? —preguntó Legolas.

—No diría eso —respondió Gandalf—. ¿Quién sabe? Tened paciencia. Id a donde tenéis que ir, ¡y confiad! ¡A Edoras! Yo iré con vosotros.

—Es un largo camino para que un hombre lo recorra a pie, joven o viejo —le dijo Aragorn—. Temo que la batalla termine mucho antes de que lleguemos.

—Ya se verá, ya se verá —dijo Gandalf—. ¿Vendréis ahora conmigo?

—Sí, partiremos juntos —dijo Aragorn—, pero no dudo de que tú podrías llegar allí antes que yo, si lo quisieras.

Se incorporó y observó largamente a Gandalf. Los otros los miraron en silencio, mientras estaban allí de pie, enfrentándose. La figura gris del Hombre, Aragorn hijo de Arathorn, era alta, y rígida como la piedra, con la mano en la empuñadura de la espada; parecía un rey que hubiese salido de las nieblas del mar a unas costas donde vivían unos hombres insignificantes. Ante él se erguía la vieja figura, blanca, brillante como si alguna luz le ardiera dentro, inclinada, doblada por los años, pero dueña de un poder que superaba la fuerza de los reyes.

—¿No digo acaso la verdad, Gandalf? —dijo Aragorn al fin—. ¿No podrías ir a cualquier sitio más rápido que yo si así lo quisieras? Y digo esto también: eres nuestro capitán y nuestra bandera. El Señor Oscuro tiene Nueve. Pero nosotros tenemos Uno, más poderoso que ellos: el Caballero Blanco. Ha pasado por las pruebas del fuego y el abismo, y ellos le temerán. Iremos a donde él nos conduzca.

—Sí, juntos te seguiremos —dijo Legolas—. Pero antes me aliviarías el corazón, Gandalf, si nos dijeras qué te ocurrió en Moria. ¿Nos lo dirás? ¿No puedes demorarte ni siquiera para decirles a tus amigos cómo te libraste?

—Me he demorado ya demasiado —respondió Gandalf—. El tiempo es corto. Pero aunque dispusiésemos de un año, no os lo diría todo.

—¡Entonces dinos lo que quieras, y lo que el tiempo permita! —dijo Gimli—. ¡Vamos, Gandalf, dinos cómo enfrentaste al Balrog!

—¡No lo nombres! —exclamó Gandalf, y durante un momento pareció que una nube de dolor le pasaba por la cara, y se quedó silencioso, y pareció viejo como la muerte—. Mucho tiempo caí —dijo al fin, lentamente, como recordando con dificultad—. Mucho tiempo caí, y él cayó conmigo. El fuego de él me envolvía, quemándome. Luego nos hundimos en un agua profunda y todo fue oscuro. El agua era fría como la marea de la muerte: casi me hiela el corazón.

—Profundo es el abismo que el Puente de Durin franquea —dijo Gimli— y nadie lo ha medido.

—Sin embargo, tiene un fondo, más allá de toda luz y todo conocimiento —dijo Gandalf—. Al fin llegué allí, a las más extremas fundaciones de piedra. Él estaba todavía conmigo. El fuego se le había apagado, pero ahora era una criatura de barro, más fuerte que una serpiente constrictora.

"Luchamos allá lejos bajo la tierra viviente, donde no hay cuenta del tiempo. Él me aferraba con fuerza y yo lo acuchillaba, hasta que por último él huyó por unos túneles oscuros. No fueron construidos por la gente de Durin, Gimli hijo de Glóin. Abajo, más abajo que las más profundas moradas de los Enanos, unas criaturas sin nombre roen el mundo. Ni siquiera Sauron las conoce. Son más viejas que él. Recorrí esos caminos, pero nada diré que oscurezca la luz del día. En aquella desesperanza, mi enemigo era la única salvación, y fui detrás de él, pisándole los talones. Terminó al fin por llevarme a los caminos secretos de Khazad-dûm: demasiado bien los conocía. Siempre subiendo fuimos así hasta que llegamos a la Escalera Interminable.

—Hace tiempo que no se sabe de ella —dijo Gimli—. Muchos pretenden que nunca existió sino en las leyendas, pero otros afirman que fue destruida.

—Existe, y no fue destruida —dijo Gandalf—. Desde el escondrijo más bajo a la cima más alta sube en una continua espiral de miles de escalones, hasta que sale al fin en la Torre de Durin labrada en la roca viva de Zirakzigil, el pico del Cuerno de Plata.

"Allí sobre el Celebdil una ventana solitaria se abre a la nieve, y ante ella se extiende un espacio estrecho, un área vertiginosa sobre las nieblas del mundo. El sol brilla fieramente en ese sitio, pero abajo todo está amortajado en nubes. Él salió fuera, y cuando llegué detrás, ya estaba ardiendo con nuevos fuegos. No había nadie allí que nos viera, aunque quizá cuando pasen los años habrá gentes que canten la Batalla de la Cima. —Gandalf rió de pronto.— ¿Pero qué dirán esas canciones? Aquellos que miraban de lejos habrán pensado que una tormenta coronaba la montaña. Se oyeron truenos, y hubo relámpagos, que estallaban sobre el Celebdil, y retrocedían quebrándose en lenguas de fuego. ¿No es bastante? Una gran humareda se alzó a nuestro alrededor, vapores y nubes. El hielo cayó como lluvia. Derribé a mi enemigo, y él cayó desde lo alto, golpeando y destruyendo el flanco de la montaña. Luego me envolvieron las tinieblas, y me extravié fuera del pensamiento y del tiempo, y erré muy lejos por sendas de las que nada diré.

''Desnudo fui enviado de vuelta, durante un tiempo, hasta que llevara a cabo mi trabajo. Y desnudo yací en la cima de la montaña. La torre de atrás había sido reducida a polvo, la ventana había desaparecido: las piedras rotas y quemadas obstruían la arruinada escalera. Yo estaba solo allí, olvidado, sin posibilidad de escapar en aquella dura cima del mundo. Allí me quedé, tendido de espaldas, mirando el cielo mientras las estrellas giraban encima, y los días parecían más largos que la vida entera de la tierra. Débiles llegaban a mis oídos los rumores de todas las tierras; la germinación y la muerte, las canciones y los llantos, y el lento y sempiterno gruñido de las piedras sobrecargadas. Y así por fin Gwaihir el Señor de los Vientos me encontró otra vez, y me recogió y me llevó.

'' 'Parezco condenado a ser tu carga, amigo en tiempos de necesidad', le dije.

'' 'Has sido una carga antes —me respondió—, pero no ahora. Eres entre mis garras liviano como una pluma de cisne. El sol brilla a través de ti. En verdad no pienso que me necesites más: si yo te dejara caer flotarías en el viento'.

'' '¡No me dejes caer', jadeé, pues sentía que me volvía la vida. '¡Llévame a Lothlórien!'

'' 'Ésa es en verdad la orden de la Dama Galadriel, que me envió a buscarte', me respondió.

''Fue así como llegué a Caras Galadon y descubrí que ya no estabais. Me demoré allí en el tiempo sin edad de aquellas tierras, donde los días curan y no arruinan. Me curé, y fui vestido de blanco. Aconsejé y me aconsejaron. De allá vine por extraños caminos, y traje mensajes para algunos de vosotros. Se me pidió que a Aragorn le dijera esto:

¿Dónde están ahora los Dúnedain, Elessar, Elessar?
¿Por qué tus gentes andan errantes allá lejos?

Cercana está la hora en que volverán los Perdidos
y del Norte descienda la Compañía Gris.
Pero sombría es la senda que te fue reservada:
los muertos vigilan el camino que lleva al Mar.

"A Legolas le envió este mensaje:

Legolas Hojaverde, mucho tiempo bajo el árbol
en alegría has vivido. ¡Ten cuidado del Mar!
Si escuchas en la orilla la voz de la gaviota,
nunca más descansará tu corazón en el bosque.

Gandalf calló y cerró los ojos.

—¿No me envió ella entonces ningún mensaje? —dijo Gimli e inclinó la cabeza.

—Oscuras son esas palabras —dijo Legolas—, y poco significan para quien las recibe.

—Eso no es ningún consuelo —dijo Gimli.

—¿Qué pretendes? —dijo Legolas—. ¿Que ella te hable francamente de tu propia muerte?

—Sí, si no tiene otra cosa que decir.

—¿Qué estáis hablando? —les preguntó Gandalf, abriendo los ojos—. Sí, creo adivinar el sentido de esas palabras. ¡Perdóname, Gimli! Estaba rumiando esos mensajes otra vez. Pero en verdad ella me pidió que te dijera algo, ni triste ni oscuro.

" 'A Gimli hijo de Glóin —me dijo—, llévale el beneplácito de su Dama. Portador del rizo, a donde quiera que vayas mi pensamiento va contigo. ¡Pero cuida siempre de que tu hacha se aplique al árbol adecuado!'

—¡Feliz hora en la que has vuelto a nosotros, Gandalf! —exclamó el Enano dando saltos y cantando alto en la extraña lengua de los Enanos—. ¡Vamos, vamos! —gritó, blandiendo el hacha—. Ya que la cabeza de Gandalf es sagrada ahora, ¡busquemos una que podamos hendir!

—No habrá que buscar muy lejos —dijo Gandalf levantándose—. ¡Vamos! Hemos consumido todo el tiempo que se concede al reencuentro de los amigos. Ahora es necesario apresurarse.

*

Se envolvió otra vez en aquel viejo manto andrajoso, y encabezó el grupo. Los otros lo siguieron y descendieron rápidamente desde la cornisa y se abrieron paso a través del bosque siguiendo la margen del Entaguas. No volvieron a hablar hasta que se encontraron de nuevo sobre la hierba más allá de los lindes de Fangorn. Nada se veía de los caballos.

—No han vuelto —dijo Legolas—. Será una caminata fatigosa.

—Yo no caminaré. El tiempo apremia —dijo Gandalf, y echando atrás la cabeza, emitió un largo silbido. Tan clara y tan penetrante era la nota que a los otros les sorprendió que saliera de aquellos viejos labios barbados. Gandalf silbó tres veces; y luego débil y lejano, traído por el viento del este, pareció oírse el relincho de un caballo en las llanuras. Los otros esperaron sorprendidos. Poco después llegó un ruido de cascos, al principio apenas un estremecimiento del suelo que sólo Aragorn pudo oír, con la cabeza sobre la hierba, y que aumentó y se aclaró hasta que fue un golpeteo rápido.

—Vienen más de un caballo —dijo Aragorn.

—Por cierto —dijo Gandalf—. Somos una carga demasiado pesada para uno solo.

—Hay tres —dijo Legolas, que observaba la llanura—. ¡Mirad cómo corren! Allí viene Hasufel, ¡y mi amigo Arod viene al lado! Pero hay otro que encabeza la tropa: un caballo muy grande. Nunca vi ninguno parecido.

—Ni nunca lo verás —dijo Gandalf—. Ése es Sombragrís. Es el jefe de los *Mearas*, señores de los caballos, y ni siquiera Théoden, Rey de Rohan, ha visto uno mejor. ¿No brilla acaso como la plata, y corre con la facilidad de una rápida corriente? Ha venido por mí: la cabalgadura del Caballero Blanco. Iremos juntos al combate.

El viejo mago hablaba aún cuando el caballo grande subió la pendiente hacia él: le brillaba la piel, las crines le flotaban al viento. Los otros dos animales venían lejos detrás. Tan pronto como Sombragrís vio a Gandalf, aminoró el paso y relinchó con fuerza; luego se adelantó al trote e inclinando la orgullosa cabeza frotó el hocico contra el cuello del viejo.

Gandalf lo acarició.

—Rivendel está lejos, amigo mío —dijo—, pero tú eres inteligente y rápido y vienes cuando te necesitan. Haremos ahora juntos una larga cabalgata, ¡y ya no nos separaremos en este mundo!

Pronto los otros caballos llegaron también y se quedaron quietos y tranquilos, como esperando órdenes.

—Iremos en seguida a Meduseld, la morada de vuestro amo, Théoden —dijo Gandalf hablándoles gravemente; y los animales inclinaron las cabezas—. El tiempo escasea, de modo que con vuestro permiso, amigos míos, montaremos ahora. Os agradeceríamos que fueseis tan rápidos como podáis. Hasufel llevará a Aragorn y Arod a Legolas. Gimli irá conmigo, si Sombragrís nos lo permite. Sólo nos detendremos ahora a beber un poco.

—Ahora entiendo en parte ese enigma de anoche —dijo Legolas saltando ágilmente sobre el lomo de Arod—. No sé si al principio los espantó el miedo, pero tropezaron con Sombragrís, el jefe, y lo saludaron con alegría. ¿Sabías tú que andaba cerca, Gandalf?

—Sí, lo sabía —dijo el mago—. Puse en él todos mis pensamientos, rogándole que se apresurara; pues ayer estaba muy lejos al sur de estos territorios. ¡Deseemos que me lleve rápido de vuelta!

Gandalf le habló entonces a Sombragrís, y el caballo partió a la carrera, pero cuidando de no dejar muy atrás a los otros. Al cabo de un rato giró de pronto, y eligiendo un paraje donde las barrancas eran más bajas, vadeó el río, y luego los llevó en línea recta hacia el sur por terrenos llanos, amplios y sin árboles. El viento pasaba como olas grises entre las interminables millas de hierba. No había huellas de caminos o senderos, pero Sombragrís no titubeó ni cambió el paso.

—Corre ahora directamente hacia la Casa de Théoden al pie de las Montañas Blancas —dijo Gandalf—. Será más rápido así. El suelo es más firme en el Estemnet, por donde pasa la ruta principal hacia el norte, del otro lado más allá del río, pero Sombragrís sabe cómo ir entre los pantanos y las cañadas.

Durante muchas horas cabalgaron por las praderas y las tierras ribereñas. A menudo la hierba era tan alta que llegaba a las rodillas de los jinetes, y parecía que las cabalgaduras estuvieran nadando en un mar verdegrís. Encontraron muchas lagunas ocultas, y grandes extensiones de juncias que ondulaban sobre pantanos traicioneros; pero Sombragrís no se desorientaba, y los otros caballos lo seguían entre la hierba. Lentamente el sol cayó del cielo hacia el oeste. Mirando por encima de la amplia llanura, los jinetes vieron a lo lejos como un fuego rojo que se hundía un instante en los pastos. Allá abajo en el horizonte las estribaciones de las montañas centelleaban rojizas a un lado y a otro. Un humo subió oscureciendo el disco del sol, tiñéndolo de sangre, como si el astro hubiese inflamado los pastos mientras desaparecía en el borde de la tierra.

—Veo una gran humareda —dijo Legolas—. ¿Qué es?

—¡La batalla y la guerra! —respondió Gandalf—. ¡Vamos!

6

EL REY DEL CASTILLO DE ORO

Continuaron cabalgando durante la puesta del sol, y el lento crepúsculo, y la noche que caía. Cuando al fin se detuvieron y echaron pie a tierra, aun el mismo Aragorn se sentía embotado y fatigado. Gandalf sólo les concedió un descanso de unas pocas horas. Legolas y Gimli durmieron, y Aragorn se tendió de espaldas en el suelo, pero Gandalf se quedó de pie, apoyado en el bastón, escrutando la oscuridad, al este y al oeste. Todo estaba en silencio, y no había señales de criaturas vivas. Cuando los otros abrieron los ojos, unas nubes largas atravesaban el cielo de la noche, arrastradas por un viento helado. Partieron una vez más a la luz fría de la luna, rápidamente, como si fuera de día.

Las horas pasaron y aún seguían cabalgando. Gimli cabeceaba, y habría caído por tierra si Gandalf no lo hubiera sostenido, sacudiéndolo. Hasufel y Arod, fatigados pero orgullosos, corrían detrás del guía infatigable, una sombra gris apenas visible ante ellos. Muchas millas quedaron atrás. La luna creciente se hundió en el oeste nuboso.

Un frío penetrante invadió el aire. Lentamente, en el oeste, las tinieblas se aclararon y fueron de un color gris ceniciento. Unos rayos de luz roja asomaron por encima de las paredes negras de Emyn Muil lejos a la izquierda. Llegó el alba, clara y brillante; un viento barrió el camino, apresurándose entre las hierbas gachas. De pronto Sombragrís se detuvo y relinchó. Gandalf señaló allá adelante.

—¡Mirad! —exclamó, y todos alzaron los ojos fatigados. Delante de ellos se erguían las montañas del Sur: coronadas de blanco y estriadas de negro. Los herbazales se extendían hasta las lomas que se agrupaban al pie de las laderas, y subían a numerosos valles todavía borrosos y oscuros que la luz del alba no había tocado aún y que se introducían serpeando en el corazón de las grandes montañas. Delante mismo de los viajeros la más ancha de estas cañadas se abría como una larga depresión entre las lomas. Lejos en el interior alcanzaron a ver la masa desmoronada de una montaña con un solo pico; a la entrada del valle se elevaba una cima solitaria, como un centinela. Alrededor, fluía el hilo plateado de un arroyo que salía del valle; sobre la cumbre, todavía muy lejos, vieron un reflejo del sol naciente, un resplandor de oro.

—¡Habla, Legolas! —dijo Gandalf—. ¡Dinos lo que ves ante nosotros!

Legolas miró adelante, protegiéndose los ojos de los rayos horizontales del sol que acababa de asomar.

—Veo una corriente blanca que desciende de las nieves —dijo—. En el sitio en que sale de la sombra del valle, una colina verde se alza al este. Un foso, una muralla maciza y una cerca espinosa rodean la colina. Dentro asoman los techos de las casas; y en medio, sobre una terraza verde, se levanta un castillo de Hombres. Y me parece ver que está recubierto de oro. La luz del castillo brilla lejos sobre las tierras de alrededor. Dorados son también los montantes de las puertas. Allí hay unos hombres de pie, con mallas relucientes; pero todos los otros duermen aún en las moradas.

—Esas moradas se llaman Edoras —dijo Gandalf—, y el castillo dorado es Meduseld. Allí vive Théoden hijo de Thengel, rey de la Marca de Rohan. Hemos llegado junto con el sol. Ahora el camino se extiende claramente ante nosotros. Pero tenemos que ser más prudentes, pues se ha declarado la guerra, y los Rohirrim, los Señores de los Caballos, no descansan, aunque así parezca desde lejos. No echéis mano a las armas, no pronunciéis palabras altaneras, os lo aconsejo a todos, hasta que lleguemos ante el sitial de Théoden.

La mañana era brillante y clara alrededor, y los pájaros cantaban, cuando los viajeros llegaron al río. El agua bajaba rápidamente hacia la llanura, y más allá de las colinas describía ante ellos una curva amplia y se alejaba a alimentar el lecho del Entaguas, donde se apretaban los juncos. El suelo era verde; en los prados húmedos y a lo largo de las orillas herbosas crecían muchos sauces. En esta tierra meridional las yemas de los árboles ya tenían un color rojizo, sintiendo la cercanía de la primavera. Un vado atravesaba la corriente entre las orillas bajas, donde había muchas huellas de caballos. Los viajeros cruzaron el río y se encontraron en una ancha senda trillada que llevaba a las tierras altas.

Al pie de la colina amurallada, la senda corría a la sombra de numerosos montículos, altos y verdes. En la cara oeste de estas elevaciones la hierba era blanca, como cubierta de nieve; unas florecitas asomaban entre la hierba como estrellas innumerables.

—¡Mirad! —dijo Gandalf—. ¡Qué hermosos son esos ojos que brillan en la hierba! Las llaman "no-me-olvides", *symbelmynë* en esta tierra de Hombres, pues florecen en todas las estaciones del año y crecen donde descansan los muertos. He aquí las grandes tumbas donde duermen los antepasados de Théoden.

—Siete montículos a la derecha, y nueve a la izquierda —dijo Aragorn—. El castillo de oro fue construido hace ya muchas vidas de hombres.

—Quinientas veces las hojas rojas cayeron desde entonces en mi casa del Bosque Negro —dijo Legolas—, y a nosotros nos parece que ha pasado sólo un instante.

—Pero a los Jinetes de la Marca les parece un tiempo tan largo —dijo Aragorn— que la edificación de esta morada es sólo un recuerdo en una canción, y los años anteriores se pierden en la noche de los siglos. Ahora llaman a esta región el país natal, y no hablan la misma lengua que los parientes del norte.

Se puso a cantar dulcemente en una lengua lenta, desconocida para el Elfo y el Enano; ellos escucharon, sin embargo, pues la música era muy hermosa.

—Ésta es, supongo, la lengua de los Rohirrim —dijo Legolas—, pues podría comparársela a estas tierras: ricas y onduladas en parte, y también duras y severas como montañas. Pero no alcanzo a entender el significado, excepto que está cargado de la tristeza de los Hombres Mortales.

—Hela aquí en la Lengua Común —dijo Aragorn—, en una versión aproximada.

¿Dónde están ahora el caballo y el caballero? ¿Dónde está el cuerno
que sonaba?
¿Dónde están el yelmo y la coraza, y los luminosos cabellos
flotantes?
¿Dónde están la mano en las cuerdas del arpa y el fuego rojo
encendido?
¿Dónde están la primavera y la cosecha y la espiga alta que crece?
Han pasado como una lluvia en la montaña, como un viento en el
prado;
los días han descendido en el oeste en la sombra de detrás de las
colinas.
¿Quién recogerá el humo de la ardiente madera muerta,
o verá los años fugitivos que vuelven del mar?

"Así dijo una vez en Rohan un poeta olvidado, evocando
la estatura y la belleza de Eorl el Joven, que vino cabalgando del norte; y el corcel tenía alas en las patas; Felaróf,
padre de caballos. Así cantan aún los Hombres al anochecer.

Con estas palabras los viajeros dejaron atrás los silenciosos montículos. Siguiendo el camino que serpenteaba a
lo largo de las estribaciones verdes llegaron al fin a las
grandes murallas y a las puertas de Edoras, batidas por el
viento.

Había allí muchos hombres sentados vestidos con brillantes túnicas de malla, que en seguida se pusieron de pie
y les cerraron el camino con las lanzas.

—¡Deteneos, extranjeros aquí desconocidos! —gritaron
en la lengua de la Marca de los Jinetes, y preguntaron los
nombres y el propósito de los extranjeros. Parecían bastante sorprendidos, pero no eran amables; y echaban miradas sombrías a Gandalf.

—Yo entiendo bien lo que decís —respondió en la misma
lengua—, pero pocos extranjeros pueden hacer otro tanto.
¿Por qué entonces no habláis en la Lengua Común, como
es costumbre en el Oeste, si deseáis una respuesta?

—Es la voluntad del rey Théoden que nadie franquee
estas puertas, excepto aquellos que conocen nuestra lengua
y son nuestros amigos —replicó uno de los guardias—.
Nadie es bienvenido aquí en tiempos de guerra sino nuestra

propia gente, y aquellos que vienen a Mundburgo en el país de Gondor. ¿Quiénes sois vosotros que venís descuidadamente por el llano con tan raras vestiduras, montando caballos parecidos a los nuestros? Hace tiempo que montamos guardia aquí y os hemos observado desde lejos. Nunca hemos visto unos jinetes extraños, ni ningún caballo tan arrogante como ese que traéis. Es uno de los *Mearas*, si los ojos no nos engañan por algún encantamiento. Decidme, ¿no seréis un mago, algún espía de Saruman, o alguna fabricación ilusoria? ¡Hablad, rápido!

—No somos fantasmas —dijo Aragorn—, ni os engañan los ojos. Pues estos que cabalgamos son en verdad caballos vuestros, como ya sabíais sin duda antes de preguntar. Pero es raro que un ladrón vuelva al establo. Aquí están Hasufel y Arod, que Éomer, el Tercer Mariscal de la Marca, nos prestó hace sólo dos días. Los traemos de vuelta, como se lo prometimos. ¿No ha vuelto entonces Éomer y no ha anunciado nuestra llegada?

Una sombra de preocupación asomó a los ojos del guardia.

—De Éomer nada tengo que decir —respondió—. Si lo que me contáis es cierto, entonces es casi seguro que Théoden estará ya enterado. Quizá algo se supiera de vuestra venida. No hace más de dos noches Lengua de Serpiente vino a visitarnos y nos dijo que por voluntad de Théoden no se permitiría la entrada de ningún extranjero.

—¿Lengua de Serpiente? —dijo Gandalf escrutando el rostro del guardia—. ¡No digas más! No vengo a ver a Lengua de Serpiente sino al mismísimo Señor de la Marca. Tengo prisa. ¿No irás o mandarás decir que hemos venido? —Los ojos del mago centellearon bajo las cejas espesas mientras se inclinaba a mirar al hombre.

—Sí, iré —dijo el guardia lentamente—. Pero ¿qué nombres he de anunciar? ¿Y qué diré de vos? Parecéis ahora más viejo y cansado, pero yo diría que por debajo sois implacable y severo.

—Bien ves y hablas —dijo el mago—. Pues yo soy Gandalf. He vuelto. ¡Y mirad! También traigo de vuelta un caballo. He aquí a Sombragrís el Grande, que ninguna otra mano pudo domar. Y aquí a mi lado está Aragorn hijo de

Arathorn, heredero de Reyes, y que va a Mundburgo. He aquí también a Legolas el Elfo y Gimli el Enano, nuestros camaradas. Ve ahora y dile a tu amo que estamos a las puertas de Edoras y que quisiéramos hablarle, si nos permite entrar en el castillo.

—¡Raros nombres los vuestros, en verdad! Pero informaré como me pedís, y veremos cuál es la voluntad de mi señor —dijo el guardia—. Esperad aquí un momento, y os traeré la respuesta que a él le plazca. ¡No tengáis muchas esperanzas! Éstos son tiempos oscuros. —Se alejó rápidamente, ordenando a los otros guardias que vigilaran de cerca a los extranjeros. Al cabo de un rato, el guardia volvió.

—¡Seguidme! —dijo—. Théoden os permite entrar, pero tenéis que dejar en el umbral cualquier arma que llevéis, aunque sea una vara. Los centinelas las cuidarán.

Se abrieron de par en par las grandes puertas oscuras. Los viajeros entraron, marchando en fila detrás del guía. Vieron un camino ancho recubierto de piedras talladas, que ahora subía serpenteando o trepaba en cortos tramos de escalones bien dispuestos. Dejaron atrás numerosas casas de madera y numerosas puertas oscuras. A la vera del camino corría entre las piedras, centelleando y murmurando, un arroyo límpido. Llegaron por fin a la cresta de la colina. Vieron allí una plataforma alta que se elevaba por encima de una terraza verde a cuyo pie brotaba, de una piedra tallada en forma de cabeza de caballo, un manantial claro; y más abajo una gran cuenca desde donde el agua se vertía para ir a alimentar el arroyo. Una ancha y alta escalinata de piedra subía a la terraza, y a cada lado del último escalón había sitiales tallados en la piedra. En ellos estaban sentados otros guardias, las espadas desnudas sobre las rodillas. Los cabellos dorados les caían en trenzas sobre los hombros y un sol blasonaba los escudos verdes; las largas corazas bruñidas resplandecían, y cuando se pusieron de pie parecieron de estatura más alta que los hombres mortales.

*

139

—Ya estáis frente a las puertas —les dijo el guía—. Yo he de volver a montar la guardia. Adiós. ¡Y que el Señor de la Marca os sea benévolo!

Dio media vuelta y se alejó rápidamente camino abajo.

Los viajeros subieron la larga escalera, bajo la mirada vigilante de los guardias, que permanecieron de pie en silencio hasta el momento en que Gandalf puso el pie en la terraza pavimentada. Entonces, de pronto, con voz clara, pronunciaron una frase de bienvenida en la lengua de los Jinetes.

—Salve, extranjeros que venís de lejos —dijeron, volviendo hacia los viajeros la empuñadura de las espadas en señal de paz. Las gemas verdes centellearon al sol. Luego uno de los hombres se adelantó y les habló en la Lengua Común.

—Yo soy el Ujier de Armas de Théoden —dijo—. Me llamo Háma. He de pediros que dejéis aquí vuestras armas antes de entrar.

Legolas le entregó el puñal de empuñadura de plata, el arco y el carcaj.

—Guárdalos bien —le dijo—, pues provienen del Bosque Dorado, y me los ha regalado la Dama de Lothlórien.

El guardia lo miró asombrado; rápidamente dejó las armas contra el muro, como temeroso.

—Nadie las tocará, te lo prometo —dijo.

Aragorn titubeó un momento.

—No deseo desprenderme de mi espada —dijo—, ni confiar Andúril a las manos de algún otro Hombre.

—Es la voluntad de Théoden —dijo Háma.

—No veo por qué la voluntad de Théoden hijo de Thengel, por más que sea el Señor de la Marca, ha de prevalecer sobre la de Aragorn hijo de Arathorn, heredero de Elendil, Señor de Gondor.

—Ésta es la casa de Théoden, no la de Aragorn, aunque sea Rey de Gondor y ocupe el trono de Denethor —dijo Háma, corriéndose con presteza hasta las puertas para cerrarle el paso. Ahora esgrimía la espada, y apuntaba con ella a los viajeros.

—Todo esto son palabras ociosas —dijo Gandalf—. Vana es la exigencia de Théoden, pero también lo es que rehusemos. Un rey es dueño de hacer lo que le plazca en su propio castillo, así sea una locura.

—Sin duda —dijo Aragorn—. Y yo me doblegaría ante la voluntad del dueño de casa, así fuese la cabaña de un leñador, si mi espada no se llamara Andúril.

—Cualquiera que sea el nombre de tu espada —dijo Háma—, aquí la dejarás si no quieres batirte tú solo contra todos los hombres de Edoras.

—¡No solo! —dijo Gimli, acariciando el filo del hacha, y alzando hacia el guardia una mirada sombría, como si el hombre fuera un árbol joven que se propusiera abatir—. ¡No solo!

—¡Vamos, vamos! —interrumpió Gandalf—. Aquí todos somos amigos. O tendríamos que serlo; pues si disputamos, nuestra única recompensa sería la risa sarcástica de Mordor. La misión que aquí me trae es urgente. He aquí *mi* espada, al menos, buen hombre. Guárdala bien. Se llama Glamdring, y fue forjada por los Elfos hace mucho tiempo. Ahora déjame pasar. ¡Ven, Aragorn!

Aragorn se quitó lentamente el cinturón y él mismo apoyó la espada contra el muro.

—Aquí la dejo —dijo—, pero te ordeno que no la toques ni permitas que nadie ponga la mano en ella. En esta vaina élfica habita la Espada que estuvo Rota y fue forjada de nuevo. Telchar la forjó por primera vez en la noche de los tiempos. La muerte se abatirá sobre todo hombre que se atreva a empuñar la espada de Elendil, excepto el heredero de Elendil.

El guardia dio un paso atrás y miró a Aragorn con extrañeza.

—Se diría que vienes de tiempos olvidados en alas de una canción —exclamó—. Se hará lo que ordenas, Señor.

—Bueno —dijo Gimli—, si tiene a Andúril por compañía, también mi hacha puede quedar aquí, sin desmedro —y la puso en el suelo—. Ahora, si todo está ya como lo deseas, llévanos a ver a tu amo.

El guarda vacilaba aún.

—Vuestra vara —le dijo a Gandalf—. Perdonad, pero también ella tiene que quedar afuera.

—¡Pamplinas! —dijo Gandalf—. Una cosa es la pruden-

141

cia y otra la descortesía. Soy un hombre viejo. Si no puedo caminar apoyándome en un bastón, me quedaré sentado y esperaré que Théoden se digne arrastrarse hasta aquí para hablar conmigo.

Aragorn se rió.

—Todos los hombres tienen algo que no quieren confiar a manos extrañas. ¿Pero le quitarías el báculo a un hombre viejo? Vamos, ¿no nos dejarás entrar?

—Esa vara en manos de un mago puede ser algo más que un simple báculo —dijo Háma. Examinó con atención la vara de fresno en que se apoyaba Gandalf—. Pero en la duda un hombre de bien ha de confiar en su propio juicio. Creo que sois amigos y personas honorables y que no habéis venido con ningún propósito malvado. Podéis entrar.

Los guardias levantaron entonces las pesadas trancas y lentamente empujaron las puertas, que giraron gruñendo sobre los grandes goznes. Los viajeros entraron. El recinto parecía oscuro y caluroso, luego del aire claro de la colina. Era una habitación larga y ancha, poblada de sombras y medias luces; unos pilares poderosos sostenían una bóveda elevada. Aquí y allá los brillantes rayos del sol caían en haces titilantes desde las ventanas del este bajo los profundos saledizos. Por la lumbrera del techo, más allá de las ligeras volutas de humo, se veía el cielo, pálido y azul. Cuando los ojos de los viajeros se acostumbraron a la oscuridad, observaron que el suelo era de grandes losas multicolores y que en él se entrelazaban unas runas ramificadas y unos extraños emblemas. Veían ahora que los pilares estaban profusamente tallados, y que el oro y unos colores apenas visibles brillaban débilmente en la penumbra. De las paredes colgaban numerosos tapices, y entre uno y otro desfilaban figuras de antiguas leyendas, algunas empalidecidas por los años, otras ocultas en las sombras. Pero caía un rayo de sol sobre una de esas formas: un hombre joven montado en un caballo blanco. Soplaba un cuerno grande, y los cabellos rubios le flotaban al viento. El caballo tenía la cabeza erguida, y los ollares dilatados y enrojecidos, como si olfateara a lo lejos la batalla. Un agua espumosa, verde y blanca, corría impetuosa alrededor de las corvas del animal.

—¡Contemplad a Eorl el Joven! —dijo Aragorn—. Así vino del Norte a la Batalla del Campo de Celebrant.

Los cuatro camaradas avanzaron hasta más allá del centro de la sala donde en el gran hogar chisporroteaba un fuego de leña. Entonces se detuvieron. En el extremo opuesto de la sala, frente a las puertas y mirando al norte, había un estrado de tres escalones, y en el centro del estrado se alzaba un trono de oro. En él estaba sentado un hombre, tan encorvado por el peso de los años que casi parecía un enano; los cabellos blancos, largos y espesos, le caían en grandes trenzas por debajo de la fina corona dorada que llevaba sobre la frente. En el centro de la corona, centelleaba un diamante blanco. La barba le caía como nieve sobre las rodillas; pero un fulgor intenso le iluminaba los ojos, que relampaguearon cuando miró a los desconocidos. Detrás del trono, de pie, había una mujer vestida de blanco. Sobre las gradas, a los pies del rey estaba sentado un hombre enjuto y pálido, con ojos de párpados pesados y mirada sagaz.

Hubo un silencio. El anciano permaneció inmóvil en el trono. Al fin, Gandalf habló.

—¡Salve, Théoden hijo de Thengel! He regresado. He aquí que la tempestad se aproxima, y ahora todos los amigos tendrán que unirse, o serán destruidos.

El anciano se puso de pie poco a poco, apoyándose pesadamente en una vara negra con empuñadura de hueso blanco, y los viajeros vieron entonces que, aunque muy encorvado, el hombre era alto todavía y que en la juventud había sido sin duda erguido y arrogante.

—Yo te saludo —dijo—, y tú acaso esperas ser bienvenido. Pero a decir verdad, tu bienvenida es aquí dudosa, señor Gandalf. Siempre has sido portador de malos augurios. Las tribulaciones te siguen como cuervos, y casi siempre las peores. No te quiero engañar: cuando supe que Sombragrís había vuelto sin su jinete, me alegré por el regreso del caballo, pero más aún por la ausencia del caballero; y cuando Éomer me anunció que habías partido a tu última morada, no lloré por ti. Pero las noticias que llegan de lejos rara vez son ciertas. ¡Y ahora has vuelto! Y contigo llegan males peores que los de antes, como era de esperar. ¿Por qué habría de darte la bienvenida, Gandalf, Cuervo de la Tempestad? Dímelo. —Y lentamente se sentó otra vez.

—Habláis con toda justicia, Señor —dijo el hombre pálido que estaba sentado en las gradas—. No hace aún cinco días que recibimos la mala noticia de la muerte de vuestro hijo Théodred en las Marcas del Oeste: vuestro brazo derecho, el Segundo Mariscal de la Marca. Poco podemos confiar en Éomer. De habérsele permitido gobernar, casi no quedarían hombres para guardar vuestras murallas. Y aún ahora nos enteramos desde Gondor que el Señor Oscuro se agita en el Este. Y ésta es precisamente la hora que este vagabundo elige para volver. ¿Por qué, en verdad, te recibiríamos con los brazos abiertos, Señor Cuervo de la Tempestad? *Lathspell*, te nombro, Malas Nuevas, y las malas nuevas nunca son buenos huéspedes, se dice.

Soltó una risa siniestra, mientras levantaba un instante los pesados párpados y observaba a los extranjeros con ojos sombríos.

—Se te tiene por sabio, amigo Lengua de Serpiente, y eres sin duda un gran sostén para tu amo —dijo Gandalf con voz dulce—. Pero hay dos formas en las que un hombre puede traer malas nuevas. Puede ser un espíritu maligno, o bien uno de esos que prefieren la soledad y sólo vuelven para traer ayuda en tiempos difíciles.

—Así es —dijo Lengua de Serpiente—; pero los hay de una tercera especie: los juntacadáveres, los que aprovechan la desgracia ajena, los que comen carroña y engordan en tiempos de guerra. ¿Qué ayuda has traído jamás? ¿Y qué ayuda traes ahora? Fue nuestra ayuda lo que viniste a buscar la última vez que estuviste por aquí. Mi Señor te invitó entonces a escoger el caballo que quisieras, y ante el asombro de todos tuviste la insolencia de elegir a Sombragrís. Mi Señor se sintió ultrajado, mas en opinión de algunos ese precio no era demasiado alto con tal de verte partir cuanto antes. Sospecho que una vez más sucederá lo mismo: que viene en busca de ayuda, no a ofrecerla. ¿Traes hombres contigo? ¿Traes acaso caballos, espadas, lanzas? Eso es lo que yo llamaría ayuda, lo que ahora necesitamos. ¿Pero quiénes son esos que te siguen? Tres vagabundos cubiertos de harapos grises, ¡y tú el más andrajoso de los cuatro!

—La hospitalidad ha disminuido bastante en este castillo desde hace un tiempo, Théoden hijo de Thengel —dijo Gandalf—. ¿No os ha transmitido el mensajero los nombres de mis compañeros? Rara vez un señor de Rohan ha tenido el honor de recibir a tres huéspedes tan ilustres. Han dejado a las puertas de vuestra casa armas que valen por las vidas de muchos mortales, aun los más poderosos. Grises son las ropas que llevan, es cierto, pues son los Elfos quienes los han vestido, y así han podido dejar atrás la sombra de peligros terribles, hasta llegar a tu palacio.

—Entonces es verdad lo que contó Éomer: estás en connivencia con la Hechicera del Bosque de Oro —dijo Lengua de Serpiente—. No hay por qué asombrarse: siempre se han tejido en Dwimordene marañas de supercherías.

Gimli dio un paso adelante, pero sintió de pronto que la mano de Gandalf lo tomaba por el hombro, y se detuvo, inmóvil como una piedra.

En Dwimordene, en Lórien
rara vez se han posado los pies de los Hombres,
pocos ojos mortales han visto la luz
que allí alumbra siempre, pura y brillante.
¡Galadriel! ¡Galadriel!
Clara es el agua de tu manantial;
blanca es la estrella de tu mano blanca;
intactas e inmaculadas la hoja y la tierra
en Dwimordene, en Lórien
más hermosa que los pensamientos de los Hombres Mortales.

Así cantó Gandalf con voz dulce; luego, súbitamente, cambió. Despojándose del andrajoso manto, se irguió, y sin apoyarse más en la vara, habló con voz clara y fría.

—Los Sabios sólo hablan de lo que saben, Gríma hijo de Gálmód. Te has convertido en una serpiente sin inteligencia. Calla, pues, y guarda tu lengua bífida detrás de los dientes. No me he salvado de los horrores del fuego y de la muerte para cambiar frases retorcidas con un sirviente hasta que el rayo nos fulmine.

Levantó la vara. Un trueno rugió a lo lejos. El sol desapareció de las ventanas del este; la sala se ensombreció de pronto como si fuera noche. El fuego se debilitó, hasta convertirse en unos rescoldos oscuros. Sólo Gandalf era visible, de pie, alto y blanco ante el hogar ennegrecido.

Oyeron en la oscuridad la voz sibilante de Lengua de Serpiente.

—¿No os aconsejé, Señor, que no le dejarais entrar con la vara? ¡El imbécil de Háma nos ha traicionado!

Hubo un relámpago, como si un rayo hubiera partido en dos el techo. Luego, todo quedó en silencio. Lengua de Serpiente cayó al suelo de bruces.

—¿Me escucharéis ahora, Théoden hijo de Thengel? —dijo Gandalf—. ¿Pedís ayuda? —Levantó la vara y la apuntó hacia una ventana alta. Allí la oscuridad pareció aclararse, y pudo verse por la abertura, alto y lejano, un brillante pedazo de cielo.— No todo es oscuridad. Tened valor, Señor de la Marca, pues mejor ayuda no encontraréis. No tengo ningún consejo para darle a aquel que desespera. Podría, sin embargo, aconsejaros a vos, y hablaros con palabras. ¿Queréis escucharlas? No son para ser escuchadas por todos los oídos. Os invito pues a salir a vuestras puertas y a mirar a lo lejos. Demasiado tiempo habéis permanecido entre las sombras prestando oídos a historias aviesas e instigaciones tortuosas.

Lentamente Théoden se levantó del trono. Una luz tenue volvió a iluminar la sala. La mujer corrió, presurosa, al lado del Rey y lo tomó del brazo; con paso vacilante, el anciano bajó del estrado y cruzó despaciosamente el recinto. Lengua de Serpiente seguía tendido de cara al suelo. Llegaron a las puertas, y Gandalf golpeó.

—¡Abrid! —gritó—. ¡Aquí viene el Señor de la Marca!

Las puertas se abrieron de par en par y un aire refrescante entró silbando en la sala. El viento soplaba sobre la colina.

—Enviad a vuestros guardias al pie de la escalera —dijo

Gandalf—. Y vos, Señora, dejadlo un momento a solas conmigo. Yo cuidaré de él.

—¡Ve, Éowyn, hija de hermana! —dijo el viejo Rey—. El tiempo del miedo ha pasado.

La mujer dio media vuelta y entró lentamente en la casa. En el momento en que franqueaba las puertas, volvió la cabeza y miró hacia atrás. Graves y pensativos, los ojos de Éowyn se posaron en el Rey con serena piedad. Tenía el rostro muy hermoso, y largos cabellos que parecían un río dorado. Alta y esbelta era ella en la túnica blanca ceñida de plata; pero fuerte y vigorosa a la vez, templada como el acero, verdadera hija de reyes. Así fue como Aragorn vio por primera vez a la luz del día a Éowyn, Señora de Rohan, y la encontró hermosa, hermosa y fría, como una clara mañana de primavera que todavía no ha alcanzado la plenitud de la vida. Y Éowyn de pronto lo miró: noble heredero de reyes, con la sabiduría de muchos inviernos, envuelto en la andrajosa capa gris que ocultaba un poder que ella no podía dejar de sentir. Permaneció inmóvil un instante, como una estatua de piedra; luego, volviéndose rápidamente, entró en el castillo.

—Y ahora, Señor —dijo Gandalf—, ¡contemplad vuestras tierras! ¡Respirad una vez más el aire libre!

Desde el pórtico, que se alzaba en la elevada terraza, podían ver, más allá del río, las campiñas verdes de Rohan que se perdían en la lejanía gris. Cortinas de lluvia caían oblicuamente a merced del viento, y el cielo allá arriba, en el oeste, seguía encapotado; a lo lejos retumbaba el trueno y los relámpagos parpadeaban entre las cimas de las colinas invisibles. Pero ya el viento había virado al norte y la tormenta que venía del este se alejaba rumbo al sur, hacia el mar. De improviso las nubes se abrieron detrás de ellos, y por una grieta asomó un rayo de sol. La cortina de lluvia brilló con reflejos de plata y a lo lejos el río destelló como un espejo.

—No hay tanta oscuridad aquí —dijo Théoden.

—No —respondió Gandalf—. Ni los años pesan tanto sobre vuestras espaldas como algunos quisieran que creyerais. ¡Tirad el bastón!

La vara negra cayó de las manos del Rey, restallando

sobre las piedras. El anciano se enderezó lentamente, como un hombre a quien se le ha endurecido el cuerpo por haber pasado muchos años encorvado cumpliendo alguna tarea pesada. Se irguió, alto y enhiesto, contemplando con ojos ahora azules el cielo que empezaba a despejarse.

—Sombríos fueron mis sueños en los últimos tiempos —dijo—, pero siento como si acabara de despertar. Ahora quisiera que hubieras venido antes, Gandalf, pues temo que sea demasiado tarde y sólo veas los últimos días de mi casa. El alto castillo que construyera Bregon hijo de Eorl no se mantendrá en pie mucho tiempo. El fuego habrá de devorarlo. ¿Qué podemos hacer?

—Mucho —dijo Gandalf—. Pero primero traed a Éomer. ¿Me equivoco al pensar que lo tenéis prisionero por consejo de Gríma, aquél a quien todos excepto vos llaman Lengua de Serpiente?

—Es verdad —dijo Théoden—. Éomer se rebeló contra mis órdenes y amenazó de muerte a Gríma en mi propio castillo.

—Un hombre puede amaros y no por ello amar a Gríma y aprobar sus consejos —dijo Gandalf.

—Es posible. Haré lo que me pides. Haz venir a Háma. Ya que como ujier no se ha mostrado digno de mi confianza, que sea mensajero. El culpable traerá al culpable para que sea juzgado —dijo Théoden, y el tono era grave, pero al mirar a Gandalf le sonrió y muchas de las arrugas de preocupación que tenía en la cara se le borraron y no reaparecieron.

Después de que Háma hubiera partido, Gandalf llevó a Théoden hasta un sitial de piedra, y él mismo se sentó en el escalón más alto. Aragorn y sus compañeros permanecieron de pie en las cercanías.

—No hay tiempo ahora para que os cuente todo cuanto tendríais que oír —dijo Gandalf—. No obstante, si el corazón no me engaña, no tardará en llegar el día en que pueda hablaros con más largueza. Tened presente mis palabras: estáis expuesto a un peligro mucho peor que todo cuanto la imaginación de Lengua de Serpiente haya podido tejer en vuestros sueños. Pero ya lo veis: ahora no soñáis, ahora vivís. Gondor y Rohan no están solos. El enemigo es demasiado poderoso, pero confiamos en algo que él ni siquiera sospecha.

Gandalf habló entonces rápida y secretamente, en voz baja, y nadie excepto el Rey pudo oír lo que decía. Pero a medida que hablaba una luz cada vez más brillante iluminaba los ojos de Théoden; al fin el Rey se levantó, erguido en toda su estatura, y Gandalf a su lado, y ambos contemplaron el Este desde el alto sitial.

—En verdad —dijo Gandalf con voz alta, clara y sonora—, ahí, en lo que más tememos, reside nuestra mayor esperanza. El destino pende todavía de un hilo, pero hay todavía esperanzas, si resistimos un tiempo más.

También los otros volvieron entonces la mirada al Este. A través de leguas y leguas contemplaron allá en la lejanía el horizonte, y el temor y la esperanza llevaron los pensamientos de todos todavía más lejos, más allá de las montañas negras del País de la Sombra. ¿Dónde estaba ahora el Portador del Anillo? ¡Qué frágil era el hilo del que pendía aún el destino! Legolas miró con atención y creyó ver un resplandor blanco: allá, en lontananza, el sol centelleaba sobre el pináculo de la Torre de la Guardia. Y más lejos aún, remota y sin embargo real y amenazante, flameaba una diminuta lengua de fuego.

Lentamente Théoden volvió a sentarse, como si la fatiga estuviera una vez más dominándolo, contra la voluntad de Gandalf. Volvió la cabeza y contempló la mole imponente del castillo.

—¡Ay! —suspiró—. Que estos días aciagos sean para mí y que me lleguen ahora, en los años de mi vejez, en lugar de la paz que creía merecer. ¡Triste destino el de Boromir el intrépido! Los jóvenes mueren mientras los viejos se agostan lentamente. —Se abrazó las rodillas con las manos rugosas.

—Vuestros dedos recordarían mejor su antigua fuerza si empuñaran una espada —dijo Gandalf.

Théoden se levantó y se llevó la mano al costado, pero ninguna espada le colgaba del cinto.

—¿Dónde la habrá escondido Gríma? —murmuró a media voz.

—¡Tomad ésta, amado Señor! —dijo una voz clara—. Siempre ha estado a vuestro servicio.

Dos hombres habían subido en silencio por la escalera y ahora esperaban de pie, a unos pocos peldaños de la cima. Allí estaba Éomer, con la cabeza cubierta, sin cota de malla, pero con una espada desnuda en la mano; arrodillándose, le ofreció la empuñadura a su Señor.

—¿Qué significa esto? —dijo Théoden severamente. Y se volvió a Éomer, y los hombres miraron asombrados la figura ahora erguida y orgullosa. ¿Dónde estaba el anciano que dejaran abatido en el trono o apoyado en un bastón?

—Es obra mía, Señor —dijo Háma, temblando—. Entendí que Éomer tenía que ser puesto en libertad. Fue tal la alegría que sintió mi corazón, que quizá me haya equivocado. Pero como estaba otra vez libre, y es Mariscal de la Marca, le he traído la espada como él me ordenó.

—Para depositarla a vuestros pies, mi Señor —dijo Éomer.

Hubo un silencio y Théoden se quedó mirando a Éomer, siempre hincado ante él. Ninguno de los dos hizo un solo movimiento.

—¿No aceptaréis la espada? —preguntó Gandalf.

Lentamente Théoden extendió la mano. En el instante en que los dedos se cerraban sobre la empuñadura, les pareció a todos que el débil brazo del anciano recobraba la fuerza y la firmeza. Levantó bruscamente la espada y la agitó en el aire y la hoja silbó resplandeciendo. Luego Théoden lanzó un grito. La voz resonó, clara y vibrante, entonando en la lengua de Rohan la llamada a las armas:

¡De pie ahora, de pie, Caballeros de Théoden!
Desgracias horrendas nos acechan, hay sombras en el Este.
¡Preparad los caballos, que resuenen los cuernos!
¡Adelante, Eorlingas!

Los guardias, creyendo que se los convocaba, subieron en tropel las escaleras. Miraron con asombro a su Señor, y luego, como un solo hombre, depositaron a sus pies las espadas.

—¡Ordenad! —dijeron.

—*Westu Théoden Hál!* —gritó Éomer—. Es una alegría para nosotros volver a veros como antes. ¡Ya nadie podrá decir, Gandalf, que sólo vienes aquí a traer dolor!

—¡Toma de vuelta tu espada, Éomer, hijo de hermana! —dijo el Rey—. ¡Ve, Háma, y tráeme mi propia espada! Gríma la ha guardado para mí. Tráeme también a Gríma. Y ahora, Gandalf, dijiste antes que me darías consejo, si yo quería escucharlo. ¿Cuál es entonces tu consejo?

—Lo que iba a aconsejarte ya está hecho —respondió Gandalf—. Que confiarais en Éomer antes que en un hombre de mente tortuosa. Que dejarais de lado temores y remordimientos. Que hicierais lo que está a vuestro alcance. Todo hombre que pueda cabalgar tendrá que ser enviado al Oeste inmediatamente, tal como Éomer os ha aconsejado. Ante todo hemos de destruir la amenaza de Saruman, mientras estemos a tiempo. Si fracasamos, caeremos todos. Si triunfamos, emprenderemos la próxima tarea. Entretanto, la gente de vuestro pueblo, la que quede aquí, las mujeres, los niños, los ancianos, tendrán que huir a los refugios de las montañas. ¿No se han preparado acaso para un día funesto como el de hoy? Que lleven provisiones, pero que no se demoren, y que no se carguen de tesoros, grandes o pequeños. Es la vida de todos lo que está en peligro.

—Este consejo me parece bueno ahora —dijo Théoden—. ¡Que todos mis súbditos se preparen! Pero vosotros, mis huéspedes... tenías razón, Gandalf, al decir que la hospitalidad de mi castillo había menguado. Habéis cabalgado la noche entera y ya se termina la mañana. No habéis tenido reposo ni alimento. Prepararemos una casa para los huéspedes: allí dormiréis después de haber comido.

—Imposible, Señor —dijo Aragorn—. No ha llegado aún la hora del reposo para los fatigados. Los hombres de Rohan tendrán que partir hoy, y nosotros cabalgaremos con ellos, hacha, espada y arco. No hemos traído nuestras armas para dejarlas apoyadas contra vuestros muros, Señor de la Marca. Y le he prometido a Éomer que mi espada y la suya combatirán juntas.

—¡Ahora en verdad hay esperanzas de victoria! —dijo Éomer.

—Esperanzas, sí —dijo Gandalf—. Pero Isengard es poderoso. Y nos acechan otros peligros más inminentes. No os retraséis, Théoden, cuando hayamos partido. ¡Llevad prontamente a vuestro pueblo a la fortaleza de El Sagrario en las colinas!

—Eso sí que no, Gandalf —le dijo el Rey—. No sabes hasta qué punto me has devuelto la salud. No haré eso. Yo mismo iré a la guerra, para caer en el frente de combate, si tal es mi destino. Así podré dormir mejor.

—Entonces, hasta la derrota de Rohan se cantará con gloria —dijo Aragorn.

Los hombres armados que estaban cerca entrechocaron las espadas y gritaron:

—¡El Señor de la Marca parte para la guerra! ¡Adelante, Eorlingas!

—Pero vuestra gente no ha de quedar sin armas y sin pastor —dijo Gandalf—. ¿Quién los guiará y los gobernará en vuestro reemplazo?

—Lo pensaré antes de partir —respondió Théoden—. Aquí viene mi consejero.

En aquel momento Háma volvía de la sala del castillo. Tras él, encogido entre otros dos hombres, venía Gríma, Lengua de Serpiente. Estaba muy pálido y parpadeó a la luz del sol. Háma se arrodilló y presentó a Théoden una espada larga en una vaina con cierre de oro y recamada de gemas verdes.

—Hela aquí, Señor, Herugrim, vuestra antigua espada —dijo—. La encontramos en el cofre de Gríma. Por nada del mundo quería entregarnos las llaves. Hay allí muchas otras cosas que se creían perdidas.

—Mientes —dijo Lengua de Serpiente—. Y esta espada, tu propio amo me pidió que la guardara.

—Y ahora te la reclamo —dijo Théoden—. ¿Eso te disgusta?

—Por cierto que no, Señor —dijo Lengua de Serpiente—. Me preocupo por vos y por los vuestros tanto como puedo. Pero no os fatiguéis, ni confiéis demasiado en vuestras fuerzas. Dejad que otros se ocupen de estos huéspedes importunos. Vuestra mesa será servida de un momento a otro. ¿No iréis a comer?

—Sí —dijo Théoden—. Y que junto a mí se ponga comida para mis huéspedes. El ejército partirá hoy. ¡Enviad los heraldos! Que convoquen a todos. Que los hombres y los jóvenes fuertes y aptos para las armas, y todos quienes tengan caballos estén aquí montados a las puertas del castillo a la hora segunda pasado el mediodía.

—¡Venerado Señor! —gritó Lengua de Serpiente—. Tal como me lo temía, este mago os ha hechizado. ¿No quedará nadie para defender el Castillo de Oro de vuestros padres y todos los tesoros? ¿Nadie protegerá al Señor de la Marca?

—Si esto es hechicería —dijo Théoden—, me parece mucho más saludable que tus cuchicheos. Tus sanguijuelas pronto me hubieran obligado a caminar en cuatro patas como las bestias. No, nadie quedará, ni siquiera Gríma. Gríma partirá también. ¡Date prisa! ¡Aún tienes tiempo de limpiar la herrumbre de tu espada!

—¡Misericordia, Señor! —gimió Lengua de Serpiente, arrastrándose por el suelo—. Tened piedad de alguien que ha envejecido a vuestro servicio. ¡No me alejéis de vuestro lado! Yo al menos estaré con vos cuando todos los demás se hayan ido. ¡No os separéis de vuestro fiel Gríma!

—Cuentas con mi piedad —dijo Théoden—. Y no te alejo de mi lado. También yo parto a la guerra junto con mis hombres. Te invito a acompañarme y probarme tu lealtad.

Lengua de Serpiente miró una a una todas las caras, como una bestia acosada en medio de un círculo de enemigos y que busca una brecha por donde escapar. Se humedeció los labios con una lengua larga y pálida.

—De un Señor de la Casa de Eorl, por muy viejo que sea, no cabía esperar otra resolución —dijo—. Pero quienes lo aman de verdad tendrían que ayudarlo ahorrándole disgustos en estos últimos años. Veo, sin embargo, que he llegado demasiado tarde. Otros, que acaso llorarían menos la muerte de mi Señor, ya lo han persuadido. Si lo que está hecho no puede deshacerse, ¡escuchadme al menos en esto, Señor! Alguien que conozca vuestras ideas y honre vuestras órdenes deberá quedar en Edoras. Nombrad un senescal de confianza. Que vuestro consejero Gríma cuide de todo hasta vuestro regreso... y ojalá lo veamos, aunque ningún hombre sensato esperaría milagro semejante.

Éomer se rió.

—Y si este alegato no te exime de la guerra, nobilísimo Lengua de Serpiente —dijo—, ¿qué cargo menos honroso aceptarías? ¿Llevar una talega de harina a las montañas... si alguien se atreviera a confiártela?

—Jamás, Éomer, has comprendido tú los propósitos del Señor Lengua de Serpiente —dijo Gandalf, traspasando a Gríma con la mirada—. Es temerario y artero. En este mismo momento está jugando un juego peligroso y gana un lance. Ya me ha hecho perder horas de mi precioso tiempo. ¡Al suelo, víbora! —dijo de súbito con una voz terrible—. ¡Arrástrate sobre tu vientre! ¿Cuánto tiempo hace que te vendiste a Saruman? ¿Cuál fue el precio convenido? Cuando todos los hombres hayan muerto, ¿recogerás tu parte del tesoro y tomarás la mujer que codicias? Hace tiempo que la vigilas y la acechas de soslayo.

Éomer echó mano a la espada.

—Eso ya lo sabía —murmuró—. Por esa razón ya le habría dado muerte antes, olvidando la ley del castillo. Aunque hay también otras razones.

Dio un paso adelante, pero Gandalf lo detuvo.

—Éowyn está a salvo ahora —dijo—. Pero tú, Lengua de Serpiente, has hecho cuanto has podido por tu verdadero amo. Has ganado al menos una recompensa. Sin embargo, Saruman a veces no cumple lo que ha prometido. Te aconsejaría que fueses prontamente a refrescarle la memoria, para que no olvide tus fieles servicios.

—Mientes —dijo Lengua de Serpiente.

—Esta palabra te viene a la boca demasiado a menudo y con facilidad —dijo Gandalf—. Yo no miento. Mirad, Théoden, aquí tenéis una serpiente. No podéis, por vuestra seguridad, llevarla con vos, ni tampoco podéis dejarla aquí. Matarla sería hacer justicia. Pero no siempre fue como ahora. Alguna vez fue un hombre y os prestó servicios a su manera. Dadle un caballo y permitidle que parta inmediatamente, a donde quiera ir. Por lo que elija podréis juzgarlo.

—¿Oyes, Lengua de Serpiente? —dijo Théoden—. Ésta

es tu elección: acompañarme a la guerra y demostrarnos en la batalla si en verdad eres leal; o irte ahora a donde quieras. Pero en ese caso, si alguna vez volvemos a encontrarnos, no tendré piedad de ti.

Lengua de Serpiente se levantó con lentitud. Miró a todos con ojos entornados, para escrutar por último el rostro de Théoden. Abrió la boca como si fuera a hablar, y entonces, de pronto, irguió el cuerpo, movedizas las manos, los ojos echando chispas. Tanta maldad se reflejaba en ellos que los hombres dieron un paso atrás. Mostró los dientes y con un ruido sibilante escupió a los pies del Rey, y en seguida, saltando a un costado, se precipitó escaleras abajo.

—¡Seguidlo! —dijo Théoden—. Impedid que haga daño a nadie, mas no lo lastiméis ni lo retengáis. Dadle un caballo, si así lo desea.

—Y si hay alguno que quiera llevarlo —dijo Éomer.

Uno de los guardias bajó de prisa las escaleras. Otro fue hasta el manantial al pie de la terraza, recogió agua en el yelmo, y limpió con ella las piedras que Lengua de Serpiente había ensuciado.

—¡Y ahora, mis invitados, venid! —dijo Théoden—. Venid y reparad fuerzas mientras la prisa nos lo permita.

Entraron nuevamente en el castillo. Allá abajo en la villa ya se oían las voces de los heraldos y la llamada de los cuernos de guerra, pues el Rey partiría tan pronto como los hombres de la aldea y los que habitaban en los aledaños estuviesen reunidos y armados a las puertas del castillo.

A la mesa del Rey se sentaron Éomer y los cuatro invitados, y también estaba allí la Dama Éowyn, sirviendo al Rey. Comieron y bebieron rápidamente. Todos escucharon en silencio mientras Théoden interrogaba a Gandalf sobre Saruman.

—¿Quién puede saber desde cuándo nos traiciona? —dijo Gandalf—. No siempre fue malvado. En un tiempo, no lo dudo, fue un amigo de Rohan; y aún más tarde, cuando empezó a enfriársele el corazón, pensaba que podíais serle útil. Pero hace tiempo ya que planeó vuestra ruina, bajo la máscara de la amistad, hasta que llegó el momento. Durante todos estos años la tarea de Lengua de Serpiente ha sido fácil, y todo cuanto hacíais era conocido inmediatamente en Isengard; porque el vuestro era un país abierto, y los extranjeros entraban en él y salían libremente. Y mientras tanto las murmuraciones de Lengua de Serpiente penetraban en vuestros oídos, os envenenaban la mente, os helaban el corazón, debilitaban vuestros miembros, y los otros observaban sin poder hacer nada, pues vuestra voluntad estaba sometida a él.

”Pero cuando escapé, y os puse en guardia, la máscara cayó para los que querían ver. Después de eso, Lengua de Serpiente jugó una partida peligrosa, procurando siempre reteneros, impidiendo que recobrarais vuestras fuerzas. Era astuto: embotaba la prudencia natural del hombre, o trabajaba con la amenaza del miedo, según le conviniera. ¿Recordáis con cuánta vehemencia os suplicó que no distrajerais un solo hombre en una empresa quimérica en el Este cuando el peligro inminente estaba en el Oeste? Por consejo de él prohibisteis a Éomer que persiguiera a los orcos invasores. Si Éomer no hubiera desafiado las palabras de Lengua de Serpiente que hablaba por vuestra boca, esos orcos ya habrían llegado a Isengard, obteniendo una buena presa. No por cierto la que Saruman desea por encima de todo, pero sí al menos dos hombres de mi Compañía, con quienes comparto una secreta esperanza, de la cual, ni aun con vos, Señor, puedo todavía hablar abiertamente. ¿Alcanzáis a imaginar lo que podrían estar padeciendo o lo que Saruman podría saber ahora, para nuestra desdicha?

—Tengo una gran deuda con Éomer —dijo Théoden—. Un corazón leal puede tener una lengua insolente.

—Decid también que para ojos aviesos la verdad puede ocultarse detrás de una mueca.

—En verdad, mis ojos estaban casi ciegos —dijo Théoden—. La mayor de mis deudas es para contigo, huésped mío. Una vez más, has llegado a tiempo. Quisiera hacerte un regalo antes de partir, a tu elección. Puedes escoger cualquiera de mis posesiones. Sólo me reservo la espada.

—Si he llegado a tiempo o no, queda por ver —dijo Gandalf—. En cuanto al regalo que me ofrecéis, Señor, escogeré uno que responde a mis necesidades: rápido y seguro. ¡Dadme a Sombragrís! Sólo en préstamo lo tuve antes, si préstamo es la palabra. Pero ahora tendré que exponerlo a grandes peligros, oponiendo la plata a las tinieblas: no quisiera arriesgar nada que no me pertenezca. Y ya hay un lazo de amistad entre nosotros.

—Escoges bien —dijo Théoden—; y ahora te lo doy de buen grado. Sin embargo, es un regalo muy valioso. No hay ningún caballo que se pueda comparar a Sombragrís. En él ha resurgido uno de los corceles más poderosos de tiempos muy remotos. Nunca más habrá otro semejante. Y a vosotros, mis otros invitados, os ofrezco lo que podáis encontrar en mi armería. No necesitáis espadas, pero hay allí yelmos y cotas de malla que son obra de hábiles artífices, regalos que los Señores de Gondor hicieran a mis antepasados. ¡Escoged lo que queráis antes de la partida, y ojalá os sirvan bien!

Los hombres trajeron entonces paramentos de guerra de los arcones del Rey, y vistieron a Aragorn y Legolas con cotas de malla resplandecientes. También eligieron yelmos y escudos redondos, recamados de oro y con incrustaciones de piedras preciosas, verdes, rojas y blancas. Gandalf no aceptó una cota de malla; y Gimli no necesitaba cota, aun cuando encontraran alguna adecuada a su talla, pues no había en los arcones de Edoras un plaquín que pudiese compararse al jubón corto forjado en la Montaña del Norte. Pero escogió un capacete de hierro y cuero que le cubría perfectamente la cabeza redonda; también llevó un escudo pequeño con el emblema de la Casa de Eorl, un caballo al galope, blanco sobre fondo verde.

—¡Que te proteja bien! —le dijo Théoden—. Fue forjado para mí en los tiempos de Thengel, cuando era aún un niño.

Gimli hizo una reverencia.

—Me enorgullezco, Señor de la Marca, de llevar vuestra divisa —dijo—. A decir verdad, quisiera ser yo quien llevara un caballo, y no que un caballo me lleve a mí. Prefiero mis piernas. Pero quizá haya un sitio donde pueda combatir de pie.

—Es probable que así sea —dijo Théoden.

El rey se levantó, y al instante se adelantó Éowyn trayendo el vino.

—*Ferthu Théoden hal!* —dijo—. Recibid esta copa y bebed en esta hora feliz. ¡Que la salud os acompañe en la ida y el retorno!

Théoden bebió de la copa, y Éowyn la ofreció entonces a los invitados. Al llegar a Aragorn se detuvo de pronto y lo miró, y le brillaron los ojos. Y Aragorn contempló el bello rostro, y le sonrió; pero cuando tomó la copa, rozó la mano de la joven, y sintió que ella temblaba.

—¡Salve, Aragorn hijo de Arathorn! —dijo Éowyn.

—Salve, Señora de Rohan —respondió él; pero ahora tenía el semblante demudado y ya no sonreía.

Cuando todos hubieron bebido, el Rey cruzó la sala en dirección a las puertas. Allí lo esperaban los guardias, y los heraldos, y todos los señores y jefes que quedaban en Edoras y en los alrededores.

—¡Escuchad! Ahora parto, y ésta será quizá mi última cabalgata —dijo Théoden—. No tengo hijos. Théodred, mi hijo, ha muerto a manos de nuestros enemigos. A ti, Éomer, hijo de mi hermana, te nombro mi heredero. Y si ninguno de nosotros vuelve de esta guerra, elegid, a vuestro albedrío, un nuevo señor. Pero he de dejar al cuidado de alguien este pueblo que ahora abandono, para que lo gobierne en mi reemplazo. ¿Quién de vosotros desea quedarse?

Nadie respondió.

—¿No hay nadie a quien vosotros quisierais nombrar? ¿En quién confía mi pueblo?

—En la casa de Eorl —respondió Háma.

—Pero de Éomer no puedo prescindir, ni él tampoco querría quedarse —dijo el rey—; y Éomer es el último de esta Casa.

—No he nombrado a Éomer —dijo Háma—. Y no es el último. Está Éowyn, hija de Éomund, la hermana de Éomer. Es valiente y de corazón magnánimo. Todos la aman. Que ella sea el Señor de Eorlingas en nuestra ausencia.

—Así será —dijo Théoden—. ¡Que los heraldos anuncien que la Dama Éowyn gobernará al pueblo!

Y el Rey se sentó entonces en un sitial frente a las puertas, y Éowyn se arrodilló ante él para recibir una espada y una hermosa cota de malla.

—¡Adiós, hija de mi hermana! —dijo—. Sombría es la hora; pero quizá un día volvamos al Castillo de Oro. Sin embargo, en El Sagrario el pueblo podrá resistir largo tiempo, y si la suerte no nos es propicia, allí irán a buscar refugio todos los que se salven.

—No habléis así —respondió ella—. Cada día que pase esperando vuestro regreso será como un año para mí.
—Pero mientras hablaba los ojos de Éowyn se volvían a Aragorn, que estaba de pie allí cerca.

—El Rey regresará —dijo Aragorn—. ¡Nada temas! No es en el Oeste sino en el Este donde nos espera nuestro destino.

El Rey bajó entonces la escalera con Gandalf a su lado. Los otros lo siguieron. Aragorn volvió la cabeza en el momento en que se encaminaban hacia la puerta. Allá, en lo alto de la escalera, de pie, sola delante de las puertas, estaba Éowyn, las manos apoyadas en la empuñadura de la espada clavada ante ella en el suelo. Ataviada ya con la cota de malla, resplandecía como la plata a la luz del sol.

Con el hacha al hombro, Gimli caminaba junto a Legolas.

—¡Bueno, por fin partimos! —dijo—. Cuánto necesitan hablar los hombres antes de decidirse. El hacha se impacienta en mis manos. Aunque no pongo en duda que estos Rohirrim tengan la mano dura cuando llega la ocasión, no creo que sea ésta la clase de guerra que a mí me conviene. ¿Cómo llegaré a la batalla? Ojalá pudiera ir a pie y no rebotando como un saco contra el arzón de la silla de Gandalf.

—Un lugar más seguro que muchos otros, diría yo —dijo Legolas—. Aunque sin duda Gandalf te bajará de buena gana cuando comiencen los golpes, o el mismo Sombragrís. Un hacha no es arma de caballero.

—Y un Enano no es un caballero. Querría cortar cabezas de orcos, no rasurar cueros cabelludos humanos —dijo Gimli palmoteando el mango del hacha.

En la puerta, encontraron una gran hueste de hombres,

viejos y jóvenes, ya montados. Eran más de mil. Las lanzas en alto, parecían un bosque naciente. Un potente y jubiloso clamor saludó la aparición de Théoden. Algunos hombres sujetaban el caballo del Rey, Crinblanca, ya listo para la partida, y otros cuidaban las cabalgaduras de Aragorn y Legolas. Gimli estaba malhumorado, con el ceño fruncido, pero Éomer se le acercó, llevando el caballo por la brida.

—¡Salve, Gimli hijo de Glóin! —exclamó—. No ha habido tiempo para que aprendiera a expresarme en un lenguaje más delicado, como me prometiste. ¿Pero no será mejor que olvidemos nuestra querella? Al menos no volveré a hablar mal de la Dama del Bosque.

—Olvidaré mi ira, por un tiempo, Éomer hijo de Éomund —dijo Gimli—, pero si un día llegas a ver a la Dama Galadriel con tus propios ojos, tendrás que reconocerla como la más hermosa de las damas, o acabará nuestra amistad.

—¡Que así sea! —exclamó Éomer—. Pero hasta ese momento, perdóname, y en prueba de tu perdón cabalga conmigo en mi silla, te lo ruego. Gandalf marchará a la cabeza con el Señor de la Marca; pero Pies de Fuego, mi caballo, nos llevará a los dos, si tú quieres.

—Te lo agradezco de veras —dijo Gimli muy complacido—. Con todo gusto montaré contigo si Legolas, mi camarada, cabalga a nuestro lado.

—Así será —dijo Éomer—. Legolas a mi izquierda y Aragorn a mi diestra, ¡y nadie se atreverá a ponerse delante de nosotros!

—¿Dónde está Sombragrís? —preguntó Gandalf.

—Corriendo desbocado por los prados —le respondieron—. No deja que ningún hombre se le acerque. Allá va, por el vado, como una sombra entre los sauces.

Gandalf silbó y llamó al caballo por su nombre, y el animal levantó la cabeza y relinchó; y en seguida, volviéndose, corrió como una flecha hacia la hueste.

—Si el Viento del Oeste tuviera un cuerpo visible, así de veloz soplaría —dijo Éomer, mientras el caballo corría hasta detenerse delante del mago.

—Se diría que el regalo se ha entregado ya —dijo Théoden—. Pero, prestad oídos, todos los presentes. Aquí y ahora nombro a mi huésped Gandalf Capagrís, el más sabio de los consejeros, el más bienvenido de todos los vagabundos, Señor de la Marca, jefe de los Eorlingas, mientras perdure nuestra dinastía; y le doy a Sombragrís, príncipe de caballos.

—Gracias, Rey Théoden —dijo Gandalf. Luego, de súbito, echó atrás la capa gris, arrojó a un lado el sombrero y saltó sobre la grupa del caballo. No llevaba yelmo ni cota de malla. Los cabellos de nieve le flotaban al viento, y las blancas vestiduras resplandecieron al sol con un brillo enceguecedor.

—¡Contemplad al Caballero Blanco! —gritó Aragorn; y todos repitieron estas palabras.

—¡Nuestro Rey y el Caballero Blanco! —exclamaron—. ¡Adelante, Eorlingas!

Sonaron las trompetas. Los caballos piafaron y relincharon. Las lanzas restallaron contra los escudos. Entonces el Rey levantó las manos y, con un ímpetu semejante al de un vendaval, la última hueste de Rohan partió como un trueno rumbo al oeste.

Sola e inmóvil, de pie delante de las puertas del castillo silencioso, Éowyn siguió con la mirada el centelleo de las lanzas que se alejaban por la llanura.

7

EL ABISMO DE HELM

El sol declinaba ya en el poniente cuando partieron de Edoras, llevando en los ojos la luz del atardecer, que envolvía los ondulantes campos de Rohan en una bruma dorada. Un camino trillado costeaba las estribaciones de las Montañas Blancas hacia el noroeste, y en él se internaron, subiendo y bajando y vadeando numerosos riachos que corrían y saltaban entre las rocas de la campiña. A lo lejos y a la derecha asomaban las Montañas Nubladas, cada vez más altas y sombrías a medida que avanzaban las huestes. Ante ellos, el sol se hundía lentamente. Detrás, venía la noche.

El ejército proseguía la marcha, empujado por la necesidad. Temiendo llegar demasiado tarde, se adelantaban a todo correr y rara vez se detenían. Rápidos y resistentes eran los corceles de Rohan, pero el camino era largo: cuarenta leguas o quizá más, a vuelo de pájaro, desde Edoras hasta los Vados del Isen, donde esperaban encontrar a los hombres del Rey que contenían a las tropas de Saruman.

Cayó la noche. Al fin se detuvieron a acampar. Habían cabalgado unas cinco horas y habían dejado atrás buena parte de la llanura occidental, pero aún les quedaba por recorrer más de la mitad del trayecto. En un gran círculo bajo el cielo estrellado y la luna creciente levantaron el vivac. No encendieron hogueras, pues no sabían lo que la noche podía depararles; pero rodearon el campamento con una guardia de centinelas montados, y algunos jinetes partieron a explorar los caminos, deslizándose como sombras entre los repliegues del terreno. La noche transcurrió lentamente, sin novedades ni alarmas. Al amanecer sonaron los cuernos, y antes de una hora ya estaban otra vez en camino.

Aún no había nubes en el cielo, pero la atmósfera era pesada y demasiado calurosa para esa época del año. El sol subía velado por una bruma, perseguido palmo a palmo por una creciente oscuridad, como si un huracán se levantara en el este. Y a lo lejos, en el noroeste, otra oscuridad parecía cernirse sobre las últimas estribaciones de las Montañas Nubladas, una sombra que descendía arrastrándose desde el Valle del Mago.

Galdalf retrocedió hasta donde Legolas cabalgaba al lado de Éomer.

—Tú que tienes los ojos penetrantes de tu hermosa raza, Legolas —dijo—, capaces de distinguir a una legua un gorrión de un jilguero: dime, ¿ves algo allá a lo lejos, en el camino a Isengard?

—Muchas millas nos separan —dijo Legolas, y miró llevándose la larga mano a la frente y protegiéndose los ojos de la luz—. Veo una oscuridad. Dentro hay formas que se mueven, grandes formas lejanas a la orilla del río, pero qué son no lo puedo decir. No es una bruma ni una nube lo que me impide ver: es una sombra que algún poder extiende sobre la tierra para velarla, y que avanza lentamente a lo largo del río. Es como si el crepúsculo descendiera de las colinas bajo una arboleda interminable.

—Y la tempestad de Mordor nos viene pisando los talones —dijo Gandalf—. La noche será siniestra.

En la jornada del segundo día, el aire parecía más pesado aún. Por la tarde, las nubes oscuras los alcanzaron: un palio sombrío de grandes bordes ondulantes y estrías de luz enceguecedora. El sol se ocultó, rojo sangre en una espesa bruma gris. Un fuego tocó las puntas de las lanzas cuando los últimos rayos iluminaron las pendientes escarpadas del Thrihyrne, ya muy cerca, en el brazo septentrional de las Montañas Blancas: tres picos dentados que miraban al poniente. A los últimos resplandores purpúreos, los hombres de la vanguardia divisaron un punto negro, un jinete que avanzaba hacia ellos. Se detuvieron a esperarlo.

El hombre llegó, exhausto, con el yelmo abollado y el escudo hendido. Se apeó lentamente del caballo y allí se quedó, silencioso y jadeante.

—¿Está aquí Éomer? —preguntó al cabo de un rato—. Habéis llegado al fin, pero demasiado tarde y con fuerzas escasas. La suerte nos ha sido adversa después de la muerte de Théodred. Ayer, en la otra margen del Isen, sufrimos una derrota; muchos hombres perecieron al cruzar el río. Luego, al amparo de la noche, otras fuerzas atravesaron el río y atacaron el campamento. Toda Isengard ha de estar vacía; y Saruman armó a los montañeses y pastores salvajes de las Tierras Oscuras de más allá de los ríos, y los lanzó contra nosotros. Nos dominaron. El muro de protección ha caído. Erkenbrand del Folde Oeste se ha replegado con todos los hombres que pudo reunir en la fortaleza del Abismo de Helm. Los demás se han dispersado.

"¿Dónde está Éomer? Decidle que no queda ninguna esperanza. Que mejor sería regresar a Edoras antes que lleguen los lobos de Isengard.

Théoden había permanecido en silencio, oculto detrás de los guardias; ahora adelantó el caballo.

—¡Ven, acércate, Ceorl! —dijo—. Aquí estoy yo. La última hueste de los Eorlingas se ha puesto en camino. No volverá a Edoras sin presentar batalla.

Una expresión de alegría y sorpresa iluminó el rostro del hombre. Se irguió y luego se arrodilló a los pies del Rey ofreciéndole la espada mellada.

—¡Ordenad, mi Señor! —exclamó—. ¡Y perdonadme! Creía que...

—Creías que me había quedado en Meduseld, agobiado como un árbol viejo bajo la nieve de los inviernos. Así me vieron tus ojos cuando partiste para la guerra. Pero un viento del oeste ha sacudido las ramas —dijo Théoden—. ¡Dadle a este hombre otro caballo! ¡Volemos a auxiliar a Erkenbrand!

Mientras Théoden hablaba aún, Gandalf se había adelantado un trecho, y miraba hacia Isengard al norte, y al sol que se ponía en el oeste.

—Adelante, Théoden —dijo regresando—. ¡Adelante hacia el Abismo de Helm! ¡No vayáis a los Vados del Isen ni os demoréis en los llanos! He de abandonaros por algún tiempo. Sombragrís me llevará ahora a una misión urgente.

—Volviéndose a Aragorn y Éomer, y a los hombres del séquito del rey, gritó:— ¡Cuidad bien al Señor de la Marca hasta mi regreso! ¡Esperadme en la Puerta de Helm! ¡Adiós!

Le dijo una palabra a Sombragrís, y como una flecha disparada desde un arco, el caballo echó a correr. Apenas alcanzaron a verlo partir: un relámpago de plata en el atardecer, un viento impetuoso sobre las hierbas, una sombra que volaba y desaparecía. Crinblanca relinchó y piafó, queriendo seguirlo; pero sólo un pájaro que volara raudamente hubiera podido darle alcance.

—¿Qué significa esto? —preguntó a Háma uno de los guardias.

—Que Gandalf Capagrís tiene mucha prisa —respondió Háma—. Siempre aparece y desaparece así, de improviso.

—Si Lengua de Serpiente estuviera aquí, no le sería difícil buscar una explicación —dijo el otro.

—Muy cierto —dijo Háma—, pero yo, por mi parte, esperaré hasta que lo vuelva a ver.

—Quizá tengas que esperar un largo tiempo —dijo el otro.

El ejército se desvió del camino que conducía a los Vados del Isen y se dirigió al sur. Cayó la noche, y continuaron cabalgando. Las colinas se acercaban, pero ya los altos picos del Thrihyrne se desdibujaban en la oscuridad creciente del cielo. Algunas millas más allá, del otro lado del Folde Oeste, había una hondonada ancha y verde en las montañas, y desde allí un desfiladero se abría paso entre las colinas. Los lugareños lo llamaban el Abismo de Helm, en recuerdo de un héroe de antiguas guerras que había tenido allí su refugio. Cada vez más escarpado y angosto, serpeaba desde el norte y se perdía a la sombra del Thrihyrne, en los riscos poblados de cuervos que se levantaban como torres imponentes a uno y otro lado, impidiendo el paso de la luz.

En la Puerta de Helm, ante la entrada del Abismo, el risco más septentrional se prolongaba en un espolón de roca. Sobre esta estribación se alzaban unos muros de piedra altos y antiguos que circundaban una soberbia torre. Se decía que en los lejanos días de gloria de Gondor los reyes del mar habían edificado aquella fortaleza con la ayuda de gigantes. La llamaban Cuernavilla, porque los ecos de una trompeta que llamaba a la guerra desde la torre resonaban aún en el Abismo, como si unos ejércitos largamente olvidados salieran de nuevo a combatir de las cavernas y bajo las colinas. Aquellos hombres de antaño también habían edificado una muralla, desde Cuernavilla hasta el acantilado más austral, cerrando así la entrada del desfiladero. Abajo se deslizaba la corriente del Bajo. Serpeaba a los pies de Cuernavilla y fluía luego por una garganta a través de una ancha lengua de tierra verde que descendía en pendiente desde la Puerta hasta el Abismo. De ahí caía en el Valle del Bajo y penetraba en el Valle del Folde Oeste. Allí, en Cuernavilla, a la Puerta de Helm, moraba ahora Erkenbrand, dueño y señor del Folde Oeste, en las fronteras de la Marca. Y cuando el peligro de guerra se hizo más inminente, Erkenbrand, hombre precavido, ordenó reparar las murallas y fortificar la ciudadela.

Los Caballeros estaban todavía en la hondonada a la entrada del Valle del Bosque, cuando oyeron los gritos y los cuernos tonantes de los exploradores que se habían adelantado. Las flechas rasgaban, silbando, la oscuridad. Uno de los exploradores volvió al galope para anunciar que unos jinetes montados en lobos ocupaban el valle y que una horda de orcos y de hombres salvajes, procedente de los Vados del Isen, avanzaba en tropel hacia el sur y parecía encaminarse al Abismo de Helm.

—Hemos encontrado muertos a muchos de nuestros hombres que trataron de huir en esa dirección —dijo el explorador—. Y hemos tropezado con compañías desperdigadas, que erraban de un lado a otro, sin jefes que las guiaran. Nadie parecía saber qué había sido de Erkenbrand. Lo más probable es que lo capturen antes que pueda llegar a la Puerta de Helm, si es que no ha muerto todavía.

—¿Se sabe de Gandalf? —preguntó Théoden.

—Sí, señor. Muchos han visto aquí y allá a un anciano vestido de blanco y montado en un caballo que cruzaba las llanuras rápido como el viento. Algunos creían que era

Saruman. Dicen que antes que cayera la noche partió rumbo a Isengard. Otros dicen que más temprano vieron a Lengua de Serpiente que iba al norte con una compañía de orcos.

—Mal fin le espera a Lengua de Serpiente si Gandalf tropieza con él —dijo Théoden—. Como quiera que sea, ahora echo de menos a mis dos consejeros, el antiguo y el nuevo. Pero en este trance, no hay otra alternativa que seguir adelante, como dijo Gandalf, hacia la Puerta de Helm, aunque Erkenbrand no esté allí. ¿Se sabe cómo es de poderoso el ejército que avanza del norte?

—Es muy grande —dijo el explorador—. El que huye cuenta a cada enemigo por dos; sin embargo, yo he hablado con hombres de corazón bien templado y estoy convencido de que el enemigo es muchas veces superior a las fuerzas con que aquí contamos.

—Entonces, démonos prisa —dijo Éomer—. Tratemos de cruzar a salvo las líneas enemigas que nos separan de la fortaleza. Hay cavernas en el Abismo de Helm donde pueden ocultarse centenares de hombres, y caminos secretos que suben por las colinas.

—No te fíes de los caminos secretos —le dijo el Rey—. Saruman ha estado espiando toda esta región desde hace años. Sin embargo, en ese paraje nuestra defensa puede resistir mucho tiempo. ¡En marcha!

Aragorn y Legolas iban ahora con Éomer en la vanguardia. Cabalgaban en plena noche, a paso más lento a medida que la oscuridad se hacía más profunda y el camino trepaba más escarpado hacia el sur, entre los imprecisos repliegues de las estribaciones montañosas. Encontraron pocos enemigos. De tanto en tanto se topaban con pandillas de orcos vagabundos; pero huían antes que los Caballeros pudieran capturarlos o matarlos.

—No pasará mucho, me temo —dijo Éomer—, antes de que el avance de las huestes del Rey llegue a oídos del hombre que encabeza las tropas enemigas, Saruman o quienquiera que sea el capitán que haya puesto al frente.

Los rumores de la guerra crecían al paso de las huestes. Ahora escuchaban, como transportados en alas de la noche, unos cantos roncos. Cuando habían escalado ya un buen trecho del Valle del Bajo se volvieron a mirar, y abajo vieron antorchas, innumerables puntos de luz incandescente que tachonaban los campos negros como flores rojas o que serpenteaban subiendo desde los bajíos en largas hileras titilantes. De tanto en tanto la luz estallaba, resplandeciente.

—Es un ejército muy grande, y nos pisa los talones —dijo Aragorn.

—Traen fuego —dijo Théoden—, e incendian todo cuanto encuentran a su paso, niaras, cabañas y árboles. Éste era un valle rico, y en él prosperaban muchas heredades. ¡Ay, pobre pueblo mío!

—¡Si por lo menos fuese de día y pudiésemos caer sobre ellos como una tormenta que baja de las montañas! —dijo Aragorn—. Me avergüenza tener que huir delante de ellos.

—No tendremos que huir mucho tiempo —afirmó Éomer—. Ya no estamos lejos de la Empalizada de Helm, una antigua trinchera con una gran muralla que protege la hondonada, a un cuarto de milla por debajo de la Puerta de Helm. Allí podremos volvernos y combatir.

—No, somos muy pocos para defender la Empalizada —dijo Théoden—. Tiene por lo menos una milla de largo, y el foso es demasiado ancho.

—Allí, en el foso, mantendremos nuestra retaguardia, por si nos asedian —dijo Éomer.

No había luna ni estrellas cuando los Caballeros llegaron al foso de la Empalizada, allí de donde salían el río y el camino ribereño que bajaban de Cuernavilla. El murallón apareció de pronto ante ellos, una sombra gigantesca del otro lado de un foso negro. Cuando subían, se oyó el grito de un centinela.

—El Señor de la Marca se encamina hacia la Puerta de Helm —respondió Éomer—. El que habla es Éomer hijo de Éomund.

—Buenas nuevas nos traes, cuando ya habíamos perdido toda esperanza —dijo el centinela—. ¡Daos prisa! El enemigo os pisa los talones.

La tropa cruzó el foso y se detuvo en lo alto de la pendiente. Allí se enteraron con alegría de que Erkenbrand había dejado muchos hombres custodiando la Puerta de Helm, y que más tarde también otros habían podido refugiarse allí.

—Quizá contemos con unos mil hombres aptos para combatir a pie —dijo Gamelin, un anciano que era el jefe de los que defendían la Empalizada—. Pero la mayoría ha visto muchos inviernos, como yo, o demasiado pocos, como el hijo de mi hijo, aquí presente. ¿Qué noticias hay de Erkenbrand? Ayer nos llegó la voz de que se estaba replegando hacia aquí, con todo lo que se ha salvado de los mejores Caballeros del Folde Oeste. Pero no ha venido.

—Me temo que ya no pueda venir —dijo Éomer—. Nuestros exploradores no han sabido nada de él, y el enemigo ocupa ahora todo el valle.

—Ojalá haya podido escapar —dijo Théoden—. Era un hombre poderoso. En él renació el temple de Helm Mano de Hierro. Pero no podemos esperarlo aquí. Hemos de concentrar todas nuestras fuerzas detrás de las murallas. ¿Tenéis provisiones suficientes? Nosotros estamos escasos de víveres, pues partimos dispuestos a librar batalla, no a soportar un sitio.

—Detrás, en las cavernas del Abismo, están las tres cuartas partes de los habitantes del Folde Oeste, viejos y jóvenes, niños y mujeres —dijo Gamelin—. Pero también hemos llevado allí provisiones en abundancia y muchas bestias, y el forraje necesario para alimentarlas.

—Habéis actuado bien —dijo Éomer—. El enemigo quema o saquea todo cuanto queda en el valle.

—Si vienen a la Puerta de Helm a negociar nuestras posesiones, pagarán un alto precio —dijo Gamelin.

El rey y sus Caballeros prosiguieron la marcha. Frente a la explanada que pasaba sobre el río se detuvieron apeándose. En una larga fila, subieron los caballos por la rampa y franquearon las puertas de Cuernavilla. Allí fueron una vez más recibidos con júbilo y renovadas esperanzas; porque ahora había hombres suficientes para defender a la vez la Empalizada y la fortaleza.

Rápidamente, Éomer desplegó a sus hombres. El rey y

su séquito quedaron en Cuernavilla, donde también había muchos hombres del Folde Oeste. Pero Éomer distribuyó la mayor parte de las fuerzas sobre el Muro del Bajo y la torre, y también detrás, pues era allí donde la defensa parecía más incierta en caso de que el enemigo atacase resueltamente y con tropas numerosas. Llevaron los caballos más lejos, al Abismo, dejándolos bajo la custodia de unos pocos guardias.

El Muro del Bajo tenía veinte pies de altura, y el espesor suficiente como para que cuatro hombres caminaran de frente todo a lo largo del adarve, protegido por un parapeto al que sólo podía asomarse un hombre muy alto. De tanto en tanto había troneras en el parapeto de piedra. Se llegaba a este baluarte por una escalera que descendía desde una de las puertas del patio exterior de la fortaleza; otras tres escaleras subían por detrás desde el Abismo hasta la muralla; pero la fachada era lisa, y las grandes piedras empalmaban unas con otras tan ajustadamente que no había en las uniones ningún posible punto de apoyo para el pie, y las de más arriba eran anfractuosas como las rocas de un acantilado tallado por el mar.

Gimli estaba apoyado contra el parapeto del muro. Legolas, sentado a sus pies, jugueteaba con el arco y escudriñaba la oscuridad.

—Esto me gusta más —dijo el Enano pisando las piedras—. El corazón siempre se me anima en las cercanías de las montañas. Hay buenas rocas aquí. Esta región tiene los huesos sólidos. Podía sentirlos bajo los pies cuando subíamos desde el foso. Dadme un año y un centenar de los de mi raza, y haré de este lugar un baluarte donde todos los ejércitos se estrellen como un oleaje.

—No lo dudo —dijo Legolas—. Pero tú eres un Enano, y los Enanos son gente extraña. A mí no me gusta este lugar, y sé que no me gustará más a la luz del día. Pero tú me reconfortas, Gimli, y me alegro de tenerte cerca con tus piernas robustas y tu hacha poderosa. Desearía que hubiera entre nosotros más de los de tu raza. Pero más daría aún por un centenar de arqueros del Bosque Negro.

Los necesitaremos. Los Rohirrim tienen buenos arqueros a su manera, pero hay muy pocos aquí, demasiado pocos.

—Está muy oscuro para hablar de estas cosas —dijo Gimli—. En realidad, es hora de dormir. ¡Dormir! Nunca un Enano tuvo tantas ganas de dormir. Cabalgar es faena pesada. Sin embargo, el hacha no se está quieta en mi mano. ¡Dadme una hilera de cabezas de orcos y espacio suficiente para blandir el hacha y todo mi cansancio desaparecerá!

El tiempo pasó, lento. A lo lejos, en el valle, ardían aún algunas hogueras desperdigadas. Las huestes de Isengard avanzaban en silencio, y las antorchas trepaban serpeando por la cañada en filas innumerables.

De súbito, desde la Empalizada, llegaron los alaridos y los feroces gritos de guerra de los hombres. Teas encendidas asomaron por el borde y se amontonaron en el foso en una masa compacta. En seguida se dispersaron y desaparecieron. Los hombres volvían al galope a través del campo y subían por la rampa hacia Cuernavilla. La retaguardia del Folde Oeste se había visto obligada a replegarse.

—¡El enemigo está ya sobre nosotros! —dijeron—. Hemos agotado nuestras flechas y dejamos en la Empalizada un tendal de orcos. Pero esto no los detendrá. Ya están escalando la rampa por distintos puntos, en filas cerradas como un hormiguero en marcha. Pero les hemos enseñado a no llevar antorchas.

Había pasado ya la medianoche. El cielo era un espeso manto de negrura, y la quietud del aire pesado anunciaba una tormenta. De pronto un relámpago enceguecedor rasgó las nubes. Unas ramas luminosas cayeron golpeando las colinas del este. Durante un momento los vigías apostados en los muros vieron todo el espacio que los separaba de la Empalizada: iluminado por una luz blanquísima, hervía, pululaba de formas negras, algunas rechonchas y achaparradas, otras gigantescas y amenazadoras, con cascos altos y escudos negros. Centenares y centenares de estas formas continuaban descolgándose en tropel por encima de la Empalizada y a través del Foso. La marea oscura subía como un oleaje hasta los muros, de risco en risco. En el valle retumbó el trueno, y se descargó una lluvia lacerante.

Las flechas, no menos copiosas que el aguacero, silbaban por encima de los parapetos y caían sobre las piedras restallando y chisporroteando. Algunas encontraban un blanco.

Había comenzado el ataque al Abismo de Helm, pero dentro no se oía ningún ruido, ningún desafío; nadie respondía a las flechas enemigas.

Las huestes atacantes se detuvieron, desconcertadas por la amenaza silenciosa de la piedra y el muro. A cada instante, los relámpagos desgarraban las tinieblas. De pronto, los orcos prorrumpieron en gritos agudos agitando lanzas y espadas y disparando una nube de flechas contra todo cuanto se veía por encima de los parapetos; y los Hombres de la Marca, estupefactos, se asomaron sobre lo que parecía un inmenso trigal negro sacudido por un vendaval de guerra, y cada espiga era una púa erizada y centelleante.

Resonaron las trompetas de bronce. Los enemigos se abalanzaron en una marejada violenta, unos contra el Muro del Bajo, otros hacia la Explanada y la rampa que subía hasta las Puertas de Cuernavilla. Era un ejército de orcos gigantescos y montañeses salvajes de las Tierras Oscuras. Vacilaron un instante y luego reanudaron el ataque. El resplandor fugaz de un relámpago iluminó en los cascos y los escudos la insignia siniestra, la mano de Isengard. Llegaron a la cima de la roca; avanzaron hacia los portales.

Entonces, por fin, hubo una respuesta: una tormenta de flechas les salió al encuentro, y una granizada de pedruscos. Sorprendidas, las criaturas titubearon, se desbandaron y emprendieron la fuga; pero en seguida volvieron a la carga, dispersándose y atacando de nuevo, y cada vez, como una marea creciente, se detenían en un punto más elevado. Resonaron otra vez las trompetas y una horda saltó hacia adelante, vociferando. Llevaban los escudos en alto como formando un techo y empujaban en el centro dos troncos enormes. Tras ellos se amontonaban los arqueros orcos, lanzando una lluvia de dardos contra los arqueros apostados en los muros. Llegaron por fin a las puertas. Los maderos crujieron al resquebrajarse, cediendo a los embates de los árboles impulsados por brazos vigorosos. Si un orco caía aplastado por una piedra que se despeñaba, otros dos corrían a reemplazarlo. Una y otra vez los grandes arietes golpearon la puerta.

Éomer y Aragorn estaban juntos, de pie sobre el Muro del Bajo. Oían el rugido de las voces y los golpes sordos de los arietes; de pronto, a la luz de un relámpago, ambos advirtieron el peligro que amenazaba a las puertas.

—¡Vamos! —dijo Aragorn—. ¡Ha llegado la hora de las espadas!

Rápidos como fuego, corrieron a lo largo del muro, treparon las escaleras y subieron al patio exterior en lo alto del Peñón. Mientras corrían, reunieron un puñado de valientes espadachines. En un ángulo del muro de la fortaleza había una pequeña poterna que se abría al oeste, en un punto en el que el acantilado avanzaba hacia el castillo. Un sendero estrecho y sinuoso descendía hasta la puerta principal, entre el muro y el borde casi vertical del Peñón. Éomer y Aragorn franquearon la puerta de un salto, seguidos por sus hombres. En un solo relámpago las espadas salieron de las vainas.

—¡Gúthwinë! —exclamó Éomer—. ¡Gúthwinë por la Marca!

—¡Andúril! —exclamó Aragorn—. ¡Andúril por los Dúnedain!

Atacando de costado, se precipitaron sobre los salvajes. Andúril subía y bajaba, resplandeciendo con un fuego blanco. Un grito se elevó desde el muro y la torre.

—¡Andúril! ¡Andúril va a la guerra! ¡La Espada que estuvo Rota brilla otra vez!

Aterrorizadas, las criaturas que manejaban los arietes los dejaron caer y se volvieron para combatir; pero el muro de escudos se quebró como atravesado por un rayo, y los atacantes fueron barridos, abatidos o arrojados por encima del Peñón al torrente pedregoso. Los arqueros orcos dispararon sin tino todas sus flechas, y luego huyeron.

*

Éomer y Aragorn se detuvieron un momento frente a las puertas. El trueno rugía ahora en la lejanía. Los relámpagos centelleaban aún a la distancia entre las montañas del sur. Un viento inclemente soplaba .otra vez desde el norte. Las nubes se abrían y se dispersaban, y aparecieron las estrellas; y por encima de las colinas que bordeaban el Valle del Bosque la luna surcó el cielo hacia el oeste, con un brillo amarillento en los celajes de la tormenta.

—No hemos llegado demasiado pronto —dijo Aragorn, mirando los portales. Los golpes de los arietes habían sacado de quicio los grandes goznes y habían doblado las trancas de hierro; muchos maderos estaban rotos.

—Sin embargo, no podemos quedarnos aquí, de este lado de los muros, para defenderlos —dijo Éomer—. ¡Mira! —señaló hacia la Explanada. Una apretada turba de orcos y hombres volvía a congregarse más allá del río. Ya las flechas zumbaban y rebotaban en las piedras de alrededor—. ¡Vamos! Tenemos que volver y amontonar piedras y vigas y bloquear las puertas por dentro. ¡Vamos ya!

Dieron media vuelta y echaron a correr. En ese momento, unos diez o doce orcos que habían permanecido inmóviles y como muertos entre los cadáveres, se levantaron rápida y sigilosamente, y partieron tras ellos. Dos se arrojaron al suelo y tomando a Éomer por los talones lo hicieron trastabillar y caer, y se le echaron encima. Pero una pequeña figura negra en la que nadie había reparado emergió de las sombras lanzando un grito ronco.

—*Baruk Khazâd! Khazâd ai-mênu!*

Un hacha osciló como un péndulo. Dos orcos cayeron, decapitados. El resto escapó.

En el momento en que Aragorn acudía a auxiliarlo, Éomer se levantaba trabajosamente.

Cerraron la poterna, y amontonando piedras barricaron los portales de hierro. Cuando todos estuvieron dentro, a salvo, Éomer se volvió.

—¡Te doy las gracias, Gimli hijo de Glóin! —dijo—. No sabía que tú estabas con nosotros en este encuentro. Pero más de una vez el huésped a quien nadie ha invitado demuestra ser la mejor compañía. ¿Cómo apareciste por allí?

—Yo os había seguido para ahuyentar el sueño —dijo Gimli—; pero miré a los montañeses y me parecieron demasiado grandes para mí; entonces me senté en una piedra a admirar la destreza de vuestras espadas.

—No me será fácil devolverte el favor que me has prestado —dijo Éomer.

—Quizá se te presenten otras muchas oportunidades antes de que pase la noche —rió el Enano—. Pero estoy contento. Hasta ahora no había hachado nada más que leña desde que partí de Moria.

—¡Dos! —dijo Gimli acariciando el hacha. Había regresado a su puesto en el muro.

—¿Dos? —dijo Legolas—. Yo he hecho más que eso, aunque ahora tenga que buscar a tientas las flechas malgastadas; me he quedado sin ninguna. De todos modos, estimo en mi haber por lo menos veinte. Pero son sólo unas pocas hojas en todo un bosque.

Ahora las nubes se dispersaban rápidamente, y la luna declinaba clara y luminosa. Pero la luz trajo pocas esperanzas a los Caballeros de la Marca. Las fuerzas del enemigo, antes que disminuir, parecían acrecentarse; y nuevos refuerzos llegaban al valle y cruzaban el foso. El enfrentamiento en el Peñón había sido sólo un breve respiro. El ataque contra las puertas se redobló. Las huestes de Isengard rugían como un mar embravecido contra el Muro del Bajo. Orcos y montañeses iban y venían de un extremo al otro arrojando escalas de cuerda por encima de los parapetos, con tanta rapidez que los defensores no atinaban a cortarlas o desengancharlas. Habían puesto ya centenares de largas escalas. Muchas caían rotas en pedazos, pero eran reemplazadas en seguida, y los orcos trepaban por ellas como los monos en los oscuros bosques del sur. A los pies del muro, los cadáveres y los despojos se apilaban como pedruscos en una tormenta; el lúgubre montículo crecía y crecía, pero el enemigo no cejaba.

Los Hombres de Rohan empezaban a sentirse fatigados. Habían agotado todas las flechas y habían arrojado todas las lanzas; las espadas estaban melladas y los escudos hendidos. Tres veces Aragorn y Éomer consiguieron reorganizarlos y darles ánimo, y tres veces Andúril flameó en una carga desesperada que obligó al enemigo a alejarse del muro.

De pronto un clamor llegó desde atrás, desde el Abismo. Los orcos se habían escabullido como ratas hacia el canal. Allí, al amparo de los peñascos, habían esperado a que el ataque creciera y que la mayoría de los defensores estuviese en lo alto del muro. En ese momento cayeron sobre ellos. Ya algunos se habían arrojado a la garganta del Abismo y estaban entre los caballos, luchando con los guardias.

Con un grito feroz cuyo eco resonó en los riscos vecinos, Gimli saltó del muro.

—*Khazâd! Khazâd!* —Pronto tuvo en qué ocuparse.— ¡Ai-oi! —gritó—. ¡Los orcos están detrás del muro! ¡Ai-oi! Ven aquí, Legolas. ¡Hay bastante para los dos! *Khazâd ai-mênu!*

Gamelin el Viejo observaba desde lo alto de Cuernavilla, y escuchaba por encima del tumulto la poderosa voz del Enano.

—¡Los orcos están en el Abismo! —gritó—. ¡Helm! ¡Helm! ¡Adelante, Helmingas! —mientras bajaba a saltos la escalera del Peñón, seguido por numerosos hombres del Folde Oeste.

El ataque fue tan feroz como súbito, y los orcos perdieron terreno. Arrinconados en los angostos desfiladeros de la garganta, todos fueron muertos, o cayeron aullando al precipicio frente a los guardias de las cavernas ocultas.

—¡Veintiuno! —exclamó Gimli. Blandió el hacha con ambas manos y el último orco cayó tendido a sus pies—. ¡Ahora mi haber supera otra vez al de Maese Legolas!

—Hemos de cerrar esta cueva de ratas —dijo Gamelin—. Se dice que los Enanos son diestros con las piedras. ¡Ayúdanos, maestro!

—Nosotros no tallamos la piedra con hachas de guerra, ni con las uñas —dijo Gimli—. Pero ayudaré tanto como pueda.

Juntaron todos los guijarros y cantos rodados que encontraron en las cercanías, y bajo la dirección de Gimli los hombres del Folde Oeste bloquearon la parte interior del canal, dejando sólo una pequeña abertura. Asfixiada en su lecho, la Corriente del Bajo, crecida por la lluvia, se agitó y burbujeó, y se expandió entre los peñascos en frías lagunas.

—Está más seco allá arriba —dijo Gimli—. ¡Ven, Gamelin, veamos cómo marchan las cosas sobre la muralla!

Trepó al adarve y allí encontró a Legolas en compañía de Aragorn y Éomer. El Elfo estaba afilando el largo puñal. Había ahora una breve tregua en el combate, pues el intento de atacar desde el agua había sido frustrado.

—¡Veintiuno! —dijo Gimli.

—¡Magnífico! —dijo Legolas—. Pero ahora mi cuenta asciende a dos docenas. Aquí arriba han trabajado los puñales.

Éomer y Aragorn se apoyaban extenuados en las espadas. A lo lejos, a la izquierda, el fragor y el clamor de la batalla volvían a elevarse en el Peñón. Pero Cuernavilla se mantenía aún intacta, como una isla en el mar. Las puertas estaban en ruinas, aunque ningún enemigo había traspuesto todavía la barricada de vigas y piedras.

Aragorn contemplaba las pálidas estrellas y la luna que declinaba ahora por detrás de las colinas occidentales que cerraban el valle.

—Esta noche es larga como años —dijo—. ¿Cuánto tardará en llegar el día?

—El amanecer no está lejos —dijo Gamelin, que había subido al adarve y se encontraba ahora al lado de Aragorn—. Pero la luz del día no habrá de ayudarnos, me temo.

—Sin embargo, el amanecer es siempre una esperanza para el hombre —dijo Aragorn.

—Pero estas criaturas de Isengard, estos semi-orcos y hombres-bestiales fabricados por las artes inmundas de Saruman, no retrocederán a la luz del sol —dijo Gamelin—. Tampoco lo harán los montañeses salvajes. ¿No oyes ya sus voces?

—Las oigo —respondió Éomer—, pero a mis oídos no son otra cosa que griteríos de pájaros y alaridos de bestias.

—Sin embargo, hay muchos que gritan en la lengua de las Tierras Pardas —dijo Gamelin—. Yo la conozco. Es una antigua lengua de los hombres, y en otros tiempos se hablaba en muchos de los valles occidentales de la Marca. ¡Escucha! Nos odian, y están contentos; pues nuestra perdición les parece segura. "¡El rey, el rey! —gritan—. ¡Capturaremos al rey! ¡Muerte para los Forgoil! ¡Muerte para los Cabeza-de-Paja! ¡Muerte para los ladrones del Norte!" Ésos son los nombres que nos dan. No han olvidado en medio milenio la ofensa que les infligieran los Señores de Gondor al otorgar la Marca a Eorl el Joven y aliarse con él. Este antiguo odio ha inflamado a Saruman. Y son feroces cuando se excitan. No los detendrán las luces del alba ni las sombras del crepúsculo, hasta que hayan tomado prisionero a Théoden, o ellos mismos hayan sucumbido.

—A pesar de todo a mí el amanecer me llena de esperanzas —dijo Aragorn—. ¿No se dice acaso que ningún enemigo tomó jamás Cuernavilla, cuando la defendieron los Hombres?

—Así dicen las canciones —dijo Éomer.

—¡Entonces defendámosla y confiemos! —exclamó Aragorn.

Hablaban aún cuando las trompetas resonaron otra vez. Hubo un estallido atronador, una brusca llamarada, y humo. Las aguas de la Corriente del Bajo se desbordaron siseando en burbujas de espuma. Un boquete acababa de abrirse en el muro y ya nada podía contenerlas. Una horda de formas oscuras irrumpió como un oleaje.

—¡Brujerías de Saruman! —gritó Aragorn—. Mientras nosotros conversábamos volvieron a meterse en el agua. ¡Han encendido bajo nuestros pies el fuego de Orthanc! ¡Elendil, Elendil! —gritó saltando al foso; pero ya había un centenar de escalas colgadas de las almenas. Desde arriba y desde abajo del muro se lanzó el último ataque: demoledor como una ola oscura sobre una duna, barrió a los defensores. Algunos de los caballeros, obligados a replegarse más y más sobre el Abismo, caían peleando, mientras retrocedían hacia las cavernas oscuras. Otros volvieron directamente a la ciudadela.

Una ancha escalera subía del Abismo al Peñón y a la poterna de Cuernavilla. Casi al pie de esa escalera se erguía Aragorn. Andúril le centelleaba aún en la mano, y el terror de la espada arredró todavía un momento al enemigo, mientras los hombres que podían llegar a la escalera subían uno a uno hacia la puerta. Detrás, arrodillado en el peldaño más alto, estaba Legolas. Tenía el arco preparado, pero sólo había rescatado una flecha, y ahora espiaba, listo para dispararla sobre el primer orco que se atreviera a acercarse.

—Todos los que han podido escapar están ahora a salvo, Aragorn —gritó—. ¡Volvamos!

Aragorn giró sobre sus talones y se lanzó escaleras arriba, pero el cansancio le hizo tropezar y caer. Sin perder un instante, los enemigos se precipitaron a la escalera. Los orcos subían vociferando, extendiendo los largos brazos para apoderarse de Aragorn. El que iba a la cabeza cayó con la última flecha de Legolas atravesada en la garganta, pero eso no detuvo a los otros. De pronto, un peñasco enorme, lanzado desde el muro exterior, se estrelló en la escalera, arrojándolos otra vez al Abismo. Aragorn ganó la puerta, que al instante se cerró tras él con un golpe.

—Las cosas andan mal, mis amigos —dijo, enjugándose con el brazo el sudor de la frente.

—Bastante mal —dijo Legolas—, pero aún nos quedan esperanzas, mientras tú nos acompañes. ¿Dónde está Gimli?

—No sé —respondió Aragorn—. La última vez que lo vi estaba peleando detrás del muro, pero la acometida nos separó.

—¡Ay! Éstas son malas noticias —dijo Legolas.

—Gimli es fuerte y valeroso —dijo Aragorn—. Esperemos que vuelva sano y salvo a las cavernas. Allí, por algún tiempo, estará seguro. Más seguro que nosotros. Un refugio de esa naturaleza es el ideal de un Enano.

—Eso es lo que espero —dijo Legolas—. Pero me gustaría que hubiera venido por aquí. Quería decirle a Maese Gimli que mi cuenta asciende ahora a treinta y nueve.

—Si consigue llegar a las cavernas volverá a sobrepasarte —dijo Aragorn riendo—. Nunca vi un hacha en manos tan hábiles.

—Necesito ir en busca de algunas flechas —dijo Legolas—. Quisiera que la noche terminase de una vez, así tendría mejor luz para tomar puntería.

Aragorn entró en la ciudadela. Allí se enteró consternado de que Éomer no había regresado a Cuernavilla.

—No, no ha vuelto al Peñón —dijo uno de los hombres del Folde Oeste—. Cuando lo vi por última vez estaba reuniendo hombres y combatiendo a la entrada del Abismo. Gamelin lo acompañaba, y también el Enano; pero no pude acercarme a ellos.

Aragorn cruzó a grandes trancos el patio interior, y subió a una cámara alta de la torre. Allí, una silueta sombría recortada contra una ventana angosta, estaba el rey, mirando hacia el valle.

—¿Qué hay de nuevo, Aragorn? —preguntó.

—Se han apoderado del Muro del Bajo, señor, y han barrido a los defensores; pero muchos han venido a refugiarse aquí, en el Peñón.

—¿Está Éomer aquí?

—No, señor. Pero muchos de vuestros hombres se replegaron a los fondos del Abismo; y algunos dicen que Éomer estaba entre ellos. Allí, en los desfiladeros, podrían contener el avance del enemigo y llegar a las cavernas. Qué esperanzas de salvarse tendrán entonces no lo sé.

—Más que nosotros. Provisiones en abundancia, según dicen. Y allí el aire es puro gracias a las grietas en lo alto de las paredes de roca. Nadie puede entrar por la fuerza contra hombres decididos. Podrán resistir mucho tiempo.

—Pero los orcos han traído una brujería desde Orthanc —dijo Aragorn—. Tienen un fuego que despedaza las rocas, y con él tomaron el muro. Si no llegan a entrar en las cavernas, podrían encerrar allí a los ocupantes. Pero ahora hemos de concentrar todos nuestros pensamientos en la defensa.

—Me muero de impaciencia en esta prisión —dijo Théoden—. Si hubiera podido empuñar una lanza, cabalgando al frente de mis hombres, habría sentido quizá otra vez la alegría del combate, terminando así mis días. Pero de poco sirvo estando aquí.

—Aquí al menos estáis protegido por la fortaleza más inexpugnable de la Marca —dijo Aragorn—. Más esperanzas tenemos de defenderos aquí en Cuernavilla que en Edoras, y aun allá arriba en las montañas de El Sagrario.

—Dicen que Cuernavilla no ha caído nunca bajo ningún ataque —dijo Théoden—; pero esta vez mi corazón teme. El mundo cambia y todo aquello que alguna vez parecía invencible hoy es inseguro. ¿Cómo podrá una torre resistir a fuerzas tan numerosas y a un odio tan implacable? De haber sabido que las huestes de Isengard eran tan poderosas, quizá no hubiera tenido la temeridad de salirles al encuentro, pese a todos los artificios de Gandalf. El consejo no parece ahora tan bueno como al sol de la mañana.

—No juzguéis el consejo de Gandalf, señor, hasta que todo haya terminado —dijo Aragorn.

—El fin no está lejano —dijo el rey—. Pero yo no acabaré aquí mis días, capturado como un viejo tejón en una trampa. Crinblanca y Hasufel y los caballos de mi guardia están aquí, en el patio interior. Cuando amanezca, haré sonar el cuerno de Helm, y partiré. ¿Cabalgarás conmigo, tú, hijo de Arathorn? Quizá nos abramos paso, o tengamos un fin digno de una canción... si queda alguien para cantar nuestras hazañas.

—Cabalgaré con vos —dijo Aragorn.

Despidiéndose, volvió a los muros, y fue de un lado a otro reanimando a los hombres, y prestando ayuda allí donde la lucha era violenta. Legolas iba con él. Allá abajo estallaban fuegos que conmovían las piedras. El enemigo seguía arrojando ganchos y tendiendo escalas. Una y otra vez los orcos llegaban a lo alto del muro exterior, y otra vez eran derribados por los defensores.

Por fin llegó Aragorn a lo alto de la arcada que coronaba las grandes puertas, indiferente a los dardos del enemigo. Mirando adelante, vio que el cielo palidecía en el este. Alzó entonces la mano desnuda, mostrando la palma, para indicar que deseaba parlamentar.

Los orcos vociferaban y se burlaban.

—¡Baja! ¡Baja! —le gritaban—. Si quieres hablar con

nosotros, ¡baja! ¡Tráenos a tu rey! Somos los guerreros Uruk-hai. Si no viene, iremos a sacarlo de su guarida. ¡Tráenos al cobardón de tu rey!

—El rey saldrá o no, según sea su voluntad —dijo Aragorn.

—Entonces, ¿qué haces tú aquí? —le dijeron—. ¿Qué miras? ¿Quieres ver la grandeza de nuestro ejército? Somos los guerreros Uruk-hai.

—He salido a mirar el alba —dijo Aragorn.

—¿Qué tiene que ver el alba? —se mofaron los orcos—. Somos los Uruk-hai; no dejamos la pelea ni de noche ni de día, ni cuando brilla el sol o ruge la tormenta. Venimos a matar, a la luz del sol o de la luna. ¿Qué tiene que ver el alba?

—Nadie sabe qué habrá de traer el nuevo día —dijo Aragorn—. Alejaos antes de que se vuelva contra vosotros.

—Baja o te abatiremos —gritaron—. Esto no es un parlamento. No tienes nada que decir.

—Todavía tengo esto que decir —respondió Aragorn—. Nunca un enemigo ha tomado Cuernavilla. Partid, de lo contrario ninguno de vosotros se salvará. Ninguno quedará con vida para llevar las noticias al Norte. No sabéis qué peligro os amenaza.

Era tal la fuerza y la majestad que irradiaba Aragorn allí de pie, a solas, en lo alto de las puertas destruidas, ante el ejército de sus enemigos, que muchos de los montañeses salvajes vacilaron y miraron por encima del hombro hacia el valle, y otros echaron miradas indecisas al cielo. Pero los orcos se reían estrepitosamente; y una salva de dardos y flechas silbó por encima del muro, en el momento en que Aragorn bajaba de un salto.

Hubo un rugido y una intensa llamarada. La bóveda de la puerta en la que había estado encaramado se derrumbó convertida en polvo y humo. La barricada se desperdigó como herida por el rayo. Aragorn corrió a la torre del rey.

Pero en el momento mismo en que la puerta se desmoronaba, y los orcos aullaban alrededor preparándose a atacar, un murmullo se elevó detrás de ellos, como un viento en la distancia, y creció hasta convertirse en un clamor de muchas voces que anunciaban extrañas nuevas en el amanecer. Los orcos, oyendo desde el Peñón aquel rumor doliente, vacilaron y miraron atrás. Y entonces, súbito y terrible, el gran cuerno de Helm resonó en lo alto de la torre.

Todos los que oyeron el ruido se estremecieron. Muchos orcos se arrojaron al suelo boca abajo, tapándose las orejas con las garras. Y desde el fondo del Abismo retumbaron los ecos, como si en cada acantilado y en cada colina un poderoso heraldo soplara una trompeta vibrante. Pero los hombres apostados en los muros levantaron la cabeza y escucharon asombrados: aquellos ecos no morían. Sin cesar resonaban los cuernos de colina en colina; ahora más cercanos y potentes, respondiéndose unos a otros, feroces y libres.

—¡Helm! ¡Helm! —gritaron los caballeros—. ¡Helm ha despertado y retorna a la guerra! ¡Helm ayuda al Rey Théoden!

En medio de este clamor, apareció el rey. Montaba un caballo blanco como la nieve; de oro era el escudo y larga la lanza. A su diestra iba Aragorn, el heredero de Elendil, y tras él cabalgaban los Señores de la Casa de Eorl el Joven. La luz se hizo en el cielo. Partió la noche.

—¡Adelante, Eorlingas!

Con un grito y un gran estrépito se lanzaron al ataque. Rugientes y veloces salían por los portales, cubrían la explanada y arrasaban a las huestes de Isengard como un viento entre las hierbas. Tras ellos llegaban desde el Abismo los gritos roncos de los hombres que irrumpían de las cavernas persiguiendo a los enemigos. Todos los hombres que habían quedado en el Peñón se volcaron como un torrente sobre el valle. Y la voz potente de los cuernos seguía retumbando en las colinas.

Avanzaban galopando sin trabas, el rey y sus caballeros. Capitanes y soldados caían o huían delante de la tropa. Ni los orcos ni los hombres podían resistir el ataque. Corrían, de cara al valle y de espaldas a las espadas y las lanzas de los jinetes. Gritaban y gemían, pues la luz del amanecer había traído pánico y desconcierto.

*

Así partió el Rey Théoden de la Puerta de Helm, y así se abrió paso hacia la Empalizada. Allí la compañía se detuvo. La luz crecía alrededor. Los rayos del sol encendían las colinas orientales y centelleaban en las lanzas. Los jinetes, inmóviles y silenciosos, contemplaron largamente el Valle del Bajo.

El paisaje había cambiado. Donde antes se extendiera un valle verde, cuyas laderas herbosas trepaban por las colinas cada vez más altas, ahora había un bosque. Hileras e hileras de grandes árboles, desnudos y silenciosos, de ramaje enmarañado y cabezas blanquecinas; las raíces nudosas se perdían entre las altas hierbas verdes. Bajo la fronda todo era oscuridad. Un trecho de no más de un cuarto de milla separaba a la Empalizada del linde de aquel bosque. Allí se escondían ahora las arrogantes huestes de Saruman, aterrorizadas por el rey tanto como por los árboles. Como un torrente habían bajado desde la Puerta de Helm, hasta que ni uno solo quedó más arriba de la Empalizada; pero allá abajo se amontonaban como un hervidero de moscas. Reptaban y se aferraban a las paredes del valle tratando en vano de escapar. Al este la ladera era demasiado escarpada y pedregosa; a la izquierda, desde el oeste, avanzaba hacia ellos el destino inexorable.

De improviso, en una cima apareció un jinete vestido de blanco y resplandeciente al sol del amanecer. Más abajo, en las colinas, sonaron los cuernos. Tras el jinete un millar de hombres a pie, espada en mano, bajaba de prisa las largas pendientes. Un hombre recio y de elevada estatura marchaba entre ellos. Llevaba un escudo rojo. Cuando llegó a la orilla del valle se llevó a los labios un gran cuerno negro y sopló con todas sus fuerzas.

—¡Erkenbrand! —gritaron los Caballeros—. ¡Erkenbrand!

—¡Contemplad al Caballero Blanco! —gritó Aragorn—. ¡Gandalf ha vuelto!

—¡Mithrandir, Mithrandir! —dijo Legolas—. ¡Esto es magia pura! ¡Venid! Quisiera ver este bosque, antes que cambie el sortilegio.

Las huestes de Isengard aullaron, yendo de un lado a

184

otro, pasando de un miedo a otro. Nuevamente sonó el cuerno de la torre. Y la compañía del rey se lanzó a la carga a través del foso de la Empalizada. Y desde las colinas bajaba, saltando, Erkenbrand, Señor del Folde Oeste. Y también bajaba Sombragrís, brincando como un ciervo que corretea sin miedo por las montañas. Allá estaba el Caballero Blanco, y el terror de esta aparición enloqueció al enemigo. Los salvajes montañeses caían de bruces. Los orcos se tambaleaban y gritaban y arrojaban al suelo las espadas y las lanzas. Huían como un humo negro arrastrado por un vendaval. Pasaron, gimiendo, bajo la acechante sombra de los árboles; y de esa sombra ninguno volvió a salir.

8

EL CAMINO DE ISENGARD

Así, en el prado verde a orillas de la Corriente del Bajo, volvieron a encontrarse, a la luz de una hermosa mañana, el Rey Théoden y Gandalf el Caballero Blanco. Estaban con ellos Aragorn hijo de Arathorn, y Legolas el Elfo, y Erkenbrand del Folde Oeste, y los señores del Palacio de Oro. Los rodeaban los Rohirrim, los Jinetes de la Marca; una impresión de maravilla prevalecía de algún modo sobre el júbilo de la victoria, y los ojos de todos se volvían al bosque.

De pronto se oyó un clamor, y los compañeros que el enemigo había arrastrado al Abismo descendieron de la Empalizada: Gamelin el Viejo, Éomer hijo de Éomund, y junto con ellos Gimli el Enano. No llevaba yelmo, y una venda manchada de sangre le envolvía la cabeza; pero la voz era firme y sonora.

—¡Cuarenta y dos, Maese Legolas! —gritó—. ¡Ay! ¡Se me ha mellado el hacha! El cuadragésimo segundo tenía un capacete de hierro. ¿Y a ti cómo te ha ido?

—Me has ganado por un tanto —respondió Legolas—. Pero no te celo, ¡tan contento estoy de verte todavía en pie!

—¡Bienvenido, Éomer, hijo de mi hermana! —dijo Théoden—. Ahora que te veo sano y salvo, me alegro de veras.

—¡Salve, Señor de la Marca! —dijo Éomer—. La noche oscura ha pasado, y una vez más ha llegado el día. Pero el día ha traído extrañas nuevas. —Se volvió y miró con asombro, primero el bosque y luego a Gandalf.— Otra vez has vuelto de improviso, en una hora de necesidad —dijo.

—¿De improviso? —replicó Gandalf—. Dije que volvería y que me reuniría aquí con vosotros.

—Pero no dijiste la hora, ni la forma en que aparecerías. Extraña ayuda nos traes. ¡Eres poderoso en la magia, Gandalf el Blanco!

—Tal vez. Pero si lo soy, aún no lo he demostrado. No

he hecho más que dar buenos consejos en el peligro y aprovechar la ligereza de Sombragrís. Más valieron vuestro coraje, y las piernas vigorosas de los hombres del Folde Oeste, marchando en la noche.

Y entonces todos contemplaron a Gandalf con un asombro todavía mayor. Algunos echaban miradas sombrías al bosque y se pasaban la mano por la frente, como si pensaran que Gandalf no veía lo mismo que ellos.

Gandalf soltó una larga y alegre carcajada.

—¿Los árboles? —dijo—. No, yo veo el bosque como lo veis vosotros. Pero esto no es obra mía, sino algo que está más allá de los designios de los sabios. Los acontecimientos se han desarrollado mejor de lo que yo había previsto, y hasta han sobrepasado mis esperanzas.

—Entonces, si no has sido tú, ¿quién ha obrado esta magia? —preguntó Théoden—. No Saruman, eso es evidente. ¿Habrá acaso algún sabio todavía más poderoso, del que nunca oímos hablar?

—No es magia, sino un poder mucho más antiguo —dijo Gandalf—: un poder que recorría antaño la tierra, mucho antes que los Elfos cantaran, o repicara el martillo.

Mucho antes que se conociera el hierro o se hachasen los árboles;
cuando la montaña era joven aún bajo la luna;
mucho antes que se forjase el Anillo, o que se urdiese el infortunio,
ya en tiempos remotos recorría los bosques.

—¿Y qué respuesta tiene tu acertijo? —le preguntó Théoden.

—Para conocerla tendrás que venir conmigo a Isengard —respondió Gandalf.

—¿A Isengard? —exclamaron todos.

—Sí —dijo Gandalf—. Volveré a Isengard, y quien lo desee puede acompañarme. Allí veremos extrañas cosas.

—Pero aun cuando pudiéramos reunirlos a todos y curarles las heridas y la fatiga, no hay suficientes hombres en la Marca para atacar la fortaleza de Saruman —dijo Théoden.

—De todas maneras, yo iré a Isengard —dijo Gandalf—. No me quedaré allí mucho tiempo. Ahora mi camino me lleva al este. ¡Buscadme en Edoras, antes de la luna menguante!

—¡No! —dijo Théoden—. En la hora oscura que precede al alba dudé de ti, pero ahora no volveremos a separarnos. Iré contigo, si tal es tu consejo.

—Quiero hablar con Saruman tan pronto como sea posible —dijo Gandalf—, y como el daño que te ha causado es grande, vuestra presencia sería oportuna. Pero ¿cuándo y con qué ligereza podríais poneros en marcha?

—La batalla ha extenuado a mis hombres —dijo el rey—, y también yo estoy cansado. He cabalgado mucho y he dormido poco. ¡Ay!, mi vejez no es fingida, ni tan sólo el resultado de las intrigas de Lengua de Serpiente. Es un mal que ningún médico podrá curar por completo, ni aun siquiera el propio Gandalf.

—Entonces, aquellos que hayan decidido acompañarme, que descansen ahora —dijo Gandalf—. Viajaremos en la oscuridad de la noche. Mejor así, pues de ahora en adelante todas nuestras idas y venidas se harán dentro del mayor secreto. Pero no preparéis una gran escolta, Théoden. Vamos a parlamentar, no a combatir.

El rey escogió entonces a aquellos de sus caballeros que no estaban heridos y que tenían caballos rápidos, y los envió a proclamar la buena nueva de la victoria en todos los valles de la Marca; y a convocar con urgencia en Edoras a todos los hombres, jóvenes y viejos. Allí el Señor de la Marca reuniría a todos los jinetes capaces de llevar armas, en el día segundo después de la luna llena. Para que lo escoltaran a caballo en el viaje a Isengard, el rey eligió a Éomer y a veinte hombres de su propio séquito. Junto con Gandalf irían Aragorn y Legolas, y también Gimli. Aunque herido, el Enano se resistió a que lo dejaran atrás.

—Fue apenas un golpe, y el almete alcanzó a desviarlo —dijo—. El rasguño de un orco no es bastante para retenerme.

—Yo te curaré mientras descansas —dijo Aragorn.

El rey volvió entonces a Cuernavilla, y durmió con un sueño apacible, que no conocía desde hacía años. Los hombres que había elegido como escolta descansaron también.

Pero a los otros, los que no estaban heridos, les tocó una penosa tarea; pues muchos habían caído en la batalla y yacían muertos en el campo o en el Abismo.

Ni un solo orco había quedado con vida; y los cadáveres eran incontables. Pero muchos de los montañeses se habían rendido, aterrorizados, y pedían clemencia.

Los Hombres de la Marca los despojaron de las armas y los pusieron a trabajar.

—Ayudad ahora a reparar el mal del que habéis sido cómplices —les dijo Erkenbrand—; más tarde prestaréis juramento de que no volveréis a cruzar en armas los Vados del Isen, ni a aliaros con los enemigos de los Hombres: entonces quedaréis en libertad de volver a vuestro país. Pues habéis sido engañados por Saruman. Muchos de los vuestros no han conocido otra recompensa que la muerte por haber confiado en él; pero si hubierais sido los vencedores, tampoco sería más generosa vuestra paga.

Los hombres de las Tierras Pardas escuchaban estupefactos, pues Saruman les había dicho que los Hombres de Rohan eran crueles y quemaban vivos a los prisioneros.

En el campo de batalla, frente a Cuernavilla, levantaron dos túmulos, y enterraron en ellos a todos los Jinetes de la Marca que habían caído en la defensa, los de los Valles del Este de un lado y los del Folde Oeste del otro. En una tumba a la sombra de Cuernavilla, sepultaron a Háma, capitán de la guardia del Rey. Había caído frente a la Puerta.

Amontonaron los cadáveres de los orcos en grandes pilas, a buena distancia de los túmulos de los Hombres, no lejos del linde del bosque. Pero a todos inquietaba la presencia de esos montones de carroña, demasiado grandes para que ellos pudieran quemarlos o enterrarlos. La leña de que disponían era escasa, pero ninguno se hubiera atrevido a levantar el hacha contra aquellos árboles, aun cuando Gandalf no les hubiese advertido sobre el peligro de hacerles daño, de herir las ramas o las cortezas.

—Dejemos a los orcos donde están —dijo Gandalf—. Quizá la mañana traiga nuevos consejos.

Durante la tarde la compañía del Rey se preparó para la partida. La tarea de enterrar a los muertos había comenzado apenas; y Théoden lloró la pérdida de Háma, su capitán, y arrojó el primer puñado de tierra sobre la sepultura.

—Un gran daño me ha infligido en verdad Saruman, a mí y a toda esta comarca —dijo—; y no lo olvidaré, cuando nos encontremos frente a frente.

Ya el sol se acercaba a las crestas de las colinas occidentales que rodeaban el Valle del Bajo, cuando Théoden y Gandalf y sus compañeros montaron al fin y descendieron desde la Empalizada. Toda una multitud se había congregado allí; los jinetes y los habitantes del Folde Oeste, los viejos y los jóvenes, las mujeres y los niños, todos habían salido de las cavernas a despedirlos. Con voces cristalinas entonaron un canto de victoria; de improviso, todos callaron, preguntándose qué ocurriría, pues ahora miraban hacia los árboles y estaban asustados.

La tropa llegó al bosque, y se detuvo; caballos y hombres se resistían a entrar. Los árboles, grises y amenazantes, estaban envueltos en una niebla o una sombra. Los extremos de las ramas largas y ondulantes pendían como dedos que buscaban en la tierra, las raíces asomaban como miembros de monstruos desconocidos, en los que se abrían cavernas tenebrosas. Pero Gandalf continuó avanzando, al frente de la compañía, y en el punto en que el camino de Cuernavilla se unía a los árboles vieron de pronto una abertura que parecía una bóveda disimulada por unas ramas espesas: por ella entró Gandalf, y todos lo siguieron. Entonces vieron con asombro que el camino continuaba junto con la Corriente del Bajo: y arriba aparecía el cielo abierto, dorado y luminoso. Pero a ambos lados del camino el crepúsculo invadía ya las grandes naves del bosque que se extendían perdiéndose en sombras impenetrables; allí escucharon los cuchicheos y gemidos de las ramas, y gritos distantes, y un rumor de voces inarticuladas, de murmullos airados. No había a la vista orcos, ni ninguna otra criatura viviente.

Legolas y Gimli iban montados en el mismo caballo; y no se alejaban de Gandalf, pues el bosque atemorizaba a Gimli.

—Hace calor aquí dentro —le dijo Legolas a Gandalf—. Siento a mi alrededor la presencia de una cólera inmensa. ¿No te late a ti el aire en los oídos?

—Sí —respondió Gandalf.

—¿Qué habrá sido de los miserables orcos? —le preguntó Legolas.

—Eso, creo, nunca se sabrá —dijo Gandalf.

Cabalgaron un rato en silencio; pero Legolas no dejaba de mirar a los lados, y si Gimli no se lo hubiese impedido, se habría detenido más de una vez a escuchar los rumores del bosque.

—Son los árboles más extraños que he visto en mi vida —dijo—; y eso que he visto crecer muchos robles, de la bellota a la vejez. Me hubiera gustado poder detenerme un momento ahora y pasearme entre ellos; tienen voces, y quizá con el tiempo llegaría a entender lo que piensan.

—¡No, no! —dijo Gimli—. ¡Déjalos tranquilos! Ya he adivinado lo que piensan: odian todo cuanto camina en dos pies; y hablan de triturar y estrangular.

—No a todo cuanto camina en dos pies —le dijo Legolas—. En eso creo que te equivocas. Es a los orcos a quienes aborrecen. No han nacido aquí y poco saben de Elfos y de Hombres. Los valles donde crecen son sitios remotos. De los profundos valles de Fangorn, Gimli, de allí es de donde vienen, sospecho.

—Entonces éste es el bosque más peligroso de la Tierra Media —dijo Gimli—. Tendría que estarles agradecido por lo que hicieron, pero no los quiero de veras. A ti pueden parecerte maravillosos, pero yo he visto en esta región cosas más extraordinarias, más hermosas que todos los bosques y claros. ¡Extraños son los modos y costumbres de los Hombres, Legolas! Tienen aquí una de las maravillas del Mundo Septentrional, ¿y qué dicen de ella? ¡Cavernas, la llaman! ¡Refugios para tiempo de guerra, depósitos de forraje! ¿Sabes, mi buen Legolas, que las cavernas subterráneas del Abismo de Helm son vastas y hermosas? Habría un incesante peregrinaje de Enanos, y sólo para venir a verlas, si se supiera que existen. Sí, en verdad, ¡pagarían oro puro por echarles una sola mirada!

—Y yo pagaría oro puro por lo contrario —dijo Legolas—, y el doble porque me sacaran de allí, si llegara a extraviarme.

—No las has visto, y te perdono la gracia —replicó Gimli—. Pero hablas como un tonto. ¿Te parecen hermosas las estancias de tu Rey al pie de la colina en el Bosque Negro, que los Enanos ayudaron a construir hace tiempo? Son covachas comparadas con las cavernas que he visto aquí: salas incomensurables, pobladas de la música eterna del agua que tintinea en las lagunas, tan maravillosas como Kheled-zâram a la luz de las estrellas.

"Y cuando se encienden las antorchas, Legolas, y los hombres caminan por los suelos de arena bajo las bóvedas resonantes, ah, entonces, Legolas, gemas y cristales y filones de mineral precioso centellean en las paredes pulidas; y la luz resplandece en las vetas de los mármoles nacarados, luminosos como las manos de la Reina Galadriel. Hay columnas de nieve, de azafrán y rosicler, Legolas, talladas con formas que parecen sueños; brotan de los suelos multicolores para unirse a las colgaduras resplandecientes: alas, cordeles, velos sutiles como nubes cristalizadas; lanzas, pendones, ¡pináculos de palacios colgantes! Unos lagos serenos reflejan esas figuras: un mundo titilante emerge de las aguas sombrías cubiertas de límpidos cristales; ciudades, como jamás Durin hubiera podido imaginar en sus sueños, se extienden a través de avenidas y patios y pórticos, hasta los nichos oscuros donde jamás llega la luz. De pronto ¡pim!, cae una gota de plata, y las ondas se encrespan bajo el cristal y todas las torres se inclinan y tiemblan como las algas y los corales en una gruta marina. Luego llega la noche: las visiones tiemblan y se desvanecen; las antorchas se encienden en otra sala, en otro sueño. Los salones se suceden, Legolas, un recinto se abre a otro, una bóveda sigue a otra bóveda, y una escalera a otra escalera, y los senderos sinuosos llevan al corazón de la montaña. ¡Cavernas! ¡Las cavernas del Abismo de Helm! ¡Feliz ha sido la suerte que hasta aquí me trajo! Lloro ahora al tener que dejarlas.

—Entonces —dijo el Elfo— como consuelo, te desearé

esta buena fortuna, Gimli: que vuelvas sano y salvo de la guerra, y así podrás verlas otra vez. ¡Pero no se lo cuentes a todos los tuyos! Por lo que tú dices, poco tienen que hacer. Quizá los hombres de estas tierras callan por prudencia: una sola familia de activos enanos provistos de martillo y escoplo harían quizá más daño que bien.

—No, tú no me comprendes —dijo Gimli—. Ningún Enano permanecería impasible ante tanta belleza. Ninguno de la raza de Durin excavaría estas grutas para extraer piedra o mineral, ni aunque hubiera ahí oro y diamantes. Si vosotros queréis leña, ¿cortáis acaso las ramas florecidas de los árboles? Nosotros cuidaríamos estos claros de piedra florecida, no los arruinaríamos. Con arte y delicadeza, a pequeños golpes, nada más que una astilla de piedra, tal vez, en toda una ansiosa jornada: ése sería nuestro trabajo, y con el correr de los años abriríamos nuevos caminos, y descubriríamos salas lejanas que aún están a oscuras, y que vemos apenas como un vacío más allá de las fisuras de la roca. ¡Y luces, Legolas! Crearíamos luces, lámparas como las que resplandecían antaño en Khazad-dûm; y entonces podríamos, según nuestros deseos, alejar a la noche que mora allí desde que se edificaron las montañas, o hacerla volver, a la hora del reposo.

—Me has emocionado, Gimli —le dijo Legolas—. Nunca te había oído hablar así. Casi lamento no haber visto esas cavernas. ¡Bien! Hagamos un pacto: si los dos regresamos sanos y salvos de los peligros que nos esperan, viajaremos algún tiempo juntos. Tú visitarás Fangorn conmigo, y luego yo vendré contigo a ver el Abismo de Helm

—No sería ése el camino que yo elegiría para regresar —dijo Gimli—. Pero soportaré la visita a Fangorn, si prometes volver a las cavernas y compartir conmigo esa maravilla.

—Cuentas con mi promesa —dijo Legolas—. Mas ¡ay! Ahora hemos de olvidar por algún tiempo el bosque y las cavernas. ¡Mira! Ya llegamos a la orilla del bosque. ¿A qué distancia estamos ahora de Isengard, Gandalf?

—A unas quince leguas, a vuelo de los cuervos de Saruman —dijo Gandalf—; cinco desde la desembocadura del Valle del Bajo hasta los Vados; y diez más desde allí hasta las Puertas de Isengard. Pero no marcharemos toda la noche.

—Y cuando lleguemos allí ¿con qué nos encontraremos? —preguntó Gimli—. Quizá tú lo sepas, pero yo no puedo imaginarlo.

—Tampoco yo lo sé con certeza —respondió el mago—. Yo estaba allí ayer al caer la noche, pero desde entonces pueden haber ocurrido muchas cosas. Sin embargo, creo que no diréis que el viaje ha sido en vano, ni aunque hayamos tenido que abandonar las Cavernas Centelleantes de Aglarond.

Al fin la compañía dejó atrás los árboles y se encontró en el fondo del Valle del Bajo, donde el camino que descendía del Abismo de Helm se bifurcaba por un lado al Este, hacia Edoras, y por el otro al Norte, hacia los Vados del Isen. Legolas, que cabalgaba a orillas del bosque, se detuvo y volvió tristemente la cabeza. De pronto lanzó un grito.

—¡Hay ojos! —exclamó—. ¡Ojos que espían desde las sombras de las ramas! Nunca he visto ojos semejantes.

Los otros, sorprendidos por el grito, pararon las cabalgaduras y se dieron vuelta; pero Legolas se preparaba a volver atrás.

—¡No, no! —gritó Gimli—. ¡Haz lo que quieras si te has vuelto loco, pero antes déjame bajar del caballo! ¡No quiero ver los ojos!

—¡Quédate, Legolas Hojaverde! —dijo Gandalf—. ¡No vuelvas al bosque, todavía no! Aún no ha llegado el momento.

Mientras Gandalf hablaba aún, tres formas extrañas salieron de entre los árboles. Altos como trolls (doce pies o más), de cuerpos vigorosos, recios como árboles jóvenes, parecían vestidos con prendas ceñidas de tela o de piel gris y parda. Los brazos y las piernas eran largos, y las manos de muchos dedos. Tenían los cabellos tiesos y la barba verdegrís, como de musgo. Miraban con ojos graves, pero no a los jinetes: estaban vueltos hacia el norte. De improviso ahuecaron las largas manos alrededor de la boca y emitieron una serie de llamadas sonoras, límpidas como las notas de un cuerno, pero más musicales y variadas. Al instante se oyó la respuesta; y al volver una vez más la cabeza los viajeros vieron otras criaturas de la misma especie que se acercaban desde el norte. Cruzaban la hierba con paso vivo, semejantes a garzas que vadearan una corriente, pero más veloces, pues el movimiento de las largas piernas era más rápido que el aleteo de las garzas. Los jinetes prorrumpieron en gritos de asombro y algunos echaron mano a las espadas.

—Las armas están de más —dijo Gandalf—. Son simples pastores. No son enemigos, y en realidad no les importamos.

Y al parecer decía la verdad; pues mientras Gandalf hablaba, las altas criaturas, sin siquiera echar una mirada a los jinetes, se internaron en el bosque y desaparecieron.

—¡Pastores! —dijo Théoden—. ¿Dónde están los rebaños? ¿Qué son, Gandalf? Pues es evidente que tú los conoces.

—Son los pastores de los árboles —respondió Gandalf—. ¿Tanto hace que no os sentáis junto al fuego a escuchar las leyendas? Hay en vuestro reino niños que del enmarañado ovillo de la historia podrían sacar la respuesta a esa pregunta. Habéis visto a los Ents, oh Rey, los Ents del Bosque de Fangorn, el que en vuestra lengua llamáis el Bosque del Ent. ¿O creéis que le han puesto ese nombre por pura fantasía? No, Théoden, no es así: para ellos vosotros no sois más que historia pasajera; poco o nada les interesan todos los años que van desde Eorl el Joven a Théoden el Viejo, y a los ojos de los Ents todas las glorias de vuestra casa son en verdad muy pequeña cosa.

El rey guardó silencio.

—¡Ents! —dijo al fin—. Fuera de las sombras de la leyenda empiezo a entender, me parece, la maravilla de estos árboles. He vivido para conocer días extraños. Durante mucho tiempo hemos cuidado de nuestras bestias y nuestras praderas, y edificamos casas, y forjamos herramientas, y prestamos ayuda en las guerras de Minas Tirith. Y a eso llamábamos la vida de los Hombres, las cosas del mundo. Poco nos interesaba lo que había más allá de las fronteras de nuestra tierra. Hay canciones que hablan de esas cosas, pero las hemos olvidado, y sólo se las enseñamos a los niños, por simple costumbre. Y ahora las canciones aparecen entre nosotros en parajes extraños, caminan a la luz del sol.

—Tendríais que alegraros, Rey Théoden —le dijo Gandalf—. Porque no es sólo la pequeña vida de los Hombres la que está hoy amenazada, sino también la vida de todas esas criaturas que para vos eran sólo una leyenda. No os faltan aliados, Théoden, aunque ignoréis que existan.

—Sin embargo, también tendría que entristecerme —dijo Théoden—, porque cualquiera que sea la suerte que la guerra nos depare, ¿no es posible que al fin muchas bellezas y maravillas de la Tierra Media desaparezcan para siempre?

—Es posible —dijo Gandalf—. El mal que ha causado Sauron jamás será reparado por completo, ni borrado como si nunca hubiese existido. Pero el destino nos ha traído días como éstos. ¡Continuemos nuestra marcha!

Alejándose del Valle, tomaron la ruta que conducía a los Vados. Legolas los siguió de mala gana. Hundido ya detrás de las orillas del mundo, el sol se había puesto; pero cuando salieron de entre las sombras de las colinas y volvieron la mirada al oeste, hacia la Quebrada de Rohan, el cielo estaba todavía rojo y un resplandor incandescente iluminaba las nubes que flotaban a la deriva. Oscuros contra el cielo, giraban y planeaban numerosos pájaros de alas negras. Algunos pasaron lanzando gritos lúgubres por encima de los viajeros, de regreso a los nidos entre las rocas.

—Las aves de rapiña han estado ocupadas en el campo de batalla —dijo Éomer.

Cabalgaban a un trote lento mientras la oscuridad envolvía las llanuras de alrededor. La luna ascendía, ahora en creciente, y a la fría luz de plata las praderas se movían subiendo y bajando como el oleaje de un mar inmenso y gris. Habían cabalgado unas cuatro horas desde la encrucijada cuando vieron los Vados. Largas y rápidas pendientes descendían hasta un bajío pedregoso del río, entre terrazas altas y herbosas. Transportado por el viento, les llegó el aullido de los lobos, y sintieron una congoja en el corazón

recordando a los hombres que habían muerto allí combatiendo.

El camino se hundía entre terrazas y barrancas verdes
cada vez más altas, hasta la orilla del río, para volver a
subir en la otra margen. Tres hileras de piedras planas
y escalonadas atravesaban la corriente y entre ellas corrían
los vados para los caballos, que desde ambas riberas llegaban a un islote desnudo en el centro del río. Extraño les
pareció el cruce cuando lo vieron de cerca: en los Vados
siempre había remolinos, el agua canturreaba entre las piedras. Ahora estaba quieta y en silencio. En los lechos, casi
secos, asomaban los cantos rodados y la arena gris.

—Qué sitio desolado —dijo Éomer—. ¿Qué mal aqueja a
este río? Muchas cosas hermosas ha estropeado Saruman:
¿habrá destruido también los manantiales del Isen?

—Así parece —dijo Gandalf.

—¡Ay! —dijo Théoden—. ¿Es preciso que crucemos por
aquí, donde las bestias de rapiña han devorado a tantos
Jinetes de la Marca?

—Éste es nuestro camino —dijo Gandalf—. Cruel es la
pérdida de vuestros hombres, pero veréis que al menos no
los devorarán los lobos de las montañas. Es con sus amigos,
los orcos, con quienes se ceban en sus festines; así entienden
la amistad los de su especie. ¡Seguidme!

Cuando empezaron a vadear el río, los lobos dejaron de
aullar y se alejaron escurriéndose. Las figuras de Gandalf
a la luz de la luna y de Sombragrís, que centelleaba como
la plata, habían espantado a los lobos. Al llegar al islote
vieron los ojos brillantes de las bestias, que espiaban desde
las orillas, entre las sombras.

—¡Mirad! —dijo Gandalf—. Gente amiga ha estado por
aquí, trabajando.

Y vieron un túmulo en el centro del islote, rodeado de
piedras y de lanzas enhiestas.

—Aquí yacen todos los Hombres de la Marca que cayeron en estos parajes —dijo Gandalf.

—¡Que descansen en paz! —dijo Éomer—. ¡Y que
cuando estas lanzas se pudran y se cubran de herrumbre,
sobreviva largo tiempo este túmulo custodiando los Vados
del Isen!

—¿También esto es obra tuya, Gandalf, amigo mío? —preguntó Théoden—. ¡Mucho has hecho en una noche y un día!

—Con la ayuda de Sombragrís... ¡y de otros! —dijo Gandalf—. He cabalgado rápido y lejos. Pero aquí, junto a este túmulo, os diré algo que podrá confortaros: muchos cayeron en las batallas de los Vados, pero no tantos como se dice. Más fueron los que se dispersaron que los muertos; y yo he vuelto a reunir a todos los que pude encontrar. A algunos les ordené que se unieran a Erkenbrand; a otros les encomendé la tarea que aquí veis, y ahora ya han de estar de regreso en Edoras. También a muchos otros envié antes a Edoras a defender vuestra casa. Sabía que Saruman había lanzado contra vos todas sus fuerzas, y que sus servidores habían abandonado otras tareas para marchar al Abismo de Helm; no vi en todo el territorio ni uno solo de nuestros enemigos; yo temía, sin embargo, que quienes cabalgaban a lomo de lobo y los saqueadores pudieran llegar a Meduseld, y que la encontrasen indefensa. Pero ahora creo que no hay nada que temer; la casa estará allí para daros la bienvenida a vuestro regreso.

—Y me hará muy feliz verla de nuevo —dijo Théoden—, aunque poco tiempo me resta para vivir en ella.

Así la compañía dijo adiós a la isla y al túmulo, y cruzó el río, y subió la barranca de la orilla opuesta. Y una vez más reanudaron la cabalgata, felices de haber dejado atrás los Vados lúgubres. Y mientras se alejaban, otra vez se oyó en la noche el aullido de los lobos.

Una antigua carretera descendía de Isengard a los Vados. Durante cierto trecho corría a la vera del río, curvándose con él hacia el este y luego hacia el norte; pero en el último tramo se desviaba e iba en línea recta hasta las puertas de Isengard; y éstas se alzaban en la ladera occidental del valle, a unas quince millas o más de la entrada. Siguieron a lo largo de este antiguo camino, pero no cabalgaron por él; pues el terreno era a los lados firme y llano, cubierto a lo largo de muchas millas de una hierba corta y tierna. Pudieron así cabalgar más de prisa y hacia la medianoche se habían alejado ya casi cinco leguas de los Vados. Se detuvieron entonces, dando por concluida la travesía de aquella noche, pues el Rey se sentía cansado. Estaban al pie de las Montañas Nubladas, y el Nan Curunir tendía los largos brazos para recibirlos. Oscuro se abría ante ellos el valle; la luz de la luna, que descendía hacia el oeste, se escondía detrás de las montañas. Pero de las profundas sombras del valle brotaba una larga espiral de humo y de vapor; y al elevarse, tocaba los rayos de la luna y se dispersaba en ondas negras y plateadas por el cielo estrellado.

—¿Qué piensas, Gandalf? —preguntó Aragorn—. Se diría que todo el Valle del Mago está en llamas.

—Siempre flota una humareda sobre el valle en estos tiempos —dijo Éomer—, pero nunca vi antes nada parecido. Más que humos son vapores. Saruman ha de estar preparando algún maleficio para darnos la bienvenida. Tal vez esté hirviendo todas las aguas del Isen, y por eso está seco el río.

—Es probable —dijo Gandalf—. Mañana lo sabremos. Ahora descansemos un poco, si es posible.

Acamparon cerca del lecho del Isen, siempre silencioso y vacío. Algunos consiguieron dormir. Pero en medio de la noche los centinelas llamaron a gritos y todos se despertaron. La luna había desaparecido. En el cielo brillaban algunas estrellas; pero una oscuridad más negra que la noche se arrastraba por el suelo. Desde ambas orillas del río se adelantaba hacia ellos, rumbo al norte.

—¡Quedaos donde estáis! —dijo Gandalf—. ¡No desenvainéis las armas! ¡Esperad, y pasará de largo!

Una neblina espesa los envolvió. En el cielo aún brillaban débilmente unas pocas estrellas, pero alrededor se alzaban unas paredes de oscuridad impenetrable; estaban en un callejón estrecho entre móviles torres de sombras. Oían voces, murmullos y gemidos y un interminable suspiro susurrante; la tierra temblaba debajo. Largo les pareció el tiempo que pasaron allí atemorizados e inmóviles; pero al fin la oscuridad y los rumores se desvanecieron, perdiéndose entre los brazos de la montaña.

*

Allá lejos en el sur, en Cuernavilla, en mitad de la noche, los hombres oyeron un gran fragor, como un vendaval en el valle, y la tierra se estremeció; y todos se aterrorizaron y ninguno se atrevió a ir a ver qué había ocurrido.

Pero por la mañana, cuando salieron, quedaron estupefactos: los cadáveres de los orcos habían desaparecido, y también los árboles. En las profundidades del Valle del Abismo, las hierbas estaban aplastadas y pisoteadas como si unos pastores gigantescos hubiesen llevado allí a apacentar unos inmensos rebaños; pero una milla más abajo de la Empalizada habían cavado un foso profundo, y sobre él habían levantado una colina de piedras. Los hombres sospecharon que allí yacían los orcos muertos en la batalla; pero si junto con ellos estaban los que habían huido al bosque, nadie lo supo jamás, pues ningún hombre volvió a poner los pies en aquella colina. La Quebrada de la Muerte, la llamaron, y jamás creció en ella una brizna de hierba. Pero los árboles extraños ya no volvieron a aparecer en el Valle del Bajo; habían partido al amparo de la noche hacia los lejanos y oscuros valles de Fangorn. Así se habían vengado de los orcos.

El rey y su escolta no durmieron más aquella noche; pero no vieron ni oyeron otras cosas extrañas, excepto una: la voz del río, que despertó de improviso. Hubo un murmullo como de agua que corriera sobre las piedras, y casi en seguida el Isen fluyó y burbujeó otra vez como lo hiciera siempre.

Al alba se dispusieron a reanudar la marcha. El amanecer era pálido y gris, y no vieron salir el sol. Arriba se cernía una niebla espesa, y un olor acre flotaba sobre el suelo. Avanzaban lentamente, cabalgando ahora por la carretera. Era ancha y firme, y estaba bien cuidada. Vagamente, a través de la niebla, alcanzaban a ver el largo brazo de las montañas que se elevaban a la izquierda.

Habían penetrado en Nan Curunir, en el Valle del Mago. Era un valle bien reparado, abierto sólo hacia el sur. En otros tiempos había sido hermoso y feraz, y por él corría el Isen, ya profundo e impetuoso antes de encontrar las llanuras; pues era alimentado por los manantiales y arroyos de las colinas, y todo alrededor se extendía una tierra fértil y apacible.

No era así ahora. Bajo los muros de Isengard había campos cultivados por los esclavos de Saruman; pero la mayor parte del valle había sido convertida en un páramo de malezas y espinos. Los zarzales se arrastraban por el suelo, o trepaban por los matorrales y las barrancas, formando una maraña de madrigueras donde vivían pequeñas bestias salvajes. Allí no crecían árboles; pero entre las hierbas aún podían verse las cepas quemadas y hachadas de antiguos bosquecillos. Era un paisaje triste, que sólo tenía una voz: el rumor pedregoso de los rápidos. Humos y vapores flotaban en los terrenos bajos del valle. Los jinetes no hablaban. Muchos se sentían intranquilos y se preguntaban a qué triste fin los llevaría ese viaje.

Luego de algunas millas de cabalgata la carretera se convirtió en una calle ancha, pavimentada con grandes piedras planas, bien escuadradas y dispuestas con habilidad; ni una brizna de hierba crecía en las junturas. A ambos lados de la calle había unas zanjas profundas, y por ellas corría el agua. De pronto, una elevada columna se alzó ante ellos. Era negra y tenía encima una gran piedra tallada y pintada: como una larga Mano Blanca. Los dedos apuntaban al norte. Las puertas de Isengard ya no podían estar lejanas, pensaron, y sintieron otra vez una congoja en el corazón; pero no podían ver qué había más allá de la niebla.

Bajo el brazo de las montañas y en el interior del Valle del Mago se alzaba desde tiempos inmemoriales esa antigua morada que los Hombres llamaban Isengard: estaba formada en parte por las montañas mismas, pero en otras épocas los Hombres de Oesternesse habían llevado a cabo grandes trabajos en ese sitio, y Saruman, que vivía allí desde hacía mucho tiempo, no había estado ocioso.

Así era esta morada en la época del apogeo de Saruman, cuando muchos lo consideraban el Mago de los Magos. Un alto muro circular de piedra, como una cadena de acantilados, se alejaba del flanco de la montaña, y volvía describiendo una curva. Tenía una única entrada: un gran arco excavado en la parte meridional. Allí, a través de la roca negra, corría un túnel, cerrado en cada extremo por poderosas puertas de hierro. Estas puertas habían sido construidas con tanto ingenio y giraban en tan perfecto equilibrio sobre los grandes goznes (estacas de acero enclavadas en la roca viva) que cuando les quitaban las trancas un ligero empujón bastaba para que se abriesen sin ruido. Quien recorriese de uno a otro extremo aquella galería oscura y resonante, saldría a una llanura circular y ligeramente cóncava, como un enorme tazón: una milla medía de borde a borde. En otros tiempos había sido verde y con avenidas y bosques de árboles frutales, bañados por los arroyos que bajaban de las montañas al lago. Pero ningún verdor crecía allí en los últimos tiempos de Saruman. Las avenidas estaban pavimentadas con losas oscuras de piedra, y a los lados no había árboles sino hileras de columnas, algunas de mármol, otras de cobre y hierro, unidas por pesadas cadenas.

Había muchas casas, recintos, salones y pasadizos, excavados en la cara interna del muro, con innumerables ventanas y puertas sombrías que daban a la vasta rotonda. Allí debían de habitar miles de miles de personas, obreros, sirvientes, esclavos y guerreros con grandes reservas de armas; abajo, en cubiles profundos, alojaban y alimentaban a los lobos.

También la extensa llanura circular había sido perforada y excavada. Los pozos eran profundos, y las bocas estaban cubiertas con pequeños montículos y bóvedas de piedra, de manera que a la luz de la luna el Anillo de Isengard parecía un cementerio de muertos inquietos. Pues la tierra temblaba. Los fosos descendían por muchas pendientes y escaleras en espiral a cavernas recónditas; en ellas Saruman ocultaba tesoros, almacenes, arsenales, fraguas y grandes hornos. Allí giraban sin cesar las ruedas de hierro, y los martillos golpeaban sordamente. Por la noche, penachos de vapor escapaban por los orificios, iluminados desde abajo con una luz roja, o azul, o verde venenoso.

Todos los caminos conducían al centro de la llanura, entre hileras de cadenas. Allí se levantaba una torre de una forma maravillosa. Había sido erigida por los constructores de antaño, los mismos que pulieran el Anillo de Isengard, y sin embargo no parecía obra de los Hombres, sino nacida de la osamenta misma de la tierra, tiempo atrás, durante el tormento de las montañas. Un pico y una isla de roca, negra y rutilante: cuatro poderosos pilares de piedra facetada se fundían en uno, que apuntaba al cielo, pero cerca de la cima se abrían y se separaban como cuernos, de pináculos agudos como puntas de lanza, afilados como puñales. Entre esos pilares, en una estrecha plataforma de suelo pulido cubierto de inscripciones extrañas, un hombre podía estar a quinientos pies por encima del llano. Aquella torre era Orthanc, la ciudadela de Saruman, cuyo nombre (por elección o por azar) tenía un doble significado; en lengua élfica *orthanc* significaba Monte del Colmillo, pero en la antigua lengua de la Marca quería decir Espíritu Astuto.

Inexpugnable y maravillosa era Isengard, y en otros tiempos también había sido hermosa; y en ella habían morado grandes señores, los guardianes de Gondor en el oeste, y los sabios que observaban las estrellas. Pero Saruman la había transformado poco a poco para adaptarla a sus cambiantes designios, y la había mejorado, creía él, aunque se engañaba; pues todos aquellos artificios y astucias sutiles, por los que había renegado de un antiguo saber y que se complacía en imaginar como propios, provenían de Mordor; lo que él había hecho era una nada, apenas una pobre copia, un remedo infantil, o una lisonja de esclavo de aquella fortaleza-arsenal-prisión-horno llamada Barad-dûr, la imbatible Torre Oscura que se burlaba de las lisonjas mientras esperaba a que el tiempo se cumpliera, sostenida por el orgullo y una fuerza inconmensurable.

Así era la fortaleza de Saruman, según la fama; porque en la memoria de los Hombres de Rohan nadie había franqueado jamás aquellas puertas, excepto quizá unos pocos, como Lengua de Serpiente, y ésos habían entrado en secreto y a nadie contaron lo que allí habían visto.

Gandalf cabalgó resueltamente hacia la columna de la Mano, y en el momento en que la dejaba atrás los jinetes vieron con asombro que la Mano ya no era blanca. Ahora tenía manchas como de sangre coagulada, y al observarla más de cerca notaron que las uñas eran rojas. Gandalf, imperturbable, continuó galopando en la niebla, seguido de mala gana por los caballeros. Ahora, como si se hubiese producido una súbita inundación, había grandes charcos a ambos lados del camino, el agua desbordaba de las acequias y corría en riachos entre las piedras.

Por fin Gandalf se detuvo y con un ademán los invitó a acercarse: y vieron entonces que la niebla se disipaba delante del mago y que brillaba un sol pálido. Era pasado el mediodía y habían llegado a las puertas de Isengard.

Pero las puertas habían sido arrancadas de los goznes y yacían retorcidas a los pies de la gran arcada. Y había piedras por doquier, piedras resquebrajadas y desmenuzadas en incontables esquirlas, dispersas por los alrededores o apiladas en montículos de escombros. La bóveda de la entrada seguía aún en pie, pero desembocaba en un abismo desguarnecido: el techo de la galería se había derrumbado y en los muros semejantes a acantilados se abrían grandes brechas y fisuras; y las torres habían sido reducidas a polvo. Si el Gran Mar hubiese montado en cólera y en una tormenta se hubiese abatido sobre las colinas, no habría podido provocar una ruina semejante.

Más allá, el Anillo de Isengard rebosaba de agua y humo; un caldero hirviente, en el que se mecían y flotaban restos de vigas y berlingas, arcones y barriles y aparejos despedazados. Las columnas asomaban resquebrajadas y torcidas por encima del agua, y los caminos estaban anegados. Lejana al parecer, velada por un torbellino de nube, se alzaba la isla rocosa. Imponente y oscura como siempre —la tempestad no la había tocado— se erguía la torre de Orthanc; unas aguas lívidas le lamían los pies.

A caballo, inmóviles y silenciosos, el rey y su escolta observaban maravillados, comprendiendo que el poder de Saruman había sido destruido; pero no podían imaginarse cómo. Volvieron la mirada a la bóveda de la entrada y las puertas derruidas. Y allí, muy cerca, vieron un gran montón de escombros; y de pronto repararon en dos pequeñas figuras plácidamente sentadas sobre los escombros, vestidas de gris, casi invisibles entre las piedras. Estaban rodeadas de botellas y tazones y escudillas, como si acababan de disfrutar de una buena comida, y ahora descansaran. Uno parecía dormir; el otro, con las piernas cruzadas y los brazos en la nuca, se apoyaba contra una roca y echaba por la boca volutas y anillos de un tenue humo azul.

Por un momento Théoden y Éomer y sus hombres los miraron, paralizados por el asombro. En medio de toda la ruina de Isengard, ésta parecía ser para ellos la visión más extraña. Pero antes de que el rey pudiera hablar, el pequeño personaje que echaba humo por la boca reparó en ellos, que aún seguían inmóviles y silenciosos a la orilla de la barrera de niebla. Se puso de pie de un salto. Parecía ser un hombre joven, o por lo menos eso aparentaba, aunque de la talla de un hombre tenía poco más de la mitad; la cabeza de ensortijado cabello castaño, la llevaba al descubierto, pero se envolvía el cuerpo en una capa raída y manchada por la intemperie aunque del color de las capas de los compañeros de Gandalf cuando partieran de Edoras. Se inclinó en una muy profunda reverencia, con la mano al pecho. Luego, como si no hubiese visto al mago y sus amigos, se volvió a Éomer y al rey.

—¡Bienvenidos a Isengard, señores! —dijo—. Somos los guardianes de la puerta. Meriadoc hijo de Saradoc es mi nombre; y mi compañero desgraciadamente vencido por el cansancio —y al decir esto le asestó al otro un puntapié— es Peregrin hijo de Paladin, de la casa de Tuk. Lejos de aquí, en el norte, queda nuestro hogar. El Señor Saruman está en el castillo; pero en este momento ha de estar encerrado con un tal Lengua de Serpiente, pues de otro modo habría salido sin duda a dar la bienvenida a huéspedes tan honorables.

—¡Sin duda! —rió Gandalf—. ¿Y fue Saruman quien te ordenó que custodiaras las puertas destruidas, y que atendieras a los visitantes, entre plato y plato?

—No, mi buen señor, eso se le olvidó —respondió Merry con aire solemne—. Ha estado muy ocupado. Nuestras órdenes las hemos recibido de Bárbol, quien se ha hecho cargo del gobierno de Isengard. Fue él quien me ordenó que diera la bienvenida al Señor de Rohan con las palabras apropiadas. He hecho cuanto he podido.

—¿Y ni una palabra para nosotros, tus compañeros?

¿Para Legolas y para mí? —gritó Gimli, incapaz de contenerse por más tiempo—. ¡Bribones, amigos desleales, cabezas lanudas y patas lanosas! ¡A buena cacería nos mandasteis! ¡Doscientas leguas a través de pantanos y bosques, batallas y muertes, detrás de vosotros! Y os encontramos aquí, banqueteando y descansando... ¡y hasta fumando! ¡Fumando! ¿Dónde habéis conseguido la hierba, villanos? ¡Por el martillo y las tenazas! ¡Estoy tan dividido entre la rabia y la alegría que si no reviento será un verdadero milagro!

—Tú hablas por mí, Gimli —rió Legolas—. Aunque ante todo yo preferiría saber dónde consiguieron el vino.

—Una cosa no habéis aprendido en vuestra cacería, y es a ser más despiertos —dijo Pippin, abriendo un ojo—. Nos encontráis aquí, sentados y victoriosos en un campo de batalla, en medio del botín de los ejércitos, ¿y os preguntáis cómo nos hemos procurado una bien merecida recompensa?

—¿Bien merecida? —replicó Gimli—. ¡Eso sí que no lo puedo creer! —Los jinetes se rieron.

—No cabe duda de que asistimos al reencuentro de amigos entrañables —dijo Théoden—. ¿Así que éstos son los miembros perdidos de tu Compañía, Gandalf? Los días parecen destinados a mostrar nuevas maravillas. Muchos he visto ya desde que partí de mi palacio; y ahora aquí, ante mis propios ojos, aparece otro personaje de leyenda. ¿No son éstos los Medianos, los que algunos llaman Holbytlanos?

—Hobbits, si sois tan amable, señor —dijo Pippin.

—¿Hobbits? —dijo Théoden—. Ha habido cambios extraños en nuestra lengua; pero el nombre no parece inapropiado. ¡Hobbits! Nada de cuanto había oído decir hace justicia a la realidad.

Merry saludó con una reverencia; y Pippin se puso de pie y saludó también haciendo una reverencia.

—Sois generoso, señor; o espero que yo pueda interpretar así vuestras palabras —dijo—. Y he aquí otra maravilla. Muchas tierras he recorrido desde que salí de mi hogar, y nunca hasta ahora había encontrado gente que conociera alguna historia sobre los hobbits.

—Mi pueblo bajó del norte hace mucho tiempo —dijo Théoden—. Pero no quiero engañaros: no conocemos ninguna historia sobre los hobbits. Todo cuanto se dice entre nosotros es que muy lejos, más allá de muchas colinas y muchos ríos, habitan los Medianos, un pueblo que vive en cuevas en las dunas de arena. Pero no hay leyendas acerca de sus hazañas, porque según se dice no han hecho muchas cosas, y además evitan encontrarse con los Hombres, teniendo la facultad de desaparecer en un abrir y cerrar de ojos; y pueden modificar la voz imitando el trino de los pájaros. Pero al parecer habría más cosas que decir.

—En efecto, señor —dijo Merry.

—Para empezar —dijo Théoden— no sabía que echabais humo por la boca.

—Eso no me sorprende —respondió Merry—; pues es un arte que practicamos desde hace unas pocas generaciones. Fue Tobold Corneta, de Vallelargo, en la Cuaderna del Sur, el primero que cultivó en su jardín un verdadero tabaco de pipa hacia el año 1070 de acuerdo con nuestra cronología. Cómo el viejo Toby consiguió la planta...

—Cuidado, Théoden —interrumpió Gandalf—. Estos hobbits son capaces de sentarse al borde de un precipicio a discurrir sobre los placeres de la mesa, o las anécdotas más insignificantes de padres, abuelos y bisabuelos, y primos lejanos hasta el noveno grado, si los alentáis con vuestra injustificada paciencia. Ya habrá un momento más propicio para la historia del arte de fumar. ¿Dónde está Bárbol, Merry?

—Por el norte, creo. Se fue a beber un sorbo... de agua clara. La mayoría de los Ents están con él, siempre dedicados a sus tareas... allá.

Merry movió la mano señalando el lago humeante; y mientras miraban, oyeron a lo lejos un ruido atronador, como si un alud estuviera cayendo por la ladera de la montaña. Y a lo lejos un *hum-huum*, el sonido triunfante de los cuernos.

—¿Han dejado a Orthanc sin vigilancia? —preguntó Gandalf.

—Hay agua en todas partes —dijo Merry—. Pero Ramaviva y otros la están vigilando. No todos esos pilares y columnas que hay en la llanura han sido puestos por Saruman. Ramaviva, creo, está cerca del peñasco, al pie de la escalera.

—Sí, allá veo un Ent gris muy alto —dijo Legolas—, pero tiene las manos pegadas al cuerpo, y está tan quieto como un pedazo de madera.

—Ha pasado el mediodía —dijo Gandalf— y no hemos comido nada desde esta mañana temprano. Sin embargo, yo quisiera ver a Bárbol lo antes posible. ¿No dejó para mí ningún mensaje, o lo habéis olvidado comiendo y bebiendo?

—Dejó un mensaje —dijo Merry— e iba a transmitírtelo, pero muchas otras preguntas me lo han impedido. Iba a decirte que si el Señor de la Marca y Gandalf fueran al muro del norte, encontrarían allí a Bárbol, quien los recibirá de buen grado. Puedo agregar que también encontrarán allí comida de la mejor; fue descubierta y elegida para vosotros por estos humildes servidores. —Hizo una reverencia.

Gandalf se echó a reír

—¡Eso está mejor! —dijo—. Y bien Théoden, ¿iréis conmigo al encuentro de Bárbol? Tendremos que dar algunas vueltas, pero no queda lejos. Cuando conozcáis a Bárbol aprenderéis muchas cosas. Porque Bárbol es Fangorn, y el decano y el jefe de los Ents, y cuando habléis con él oiréis la palabra del más viejo de todos los seres vivientes.

—Iré contigo —dijo Théoden—. ¡Adiós, mis hobbits! ¡Ojalá volvamos a vernos en mi castillo! Allí podréis sentaros a mi lado y contarme todo cuanto queráis: las hazañas de vuestros antepasados, todas las que recordéis hasta las más lejanas, y hablaremos también de Tobold el Viejo y de su conocimiento de las hierbas. ¡Hasta la vista!

Los hobbits se inclinaron profundamente.

—¡Así que éste es el Rey de Rohan! —dijo Pippin en voz baja—. Un viejo muy simpático. Muy amable.

9

RESTOS Y DESPOJOS

Gandalf y la escolta del Rey se alejaron cabalgando, doblando hacia el este para rodear los destruidos muros de Isengard. Pero Aragorn, Gimli y Legolas se quedaron en las puertas. Soltando a Arod y Hasufel para que tascaran alrededor, fueron a sentarse junto a los hobbits.

—¡Bueno, bueno! La cacería ha terminado, y por fin volvemos a reunirnos, donde ninguno de nosotros jamás pensó en venir —dijo Aragorn.

—Y ahora que los grandes se han marchado a discutir asuntos importantes —dijo Legolas—, quizá los cazadores puedan resolver algunos pequeños enigmas personales. Seguimos vuestros rastros hasta el bosque, pero hay muchas otras cosas de las que querría conocer la verdad.

—Y también de ti hay muchas cosas que nosotros quisiéramos saber —dijo Merry—. Nos enteramos de algunas por Bárbol, el Viejo Ent, pero de ningún modo nos parecen suficientes.

—Todo a su tiempo —dijo Legolas—. Nosotros fuimos los cazadores, y a vosotros os corresponde narrar lo que os ha ocurrido en primer lugar.

—O en segundo —dijo Gimli—. Será mejor después de comer. Me duele la cabeza; y ya es pasado el mediodía. Vosotros, truhanes, podríais reparar vuestra descortesía trayéndonos una parte de ese botín de que hablasteis. Un poco de comida y bebida compensaría de algún modo mi disgusto con vosotros.

—Esa recompensa la tendrás —dijo Pippin—. ¿La quieres aquí mismo, o prefieres comer más cómodamente entre los escombros de las garitas de guardia de Saruman, allá, bajo la arcada? Tuvimos que comer aquí, al aire libre, para tener un ojo puesto en el camino.

—¡Menos de un ojo! —dijo Gimli—. Pero me niego a entrar en la casa de ningún orco; ni quiero tocar carnes que hayan pertenecido a los orcos ni ninguna otra cosa que ellos hayan preparado.

—Jamás te pediríamos semejante cosa —dijo Merry—. Nosotros mismos estamos hartos de orcos para toda la vida. Pero había muchas otras gentes en Isengard. Saruman, a pesar de todo, tuvo la prudencia de no fiarse de los orcos. Eran Hombres los que custodiaban las puertas: algunos de sus servidores más fieles, supongo. Como quiera que sea, ellos fueron los favorecidos y obtuvieron buenas provisiones.

—¿Y tabaco de pipa? —preguntó Gimli.

—No, no creo —dijo Merry riendo—. Pero ése es otro asunto, que puede esperar hasta después de la comida.

—¡Bueno, a comer entonces! —dijo el Enano.

Los hobbits encabezaron la marcha, pasaron bajo la arcada y llegaron a una puerta ancha que se abría a la izquierda, en lo alto de una escalera. La puerta daba a una sala espaciosa, con otras puertas más pequeñas en el fondo, y un hogar y una chimenea en un costado. La cámara había sido tallada en la roca viva; y en otros tiempos debió de ser oscura, pues todas las ventanas miraban al túnel. Pero la luz entraba ahora por el techo roto. En el hogar ardía un fuego de leña.

—He encontrado un pequeño fuego —dijo Pippin—. Nos reanimaba en las horas de niebla. Había poca leña por aquí, y casi toda la que encontrábamos estaba mojada. Pero la chimenea tira muy bien: parece que sube en espiral a través de la roca, y por fortuna no está obstruida. Un fuego es siempre agradable. Tostaré el pan, pues ya tiene tres o cuatro días, me temo.

Aragorn y sus compañeros se sentaron a uno de los extremos de la larga mesa, y los hobbits desaparecieron por una de las puertas interiores.

—La despensa está allá adentro, y muy por encima del nivel de la inundación, felizmente —dijo Pippin, cuando volvieron cargados de platos, tazas, fuentones, cuchillos, y alimentos variados.

—Y no tendrás motivos para torcer la cara, Maese Gimli —dijo Merry—. Ésta no es comida de orcos, son alimentos humanos, como los llama Bárbol. ¿Queréis vino o cerveza? Hay un barril allí dentro... bastante bueno. Y esto es cerdo salado de primera calidad. También puedo cortaros algunas lonjas de tocino y asarlas, si preferís. Nada verde, lo lamento, ¡las entregas se interrumpieron hace varios días! No puedo serviros un segundo plato excepto mantequilla y miel para el pan. ¿Estáis conformes?

—Sí por cierto —dijo Gimli—. La deuda se ha reducido considerablemente.

Muy pronto los tres estuvieron dedicados a comer; y los dos hobbits se sentaron a comer por segunda vez, sin ninguna vergüenza.

—Tenemos que acompañar a nuestros invitados —dijeron.

—Sois todo cortesías esta mañana —rió Legolas—. Pero si no hubiésemos llegado, quizá estuvieseis otra vez comiendo, para acompañaros a vosotros mismos.

—Quizá, ¿y por qué no? —dijo Pippin—. Con los orcos, la comida era repugnante, y antes de eso más que insuficiente durante muchos días. Hacía tiempo que no comíamos a gusto.

—No parece haberos hecho mucha mella —dijo Aragorn—. A decir verdad, se os ve rebosantes de salud.

—Sí, por cierto —dijo Gimli, mirándolos de arriba abajo por encima del borde del tazón—. Vaya, tenéis el pelo mucho más rizado y espeso que cuando nos separamos; y hasta juraría que habéis crecido, si tal cosa fuera todavía posible en hobbits de vuestra edad. Ese Bárbol, en todo caso, no os ha matado de hambre.

—No —dijo Merry—. Pero los Ents sólo beben, y la bebida sola no satisface. Los brebajes de Bárbol son nutritivos, pero uno siente la necesidad de algo sólido. Y de cuando en cuando, para variar, no viene mal un bocadito de *lembas*.

—¿Así que habéis bebido de las aguas de los Ents? —dijo Legolas—. Ah, entonces es posible que a Gimli no le engañen los ojos. Hay canciones extrañas que hablan de los brebajes de Fangorn.

—Muchas historias extrañas se cuentan de esta tierra

—dijo Aragorn—. Yo nunca había venido aquí. ¡Vamos, contadnos más cosas de ella, y de los Ents!

—Ents —dijo Pippin—. Los Ents son... bueno, los Ents son muy diferentes unos de otros, para empezar. Pero los ojos, los ojos son muy raros. —Balbuceó unas palabras inseguras que se perdieron en el silencio.— Oh, bueno —prosiguió—, ya habéis visto a algunos a la distancia... ellos os vieron a vosotros, en todo caso, y nos anunciaron que veníais... y veréis muchos más, supongo, antes de marcharos. Mejor que juzguéis por vosotros mismos.

—¡Vamos, vamos! —dijo Gimli—. Estamos empezando el cuento por la mitad. Yo quisiera escucharlo en el debido orden, empezando por el extraño día en que la Compañía se disolvió.

—Lo tendrás, si el tiempo alcanza —dijo Merry—. Pero primero, si es que habéis terminado de comer, encenderemos las pipas y fumaremos. Y entonces, durante un rato, podremos imaginar que estamos de vuelta en Bree, todos sanos y salvos, o en Rivendel.

Sacó un saquito de cuero lleno de tabaco.

—Tenemos tabaco de sobra —prosiguió Merry—. Y podréis llevaros lo que queráis, cuando nos marchemos. Hicimos un pequeño trabajo de salvamento esta mañana, Pippin y yo. Hay montones de cosas flotando por ahí y por allá. Fue Pippin quien encontró los dos barriles, arrastrados por la corriente desde alguna bodega o almacén, supongo. Cuando los abrimos, estaban repletos de esto: el mejor tabaco de pipa que se pueda desear, y perfectamente conservado.

Gimli tomó una pizca, se la frotó en la palma, y la olió.

—Huele bien; parece bueno —dijo.

—¡Bueno! —dijo Merry—. Mi querido Gimli, ¡es de Valle Largo! En los barriles estaba la marca de fábrica de Tobold Corneta, clara como el agua. Cómo llegó hasta aquí, no puedo imaginármelo. Para uso personal de Saruman, sospecho. Nunca pensé que pudiera llegar tan lejos de la Comarca. Pero ahora nos viene de perlas.

—Eso sería si yo tuviese una pipa para fumarlo. Desgraciadamente, perdí la mía en Moria, o antes. ¿No habrá una pipa en vuestro botín?

—No, temo que no —dijo Merry—. No hemos encontrado ninguna, ni siquiera aquí en las casas de los guardias. Parece que Saruman se reservaba este placer. ¡Y no creo que sirva de mucho llamar a las puertas de Orthanc para pedirle una pipa! Tendremos que compartir nuestras pipas, como buenos amigos en momentos de necesidad.

—¡Medio momento! —dijo Pippin. Metiendo la mano en el frente de la chaqueta, sacó una escarcela pequeña y blanda que pendía de un cordel—. Guardo un par de tesoros aquí, contra el pecho, tan preciosos para mí como los Anillos. Aquí tenéis uno: mi vieja pipa de madera. Y aquí hay otro: una sin usar. La he llevado conmigo en largas jornadas, sin saber por qué. En realidad, jamás pensé que encontraría tabaco para pipa durante el viaje, cuando se me acabó el que traía. Pero, ahora tiene una utilidad, después de todo. —Mostró una pipa pequeña de cazoleta achatada y se la tendió a Gimli.— ¿Salda esto la deuda que tengo contigo? —dijo.

—¡Si la salda! —exclamó Gimli—. Nobilísimo hobbit, me deja a mí gravemente endeudado.

—¡Bueno, vuelvo al aire libre, a ver qué hacen el viento y el cielo! —dijo Legolas.

—Iremos contigo —dijo Aragorn.

Salieron y se sentaron sobre las piedras amontonadas frente al pórtico. Ahora podían ver a lo lejos en el interior del valle; las nieblas se levantaban y se alejaban llevadas por la brisa.

—¡Descansemos aquí un rato! —dijo Aragorn—. Nos sentaremos al borde del precipicio a deliberar, como dice Gandalf, mientras él está ocupado en otra parte. Nunca me había sentido tan cansado. —Se arrebujó en la capa gris, escondiendo la cota de malla, y estiró las largas piernas. Luego se tendió boca arriba y dejó escapar entre los labios una hebra de humo.

—¡Mirad! —dijo Pippin—. ¡Trancos el Montaraz ha regresado!

—Nunca se ha ido —dijo Aragorn—. Yo soy Trancos y también Dúnadan; y pertenezco tanto a Gondor como al Norte.

*

Fumaron en silencio un rato, a la luz del sol; los rayos oblicuos caían en el valle desde las nubes blancas del oeste. Legolas yacía inmóvil, contemplando el sol y el cielo con una mirada tranquila, y canturreando para sus adentros. De pronto se incorporó y dijo:

—¡A ver! El tiempo pasa, y las nieblas se disipan, o se disiparían si vosotros, gente extraña, no os envolvierais en humaredas. ¿Para cuándo la historia?

—Bueno, mi historia comienza cuando despierto en la oscuridad atado de pies a cabeza en un campamento de orcos —dijo Pippin—. Veamos, ¿qué día es hoy?

—Cinco de marzo según el Calendario de la Comarca —dijo Aragorn.

Pippin hizo algunos cálculos con los dedos.

—¡Sólo nueve días! —exclamó—.* Se diría que hace un año que nos capturaron. Bueno, aunque la mitad haya sido como una pesadilla, creo que los tres días siguientes fueron los más atroces. Merry me corregirá, si me olvido de algún hecho importante: no entraré en detalles: los látigos y la suciedad y el hedor y todo eso: no soporto recordarlo.

Y a continuación se puso a contar la última batalla de Boromir y la marcha de los orcos de Emyn Muil al Bosque. Los otros asentían cuando los diferentes puntos coincidían con lo que ellos habían supuesto.

—Aquí os traigo algunos de los tesoros que sembrasteis por el camino —dijo Aragorn—. Os alegrará recobrarlos. —Se desprendió el cinturón bajo la capa y sacó los dos puñales envainados.

—¡Bravo! —exclamó Merry—. ¡Jamás pensé que los volvería a ver! Marqué con el mío a unos cuantos orcos; pero Uglúk nos los quitó. ¡Qué furioso estaba! Al principio creí que me iba a apuñalar, pero arrojó los puñales a lo lejos como si le quemasen.

—Y aquí tienes también tu broche, Pippin —dijo Aragorn—. Te lo he cuidado bien, pues es un objeto muy precioso.

* En el calendario de la Comarca todos los meses tienen treinta días.

—Lo sé —dijo Pippin—. Me dolía tener que abandonarlo; pero, ¿qué otra cosa podía hacer?

—Ninguna otra cosa —respondió Aragorn—. Quien no es capaz de desprenderse de un tesoro en un momento de necesidad es como un esclavo encadenado. Hiciste bien.

—¡La forma en que te cortaste las ataduras de las muñecas, ése fue un buen trabajo! —dijo Gimli—. La suerte te ayudó en aquella circunstancia, pero tú te aferraste a la ocasión con ambas manos, por así decir.

—Y nos planteó un enigma difícil de resolver —dijo Legolas—. ¡Llegué a pensar que te habían crecido alas!

—Desgraciadamente no —dijo Pippin—. Pero vosotros no sabéis nada acerca de Grishnákh. —Se estremeció y no dijo una palabra más, dejando que Merry describiera aquellos últimos y horribles momentos: el manoseo, el aliento quemante, y la fuerza atroz de los velludos brazos de Grishnákh.

—Todo esto que contáis acerca de los orcos de Mordor, o Lugbúrz como ellos lo llaman, me inquieta —dijo Aragorn—. El Señor Oscuro sabía ya demasiado, y también sus sirvientes; y es evidente que Grishnákh envió un mensaje a través del Río después del combate. El Ojo Rojo mirará ahora hacia Isengard. Pero en este momento Saruman se encuentra en un atolladero que él mismo se ha fabricado.

—Sí, y quienquiera que triunfe, las perspectivas no son nada brillantes para él —dijo Merry—. La suerte empezó a serle adversa cuando los orcos entraron en Rohan.

—Nosotros alcanzamos a verlo fugazmente, al viejo malvado, o por lo menos eso insinúa Gandalf —dijo Gimli—. A la orilla del Bosque.

—¿Cuándo ocurrió? —preguntó Pippin.

—Hace cinco noches.

—Déjame pensar —dijo Merry—: hace cinco noches... ahora llegamos a una parte de la historia de la que nada sabéis. Encontramos a Bárbol esa mañana después de la batalla; y esa noche la pasamos en la Casa del Manantial, una de las moradas de los Ents. A la mañana siguiente fuimos a la Cámara de los Ents, una asamblea éntica, y la cosa más extraña que he visto en mi vida. Duró todo ese día y el siguiente, y pasamos las noches en compañía de un Ent llamado Ramaviva. Y de pronto, al final de la tarde del tercer día de asamblea, los Ents despertaron. Fue algo asombroso. Había una tensión en la atmósfera del Bosque como si se estuviera preparando una tormenta: y de repente estalló. Me gustaría que hubierais oído lo que cantaban al marchar.

—Si Saruman lo hubiera oído, ahora estaría a un centenar de millas de aquí, aun cuando hubiese tenido que valerse de sus propias piernas —dijo Pippin.

*Aunque Isengard sea fuerte y dura, tan fría como la piedra y
  desnuda como el hueso,
¡partimos, partimos, partimos a la guerra, a romper la piedra y
  derribar las puertas!*

"Había mucho más. Una buena parte del canto era sin palabras, y parecía una música de cuernos y tambores; muy excitante. Pero yo pensé que era sólo una música de marcha, una simple canción... hasta que llegué aquí. Ahora he cambiado de parecer.

"Pasamos la última cresta de las montañas y descendimos al Nan Curunir luego de la caída de la noche —prosiguió Merry—. Fue entonces cuando tuve por primera vez la impresión de que el Bosque avanzaba detrás de nosotros. Creía estar soñando un sueño éntico, pero Pippin lo había notado también. Los dos estábamos muy asustados; pero entonces no descubrimos nada más.

"Eran los Ucornos, como los llamaban los Ents en la 'lengua abreviada'. Bárbol no quiso hablar mucho acerca de ellos, pero yo creo que son Ents que casi se han convertido en árboles, por lo menos en el aspecto. Se los ve aquí y allá en el bosque o en los lindes, silenciosos, vigilando sin cesar a los árboles; pero en las profundidades de los valles más oscuros hay centenares y centenares de Ucornos, me parece.

"Hay mucho poder en ellos, y parecen capaces de envolverse en las sombras: verlos moverse no es fácil. Pero se mueven. Y pueden hacerlo muy rápidamente, cuando se enojan. Estás ahí inmóvil, observando el tiempo, por ejemplo, o escuchando el susurro del viento, y de pronto adviertes que te encuentras un bosque poblado de grandes árboles que andan a tientas de un lado a otro. Todavía tienen voz y pueden hablar con los Ents, y es por eso que se los llama Ucornos, según Bárbol; pero se han vuelto huraños y salvajes. Peligrosos. A mí me asustaría encontrármelos, sin otros Ents verdaderos que los vigilaran.

"Bien, en las primeras horas de la noche nos deslizamos por un larga garganta hasta la parte más alta del Valle del Mago, junto con los Ents y seguidos por todos los Ucornos susurrantes. Naturalmente, no los veíamos, pero el aire estaba poblado de crujidos. La noche era nublada y muy oscura. Tan pronto como dejaron atrás las colinas, echaron a andar muy rápidamente, haciendo un ruido como de ráfagas huracanadas. La luna no apareció entre las nubes, y poco después de medianoche un bosque de árboles altos rodeaba toda la parte norte de Isengard. No vimos rastros de enemigos ni ningún centinela. Una luz brillaba en una ventana alta de la torre, y nada más.

"Bárbol y algunos otros Ents siguieron avanzando sigilosamente hasta tener a la vista las grandes puertas. Pippin y yo estábamos con él. Íbamos sentados sobre los hombros de Bárbol y yo podía sentir la temblorosa tensión que lo dominaba. Pero aun estando excitados, los Ents pueden ser muy cautos y pacientes. Inmóviles como estatuas de piedra, respiraban y escuchaban.

"Entonces, de repente, hubo una tremenda agitación. Resonaron las trompetas, y los ecos retumbaron en los muros de Isengard. Creímos que nos habían descubierto, y que la batalla iba a comenzar. Pero nada de eso. Toda la gente de Saruman se marchaba. No sé mucho acerca de esta guerra, ni de los Jinetes de Rohan, pero Saruman parecía decidido a exterminar de un solo golpe al rey y a todos sus hombres. Evacuó Isengard. Yo vi partir al enemigo: filas interminables de orcos en marcha; y tropas de orcos montados sobre grandes lobos. Y también batallones de Hombres. Muchos llevaban antorchas, y pude verles las caras a la luz. Casi todos eran hombres comunes, más bien altos y de cabellos oscuros, y de rostros hoscos, aunque no particularmente malignos. Pero otros eran horribles: de talla humana y con caras de trasgos, pálidos, de mirada torva y engañosa. Sabéis, me recordó al instante a aquel sureño de Bree: sólo que el sureño no parecía tan orco como la mayoría de los hombres.

—Yo también pensé en él —dijo Aragorn—. En el Abismo de Helm tuvimos que batirnos con muchos de estos semi-orcos. Parece indudable ahora que aquel sureño era un espía de Saruman; pero si trabajaba a las órdenes de los Jinetes Negros, o sólo de Saruman, lo ignoro. Es difícil saber, con esta gente malvada, cuándo están aliados y cuándo se engañan los unos a los otros.

—Bueno, entre los de una y otra especie, debían de ser por lo menos diez mil —dijo Merry—. Tardaron una hora en franquear las puertas. Algunos bajaron por la carretera hacia los Vados, y otros se desviaron hacia el este. Allí, a alrededor de una milla, donde el lecho del río corre por un canal muy profundo, habían construido un puente. Podríais verlo ahora, si os ponéis de pie. Todos iban cantando con voces ásperas, y reían, y la batahola era horripilante. Pensé que las cosas se presentaban muy negras para Rohan. Pero Bárbol no se movió. Dijo: 'Tengo que ajustar cuentas con Isengard esta noche, con piedra y roca'.

"Aunque en la oscuridad no podía ver lo que estaba sucediendo, creo que los Ucornos empezaron a moverse hacia el sur, no bien las puertas volvieron a cerrarse. Iban a ajustar cuentas con los orcos, creo. Por la mañana estaban muy lejos, valle abajo; en todo caso había allí una sombra que los ojos no podían penetrar.

"Tan pronto como Saruman hubo despachado a toda la tropa, nos llegó el turno. Bárbol nos puso en el suelo, y subió hasta las arcadas y golpeó las puertas llamando a gritos a Saruman. No hubo respuesta, excepto flechas y piedras desde las murallas. Pero las flechas son inútiles contra los Ents. Los hieren, por supuesto, y los enfurecen: como picaduras de mosquitos. Pero un Ent puede estar todo atravesado de flechas de orcos, como si fuera un alfiletero, sin que esto le cause verdadero daño. Para empezar, no pueden envenenarlos; y parecen tener una piel tan dura y resistente como la corteza de los árboles. Hace falta un pesado golpe de hacha para herirlos gravemente. No les gustan las hachas. Pero se necesitarían muchos hacheros para herir a un solo Ent. Un hombre que ataca a un Ent con un hacha nunca tiene la oportunidad de asestarle un segundo golpe. Un solo puñetazo de un Ent dobla el hierro como si fuese una lata.

"Cuando Bárbol tuvo clavadas unas cuantas flechas, empezó a entrar en calor, a sentir 'prisa', como diría él. Emitió un prolongado *hum-hom* y unos doce Ents acudieron a grandes trancos. Un Ent encolerizado es aterrador. Se aferra a las rocas con los dedos de las manos y los pies, y las desmenuza como migajas de pan. Era como presenciar el trabajo de unas grandes raíces de árboles durante centenares de años, todo condensado en unos pocos minutos.

"Empujaron, tironearon, arrancaron, sacudieron y martillearon; y *clac-bum-cras-crac*, en cinco minutos convirtieron en ruinas aquellas puertas enormes; y algunos comenzaban ya a roer los muros, como conejos en un arenal. No sé qué pensó Saruman entonces; en todo caso no supo qué hacer. Es posible, por supuesto, que sus poderes mágicos hayan menguado en los últimos tiempos; pero de todos modos creo que no tiene muchas agallas, ni mucho coraje cuando se encuentra a solas en un sitio cerrado sin esclavos y máquinas y cosas, si entendéis lo que quiero decir. Muy distinto del viejo Gandalf. Me pregunto si su fama no procede ante todo de la astucia con que supo instalarse en Isengard.

—No —dijo Aragorn—. En otros tiempos la fama de Saruman era justa: una profunda sabiduría, pensamientos sutiles, y manos maravillosamente hábiles; y tenía poder sobre las mentes de los otros. Sabía persuadir a los sabios e intimidar a la gente común. Y ese poder lo conserva aún sin duda alguna. No hay muchos en la Tierra Media en quienes yo confiaría, si se los dejara conversar un rato a solas con Saruman, aun luego de esta derrota. Gandalf, Elrond y Galadriel, tal vez, ahora que la maldad de Saruman ha sido puesta al desnudo, pero no muchos otros.

—Los Ents están a salvo —dijo Pippin—. Parece que los embaucó una vez, pero nunca más. Y de todos modos no los comprendió; y cometió el gran error de no tenerlos en cuenta. No los había incluido en ningún plan, y cuando los

Ents entraron en acción ya no era tiempo de hacer planes. Tan pronto como iniciamos nuestro ataque, las pocas ratas que aún quedaban en Isengard huyeron precipitadas a través de las brechas que habían abierto los Ents. A los Hombres, las dos o tres docenas que habían permanecido aquí, los dejaron marcharse, luego de interrogarlos. No creo que hayan escapado muchos orcos, de una u otra especie. No de los Ucornos: para entonces había ya todo un bosque de ellos alrededor de Isengard, además de los que habían bajado al valle.

"Cuando los Ents hubieron reducido a polvo la mayor parte de las murallas que miraban al sur, Saruman, abandonado por sus últimos servidores, trató de escapar, aterrorizado. Parece que cuando llegamos estaba junto a las puertas; supongo que había salido a observar la partida de aquel espléndido ejército. Cuando los Ents forzaron la entrada, huyó a toda prisa. En un principio nadie reparó en él. Pero la noche era clara entonces, a la luz de las estrellas, y los Ents alcanzaban a ver los alrededores, y de pronto Ramaviva lanzó un grito: '¡El asesino de árboles, el asesino de árboles!' Ramaviva es una criatura muy dulce, pero eso no impide que odie con ferocidad a Saruman: los suyos sufrieron cruelmente bajo las hachas de los orcos. Se precipitó al sendero que parte de la puerta interior, y es veloz como el viento cuando monta en cólera. Una figura pálida se alejaba, presurosa, apareciendo y desapareciendo entre las sombras de las columnas, y había llegado casi a la escalera que conduce a la puerta de la torre. Pero fue cosa de un momento. Ramaviva lo perseguía con una furia tal, que estuvo a un paso de atraparlo y estrangularlo cuando Saruman logró escabullirse por la puerta.

"Una vez de regreso en Orthanc, sano y salvo, Saruman no tardó en poner en funcionamiento una de sus preciosas máquinas. Ya entonces muchos Ents habían entrado en Isengard: algunos habían seguido a Ramaviva, y otros habían irrumpido desde el norte y el este; iban de un lado a otro causando grandes destrozos. De pronto, empezaron a brotar llamaradas y humaredas nauseabundas: los respiraderos y los pozos vomitaron y eructaron por toda la llanura. Varios de los Ents sufrieron quemaduras y se cubrieron de ampollas. Uno de ellos, Hayala creo que se llamaba, un Ent muy alto y apuesto, quedó atrapado bajo una lluvia de fuego líquido y se consumió como una antorcha: un espectáculo horroroso.

"Esto los enfureció. Yo pensaba que habían estado realmente enojados ya antes, pero me había equivocado. Sólo en ese momento conocí al fin la furia de los Ents. Era asombroso. Rugían y bramaban y aullaban de tal modo que las piedras se resquebrajaban y caían. Merry y yo, echados en el suelo, nos tapábamos los oídos con las capas. Los Ents daban vueltas y vueltas alrededor del peñasco de Orthanc, feroces y violentos como una tempestad, despedazando las columnas, arrojando avalanchas de piedras a los fosos, lanzando al aire enormes bloques de roca como si fuesen hojas. La torre estaba en el centro mismo de un ciclón. Vi los pilares de hierro y los bloques de mampostería volar como cohetes a centenares de pies, para ir a estrellarse contra las ventanas de Orthanc. Pero Bárbol no había perdido la cabeza. Afortunadamente, no tenía quemaduras. No quería que en esa furia se lastimaran los suyos, y tampoco quería que Saruman huyese por alguna brecha en medio de la confusión. Muchos de los Ents se abalanzaban contra la roca de Orthanc; y Orthanc los rechazaba: es lisa y muy dura. Ha de tener alguna magia, más antigua y más poderosa que la de Saruman. Como quiera que sea, no podían aferrarse a la torre ni quebrarla; y se estaban lastimando e hiriendo contra ella.

"Bárbol entró entonces en el círculo y gritó. La voz enorme se alzó, dominando la batahola. De pronto hubo un silencio de muerte. Y en ese silencio oímos una risa aguda en una ventana alta de la torre. Esto afectó de un modo curioso a los Ents. Habían estado en plena ebullición; ahora estaban fríos, hoscos como el hielo y silenciosos. Abandonaron la llanura y fueron todos a reunirse alrededor de Bárbol, muy quietos y callados. Bárbol les habló un momento en la lengua de los Ents. Creo que les estaba explicando un plan que había concebido mucho antes. Luego las figuras se desvanecieron lentas y silenciosas a la luz grisácea. Amanecía.

"Dejaron una guardia para que vigilara la torre, creo,

pero los vigías estaban tan bien disimulados entre las sombras y permanecían tan inmóviles, que no alcancé a verlos. Los otros partieron hacia el norte. Durante todo el día estuvieron ocupados en algún sitio. La mayor parte del tiempo nos dejaron solos. Fue un día triste; y anduvimos de un lado a otro, sin saber qué hacer, aunque cuidando de mantenernos en lo posible fuera de la vista de las ventanas de Orthanc, que nos miraba como amenazándonos. Buena parte del tiempo la pasamos buscando algo para comer. Y también nos sentábamos a conversar, preguntándonos qué estaría sucediendo allá en el sur, en Rohan, y qué habría sido del resto de nuestra Compañía. De vez en cuando oíamos a la distancia el estrépito de las piedras que se rompían y desmoronaban, y ruidos sordos que retumbaban entre las colinas.

"Por la tarde dimos la vuelta al círculo, y fuimos a ver qué ocurría. Había un gran bosque sombrío de Ucornos a la entrada del valle, y otro alrededor de la muralla septentrional. No nos atrevimos a entrar. Pero desde el interior llegaban los ecos de un trabajo fatigoso y duro. Los Ents y los Ucornos, decididos a destruirlo todo, estaban cavando fosos y trincheras, construyendo represas y estanques, para juntar las aguas del Isen y de los manantiales y arroyos que encontraban. Los dejamos allí.

"Al anochecer Bárbol volvió a la puerta. Canturreaba entre dientes y parecía satisfecho. Se detuvo junto a nosotros y estiró los grandes brazos y piernas y respiró profundamente. Le pregunté si estaba cansado.

"'¿Cansado? —dijo—, ¿cansado? Bueno, no, no cansado pero sí embotado. Necesito un buen sorbo del Entaguas. Hemos trabajado duro; en el día de hoy hemos picado más piedras y roído más tierras que en muchos de los años anteriores. Pero ya falta poco. ¡Cuando caiga la noche alejaos de esta puerta y del antiguo túnel! Es probable que el aluvión pase por aquí, y durante algún tiempo será un agua nauseabunda, hasta que haya arrastrado toda la inmundicia de Saruman. Luego las aguas del Isen serán otra vez puras.' Se puso a arrancar un pedazo de muro, despreocupadamente, como para entretenerse.

"Nos estábamos preguntando en dónde podríamos descansar seguros y dormir un rato, cuando ocurrió la cosa más extraordinaria. Se oyeron los cascos de un caballo que se acercaba veloz por el camino. Merry y yo nos quedamos inmóviles, y Bárbol se escondió bajo la arcada sombría. De pronto un jinete llegó a galope tendido, como un rayo de plata. Ya oscurecía, pero pude verle claramente el rostro: parecía bañado en una luz y estaba todo vestido de blanco. Me senté, y lo contemplé boquiabierto. Traté entonces de gritar, pero no pude.

"No fue necesario. Se detuvo junto a nosotros y nos miró desde arriba. '¡Gandalf!', dije finalmente, pero mi voz fue apenas un murmullo. ¿Y creéis que dijo: ¡Hola, Pippin! ¡Qué sorpresa tan agradable!? ¡Qué va! Dijo: '¡A ver si te levantas, Tuk, pedazo de bobo! ¿Dónde rayos podré encontrar a Bárbol, en medio de todas estas ruinas? Lo necesito. ¡Rápido!'

"Bárbol oyó la voz de Gandalf y salió inmediatamente de las sombras, y aquél sí que fue un extraño encuentro. Yo era el sorprendido, pues ninguno de los dos mostraba sorpresa alguna. Era evidente que Gandalf esperaba encontrar aquí a Bárbol; y Bárbol rondaba sin duda por los alrededores de las puertas con el propósito de ver a Gandalf. Sin embargo, nosotros le habíamos contado al viejo Ent todo lo ocurrido en Moria. Pero yo recordaba la mirada curiosa que nos había echado en aquel momento. Sólo puedo suponer que él mismo había visto a Gandalf, o había recibido alguna noticia de él, pero no había querido decir nada apresuradamente. 'No apresurarse' es el lema de Bárbol; pero nadie, ni siquiera los Elfos, dirán gran cosa acerca de las idas y venidas de Gandalf cuando él no está.

"'¡Hum! ¡Gandalf! —dijo Bárbol—. Me alegra que hayas venido. Puedo dominar bosques y aguas, troncos y piedras. Pero aquí se trata de vencer a un mago.'

"'Bárbol —dijo Gandalf—. Necesito tu ayuda. Mucho has hecho, pero necesito todavía más. Tengo que enfrentarme con unos diez mil orcos.' Los dos se alejaron, yéndose a algún rincón a celebrar consejo. A Bárbol aquello tuvo que parecerle muy apresurado, pues Gandalf estaba con mucha prisa, y ya hablaba a todo trapo cuando dejamos de oírlos. Estuvieron ausentes unos pocos minutos, un cuarto de hora tal vez. Luego Gandalf volvió a donde estábamos nosotros, y parecía aliviado y casi contento. Hasta nos dijo, en ese momento, que se alegraba de volver a vernos.

"'¡Pero Gandalf! —exclamé—. ¿Dónde has estado? ¿Has visto a los otros?'

"'Dondequiera que haya estado, ahora he vuelto —respondió en su estilo peculiar—. Sí, he visto a algunos de los otros. Pero las noticias quedarán para otra ocasión. Ésta es una noche peligrosa, y he de partir rápidamente. Aunque quizá el amanecer sea más claro; y si es así, nos encontraremos de nuevo. ¡Cuidaos, y manteneos alejados de Orthanc! ¡Hasta la vista!'

"Bárbol quedó muy pensativo luego de la partida de Gandalf. Era evidente que se había enterado de muchas cosas en contados minutos, y ahora estaba digiriéndolas. Nos miró, y dijo: 'Hm, bueno, me doy cuenta de que no sois tan apresurados como yo suponía. Habéis dicho mucho menos de lo que sabíais, y no más de lo que debíais. Hm... ¡éstas sí que son noticias en montón! Bien, ahora Bárbol tiene que volver al trabajo'.

"Antes de que se marchara, conseguimos que nos revelara algunas de aquellas noticias, que por cierto no nos animaron. Pero por el momento nos preocupaba más la suerte de vosotros tres que la de Frodo y Sam, y el desdichado Boromir. Porque suponíamos que se estaba librando una cruenta batalla, o que no tardaría en iniciarse, y que vosotros lucharíais en ella y acaso no salierais de allí con vida.

"'Los Ucornos ayudarán', dijo Bárbol. Y se alejó y no volvimos a verlo hasta esta mañana.

—Era noche cerrada. Yacíamos en lo alto de una pila de piedras y no veíamos nada más allá. Una niebla o unas sombras lo envolvían todo como un gran manto, a nuestro alrededor. El aire parecía caluroso y espeso; y se oían rumores, crujidos y un murmullo como de voces que se alejaban. Creo que centenares de Ucornos pasaron por allí para ayudar en la lucha. Un poco más tarde unos truenos resonaron en el sur, y a lo lejos, más allá de Rohan, los relámpagos iluminaron el cielo. De cuando en cuando veíamos los picos montañosos, a millas y millas de distancia, que emergían repentinamente, blancos y negros, y desaparecían luego con la misma rapidez. Y detrás de nosotros el trueno parecía estremecer las colinas, pero de una manera diferente. Por momentos el valle entero retumbaba.

"Debía de ser cerca de medianoche cuando los Ents rompieron los diques y volcaron todas las aguas a través de una brecha en el muro norte, o en dirección a Isengard. La oscuridad de los Ucornos había desaparecido y el trueno se había alejado. La luna se hundía en el oeste, detrás de las montañas.

"En Isengard aparecieron pronto unos charcos y arroyos de aguas negras, que brillaban a los últimos resplandores de la luna, a medida que inundaban el llano. De tanto en tanto las aguas penetraban en algún pozo o respiradero. Unas nubes blancuzcas de vapor se elevaban siseando. El humo subía, ondulante. Había explosiones y llamaradas súbitas. Una gran voluta de vapor trepaba en espiral, enroscándose alrededor de Orthanc, hasta que la torre pareció un elevado pico de nubes, incandescente por abajo y arriba iluminado por la luna. Y el agua continuó derramándose, e Isengard quedó convertido en algo así como una fuente enorme, humeante y burbujeante.

—Anoche, cuando llegábamos a la entrada del Nan Curunir, vimos una nube de humo y de vapor que venía del sur —dijo Aragorn—. Temimos que Saruman nos estuviese preparando otro sortilegio.

—¡No Saruman! —dijo Pippin—. ¡Lo más probable es que se estuviera asfixiando y ya no se riera! En la mañana, la mañana de ayer, el agua se había escurrido por todos los agujeros, y había una niebla espesa. Nosotros nos refugiamos en el cuarto de los guardias; y estábamos muertos de miedo. El lago desbordó y se derramó a través del viejo túnel, y el agua subía rápidamente por las escaleras. Temíamos quedar atrapados en una cueva, lo mismo que los orcos; pero en el fondo del depósito de vituallas descubrimos una escalera de caracol que nos llevó al aire libre en lo alto de la arcada. No nos fue nada fácil salir de allí, pues los pasadizos se habían agrietado, y más arriba las piedras lo obstruían en parte. Allí, sentados por encima de la inundación, vimos cómo Isengard desaparecía poco a poco bajo las aguas. Los Ents continuaron vertiendo más y más agua, hasta que todos los fuegos se extinguieron y se anegaron todas las cavernas. Las nieblas crecieron y se juntaron lentamente y se elevaron al fin en una enorme y vaporosa sombrilla de nubes, quizá de una milla de altura. Al atardecer un gran arco iris apareció sobre las colinas del este; y de pronto el sol en el ocaso quedó oculto detrás de una llovizna espesa en las laderas de las montañas. Todo aquello sucedía en medio de un gran silencio. Algunos lobos aullaban lúgubremente en la lejanía. Por la noche, los Ents detuvieron la inundación, y encauzaron de nuevo las aguas del Isen, que volvió a su antiguo lecho. Y así terminó todo.

''Desde entonces las aguas han vuelto a bajar. Tiene que haber algún desagüe en las cavernas subterráneas, supongo. Si Saruman espía desde una ventana, verá sólo desolación y caos. Merry y yo nos sentíamos muy solos. Ni siquiera un Ent con quien conversar en medio de toda esta ruina; y ninguna noticia. Pasamos la noche allá arriba, en lo alto de la arcada, y hacía frío y estaba húmedo y no pudimos dormir. Teníamos la impresión de que algo iba a ocurrir de un momento a otro. Saruman sigue encerrado en su torre. Hubo un ruido en la noche como un viento que subiera por el valle. Creo que fueron los Ents y los Ucornos que se habían marchado y ahora regresaban; pero a dónde se han ido, no lo sé. Era una mañana brumosa y húmeda cuando bajamos a echar una mirada, y no había nadie. Y esto es más o menos todo lo que tengo que decir. Parece casi apacible, ahora que toda esa conmoción ha quedado atrás. Y también más seguro, ya que Gandalf ha regresado. ¡Al fin podré dormir!

Durante un momento todos callaron. Gimli volvió a llenar la pipa.

—Hay algo que me intriga —dijo, mientras la encendía con yesca y pedernal—: Lengua de Serpiente. Tú le dijiste a Théoden que estaba con Saruman. ¿Cómo llegó hasta Orthanc?

—Ah, sí, me había olvidado de él —dijo Pippin—. No llegó aquí hasta esta mañana. Acabábamos de encender el fuego y de preparar el desayuno cuando Bárbol reapareció. Oímos cómo zumbaba y nos llamaba.

"'He venido sólo a ver cómo estáis, mis muchachos —dijo—, y a traeros algunas noticias. Los Ucornos han regresado. Todo marcha bien: ¡sí, muy bien en verdad!' Rió, y se palmeó los muslos. 'No más orcos en Isengard, ¡no más hachas! Y llegarán gentes del sur antes que acabe el día; gentes que quizá os alegre volver a ver.'

"No bien había dicho estas palabras, cuando oímos un ruido de cascos en el camino. Nos precipitamos fuera de las puertas, y me detuve a mirar, con la certeza de ver avanzar a Trancos y Gandalf cabalgando a la cabeza de un ejército. Pero el que salió de la bruma fue un hombre montado en un caballo viejo y cansado; y también él parecía ser un personaje extraño y tortuoso. No había nadie más. Cuando salió de la niebla y vio ante él toda aquella ruina y desolación, se quedó como petrificado y boquiabierto, y la cara se le puso casi verde. Estaba tan azorado que al principio ni siquiera pareció advertir nuestra presencia. Cuando por fin nos vio, dejó escapar un grito, y trató de que el caballo diera media vuelta para huir al galope. Pero Bárbol dio tres zancadas, extendió un brazo larguísimo, y lo levantó de la montura. El caballo escapó aterrorizado, y el jinete fue a parar al suelo. Dijo ser Gríma, amigo y consejero del rey, y que había sido enviado con mensajes importantes de Théoden para Saruman.

"'Nadie se atrevía a cabalgar por campo abierto plagado como está de orcos inmundos —dijo—, y me enviaron a mí. Y el viaje ha sido peligroso y estoy hambriento y cansado. Tuve que desviarme hacia el norte, lejos de mi ruta, perseguido por los lobos.'

"Advertí las miradas de soslayo que le echaba a Bárbol, y dije para mis adentros 'mentiroso'. Bárbol lo observó con su mirada larga y lenta durante varios minutos, hasta que el desdichado se retorció por el suelo. Entonces, al fin, habló Bárbol: 'Ah, hm, a ti te esperaba, señor Lengua de Serpiente'. Al oírse llamar así, el hombre se sobresaltó. 'Gandalf llegó aquí primero, de modo que sé de ti todo cuanto necesito saber, y sé también qué he de hacer contigo. Pon todas las ratas juntas en una ratonera, me dijo

227

Gandalf: y eso es lo que haré. Yo soy ahora el amo de Isengard, pero Saruman está encerrado en la torre; y puedes ir allí y darle todos los mensajes que se te ocurran'

"'¡Dejadme ir, dejadme ir! —dijo Lengua de Serpiente—. Conozco el camino.'

"'¡Conocías el camino, no lo dudo! —dijo Bárbol—. Pero las cosas han cambiado un poco por estos sitios. ¡Ve y verás!'

"Soltó a Lengua de Serpiente, que echó a andar cojeando a través de la arcada, seguido por nosotros de cerca, hasta que llegó al interior del círculo y pudo ver las inundaciones que se extendían entre él y Orthanc. Entonces se volvió a nosotros.

"'Dejadme ir —lloriqueó—. ¡Dejadme ir! Ahora mis mensajes son inútiles.'

"'En verdad lo son —dijo Bárbol—. Pero tienes una alternativa: quedarte aquí conmigo hasta que lleguen Gandalf y tu señor; o atravesar el agua. ¿Por cuál te decides?'

"Al oír nombrar al rey el hombre se estremeció; puso un pie en el agua, y lo retiró en seguida. 'No sé nadar', dijo.

"'El agua no es profunda —dijo Bárbol—. Está sucia, pero eso no te hará daño, señor Lengua de Serpiente. ¡Entra de una vez!'

"Y allí fue el infeliz, cojeando y tropezando. Antes que lo perdiese de vista, el agua le llegaba casi al cuello. Cuando lo vi por última vez se aferraba a un viejo barril o un pedazo de madera. Pero Bárbol lo siguió durante un trecho, vigilándolo.

"'Bueno, allá va —dijo al volver—. Lo vi trepar escaleras arriba como una rata mojada. Aún queda alguien en la torre: una mano asomó y lo arrastró adentro. De modo que ya está allí, y espero que la acogida haya sido buena. Ahora necesito ir a lavarme para quitarme todo este fango. Estaré arriba, del lado norte, si alguien quiere verme. Aquí abajo no hay agua limpia para que un Ent pueda beber o bañarse. Así que os pediré a vosotros dos, muchachos, que vigiléis la puerta y recibáis a los que vengan. Estad atentos, pues espero al Señor de los Campos de Rohan. Tenéis que darle vuestra mejor bienvenida: sus hombres han librado una gran batalla con los orcos. Tal vez conozcáis mejor que los Ents las palabras con que conviene recibir a tan noble señor. En mis tiempos, hubo muchos señores en los campos, pero nunca aprendí la lengua de esos señores, ni supe cómo se llamaban. Querrán alimentos de hombres y vosotros entendéis de esas cosas, supongo. Buscad pues lo que a vuestro entender es bocado de reyes, si podéis.' Y éste es el final de la historia. Aunque me gustaría saber quién es ese Lengua de Serpiente. ¿Era de veras consejero del rey?

—Era —dijo Aragorn—, y también espía y sirviente de Saruman en Rohan. El destino lo ha tratado como se merecía, sin misericordia. El ruinoso espectáculo de cuanto consideraba magnífico e indestructible ha de haber sido para él castigo suficiente. Pero temo que le esperen cosas todavía peores.

—Sí, no creo que Bárbol lo haya enviado a Orthanc por pura generosidad —dijo Merry—. Parecía encontrar un placer maligno en la historia, y se reía para sus adentros cuando se marchó a beber y bañarse. Nosotros estuvimos muy ocupados después de eso, buscando restos flotantes y yendo de aquí para allá. Encontramos dos o tres almacenes en distintos lugares, cerca de aquí, sobre el nivel de las aguas. Pero Bárbol mandó algunos Ents, y ellos se llevaron casi todos los víveres.

"'Necesitamos alimentos de hombres para veinticinco personas', dijeron los Ents, así que, como veis, alguien os había contado cuidadosamente antes de que llegarais. A vosotros tres, evidentemente, os incluían entre los grandes. Pero no habríais sido mejor atendidos que aquí. Conservamos cosas tan buenas como las otras, os lo aseguro. Mejores, pues no les mandamos bebidas.

"'¿Y para beber?', les pregunté a los Ents.

"'Tenemos el agua del Isen —respondieron—, y es tan buena para los Ents como para los Hombres.' Espero, sin embargo, que los Ents hayan tenido tiempo de hacer fermentar algunos brebajes en los manantiales de las montañas, y aún veremos cómo se le rizan las barbas a Gandalf, cuando esté de vuelta. Los Ents se fueron, y nos sentimos cansados y hambrientos. Pero no nos quejamos: nuestros esfuerzos habían sido bien recompensados. Fue durante la búsqueda de alimentos para hombres cuando Pippin descubrió el botín más preciado, estos barrilitos de Corneta. Pippin dijo que la hierba de pipa es mejor después de la comida y así termina la historia.

—Ahora lo entendemos todo perfectamente —dijo Gimli.

—Todo excepto una cosa —dijo Aragorn—: hierbas de la Cuaderna del Sur en Isengard. Más lo pienso y más raro me parece. Nunca estuve en Isengard, pero he viajado por estas tierras, y conozco muy bien los páramos desnudos que se extienden entre Rohan y la Comarca. Ni mercancías ni personas han transitado por este camino durante largos años, no a la luz del día. Sospecho que Saruman tenía tratos secretos con alguien de la Comarca. No sólo en el Castillo del Rey Théoden hay Lenguas de Serpiente. ¿Viste alguna fecha en los barriles?

—Sí —dijo Pippin—. Eran de la cosecha de 1417, es decir del mismo año pasado; no, ahora el antepenúltimo, por supuesto: un año óptimo.

—Ah, sí, todos los males que amenazaban a la Comarca han pasado ahora, espero; o en todo caso, están, por el momento, fuera de nuestro alcance —dijo Aragorn—. Sin embargo, creo que hablaré de esto con Gandalf, por insignificante que le parezca en medio de esos importantes asuntos que le ocupan la mente.

—Me pregunto en qué andará —dijo Merry—. La tarde avanza. ¡Salgamos a echar una mirada! De todos modos, ahora puedes entrar en Isengard, Trancos, si así lo deseas. Pero opino que no es un espectáculo muy regocijante.

10

LA VOZ DE SARUMAN

Atravesaron la ruinosa galería, y desde un montículo de piedras contemplaron la roca oscura de Orthanc, con numerosas ventanas, una amenaza más en la desolación de alrededor. Ahora el agua se había retirado casi del todo. Aquí y allá quedaban algunos charcos sombríos, cubiertos de espuma y desechos; pero la mayor parte del ancho círculo era de nuevo visible: un desierto de fango y escombros de piedra, de agujeros ennegrecidos, de columnas y pilares que se tambaleaban como ebrios. Al borde de ese tazón en ruinas se veían vastos montículos y pendientes, como cantos rodados acumulados por un huracán; y más allá el valle verde se internaba serpeando entre los brazos oscuros de las montañas. Del otro lado de la desolada llanura vieron unos jinetes que venían del norte, y ya se acercaban a Orthanc.

—¡Son Gandalf y Théoden y sus hombres! —dijo Legolas—. ¡Vayamos a su encuentro!

—¡Pisad con prudencia! —dijo Merry—. Hay piedras flojas que pueden darse vuelta y arrojaros a un pozo, si no tenéis cuidado.

Recorrieron lo que antes fuera el camino que iba de las puertas a la Roca de Orthanc, avanzando lentamente, pues las losas estaban rajadas y cubiertas de lodo. Los jinetes, al verlos acercarse, se detuvieron a esperarlos a la sombra de la roca. Gandalf se adelantó y les salió al encuentro.

—Bien, Bárbol y yo hemos mantenido una conversación muy interesante y hemos trazado algunos planes —dijo—, y todos hemos gozado de un merecido reposo. Ahora hemos de ponernos otra vez en camino. Espero que también tú y tus compañeros hayáis descansado, y recobrado las fuerzas.

—Sí —dijo Merry—. Pero nuestras discusiones comenzaron y acabaron en humo. Sin embargo, y en relación con Saruman, no estamos tan mal dispuestos como antes.

—¿De veras? —dijo Gandalf—. Pues bien, yo no he cambiado. Me queda algo pendiente antes de partir: una visita de despedida a Saruman. Peligrosa y probablemente inútil; pero inevitable. Aquellos de vosotros que lo deseen, pueden venir conmigo... pero ¡cuidado! ¡Nada de bromas! Éste no es el momento.

—Yo te acompañaré —dijo Gimli—. Quiero verlo y saber si es cierto que se parece a ti.

—¿Y como harás para saberlo, Señor Enano? —dijo Gandalf—. Saruman puede mostrarse parecido a mí a tus ojos, si conviene a sus designios. ¿Y te consideras bastante perspicaz como para no dejarte engañar por sus ficciones? En fin, ya veremos. Quizá no se atreva a presentarse al mismo tiempo ante tantas miradas diferentes. Pero he rogado a los Ents que no se dejen ver, y puede ser que así consigamos que salga.

—¿Cuál es el peligro? —preguntó Pippin—. ¿Que nos acribille a flechazos y arroje fuego por las ventanas, o acaso puede obrar un sortilegio desde lejos?

—La última hipótesis es la más verosímil, si llegáis a sus puertas desprevenidos —dijo Gandalf—. Pero nadie puede saber lo que es capaz de hacer, o de intentar. Una bestia salvaje acorralada siempre es peligrosa. Y Saruman tiene poderes que ni siquiera sospecháis. ¡Cuidaos de su voz!

Llegaron a los pies de Orthanc. La roca negra relucía como si estuviese mojada. Las aristas de las facetas eran afiladas y parecían talladas hacía poco. Algunos arañazos, y esquirlas pequeñas como escamas junto a la base, eran los únicos rastros visibles de la furia de los Ents.

En la cara oriental, en el ángulo formado por dos pilastras, se abría una gran puerta, muy alta sobre el nivel del suelo; y más arriba una ventana con los postigos cerrados, que daba a un balcón cercado por una balaustrada de hierro. Una ancha escalera de veintisiete escalones, tallada por algún artífice desconocido en la misma piedra negra, conducía al umbral. Aquélla era la única entrada a la torre; pero muchas troneras de antepecho profundo se abrían en los muros casi verticales, y espiaban, como ojos diminutos, desde lo alto de las escarpadas paredes.

Al pie de la escalera Gandalf y el rey se apearon de las cabalgaduras.

—Yo subiré —dijo Gandalf—. Ya he estado otras veces en Orthanc y conozco los peligros que corro.

—Y yo subiré contigo —dijo el rey—. Soy viejo y ya no temo a ningún peligro. Quiero hablar con el enemigo que tanto mal me ha hecho. Éomer me acompañará y cuidará de que mis viejos pies no vacilen.

—Como quieras —dijo Gandalf—. Aragorn irá conmigo. Que los otros nos esperen al pie de la escalinata. Oirán y verán lo suficiente, si hay algo que ver y oír.

—¡No! —protestó Gimli—. Legolas y yo queremos ver las cosas más de cerca. Somos aquí los únicos representantes de nuestras razas. También nosotros subiremos.

—¡Venid entonces! —dijo Gandalf, y al decir esto empezó a subir, con Théoden al lado.

Los Caballeros de Rohan permanecieron inquietos en sus cabalgaduras, a ambos lados de la escalinata, observando con miradas sombrías la gran torre, temerosos de lo que pudiera acontecerle a Théoden. Merry y Pippin se sentaron en el último escalón, sintiéndose a la vez poco importantes y poco seguros.

—¡Media milla de fango de aquí hasta la puerta! —murmuró Pippin—. ¡Si pudiera escurrirme otra vez hasta el cuarto de los guardias sin que nadie me viera! ¿Para qué habremos venido? Nadie nos necesita.

Gandalf se detuvo ante la puerta de Orthanc y golpeó en ella con su vara. Retumbó con un sonido cavernoso.

—¡Saruman, Saruman! —gritó con una voz potente, imperiosa—. ¡Saruman, sal!

Durante un rato no hubo ninguna respuesta. Al cabo, se abrieron los postigos de la ventana que estaba sobre la puerta, pero nadie se asomó al vano oscuro.

—¿Quién es? —dijo una voz—. ¿Qué deseas?

Théoden se sobresaltó.

—Conozco esa voz —dijo—, y maldigo el día en que la oí por primera vez.

—Ve en busca de Saruman, ya que te has convertido en su lacayo. ¡Gríma, Lengua de Serpiente! —dijo Gandalf—. ¡Y no nos hagas perder más tiempo!

La ventana volvió a cerrarse. Esperaron. De improviso otra voz habló, suave y melodiosa: el sonido mismo era ya un encantamiento. Quienes escuchaban, incautos, aquella voz, rara vez eran capaces de repetir las palabras que habían oído; y si lograban repetirlas, quedaban atónitos, pues parecían tener poco poder. Sólo recordaban, las más de las veces, que escuchar la voz era un verdadero deleite, que todo cuanto decía parecía sabio y razonable, y les despertaba, en instantánea simpatía, el deseo de parecer sabios también ellos. Si otro tomaba la palabra, parecía, por contraste, torpe y grosero; y si contradecía a la voz, los corazones de los que caían bajo el hechizo se encendían de cólera. Para algunos el sortilegio sólo persistía mientras la voz les hablaba a ellos, y cuando se dirigía a algún otro, sonreían como si hubiesen descubierto los trucos de un prestidigitador mientras los demás seguían mirando boquiabiertos. A muchos, el mero sonido bastaba para cautivarlos; y en quienes sucumbían a la voz, el hechizo persistía aun a la distancia, y seguían oyéndola incesantemente, dulce y susurrante y a la vez persuasiva. Pero nadie, sin un esfuerzo de la voluntad y la inteligencia, podía permanecer indiferente, resistirse a las súplicas y las órdenes de aquella voz.

—¿Y bien? —preguntó ahora con dulzura—. ¿Por qué habéis venido a turbar mi reposo? ¿No me concedéis paz ni de noche ni de día?

El tono era el de un corazón bondadoso, dolorido por injurias inmerecidas.

Todos alzaban los ojos, asombrados, pues Saruman había aparecido sin hacer ningún ruido; y entonces vieron allí, asomada al balcón, la figura de un anciano que los miraba: estaba envuelto en una amplia capa de un color que nadie hubiera podido describir, pues cambiaba según dónde se posaran los ojos y con cada movimiento del viejo. Aquel rostro alargado, de frente alta, y ojos oscuros, profundos, insondables, los contemplaba ahora con expresión grave y benévola, a la vez que un poco fatigada. Los cabellos eran blancos, lo mismo que la barba, pero algunas hebras negras se veían aún alrededor de las orejas y los labios.

—Parecido, y a la vez diferente —murmuró Gimli.

—Veamos —dijo la dulce voz—. A dos de vosotros os conozco, por lo menos de nombre. A Gandalf lo conozco demasiado bien para abrigar alguna esperanza de que haya venido aquí en busca de ayuda o consejo. Pero a ti, Théoden, Señor de la Marca de Rohan, a ti te reconozco por las insignias de tu nobleza, pero más aún por la bella apostura que distingue a los miembros de la Casa de Eorl. ¡Oh digno hijo de Thengel el Tres Veces Famoso! ¿Por qué no has venido antes, en calidad de amigo? ¡Cuánto he deseado verte, oh rey, el más poderoso de las tierras occidentales! Y más aún en estos últimos años, para salvarte de los consejos imprudentes y perniciosos que te asediaban. ¿Será ya demasiado tarde? No obstante las injurias de que he sido víctima, y de las que los Hombres de Rohan han sido ¡ay! en parte responsables, aún quisiera salvarte de la ruina que caerá inexorable sobre ti si no abandonas la senda que has tomado. Ahora en verdad sólo yo puedo ayudarte.

Théoden abrió la boca como si fuera a hablar, pero no dijo nada. Miró primero a Saruman, quien lo observaba desde el balcón con ojos profundos y solemnes, y luego a Gandalf, a su lado; parecía indeciso. Gandalf no se inmutó; inmóvil y silencioso como si fuera de piedra, parecía aguardar pacientemente una llamada que no llegaba aún.

En el primer momento los Caballeros se agitaron y aprobaron con un murmullo las palabras de Saruman; luego también ellos callaron, como bajo los efectos de algún sortilegio. Gandalf, pensaban, nunca había exhortado a Théoden con palabras tan justas y tan hermosas. Rudas y viciadas por la soberbia les parecían ahora las prédicas de Gandalf. Y una sombra empezó a oscurecerles los corazones, el temor de un gran peligro: el final de la Marca hundida en el abismo de tinieblas al que Gandalf parecía arrastrarla, mientras Saruman entreabría la puerta de la salvación, por la que entraba ya un rayo de luz. Hubo un silencio tenso y prolongado.

Fue Gimli el Enano quien lo rompió súbitamente.

—Las palabras de este mago no tienen ni pies ni cabeza —gruñó, a la vez que echaba mano al mango del hacha—. En la lengua de Orthanc ayuda es sinónimo de ruina, y salvación significa asesinato, eso es claro como el agua. Pero nosotros no hemos venido aquí a mendigar favores.

—¡Paz! —dijo Saruman, y por un instante la voz fue menos suave y un resplandor fugaz le iluminó los ojos—. Aún no me he dirigido a ti, Gimli hijo de Glóin —dijo—. Lejos está tu casa, y poco te conciernen los problemas de este país. No te has visto envuelto en ellos por tu propia voluntad, de modo que no voy a reprocharte ese discurso, un discurso muy valiente, no lo dudo. Pero te lo ruego, permíteme hablar primero con el Rey de Rohan, mi vecino, y mi amigo en otros tiempos.

"¿Qué tienes que decir, Rey Théoden? ¿Quieres la paz conmigo y toda la ayuda que pueda brindarte mi sabiduría, adquirida a lo largo de muchos años? ¿Quieres que aunemos nuestros esfuerzos para luchar contra estos días infaustos, y reparar nuestros daños con tanta buena voluntad que estas tierras puedan reverdecer más hermosas que nunca?

Théoden continuaba callado. Nadie podía saber si luchaba contra la cólera o la duda. Éomer habló.

—¡Escuchadme, Señor! —dijo—. He aquí el peligro sobre el que se nos ha advertido. ¿Habremos conquistado la victoria para terminar aquí, paralizados y estupefactos ante un viejo embustero que se ha untado de mieles la lengua viperina? Con esas mismas palabras les hablaría el lobo a los lebreles que lo han acorralado, si fuera capaz de expresarse. ¿Qué ayuda puede ofreceros, en verdad? Todo cuanto desea es escapar de este trance difícil. ¿Vais a parlamentar con este farsante, experto en traiciones y asesinatos? ¡Recordad a Théodred en el Vado y la tumba de Háma en el Abismo de Helm!

—Si hemos de hablar de lenguas ponzoñosas, ¿qué decir de la tuya, cachorro de serpiente? —dijo Saruman, y el relámpago de cólera fue ahora visible para todos—. ¡Pero seamos justos, Éomer hijo de Éomund! —prosiguió, otra vez con su voz dulce—. A cada cual sus méritos. Tú has descollado en las artes de la guerra y conquistaste altos honores. Mata a aquellos a quienes tu señor llama sus enemigos, y conténtate con eso. No te inmiscuyas en lo que no entiendes. Tal vez, si un día llegas a ser rey, comprenderás que un monarca ha de elegir con cuidado a sus amigos. La amistad de Saruman y el poderío de Orthanc no pueden ser rechazados a la ligera en nombre de cualquier ofensa real o imaginaria. Habéis ganado una batalla pero no una guerra, y esto gracias a una ayuda con la que no contaréis otra vez. Mañana podríais encontrar la Sombra del Bosque a vuestras puertas; es caprichosa e insensible, y no ama a los Hombres.

"Pero dime, mi señor de Rohan, ¿he de ser tildado de asesino porque hombres valientes hayan caído en la batalla? Si me haces la guerra, inútilmente, pues yo no la deseo, es inevitable que haya muertos. Pero si por ello han de llamarme asesino, entonces toda la casa de Eorl lleva el mismo estigma; pues han peleado en muchas guerras, atacando a quienes se atrevieron a desafiarlos. Sin embargo, más tarde hicieron la paz con algunos: una actitud sabia e inteligente. Te pregunto, rey Théoden: ¿quieres que haya entre nosotros paz y concordia? A nosotros nos toca decirlo.

—Quiero que haya paz —dijo por fin Théoden con la voz pastosa y hablando con un esfuerzo. Varios de los jinetes prorrumpieron en gritos de júbilo. Théoden levantó la mano—. Sí, quiero paz —dijo, ahora con voz clara—, y la tendremos cuando tú y todas tus obras hayan perecido, y las obras de tu amo tenebroso a quien pensabas entregarnos. Eres un embustero, Saruman, y un corruptor de corazones. Me tiendes la mano, y yo sólo veo un dedo de la guerra de Mordor. ¡Cruel y frío! Aun cuando tu guerra contra mí fuese justa (y no lo era, porque así fueses diez veces más sabio no tendrías derecho a gobernarme a mí y a los míos para tu propio beneficio), aun así, ¿cómo justificas las antorchas del Folde Oeste y los niños que allí murieron? Y lapidaron el cuerpo de Háma ante las puertas de Cuernavilla, después de darle muerte. Cuando te vea en tu ventana colgado de una horca, convertido en pasto de tus propios cuervos, entonces haré la paz contigo y con Orthanc. He hablado en nombre de la Casa de Eorl. Soy tal vez un heredero menor de antepasados ilustres, pero no necesito lamerte la mano. Búscate otros a quienes embaucar. Aunque me temo que tu voz haya perdido su magia.

Los Caballeros miraban a Théoden estupefactos, como si despertaran sobresaltados de un sueño. Áspera como el graznido de un cuervo viejo les sonaba la voz del rey después de la música de Saruman. Por un momento Saruman no pudo disimular la cólera que lo dominaba. Se inclinó sobre la barandilla como si fuese a golpear al rey con su bastón. Algunos creyeron ver de pronto una serpiente que se enroscaba para atacar.

—¡Horcas y cuervos! —siseó Saruman, y todos se estremecieron ante aquella horripilante transformación—. ¡Viejo chocho! ¿Qué es la Casa de Eorl sino un cobertizo hediondo donde se embriagan unos cuantos bandidos, mientras la prole se arrastra por el suelo entre los perros? Durante demasiado tiempo se han salvado de la horca. Pero el nudo corredizo se aproxima, lento al principio, duro y estrecho al final. ¡Colgaos, si así lo queréis! —La voz volvió a cambiar, a medida que Saruman conseguía dominarse.— No sé por qué he tenido la paciencia de hablar contigo. Porque no te necesito, ni a ti ni a tu pandilla de cabalgadores, tan rápidos para huir como para avanzar, Théoden Señor de Caballos. Tiempo atrás te ofrecí una posición superior a tus méritos y a tu inteligencia. Te la he vuelto a ofrecer, para que aquellos a quienes llevas por el mal camino puedan ver claramente el que tú elegiste. Tú me respondes con bravuconadas e insultos. Que así sea. ¡Vuélvete a tu choza!

"¡Pero tú, Gandalf! De ti al menos me conduelo, compadezco tu vergüenza. ¿Cómo puedes soportar semejante compañía? Porque tú eres orgulloso, Gandalf, y no sin razón, ya que tienes un espíritu noble y ojos capaces de ver lo profundo y lejano de las cosas. ¿Ni aun ahora querrás escuchar mis consejos?

Gandalf hizo un movimiento y alzó los ojos.

—¿Qué puedes decirme que no me hayas dicho en nuestro último encuentro? —preguntó—. ¿O tienes acaso cosas de que retractarte?

Saruman tardó un momento en responder.

—¿Retractarme dices? —murmuró, como perplejo—. ¿Retractarme? Intenté aconsejarte por tu propio bien, pero tú apenas escuchabas. Eres orgulloso y no te gustan los consejos, teniendo como tienes tu propia sabiduría. Pero en aquella ocasión te equivocaste, pienso, tergiversando mis propósitos.

"En mi deseo de persuadirte, temo haber perdido la paciencia; y lo lamento de veras. Porque no abrigaba hacia ti malos sentimientos; ni tampoco los tengo ahora, aunque hayas vuelto en compañía de gente violenta e ignorante. ¿Por qué habría de tenerlos? ¿Acaso no somos los dos miembros de una alta y antigua orden, la más excelsa de la Tierra Media? Nuestra amistad sería muy provechosa para ambos. Aún podríamos emprender juntos muchas cosas, para curar los males que aquejan al mundo. ¡Lleguemos a un acuerdo entre nosotros, y olvidemos para siempre a esta gente inferior! ¡Que ellos acaten nuestras decisiones! Por el bien común estoy dispuesto a renegar del pasado, y a recibirte. ¿No quieres que deliberemos? ¿No quieres subir?

Tan grande fue el poder de la voz de Saruman en este último esfuerzo que ninguno de los que escuchaban permaneció impasible. Pero esta vez el sortilegio era de una naturaleza muy diferente. Estaban oyendo el tierno reproche de un rey bondadoso a un ministro equivocado aunque muy querido. Pero se sentían excluidos, como si escucharan detrás de una puerta palabras que no les estaban destinadas: niños malcriados o sirvientes estúpidos que oían a hurtadillas las conversaciones ininteligibles de los mayores, y se preguntaban inquietos de qué modo podrían afectarlos. Los dos interlocutores estaban hechos de una materia más noble: eran venerables y sabios. Una alianza entre ellos parecía inevitable. Gandalf subiría a la torre, a discutir en las altas estancias de Orthanc problemas profundos, incomprensibles para ellos. Las puertas se cerrarían, y ellos quedarían fuera, esperando a que vinieran a imponerles una tarea o un castigo. Hasta en la mente de Théoden apareció el pensamiento, como la sombra de una duda: "Nos traicionará, nos abandonará... y nada ya podrá salvarnos".

De pronto Gandalf se echó a reír. Las fantasías se disiparon como una nubecilla de humo.

—¡Saruman, Saruman! —dijo Gandalf sin dejar de reír—. Saruman, erraste tu oficio en la vida. Tendrías que haber sido bufón de un rey, y ganarte el pan, y también los magullones, imitando a sus consejeros. ¡Ah, pobre de mí! —Hizo una pausa y dejó de reír.— ¿Un entendimiento entre nosotros? Temo que nunca llegues a entenderme. Pero yo te entiendo a ti, Saruman, y demasiado bien. Conservo de tus argucias y de tus actos un recuerdo mucho más claro de lo que tú imaginas. La última vez que te visité, eras el carcelero de Mordor, y allí ibas a enviarme. No, el visitante que escapó por el techo, lo pensará dos veces antes de volver a entrar por la puerta. No, no creo que suba. Pero escucha, Saruman, ¡por última vez! ¿Por qué no bajas tú? Isengard ha demostrado ser menos fuerte que en tus deseos y tu imaginación. Lo mismo puede ocurrir con otras cosas en las que aún confías. ¿No te convendría alejarte de aquí por algún tiempo? ¿Dedicarte a algo distinto, quizá? ¡Piénsalo bien, Saruman! ¿No quieres bajar?

Una sombra pasó por el rostro de Saruman; en seguida se puso mortalmente pálido. Antes que pudiese ocultarse, todos vieron a través de la máscara la angustia de una mente confusa, a quien repugnaba la idea de quedarse y temerosa a la vez de abandonar aquel refugio. Titubeó un segundo apenas, y todo el mundo contuvo el aliento. Luego Saruman habló, con una voz fría y estridente. El orgullo y el odio lo dominaban otra vez.

—¿Si quiero bajar? —dijo, burlón—. ¿Acaso un hombre inerme baja a hablar puertas afuera con los ladrones? Te oigo perfectamente bien desde aquí. No soy ningún tonto, y no confío en ti, Gandalf. Los demonios salvajes del bosque no están aquí a la vista, en la escalera, pero sé dónde se ocultan, esperando tus órdenes.

—Los traidores siempre son desconfiados —respondió Gandalf con cansancio—. Pero no tienes que temer por tu pellejo. No deseo matarte, ni lastimarte, como bien lo sabrías, si en verdad me comprendieses. Y mis poderes te protegerían. Te doy una última oportunidad. Puedes irte de Orthanc, en libertad... si lo deseas.

—Esto me suena bien —dijo con ironía Saruman—. Muy típico de Gandalf el Gris; tan condescendiente, tan generoso. No dudo que te sentirías a tus anchas en Orthanc, y que mi partida te convendría. Pero, ¿por qué yo querría partir? ¿Y qué significa para ti "en libertad"? Habrá condiciones, supongo.

—Los motivos para partir puedes verlos desde tus ventanas —respondió Gandalf—. Otros te acudirán a la mente. Tus siervos han sido abatidos y se han dispersado; de tus vecinos has hecho enemigos; y has engañado a tu nuevo amo, o has intentado hacerlo. Cuando vuelva la mirada hacia aquí, será el ojo rojo de la ira. Pero cuando yo digo "en libertad" quiero decir "en libertad": libre de ataduras, de cadenas u órdenes: libre de ir a donde quieras, aun a Mordor, Saruman, si es tu deseo. Pero antes dejarás en mis manos la Llave de Orthanc, y tu bastón. Quedarán en prenda de tu conducta, y te serán restituidos un día, si lo mereces.

El semblante de Saruman se puso lívido, crispado de rabia, y una luz roja le brilló en los ojos. Soltó una risa salvaje.

—¡Un día! —gritó, y la voz se elevó hasta convertirse en un alarido—. ¡Un día! Sí, cuando también te apoderes de las Llaves de Barad-dûr, supongo, y las coronas de los siete reyes, y las varas de los Cinco Magos; cuando te hayas comprado un par de botas mucho más grandes que las que ahora calzas. Un plan modesto. ¡No creo que necesites mi ayuda! Tengo otras cosas que hacer. No seas tonto. Si quieres pactar conmigo, mientras sea posible, vete y vuelve cuando hayas recobrado el sentido. ¡Y sácate de encima a esa chusma de forajidos que llevas a la rastra, prendida a los faldones! ¡Buenos días! —Dio media vuelta y desapareció del balcón.

—¡Vuelve, Saruman! —dijo Gandalf con voz autoritaria. Ante el asombro de todos, Saruman dio otra vez media vuelta, y como arrastrado contra su voluntad, se acercó a la ventana y se apoyó en la barandilla de hierro, respirando muy agitadamente. Tenía la cara arrugada y contraída. La mano que aferraba la pesada vara negra parecía una garra.

—No te he dado permiso para que te vayas —dijo Gandalf con severidad—. No he terminado aún. No eres más que un bobo, Saruman, y sin embargo inspiras lástima. Estabas a tiempo todavía de apartarte de la locura y de la maldad, y ayudar de algún modo. Pero elegiste quedarte aquí, royendo las hilachas de tus viejas intrigas. ¡Quédate pues! Mas te lo advierto, no te será fácil volver a salir. A menos que las manos tenebrosas del Este se extiendan hasta aquí para llevarte. ¡Saruman! —gritó, y la voz creció aún más en potencia y autoridad—. ¡Mírame! No soy Gandalf el Gris a quien tú traicionaste. Soy Gandalf el Blanco que ha regresado de la muerte. Ahora tú no tienes color, y yo te expulso de la orden y del Concilio.

Levantó la mano, y habló lentamente, con voz clara y fría.

—Saruman, tu vara está rota. —Se oyó un crujido, y la vara se partió en dos en la mano de Saruman; la empuñadura cayó a los pies de Gandalf.— ¡Vete! —dijo Gandalf. Saruman retrocedió con un grito y huyó, arrastrándose como un reptil. En ese momento un objeto pesado y brillante cayó desde lo alto con estrépito. Rebotó contra la barandilla de hierro, en el mismo instante en que Saruman se alejaba de ella, y pasando muy cerca de la cabeza de Gandalf, golpeó contra el escalón en que estaba el mago. La barandilla vibró y se rompió con un estallido. El escalón crujió y se hizo añicos, chisporroteando. Pero la bola permaneció intacta: rodó escaleras abajo, un globo de cristal, oscuro, aunque con un corazón incandescente. Mientras se alejaba saltando hacia un charco, Pippin corrió y la recogió.

—¡Canalla y asesino! —gritó Éomer.

Pero Gandalf permaneció impasible.

—No, no fue Saruman quien la ha arrojado —dijo—; ni creo que se lo haya ordenado a alguien. Partió de una ventana mucho más alta. Un tiro de despedida de Maese Lengua de Serpiente, me imagino, pero le falló la puntería.

—Tal vez porque no pudo decidir a quién odiaba más, a ti o a Saruman —dijo Aragorn.

—Es posible —dijo Gandalf—. Magro consuelo encontrarán estos dos en mutua compañía: se roerán entre ellos con palabras. Pero el castigo es justo. Si Lengua de Serpiente sale alguna vez con vida de Orthanc, será una suerte inmerecida.

"¡Aquí, muchacho, yo llevaré eso! No te pedí que lo recogieras —gritó, volviéndose bruscamente y viendo a Pippin

242

que subía la escalera con lentitud, como si transportase un gran peso. Bajó algunos peldaños, y yendo al encuentro del hobbit le sacó rápidamente de las manos la esfera oscura y la envolvió en los pliegues de la capa—. Yo me ocuparé —dijo—. No es un objeto que Saruman hubiera elegido para arrojar contra nosotros.

—Pero sin duda podría arrojar otras cosas —dijo Gimli—. Si la conversación ha terminado, ¡pongámonos al menos fuera del alcance de las piedras!

—Ha terminado —dijo Gandalf—. Partamos.

Volvieron la espalda a las Puertas de Orthanc, y bajaron la escalera. Los Caballeros aclamaron al rey con alegría, y saludaron a Gandalf. El sortilegio de Saruman se había roto: lo habían visto acudir a la llamada de Gandalf, y escapar luego escurriéndose como un reptil.

—Bueno, esto es un asunto concluido —dijo Gandalf—. Ahora he de encontrar a Bárbol y contarle lo que ha pasado.

—Se lo habrá imaginado, supongo —dijo Merry—. ¿Acaso podía haber terminado de alguna otra manera?

—No lo creo —dijo Gandalf—, aunque por un instante la balanza estuvo en equilibrio. Pero yo tenía mis razones para intentarlo, algunas misericordiosas, otras menos. En primer lugar, le demostré a Saruman que ya no tiene tanto poder en la voz. No puede ser al mismo tiempo tirano y consejero. Cuando la conspiración está madura, el secreto ya no es posible. Sin embargo él cayó en la trampa, e intentó embaucar a sus víctimas una por una, mientras las otras escuchaban. Entonces le propuse una última alternativa, y generosa por cierto: renunciar tanto a Mordor como a sus planes personales, y reparar los males que había causado ayudándonos en un momento de necesidad. Nadie conoce nuestras dificultades mejor que él. Hubiera podido prestarnos grandes servicios; pero eligió negarse, y no renunciar al poder de Orthanc. No está dispuesto a servir, sólo quiere dar órdenes. Ahora vive aterrorizado por la sombra de Mordor, y sin embargo sueña aún con capear la tempestad. ¡Pobre loco! Será devorado, si el poder del Este extiende los brazos hasta Isengard. Nosotros no podemos destruir a Orthanc desde afuera, pero Sauron... ¿quién sabe lo que es capaz de hacer?

—¿Y si Sauron no gana la guerra? ¿Qué le harás a Saruman?

—¿Yo? ¡Nada! —dijo Gandalf—. No le haré nada. No busco poder. ¿Qué será de él? No lo sé. Me entristece pensar que tantas cosas que alguna vez fueron buenas se pudran ahora en esa torre. Como quiera que sea a nosotros no nos ha ido del todo mal. ¡Extrañas son las vueltas del destino! A menudo el odio se vuelve contra sí mismo. Sospecho que aun cuando hubiésemos entrado en Orthanc, habríamos encontrado pocos tesoros más preciosos que este objeto que nos arrojó Lengua de Serpiente.

Un chillido estridente, bruscamente interrumpido, partió de una ventana abierta en lo más alto de la torre.

—Parece que Saruman piensa como yo —dijo Gandalf—. ¡Dejémoslos!

Volvieron a las ruinas de la puerta. Habían atravesado la arcada, cuando Bárbol y una docena de Ents salieron de entre las sombras de las pilas de piedras, donde se habían ocultado. Aragorn, Gimli y Legolas los miraban perplejos.

—He aquí a tres de mis compañeros, Bárbol —dijo Gandalf—. Te he hablado de ellos, pero aún no los habías conocido. —Los nombró a todos.

El Viejo Ent los escudriñó largamente, y los saludó, uno por uno. El último a quien habló fue a Legolas.

—¿Así que has venido desde el Bosque Negro, mi buen Elfo? ¡Era un gran bosque, tiempo atrás!

—Y todavía lo es —dijo Legolas—, pero nosotros, los que habitamos en él, nunca nos cansamos de ver árboles nuevos. Me sentiría más que feliz si pudiera visitar el Bosque de Fangorn. Apenas llegué a cruzar el linde, y desde entonces no sueño con otra cosa que regresar.

Los ojos de Bárbol brillaron de placer.

—Espero que tu deseo pueda realizarse antes que las colinas envejezcan —dijo.

—Vendré, si la suerte me acompaña —dijo Legolas—. He hecho un pacto con un amigo, que si todo marcha bien, un día visitaremos Fangorn juntos... con tu permiso.

—Todo Elfo que venga contigo será bienvenido —dijo Bárbol.

—El amigo de quien hablo no es un Elfo —dijo Legolas—; me refiero a Gimli hijo de Glóin, aquí presente.

—Gimli hizo una profunda reverencia y el hacha se le resbaló del cinturón y chocó contra el suelo.

—¡Hum, hm! ¡Ajá! —dijo Bárbol, observando a Gimli con una mirada sombría—. ¡Un Enano, y con un hacha por añadidura! ¡Hum! Tengo buena voluntad con los Elfos; pero pides demasiado. ¡Extraña amistad la vuestra!

—Puede parecer extraña —dijo Legolas—; pero mientras Gimli viva no vendré solo a Fangorn. El hacha no está destinada a los árboles sino a las cabezas de los orcos. Oh Fangorn, Señor del Bosque de Fangorn. Cuarenta y dos decapitó en la batalla.

—¡Ouuu! ¡Vaya! —dijo Bárbol—. Esto suena mejor. Bueno, bueno, las cosas seguirán su curso natural; es inútil querer apresurarlas. Pero ahora hemos de separarnos por algún tiempo. El día llega a su fin, y Gandalf dice que partiréis antes de la caída de la noche, y que el Señor de la Marca quiere volver en seguida a casa.

—Sí, hemos de partir, y ya mismo —dijo Gandalf—. Tendré que dejarte sin tus porteros. Pero no los necesitarás.

—Tal vez —dijo Bárbol—. Pero los echaré de menos. Nos hicimos amigos en tan poco tiempo que quizá me estoy volviendo apresurado... como si retrocediera a la juventud, quizá. Pero lo cierto es que son las primeras cosas nuevas que he visto bajo el Sol o la Luna en muchos, muchísimos años. Y no los olvidaré. He puesto esos nombres en la Larga Lista. Los Ents los recordarán.

Ents viejos como montañas, nacidos de la tierra,
grandes caminadores y bebedores de agua;
y hambrientos como cazadores, los niños Hobbits,
el pueblo risueño, la Gente Pequeña.

"Mientras las hojas continúen renovándose, ellos serán nuestros amigos. ¡Buen viaje! Pero si en vuestro país encantador, en la Comarca, tenéis noticias que puedan interesarme, ¡hacédmelo saber! Entendéis a qué me refiero: si oís hablar de las Ents-mujeres, o si las veis en algún lugar. Venid vosotros mismos, si es posible.

—Lo haremos —exclamaron a coro Merry y Pippin, mientras se alejaban de prisa. Bárbol los siguió con la mirada, y durante un rato guardó silencio, meneando pensativamente la cabeza. Luego se volvió a Gandalf.

—¿Así que Saruman no quiso marcharse? —dijo—. Me lo esperaba. Tiene el corazón tan podrido como el de un Ucorno negro. Sin embargo, si yo fuese derrotado y todos mis árboles fueran destruidos, tampoco yo me marcharía mientras tuviera un agujero oscuro donde ocultarme.

—No —dijo Gandalf—. Aunque tú no pensaste invadir con tus árboles el mundo entero y sofocar a todas las criaturas. Pero así son las cosas, Saruman se ha quedado para alimentar odios y tramar nuevas intrigas. La Llave de Orthanc la tiene él. Pero no podemos permitir que escape.

—¡Claro que no! De eso cuidaremos los Ents —dijo Bárbol—. Saruman no pondrá el pie fuera de la roca, sin mi permiso. Los Ents lo vigilarán.

—¡Excelente! —dijo Gandalf—. No esperaba menos. Ahora puedo partir y dedicarme a otros asuntos. Pero tienes que poner mucha atención. Las aguas han descendido. Temo que unos centinelas alrededor de la torre no sea suficiente. Sin duda hay túneles profundos excavados debajo de Orthanc, y Saruman espera poder ir y venir sin ser visto, dentro de poco. Si vas a ocuparte de esta tarea, te ruego que hagas derramar las aguas otra vez; hasta que Isengard se convierta en un estanque perenne, o hasta que descubras las bocas de los túneles. Cuando todos los sitios subterráneos estén inundados, y hayas descubierto los desagües, entonces Saruman se verá obligado a permanecer en la torre y mirar por las ventanas.

—¡Déjalo por cuenta de los Ents! —dijo Bárbol—. Exploraremos el valle palmo a palmo, y miraremos bajo todas las piedras. Ya los árboles se disponen a volver, los árboles viejos, los árboles salvajes. El Bosque Vigilante, lo llamaremos. Ni una ardilla entrará o saldrá de aquí sin que yo lo sepa. ¡Déjalo por cuenta de los Ents! Hasta que los años en que estuvo atormentándonos hayan pasado siete veces, no nos cansaremos de vigilarlo.

11

EL PALANTIR

El sol se hundía detrás del largo brazo occidental de las montañas cuando Gandalf y sus compañeros, y el Rey y los jinetes partieron de Isengard. Gandalf llevaba a Merry en la grupa del caballo, y Aragorn llevaba a Pippin. Dos de los hombres del rey se adelantaron a galope tendido, y pronto se perdieron de vista en el fondo del valle. Los otros continuaron a paso más lento.

Una solemne fila de Ents, erguidos como estatuas ante la puerta, con los largos brazos levantados, asistía silenciosa a la partida. Cuando se hubieron alejado un trecho por el camino sinuoso, Merry y Pippin volvieron la cabeza. El sol brillaba aún en el cielo, pero las sombras se extendían ya sobre Isengard: unas ruinas grises que se hundían en las tinieblas. Ahora Bárbol estaba solo, como la cepa de un árbol distante: los hobbits recordaron el primer encuentro, allá lejos en la asoleada cornisa de los lindes de Fangorn.

Llegaron a la columna de la Mano Blanca. La columna seguía en pie, pero la mano esculpida había sido derribada y yacía rota en mil pedazos. En el centro mismo del camino se veía el largo índice, blanco en el crepúsculo, y la uña roja se ennegrecía lentamente.

—¡Los Ents no descuidan ningún detalle! —observó Gandalf.

Continuaron cabalgando, y la noche se cerró en la hondonada.

—¿Piensas cabalgar toda la noche, Gandalf? —preguntó Merry al rato—. No sé cómo te sentirás tú con este forajido que llevas a la rastra prendido a los faldones, pero el forajido está cansado y le alegraría dejar de ir a la rastra y echarse a descansar.

—¿Así que oíste eso? —dijo Gandalf—. ¡No lo tomes a pecho! Alégrate de que no te hayan dedicado palabras más lisonjeras. Nunca se había encontrado con un hobbit y no sabía cómo hablarte. No te sacaba los ojos de encima. Si esto puede de algún modo reconfortar tu amor propio, te diré que en este momento tú y Pippin le preocupáis más que cualquiera de nosotros. Quiénes sois; cómo vinisteis aquí; y por qué; qué sabéis; si fuisteis capturados, y en ese caso cómo escapasteis cuando todos los orcos perecieron... Éstos son los pequeños enigmas que ahora perturban esa gran mente. Un sarcasmo en boca de Saruman, Meriadoc, es un cumplido, y puedes sentirte honrado por ese interés.

—¡Gracias! —dijo Merry—. ¡Pero prefiero la honra de ir prendido a tus faldones, Gandalf! Ante todo, porque así es posible repetir una pregunta. ¿Piensas cabalgar toda la noche?

Gandalf se echó a reír.

—¡Un hobbit insaciable! Todos los magos tendrían que tener uno o dos hobbits a su cuidado, para que les enseñaran el significado de las palabras y los corrigieran. Te pido perdón. Pero hasta en estos detalles he pensado. Seguiremos viaje aún algunas horas, sin fatigarnos, hasta el otro lado del valle. Mañana tendremos que cabalgar más de prisa.

"Cuando llegamos, nuestra intención era volver directamente de Isengard a la morada del Rey en Edoras, a través de la llanura, una cabalgata de varios días. Pero hemos reflexionado y cambiado los planes. Hemos enviado mensajeros al Abismo de Helm, a anunciar que el Rey regresará mañana. De allí partirá con muchos hombres hacia El Sagrario, por los senderos que pasan entre las colinas. De ahora en adelante es preciso evitar que más de dos o tres hombres cabalguen juntos, tanto de día como de noche.

—Tú, como de costumbre, ¡no nos das nada o nos das doble ración! —dijo Merry—. ¡Y yo que no pensaba en otra cosa que en un lugar donde dormir esta noche! ¿Dónde está y qué es ese Abismo de Helm y todo lo demás? No sé absolutamente nada de este país.

—En ese caso harías bien en aprender algo, si deseas comprender lo que está sucediendo. Pero no en este momento, ni de mí: tengo muchas cosas urgentes en qué pensar.

—Está bien, se lo preguntaré a Trancos, cuando acampemos: él es menos quisquilloso. Pero, ¿por qué tanto misterio? Creía que habíamos ganado la batalla.

—Sí, hemos ganado, pero sólo la primera victoria, y ahora el peligro es mayor. Había algún vínculo entre Isengard y Mordor que aún no he podido desentrañar. Intercambiaban noticias, es evidente, pero no sé cómo. El ojo de Barad-dûr ha de estar escudriñando con impaciencia el Valle del Mago, creo; y las tierras de Rohan. Cuanto menos vea, mejor que mejor.

El camino proseguía lentamente, serpenteando por el valle. Ahora distante, ahora cercano, el Isen fluía por un lecho pedregoso. La noche descendía de las montañas. Las nieblas se habían desvanecido. Soplaba un viento helado. La luna, ya casi llena, iluminaba el cielo del este con un pálido y frío resplandor. A la derecha, las estribaciones de las montañas parecían lomas desnudas. Las vastas llanuras se abrían grises ante ellos.

Por fin hicieron un alto. Desviándose del camino principal, cabalgaron otra vez tierra adentro por las largas estribaciones herbosas. Luego de haber recorrido una o dos millas hacia el oeste llegaron a un valle. Se abría hacia el mar, recostado sobre la pendiente del redondo Dol Baran, la última montaña de la cordillera septentrional, de verdes laderas y coronada de brezos. En las paredes del valle, erizadas de helechos del año anterior, apuntaban ya en un suelo levemente perfumado las enmarañadas frondas de la primavera. Allí, en los bajíos cubiertos de espesos zarzales, levantaron campamento, una o dos horas antes de la medianoche. Encendieron la hoguera en una concavidad junto a las raíces de un espino blanco, alto y frondoso como un árbol, encorvado por la edad, pero de miembros todavía vigorosos: las yemas despuntaban en todas las ramas.

Organizaron turnos de guardia, de dos centinelas. Los demás, luego de comer, se envolvieron en las capas, y cubriéndose con una manta se echaron a dormir. Los hobbits se acostaron juntos sobre un montón de helechos secos. Merry tenía sueño, pero Pippin parecía ahora curiosamente intranquilo. Daba vueltas y vueltas, y el camastro de helechos crujía y chirriaba.

—¿Qué te pasa? —le preguntó Merry—. ¿Te has acostado sobre un hormiguero?

—No —dijo Pippin—. Pero estoy incómodo. Me pregunto cuánto hace que no duermo en una cama.

Merry bostezó.

—¡Cuéntalo con los dedos! —dijo—. Pero no habrás olvidado cuándo partimos de Lórien.

—Oh, ¡eso! —dijo Pippin—. Quiero decir una cama verdadera, en una alcoba.

—Bueno, entonces Rivendel —dijo Merry—. Pero esta noche yo podría dormir en cualquier lugar.

—Tuviste suerte, Merry —dijo Pippin en voz baja, al cabo de un silencio—. Tú cabalgaste con Gandalf.

—Bueno, ¿y qué?

—¿Conseguiste sacarle alguna noticia, alguna información?

—Sí, bastante. Más que de costumbre. Pero tú las oíste todas, o la mayoría; estabas muy cerca y no hablábamos en secreto. Pero mañana podrás cabalgar con él, si consigues sacarle alguna otra cosa... y si él te acepta.

—¿De veras? ¡Magnífico! Pero es poco comunicativo, ¿no te parece? No ha cambiado nada.

—¡Oh, sí! —dijo Merry, despertándose un poco, y empezando a preguntarse qué preocupaba a su compañero—. Ha crecido, o algo así. Es al mismo tiempo más amable y más inquietante, más alegre y más solemne, me parece. Ha cambiado. Pero aún no sabemos hasta qué punto. ¡Piensa en la última parte de la conversación con Saruman! Recuerda que Saruman fue en un tiempo el superior de Gandalf: jefe del Concilio, aunque no sé muy bien qué significa eso. Era Saruman el Blanco. Ahora Gandalf es el Blanco. Saruman acudió a la llamada y perdió la vara, y luego Gandalf lo despidió, ¡y él acató la orden!

—Bueno, si en algo ha cambiado, como dices, está más misterioso que nunca, eso es todo —replicó Pippin—. Esa... bola de vidrio, por ejemplo. Parecía contento de tenerla consigo. Algo sabe o sospecha. ¿Pero nos dijo qué? No, ni una palabra. Y sin embargo fui yo quien la recogió, e impedí que rodase hasta un charco. *Aquí, muchacho, yo la llevaré...* Eso fue todo lo que dijo. Me gustaría saber qué era. Parecía tan pesada... —La voz de Pippin se convirtió casi en un susurro, como si hablara consigo mismo.

—¡Ajá! —dijo Merry—. ¿Así que es eso lo que te tiene a mal traer? Vamos, Pippin, muchacho, no olvides el dicho de Gildor, aquel que Sam solía citar: *No te entrometas en asuntos de magos, que son gente astuta e irascible.*

—Pero si desde hace meses y meses no hacemos otra cosa que entrometernos en asuntos de magos —dijo Pippin—. Además del peligro, me gustaría tener alguna información. Me gustaría echarle una ojeada a esa bola.

—¡Duérmete de una vez! —dijo Merry—. Ya te enterarás, tarde o temprano. Mi querido Pippin, jamás un Tuk le ganó en curiosidad a un Brandigamo; ¿pero te parece el momento oportuno?

—¡Está bien! ¿Pero qué hay de malo en que te cuente lo que a mí me gustaría: echarle una ojeada a esa piedra? Sé que no puedo hacerlo, con el viejo Gandalf sentado encima, como una gallina empollando un huevo. Pero no me ayuda mucho no oírte decir otra cosa que *no-puedes-así-que duérmete-de-una-vez.*

—Bueno, ¿qué más podría decirte? —dijo Merry—. Lo siento, Pippin, pero tendrás que esperar hasta la mañana. Yo seré tan curioso como tú después del desayuno, y te ayudaré tanto como pueda a sonsacarle información a los magos. Pero ya no puedo mantenerme despierto. Si vuelvo a bostezar, se me abrirá la boca hasta las orejas. ¡Buenas noches!

Pippin no dijo nada más. Ahora estaba inmóvil, pero el sueño se negaba a acudir; y ni siquiera parecía alentarlo la suave y acompasada respiración de Merry, que se había dormido pocos segundos después de haberle dado las buenas noches. El recuerdo del globo oscuro parecía más vivo en el silencio de alrededor. Pippin volvía a sentir el peso en las manos, y volvía a ver los misteriosos abismos rojos que había escudriñado un instante. Se dio vuelta y trató de pensar en otra cosa.

Por último, no aguantó más. Se levantó y miró en torno.

Hacía frío, y se arrebujó en la capa. La luna brillaba en el valle, blanca y fría, y las sombras de los matorrales eran negras. Todo alrededor yacían formas dormidas. No vio a los dos centinelas: quizá habían subido a la loma, o estaban escondidos entre los helechos. Arrastrado por un impulso que no entendía, se acercó con sigilo al sitio donde descansaba Gandalf. Lo miró. El mago parecía dormir, pero los párpados no estaban del todo cerrados: los ojos centelleaban debajo de las largas pestañas. Pippin retrocedió rápidamente. Pero Gandalf no se movió; el hobbit avanzó otra vez, casi contra su voluntad, por detrás de la cabeza del mago. Gandalf estaba envuelto en una manta, con la capa extendida por encima; muy cerca, entre el flanco derecho y el brazo doblado, había un bulto, una cosa redonda envuelta en un lienzo oscuro; y al parecer la mano que la sujetaba acababa de deslizarse hasta el suelo.

Conteniendo el aliento, Pippin se aproximó paso a paso. Por último se arrodilló. Entonces lenta, furtivamente, levantó el bulto; pesaba menos de lo que suponía. Quizá no era más que un paquete de trastos sin importancia, pensó curiosamente aliviado, pero no volvió a poner el bulto en su sitio. Permaneció un instante muy quieto con el bulto entre los brazos. De pronto se le ocurrió una idea. Se alejó en puntillas, buscó una piedra grande, y volvió junto a Gandalf.

Retiró con presteza el lienzo, envolvió la piedra, y arrodillándose la puso al alcance de la mano de Gandalf. Entonces miró por fin el objeto que acababa de desenvolver. Era el mismo: una tersa esfera de cristal, ahora oscura y muerta, inmóvil y desnuda. La levantó, la cubrió presurosamente con su propia capa, y en el momento en que iba a retirarse, Gandalf se agitó en sueños, y murmuró algunas palabras en una lengua desconocida; extendió a tientas la mano y la apoyó sobre la piedra envuelta en el lienzo; luego suspiró, y no volvió a moverse.

—¡Pedazo de idiota! —se dijo Pippin entre dientes—. Te vas a meter en un problema espantoso. ¡Devuélvelo a su sitio, pronto! —Pero ahora le temblaban las rodillas y no se atrevía a acercarse al mago y remediar el entuerto. "Ya no podré acercarme sin despertar a Gandalf", pensó. "En todo caso será mejor que me tranquilice un poco. Así que mientras tanto bien puedo echarle una mirada. ¡Pero no aquí!" Se alejó un trecho sin hacer ruido, y se detuvo en un montículo verde. La luna miraba desde el borde del valle.

Pippin se sentó con la esfera entre las rodillas levantadas y se inclinó sobre ella como un niño glotón sobre un plato de comida, en un rincón lejos de los demás. Abrió la capa y miró. Alrededor el aire parecía tenso, quieto. Al principio la esfera estaba oscura, negra como el azabache, y la luz de la luna centelleaba en la superficie lustrosa. De súbito una llama tenue se encendió y se agitó en el corazón de la esfera, atrayendo la mirada de Pippin, de tal modo que no le era posible desviarla. Pronto todo el interior del globo pareció incandescente; ahora la esfera daba vueltas, o eran quizá las luces de dentro que giraban. De repente, las luces se apagaron. Pippin tuvo un sobresalto y aterrorizado trató de liberarse, pero siguió encorvado, con la esfera apretada entre las manos, inclinándose cada vez más. Y súbitamente el cuerpo se le puso rígido; los labios le temblaron un momento. Luego, con un grito desgarrador, cayó de espaldas y allí quedó tendido, inmóvil.

El grito había sido penetrante, y los centinelas saltaron desde los terraplenes. Todo el campamento estuvo pronto de pie.

—¡Así que éste es el ladrón! —exclamó Gandalf. Rápidamente echó la capa sobre la esfera—. ¡Y tú, nada menos que tú, Pippin! ¡Qué cariz tan peligroso han tomado las cosas! —Se arrodilló junto al cuerpo de Pippin: el hobbit yacía boca arriba, rígido, los ojos clavados en el cielo.— ¡Cosa de brujos! ¿Qué daño habrá causado, a él mismo, y a todos nosotros? —El semblante del mago estaba tenso y demudado.

Tomó la mano de Pippin y se inclinó sobre él; escuchó un momento la respiración del hobbit, luego le puso las manos sobre la frente. El hobbit se estremeció. Los ojos se le cerraron. Lanzó un grito; y se sentó, mirando con profundo desconcierto las caras de alrededor, pálidas a la luz de la luna.

—¡No es para ti, Saruman! —gritó con una voz aguda y falta de tono, apartándose de Gandalf—. Mandaré a alguien para que me lo traiga en seguida. ¿Me entiendes? ¡Di eso solamente! —Luego trató de ponerse de pie y escapar, pero Gandalf lo retuvo con dulzura y firmeza.

—¡Peregrin Tuk! —dijo—. ¡Vuelve!

El hobbit dejó de debatirse, y volvió a caer de espaldas, apretando la mano del mago.

—¡Gandalf! —gritó—. ¡Gandalf! ¡Perdóname!

—¿Que te perdone? —dijo el mago—. ¡Dime primero qué has hecho!

—Yo... te saqué el globo y lo miré —balbuceó Pippin—, y vi cosas horripilantes. Y quería escapar pero no podía. Y entonces vino él y me interrogó; y me miraba fijamente, y... y no recuerdo nada más.

—Me basta con eso —dijo Gandalf con severidad—. ¿Qué fue lo que viste, y qué dijiste?

Pippin cerró los ojos estremeciéndose, pero no contestó. Todos observaban la escena en silencio, excepto Merry que miraba a otro lado. Pero la expresión de Gandalf era aún dura e inflexible.

—¡Habla! —dijo.

En voz baja y vacilante Pippin empezó a hablar otra vez, y poco a poco las palabras se hicieron más firmes y claras.

—Vi un cielo oscuro y murallas altas —dijo—. Y estrellas diminutas. Todo parecía muy lejano y remoto, y a la vez sólido y nítido. Las estrellas aparecían y desaparecían... oscurecidas por el vuelo de criaturas aladas. Creo que eran muy grandes, en realidad; pero en el cristal yo las veía como murciélagos que revoloteaban alrededor de la torre. Me pareció que eran nueve. Una bajó directamente hacia mí, y era más y más grande a medida que se acercaba. Tenía un horrible... no, no lo puedo decir.

"Traté de huir, porque pensé que saldría volando fuera del globo; pero cuando la sombra cubrió toda la esfera, desapareció. Entonces vino él. No hablaba con palabras. Pero me miraba, y yo comprendía.

"'¿De modo que has regresado? ¿Por qué no te presentaste a informar durante tanto tiempo?'

"No respondí. Él me preguntó: '¿Quién eres?' Tampoco

254

esta vez respondí, pero me costaba mucho callar, y él me apremiaba, tanto que al fin dije: 'Un hobbit'.

"Entonces fue como si me viera de improviso, y se rió de mí. Era cruel. Yo me sentía como si estuvieran acuchillándome. Traté de escapar, pero él me ordenó: '¡Espera un momento! Pronto volveremos a encontrarnos. Dile a Saruman que este manjar no es para él. Mandaré a alguien para que me lo traiga en seguida. ¿Has entendido bien? ¡Dile eso solamente!' Entonces me miró con una alegría perversa. Me pareció que me estaba cayendo en pedazos. ¡No, no! No puedo decir nada más. No recuerdo nada más.

—¡Mírame! —le dijo Gandalf.

Pippin miró a Gandalf directamente a los ojos. Por un momento el mago le sostuvo la mirada en silencio. Luego el rostro se le dulcificó y le mostró la sombra de una sonrisa. Puso la mano afectuosamente en la cabeza de Pippin.

—¡Está bien! —dijo—. ¡No digas más! ¡No has sufrido ningún daño! No ocultas la mentira en tus ojos, como yo había temido. Pero él no habló contigo mucho tiempo. Eres un tonto, pero un tonto honesto, Peregrin Tuk. Otros más sabios hubieran salido mucho peor de un trance como éste. ¡Pero no lo olvides! Te has salvado, tú y todos tus amigos, ayudado por la buena suerte, como suele decirse. No podrás contar con ella una segunda vez. Si él te hubiese interrogado en ese mismo momento, estoy casi seguro de que le habrías dicho todo cuanto sabes, lo que hubiera significado la ruina de todos nosotros. Pero estaba demasiado impaciente. No sólo quería información: te quería *a ti*, cuanto antes, para poder disponer de ti en la Torre Oscura. ¡No tiembles! Si te da por entrometerte en asuntos de magos, tienes que estar preparado para eventualidades como ésta. ¡Bien! ¡Te perdono! ¡Tranquilízate! Las cosas hubieran podido tomar un sesgo mucho más terrible aún.

Levantó a Pippin con delicadeza y lo llevó a su camastro. Merry lo siguió, y se sentó junto a él.

—¡Acuéstate y descansa, si puedes, Pippin! —dijo Gandalf—. Ten confianza en mí. Y si vuelves a sentir un cosquilleo en las palmas, ¡avísame! Esas cosas tienen cura. En todo caso, mi querido hobbit, ¡no se te ocurra volver a ponerme un trozo de piedra debajo del hombro! Ahora os dejaré solos a los dos un rato.

Y con esto Gandalf volvió a donde estaban los otros, junto a la piedra de Orthanc, todavía perturbados.

—El peligro llega por la noche cuando menos se lo espera —dijo—. ¡Nos hemos salvado por un pelo!

—¿Cómo está el hobbit Pippin? —preguntó Aragorn.

—Creo que dentro de muy poco todo habrá pasado —respondió Gandalf—. No lo retuvieron mucho tiempo, y los hobbits tienen una capacidad de recuperación extraordinaria. El recuerdo, o al menos el horror de las visiones, habrá desaparecido muy pronto. Demasiado pronto, quizá. ¿Quieres tú, Aragorn, llevar la piedra de Orthanc y custodiarla? Es una carga peligrosa.

—Peligrosa es en verdad, mas no para todos —dijo Aragorn—. Hay alguien que puede reclamarla por derecho propio. Porque éste es sin duda el *palantir* de Orthanc del tesoro de Elendil, traído aquí por los Reyes de Gondor. Se aproxima mi hora. La llevaré.

Gandalf miró a Aragorn, y luego, ante el asombro de todos, levantó la piedra envuelta en la capa y con una reverencia la puso en las manos de Aragorn.

—¡Recíbela, Señor! —dijo—, en prenda de otras cosas que te serán restituidas. Pero si me permites aconsejarte en el uso de lo que es tuyo, ¡no la utilices... por el momento! ¡Ten cuidado!

—¿He sido alguna vez precipitado o imprudente, yo que he esperado y me he preparado durante tantos años? —dijo Aragorn.

—Nunca hasta ahora. No tropieces al final del camino —respondió Gandalf—. De todos modos, guárdala en secreto. ¡Tú y todos los aquí presentes! El hobbit Peregrin, sobre todo, ha de ignorar a qué manos ha sido confiada. El acceso maligno podría repetírsele. Porque ¡ay! la ha tenido en las manos y la ha mirado por dentro, cosa que jamás debió hacer. No tenía que haberla tocado en Isengard, y yo no actué con rapidez suficiente. Pero todos mis pensamientos estaban puestos en Saruman y no sospeché la naturaleza de la piedra hasta que fue demasiado tarde. Pero ahora estoy seguro. No tengo ninguna duda.

—Sí, no cabe ninguna dada —dijo Aragorn—. Por fin hemos descubierto cómo se comunicaban Isengard y Mordor. Muchos misterios quedan aclarados.

—¡Extraños poderes tienen nuestros enemigos, y extrañas debilidades! —dijo Théoden—. Pero, como dice un antiguo proverbio: *El daño del mal suele volverse contra el propio mal*.

—Ha ocurrido muchas veces —dijo Gandalf—. En todo caso esta vez hemos sido extraordinariamente afortunados. Es posible que este hobbit me haya salvado de cometer un error irreparable. Me preguntaba si no tendría que estudiar yo mismo la esfera, y averiguar para qué la utilizaban. De haberlo hecho, le habría revelado a él mi presencia. No estoy preparado para una prueba semejante, y no sé si lo estaré alguna vez. Pero aun cuando encontrase en mí la fuerza de voluntad necesaria para apartarme a tiempo, sería desastroso que él me viera, por el momento... hasta que llegue la hora en que el secreto ya no sirva de nada.

—Creo que esa hora ha llegado —dijo Aragorn.

—No, todavía no —dijo Gandalf—. Queda aún un breve período de incertidumbre que hemos de aprovechar. El enemigo pensaba obviamente que la piedra seguía estando en Orthanc, ¿por qué habría de pensar otra cosa? Y que era allí donde el hobbit estaba prisionero, y que Saruman lo obligaba a mirar la esfera para torturarlo. La mente tenebrosa ha de estar ocupada ahora con la voz y la cara del hobbit y la perspectiva de tenerlo pronto con él. Quizá tarde algún tiempo en darse cuenta del error. Y nosotros aprovecharemos este respiro. Hemos actuado con excesiva calma. Ahora nos daremos prisa. Y las cercanías de Isengard no son lugar propicio para que nos demoremos aquí. Yo partiré inmediatamente con Peregrin Tuk. Será mejor para él que estar tendido en la oscuridad mientras los otros duermen.

—Yo me quedaré aquí con Éomer y diez de los Caballeros —dijo el Rey—. Saldremos al amanecer. Los demás escoltarán a Aragorn y podrán partir cuando lo crean conveniente.

—Como quieras —dijo Gandalf—. ¡Pero procura llegar lo más pronto posible al refugio de las montañas, al Abismo de Helm!

En ese momento una sombra cruzó bajo el cielo ocultando de pronto la luz de la luna. Varios de los Caballeros gritaron, y levantando los brazos se cubrieron la cabeza y se encogieron como para protegerse de un golpe que viniera de lo alto: un pánico ciego y un frío mortal cayeron sobre ellos. Temerosos, alzaron los ojos. Una enorme figura alada pasaba por delante de la luna como una nube oscura. La figura dio media vuelta y fue hacia el norte, más rauda que cualquier viento de la Tierra Media. Las estrellas se apagaban a su paso. Casi en seguida desapareció.

Todos estaban ahora de pie, como petrificados. Gandalf miraba el cielo, los puños crispados, los brazos tiesos a lo largo del cuerpo.

—¡Nazgûl! —exclamó—. El mensajero de Mordor. La tormenta se avecina. ¡Los Nazgûl han cruzado el Río! ¡Partid, partid! ¡No aguardéis hasta el alba! ¡Que los más veloces no esperen a los más lentos! ¡Partid!

Echó a correr, llamando a Sombragrís. Aragorn lo siguió. Gandalf se acercó a Pippin y lo tomó en sus brazos.

—Esta vez cabalgarás conmigo —dijo—. Sombragrís te mostrará cuánto es capaz de hacer. —Volvió entonces al sitio en que había dormido. Sombragrís ya lo esperaba allí. Colgándose del hombro el pequeño saco que era todo su equipaje, el mago saltó a la grupa de Sombragrís. Aragorn levantó a Pippin y lo depositó en brazos de Gandalf, envuelto en una manta.

—¡Adiós! ¡Seguidme pronto! —gritó Gandalf—. En marcha, Sombragrís.

El gran corcel sacudió la cabeza. La cola flotó sacudiéndose a la luz de la luna. En seguida dio un salto hacia adelante, golpeando el suelo, y desapareció en las montañas como un viento del norte.

—¡Qué noche tan hermosa y apacible! —le dijo Merry a Aragorn—. Algunos tienen una suerte prodigiosa. No quería dormir, y quería cabalgar con Gandalf... ¡y ahí lo tienes! En vez de convertirlo en estatua de piedra y condenarlo a quedarse aquí, como escarmiento...

—Si en vez de Pippin hubieras sido tú el primero en recoger la piedra de Orthanc, ¿qué habría sucedido? —dijo Aragorn—. Quizá hubieras hecho cosas peores. ¿Quién puede saberlo? Pero ahora te ha tocado a ti en suerte cabalgar conmigo, me temo. Y partiremos en seguida. Apróntate, y trae todo cuanto Pippin pueda haber dejado. ¡Date prisa!

Sombragrís volaba a través de las llanuras; no necesitaba que lo azuzaran o lo guiaran. En menos de una hora habían llegado a los Vados del Isen y los habían cruzado. El túmulo de los Caballeros, el cerco de lanzas frías, se alzaba gris detrás de ellos.

Pippin ya estaba recobrándose. Ahora sentía calor, pero el viento que le acariciaba el rostro era refrescante y vivo; y cabalgaba con Gandalf. El horror de la piedra y de la sombra inmunda que había empañado la luna se iba borrando poco a poco, como cosas que quedaran atrás entre las nieblas de las montañas o como imágenes de un sueño. Respiró profundamente.

—No tenía idea de que montabas a pelo, Gandalf —dijo—. ¡No usas silla ni bridas!

—Sólo a Sombragrís lo monto a la usanza élfica —dijo Gandalf—. Sombragrís rechaza los arneses y avíos: y en verdad, no es uno quien monta a Sombragrís; es Sombragrís quien acepta llevarlo a uno... o no. Y si él te acepta, ya es suficiente. Es él entonces quien cuida de que permanezcas en la grupa, a menos que se te antoje saltar por los aires.

—¿Vamos muy rápido? —preguntó Pippin—. Rapidísimo, de acuerdo con el viento, pero con un galope muy regular. Y casi no toca el suelo de tan ligero.

—Ahora corre como el más raudo de los corceles —respondió Gandalf—; pero esto no es muy rápido para él. El terreno se eleva un poco en esta región, más accidentada que del otro lado del río. ¡Pero mira cómo se acercan ya las Montañas Blancas a la luz de las estrellas! Allá lejos se alzan como lanzas negras los picos del Thrihyrne. Dentro de poco habremos llegado a la encrucijada y al Valle del Bajo, donde hace dos noches se libró la batalla.

Pippin permaneció otra vez silencioso durante un rato. Oyó que Gandalf canturreaba entre dientes y musitaba breves fragmentos de poemas en diferentes lenguas, mientras las millas huían a espaldas de los jinetes. Por último el mago entonó una canción cuyas palabras fueron inteligibles para el hobbit: algunos versos le llegaron claros a los oídos a través del rugido del viento:

> *Altos navíos y altos reyes*
> *tres veces tres.*
> *¿Qué trajeron de las tierras sumergidas*
> *sobre las olas del mar?*
> *Siete estrellas y siete piedras*
> *y un árbol blanco.*

—¿Qué es lo qué estás diciendo, Gandalf? —preguntó Pippin.

—Estaba recordando simplemente algunas de las antiguas canciones —le respondió el mago—. Los hobbits las habrán olvidado, supongo, aun las pocas que conocían.

—No, nada de eso —dijo Pippin—. Y además tenemos muchas canciones propias, que sólo se refieren a nosotros, y que quizá no te interesen. Pero ésta no la había escuchado nunca. ¿De qué habla...? ¿Qué son esas siete estrellas y esas siete piedras?

—Habla de los *palantiri* de los Reyes de la Antigüedad —dijo Gandalf.

—¿Y qué son?

—El nombre significa *lo que mira a lo lejos*. La piedra de Orthanc era uno de ellos.

—¿Entonces no fue fabricada —Pippin titubeó—, fabricada... por el Enemigo?

—No —dijo Gandalf—. Ni por Saruman. Ni las artes de Saruman ni las de Sauron hubieran podido crear nada semejante. Los *palantiri* provienen de Eldamar, de más allá de Oesternesse. Los hicieron los Noldor; quizá fue el propio Fëanor el artífice que los forjó, en días tan remotos que el tiempo no puede medirse en años. Pero nada hay que Sauron no pueda utilizar para el mal. ¡Triste destino el de Saruman! Ésa fue la causa de su perdición, ahora lo comprendo. Los artilugios creados por un arte superior al que nosotros poseemos son siempre peligrosos. Sin embargo, ha de cargar con la culpa. ¡Insensato! Lo guardó en secreto, para su propio beneficio, y jamás dijo una sola palabra a ninguno de los miembros del Concilio. Ni siquiera sospechaba que uno de los *palantiri* se había salvado de la destrucción de Gondor. Fuera del Concilio ya nadie recordaba entre los Elfos y los Hombres que alguna vez existieron esas maravillas, excepto en un antiguo poema que las gentes del país de Aragorn recitan aún.

—¿Para qué los utilizaban los Hombres de antaño? —inquirió Pippin, feliz y estupefacto; estaba obteniendo demasiadas respuestas, y se preguntaba cuánto duraría eso.

—Para ver a la distancia, y para hablar en el pensamiento unos con otros —dijo Gandalf—. Así fue como custodiaron y mantuvieron unido el reino de Gondor durante tanto tiempo. Pusieron piedras en Minas Anor, y en Minas Ithil, y en Orthanc en el círculo de Isengard. La piedra maestra y más poderosa fue colocada debajo de la Cúpula de las Estrellas de Osgiliath antes que fuera destruida. Las otras estaban muy lejos. Dónde, pocos lo saben hoy pues ningún poema lo dice. Pero en la Casa de Elrond se cuenta que estaban en Annúminas, y en Amon Sol, y que la Piedra de Elendil se encontraba en las Colinas de la Torre que miran hacia Mithlond en el Golfo de Lune, donde están anclados los navíos grises.

"Los *palantiri* se comunicaban entre ellos, pero desde Osgiliath podían vigilarlos a todos a la vez. Al parecer, como la roca de Orthanc ha resistido los embates del tiempo, el *palantir* de esa torre también ha sobrevivido. Pero sin los otros sólo alcanzaba a ver pequeñas imágenes de cosas lejanas y días remotos. Muy útil, sin duda, para Saruman; es evidente, sin embargo, que él no estaba satisfecho. Miró más y más lejos hasta que al fin posó la mirada en Barad-dûr. ¡Entonces lo atraparon! ¿Quién puede saber dónde estarán ahora todas las otras piedras, rotas, o enterradas, o sumergidas en qué mares profundos? Pero una al menos Sauron la descubrió y la adaptó a sus designios. Sospecho que era la Piedra de Ithil, pues hace mucho tiempo Sauron se apoderó de Minas Ithil y la transformó en un sitio nefasto. Hoy es Minas Morgul.

”Es fácil imaginar con cuánta rapidez fue atrapado y fascinado el ojo andariego de Saruman; lo sencillo que ha sido desde entonces persuadirlo de lejos, y amenazarlo cuando la persuasión no era suficiente. El que mordía fue mordido, el halcón dominado por el águila, la araña aprisionada en una tela de acero. Quién sabe desde cuándo era obligado a acudir a la esfera para ser interrogado y recibir instrucciones; y la piedra de Orthanc tiene la mirada tan fija en Barad-dûr que hoy sólo alguien con una voluntad de hierro podría mirar en su interior sin que Barad-dûr le atrajera rápidamente los ojos y los pensamientos. ¿No he sentido yo mismo esa atracción? Aun ahora querría poner a prueba mi fuerza de voluntad, librarme de Sauron y mirar a donde yo quisiera... más allá de los anchos mares de agua y de tiempo hacia Tirion la Bella, y ver cómo trabajaban la mano y la mente inimaginables de Fëanor, ¡cuando el Árbol Blanco y el Árbol de Oro florecían aún!

Gandalf suspiró y calló.

—Ojalá lo hubiera sabido antes —dijo Pippin—. No tenía idea de lo que estaba haciendo.

—Oh, sí que la tenías —dijo Gandalf—. Sabías que estabas actuando mal y estúpidamente; y te lo decías a ti mismo, pero no te escuchaste. No te lo dije antes porque sólo ahora, meditando en todo lo que pasó, he terminado por comprenderlo, mientras cabalgábamos juntos. Pero aunque te hubiese hablado antes, tu tentación no habría sido menor, ni te habría sido más fácil resistirla. ¡Al contrario! No, una mano quemada es el mejor maestro. Luego cualquier advertencia sobre el fuego llega derecho al corazón.

—Es cierto —dijo Pippin—. Si ahora tuviese delante de mí las siete piedras, cerraría los ojos y me metería las manos en los bolsillos.

—¡Bien! —dijo Gandalf—. Eso era lo que esperaba.

—Sí, pero me gustaría saber... —empezó a decir Pippin.

—¡Misericordia! —exclamó Gandalf—. Si para curar tu curiosidad hay que darte información, me pasaré el resto de mis días respondiendo a tus preguntas. ¿Qué más quieres saber?

—Los nombres de todas las estrellas y de todos los seres vivientes, y la historia toda de la Tierra Media, y de la Bóveda del Cielo y de los Mares que Separan —rió Pippin—. ¡Por supuesto! ¿Qué menos? Pero por esta noche no tengo prisa. En este momento pensaba en la sombra negra. Oí que gritabas: "mensajero de Mordor". ¿Qué era? ¿Qué podía hacer en Isengard?

—Era un Jinete Negro alado, un Nazgûl —respondió Gandalf—. Y hubiera podido llevarte a la Torre Oscura.

—Pero no venía por mí, ¿verdad que no? —dijo Pippin con voz trémula—. Quiero decir, no sabía que yo...

—Claro que no —dijo Gandalf—. Hay doscientas leguas o más a vuelo de pájaro desde Barad-dûr a Orthanc, y hasta un Nazgûl necesitaría varias horas para recorrer esa distancia. Pero sin duda Saruman escudriñó la piedra luego de la huida de los orcos, y reveló así muchos pensamientos que quería mantener en secreto. Un mensajero fue enviado entonces con la misión de averiguar en qué anda Saruman. Y luego de lo sucedido esta noche, vendrá otro, y muy pronto, no lo dudo. De esta manera Saruman quedará encerrado en el callejón sin salida en que él mismo se ha metido. Sin un solo prisionero que enviar, sin una piedra que le permita ver, y sin la posibilidad de satisfacer las exigencias del amo. Sauron supondrá que pretende retener al prisionero y que rehúsa utilizar la piedra. De nada servirá que Saruman le diga la verdad al mensajero. Pues aunque Isengard ha sido destruida, Saruman sigue aún en Orthanc, sano y salvo. Y de todas maneras aparecerá como un rebelde. Y sin embargo, si rechazó nuestra ayuda fue para evitar eso mismo.

"Cómo se las arreglará para salir de este trance, no puedo imaginarlo. Creo que todavía, mientras siga en Orthanc, tiene poder para resistir a los Nueve Jinetes. Tal vez lo intente. Quizá trate de capturar al Nazgûl, o al menos matar a la criatura en que cabalga por el cielo.

"Pero cuál será el desenlace, y si para bien o para mal, no sabría decirlo. Es posible que los pensamientos del Enemigo lleguen confusos o tergiversados a causa del odio que le tiene a Saruman. Quizá Sauron se entere de que yo estuve allá en Orthanc al pie de la escalinata con los hobbits prendidos a los faldones. Y que un heredero de Elendil, vivo, estaba también allí, a mi lado. Si Lengua de Serpiente no se dejó engañar por la armadura de Rohan, se acordará sin duda de Aragorn y del título que reivindicaba. Eso es lo que más temo. Así pues, no hemos huido para alejarnos de un peligro sino para correr en busca de otro mucho mayor. Cada paso de Sombragrís te acerca más y más al País de las Sombras, Peregrin Tuk.

Pippin no respondió, pero se arrebujó en la capa, como sacudido por un escalofrío. La tierra gris corría veloz a sus pies.

—¡Mira! —dijo Gandalf—. Los valles del Folde Oeste se abren ante nosotros. Aquí volveremos a tomar el camino del este. Aquella sombra oscura que se ve a lo lejos es la embocadura del Valle del Bajo. De ese lado quedan Aglarond y las Cavernas Centelleantes. No me preguntes a mí por esos sitios. Pregúntale a Gimli, si volvéis a encontraros, y por primera vez tendrás una respuesta que te parecerá muy larga. No verás las cavernas, no al menos en este viaje. Pronto las habremos dejado muy atrás.

—¡Creía que pensabas detenerte en el Abismo de Helm! —dijo Pippin—. ¿A dónde vas ahora?

—A Minas Tirith, antes de que la cerquen los mares de la guerra.

—¡Oh! ¿Y a qué distancia queda?

—Leguas y leguas —respondió Gandalf—. Tres veces más lejos que la morada del Rey Théoden, que queda a más de cien millas de aquí, hacia el este: cien millas a vuelo del mensajero de Mordor. Pero el camino de Sombragrís es más largo. ¿Quién será el más veloz?

"Ahora, seguiremos cabalgando hasta el alba, y aún nos quedan algunas horas. Entonces hasta Sombragrís tendrá que descansar, en alguna hondonada entre las colinas: en Édoras, espero. ¡Duerme, si puedes! Quizá veas las primeras luces del alba sobre los techos de oro de la Casa de Eorl. Y dos días después verás la sombra purpurina del Monte Mindolluin y los muros de la torre de Denethor, blancos en la mañana.

"De prisa, Sombragrís. Corre, corazón intrépido, como nunca has corrido hasta ahora. Hemos llegado a las tierras de tu niñez, y aquí conoces todas las piedras. ¡De prisa! ¡Tu ligereza es nuestra esperanza!

Sombragrís sacudió la cabeza y relinchó, como si una trompeta lo llamara a la batalla. En seguida se lanzó hacia adelante. Los cascos relampaguearon contra el suelo; la noche se precipitó sobre él.

Mientras se iba durmiendo lentamente, Pippin tuvo una impresión extraña: Gandalf y él, inmóviles como piedras, montaban la estatua de un caballo al galope, en tanto el mundo huía debajo de ellos con un rugido de viento.

LIBRO CUARTO

LIBRO CUARTO

SMÉAGOL DOMADO

—Y bien, mi amo, no hay duda de que estamos metidos en un brete —dijo Sam Gamyi. De pie junto a Frodo, desanimado, la cabeza hundida entre los hombros, Sam entornaba los ojos escudriñando la oscuridad.

Hacía tres noches que se habían separado de la Compañía, o por lo menos eso creían ellos: casi habían perdido la cuenta de las horas mientras escalaban afanosamente las pendientes áridas y pedregosas de Emyn Muil, a menudo obligados a volver sobre sus pasos, pues no encontraban una salida, o descubrían que habían estado dando vueltas en un círculo que los llevaba siempre a un mismo punto. No obstante, a pesar de todas las idas y venidas, no habían dejado de avanzar hacia el este, procurando en lo posible no alejarse del borde exterior de aquel grupo de colinas, intrincado y extraño. Pero siempre tropezaban con los flancos de las montañas, altas e infranqueables, que miraban sombríamente a la llanura; y más allá de las faldas pedregosas se extendían unas ciénagas lívidas y putrefactas, donde nada se movía y ni siquiera se veía un pájaro.

Los hobbits se encontraban ahora en la orilla de un alto acantilado, desolado y desnudo, envuelto a los pies en una espesa niebla; a espaldas de ellos se erguían las cadenas de montañas coronadas de nubes fugitivas. Un viento glacial soplaba desde el este. Ante ellos la noche se cerraba sobre el paisaje informe; el verde malsano se transformaba en un pardo sombrío. Lejos, a la derecha, el Anduin, que durante el día había centelleado de tanto en tanto, cada vez que el sol aparecía entre las nubes, estaba ahora oculto en las sombras. Pero los ojos de los hobbits no miraban más allá del Río, no se volvían hacia Gondor, hacia sus amigos, hacia la tierra de los Hombres. Escudriñaban la orilla de sombras del sur y el este por donde la noche avanzaba, allí donde se insinuaba una línea oscura, como montañas distantes de humo inmóvil. De vez en cuando un diminuto resplandor rojo titilaba allá lejos en los confines del cielo y la tierra.

—¡Qué brete! —dijo Sam—. Entre todos los lugares de que nos han hablado, aquél es el único que no desearíamos ver de cerca; ¡y justamente a él estamos tratando de llegar! Y por lo que veo, no hay modo de llegar. Tengo la impresión de que hemos errado el camino de medio a medio. Posibilidad de bajar, no tenemos ninguna; y si la tuviésemos descubriríamos, se lo aseguro, que toda esa tierra verde no es otra cosa que un pantano inmundo. ¡Puaj! ¿Huele usted? —Husmeó el viento.

—Sí, huelo —dijo Frodo, pero no se movió, ni apartó los ojos de la línea oscura y de la llama trémula—. ¡Mordor! —murmuró—. ¡Si he de ir allí, quisiera llegar cuanto antes y terminar de una vez! —Se estremeció. Soplaba un viento helado, cargado a la vez de un frío olor a podredumbre.— Bueno —dijo al fin, desviando la mirada—. No podemos quedarnos aquí la noche entera, brete o no brete. Necesitamos encontrar un sitio más reparado, y volver a acampar; y tal vez la luz del nuevo día nos muestre algún sendero.

—O la del siguiente, o la del otro o la del tercero —murmuró Sam—. O la de ninguno. Por aquí no llegaremos a ninguna parte.

—Quién sabe —dijo Frodo—. Si es mi destino, como creo, ir allá, al lejano País de las Sombras, tarde o temprano algún sendero tendrá que aparecer. ¿Pero quién me lo mostrará, el bien o el mal? Todas nuestras esperanzas se cifraban en la rapidez. Esta demora favorece al Enemigo... y heme aquí: demorado. ¿Es la voluntad de la Torre Oscura la que nos dirige? Todas mis elecciones resultaron equivocadas. Debí separarme de la Compañía mucho antes, y bajar desde el norte, por el camino que corre al este del Río y los Emyn Muil, y cruzar por tierra firme el Llano de la Batalla hasta los Pasos de Mordor. Pero ahora no será posible que tú y yo solos encontremos el camino, y en la orilla oriental merodean los orcos. Cada día que pasa es un tiempo precioso que perdemos. Estoy cansado, Sam. No sé qué hacer. ¿Qué comida nos queda?

—Sólo esas... ¿cómo se llaman...? esas *lembas*, señor

270

Frodo. Una buena cantidad. Son mejor que nada, en todo caso. Sin embargo, nunca me imaginé, la primera vez que les hinqué el diente, que llegarían a cansarme. Pero eso es lo que me pasa ahora: un mendrugo de pan común y un jarro de cerveza... ay, siquiera medio jarro... me caerían de perlas. Desde la última vez que acampamos traigo a cuestas mis enseres de cocina, ¿y de qué me han servido? Nada con qué encender un fuego, para empezar; y nada que cocinar; ¡ni una mísera hierba!

Dieron media vuelta y descendieron a una hondonada pedregosa. El sol ya en el ocaso desapareció entre las nubes, y la noche cayó rápidamente. A pesar del frío consiguieron dormir por turnos en un recoveco entre unos pináculos altos y mellados de roca carcomida por el tiempo; por lo menos estaban al reparo del viento del este.

—¿Los ha vuelto a ver, señor Frodo? —preguntó Sam, cuando estuvieron sentados, pasmados de frío, mascando *lombas* a la luz yerta y gris del amanecer.

—No —dijo Frodo—, no he oído ni visto nada desde hace dos noches.

—Yo tampoco —dijo Sam—. ¡Grrr! Esos ojos me helaron la sangre. Tal vez hayamos conseguido despistarlo a ese miserable fisgón. ¡Gollum! *Gollum* le voy a dar yo en el gaznate si algún día le pongo las manos encima.

—Espero que ya no sea necesario —dijo Frodo—. No sé cómo habrá hecho para seguirnos; pero es posible que haya vuelto a perder el rastro, como tú dices. En esta región seca y desierta no podemos dejar muchas huellas, ni olores, ni siquiera para esa nariz husmeadora.

—Ojalá sea como usted dice —dijo Sam—. ¡Ojalá nos libráramos de él para siempre!

—Sí —dijo Frodo—; pero no es él mi mayor preocupación. ¡Quisiera poder salir de estas colinas! Les tengo horror. Me siento desamparado aquí en el este, sin nada que me separe de la Sombra sino esas tierras muertas y desnudas. Hay un Ojo en la oscuridad. ¡Coraje! ¡De una u otra manera, hoy tenemos que bajar!

*

Pero transcurrió la mañana y cuando la tarde dio paso al anochecer, Frodo y Sam continuaban arrastrándose fatigosamente a lo largo de la cresta sin haber encontrado una salida.

A veces, en el silencio de aquel paisaje desolado, creían oír detrás unos sonidos confusos, el rumor de una piedra que caía, pisadas furtivas sobre las rocas. Pero si se detenían y escuchaban inmóviles, no oían nada, sólo los suspiros del viento en las aristas de las piedras... pero también esto sonaba a los oídos de los hobbits como una respiración sibilante entre dientes afilados.

A lo largo de toda esa jornada la cresta exterior de Emyn Muil se fue replegando poco a poco hacia el norte. El borde de esa cresta se extendía en un ancho altiplano de roca desgastada y pulida, en el que se abrían, de tanto en tanto, pequeñas gargantas que bajaban abruptamente hasta las grietas del acantilado. Buscando algún sendero, un camino entre esas gargantas que eran cada vez más profundas y frecuentes, Frodo y Sam no cayeron en la cuenta de que se desviaban a la izquierda, alejándose del borde, y que por espacio de varias millas habían estado descendiendo en forma lenta pero constante hacia la llanura: la cresta llegaba casi al nivel de las tierras bajas.

Por último se vieron obligados a detenerse. La cresta describía una curva más pronunciada hacia el norte y estaba cortada por una garganta más profunda que las anteriores. Del otro lado volvía a trepar bruscamente, en varias decenas de brazas: un acantilado alto y gris se erguía amenazante ante ellos, y tan a pique que parecía cortado a cuchillo. Seguir adelante era imposible, y no les quedaba otro recurso que cambiar de rumbo, hacia el oeste o hacia el este. Pero la marcha hacia el este sería lenta y trabajosa, y los llevaría de vuelta al corazón de las montañas; y por el este sólo podían llegar hasta el precipicio.

—No hay otro remedio que intentar el descenso por esta garganta, Sam —dijo Frodo—. Veamos a dónde nos conduce.

—A una caída desastrosa, sin duda —dijo Sam.

La garganta era más larga y profunda de lo que parecía. Un poco más abajo encontraron unos árboles nudosos y raquíticos, la primera vegetación que veían desde hacía muchos días: abedules contrahechos casi todos, y uno que otro pino. Muchos estaban muertos y descarnados, mordidos hasta la médula por los vientos del este. Parecía que alguna vez, en días más benévolos, había crecido una arboleda bastante espesa en aquella hondonada; ahora, unos cincuenta metros más allá, los árboles desaparecían, pero unos pocos tocones viejos y carcomidos llegaban hasta casi el borde mismo del acantilado. El fondo de la garganta, que corría a lo largo de una falla de la roca, estaba cubierto de pedruscos y descendía en una larga pendiente escabrosa y torcida. Cuando llegaron por fin al otro extremo, Frodo se detuvo y se asomó.

—¡Mira! —dijo—. O hemos descendido mucho, o el acantilado ha perdido altura. Ahora está mucho más abajo, y hasta parece fácil de escalar.

Sam se arrodilló al lado de Frodo y asomó con desgana la cabeza. Luego alzó los ojos y observó el acantilado que se levantaba a la izquierda cada vez más alto. —¡Más fácil! —gruñó—. Bueno, quizá sea más fácil bajar que subir. ¡Quien no sepa volar, que salte!

—Sería un buen salto, de todos modos —dijo Frodo—. Alrededor de... un momento —se irguió midiendo la distancia con la vista— ...alrededor de unas dieciocho brazas, me parece. No más.

—¡Y ya es bastante! —dijo Sam—. ¡Brrr! ¡No me gusta nada mirar para abajo desde una altura! Pero mirar es siempre mejor que bajar.

—En todo caso —dijo Frodo—, creo que por aquí podríamos descender; y tendremos que intentarlo. Mira... la roca no es lisa como unas millas atrás. Se ha deslizado y hay muchas grietas.

En efecto, la cara externa no era vertical, sino ligeramente oblicua. Parecía más bien un rompeolas, o un murallón que se había desplazado sobre sus cimientos, ahora retorcido y resquebrajado, con fisuras y largos rebordes sesgados que por momentos eran anchos como escalones.

—Y si vamos a intentar el descenso, más vale que lo intentemos ahora mismo. Está oscureciendo temprano. Creo que se avecina una tormenta.

En el este, los contornos ya borrosos de las montañas se diluían en una oscuridad más profunda que ya comenzaba a extender unos brazos largos hacia el oeste. Sopló una brisa que trajo de lejos el murmullo del trueno. Frodo husmeó el aire y observó el cielo con expresión de incertidumbre. Se ajustó la capa con el cinturón y se acomodó sobre el hombro el ligero equipaje; luego avanzó hacia el borde de la cresta.

—Lo intentaré —dijo.

—¡De acuerdo! —dijo Sam con aire sombrío—. Pero yo iré primero.

—¿Tú? —exclamó Frodo—. ¿Cómo has cambiado de idea?

—No he cambiado de idea —dijo Sam—. Es simple sentido común; poner más abajo a quien es probable que resbale. No quiero caerme encima de usted y derribarlo: no tiene sentido que mueran dos en una sola caída.

Antes que Frodo pudiese detenerlo, Sam se sentó, con las piernas colgando sobre el borde, y dio media vuelta, buscando a tientas con los dedos de los pies un apoyo en la roca. Nunca había mostrado tanto coraje a sangre fría, ni tanta imprudencia.

—¡No, no! ¡Sam, viejo asno! —dijo Frodo—. Te vas a matar bajando así sin mirar siquiera dónde pondrás el pie. ¡Vuelve! —Tomó a Sam por las axilas y lo alzó en vilo.— ¡Ahora espera un momento y ten paciencia! —dijo. Se echó al suelo, y se asomó al precipicio; la luz desaparecía ya rápidamente, aunque el sol aún no se había ocultado—. Pienso que podremos hacerlo —dijo—. Yo al menos; y también tú, si no pierdes la cabeza y me sigues con cautela.

—No sé cómo puede estar tan seguro —dijo Sam—. No se alcanza a ver el fondo con esta luz. ¿Y si cae en un lugar donde no haya nada en que apoyar los pies o las manos?

—Volveré a subir, supongo —dijo Frodo.

—Es fácil decirlo —objetó Sam—. Mejor espere hasta mañana, cuando haya más luz.

—¡No! No si puedo evitarlo —dijo Frodo con una vehemencia repentina y extraña—. Cada hora que pasa, cada minuto, me parece insoportable. Lo intentaré ahora. ¡No me sigas hasta que vuelva o te llame!

Aferrándose con los dedos al borde del precipicio se dejó caer lentamente y cuando ya tenía los brazos estirados, los pies encontraron una cornisa.

—¡Un primer paso! —dijo—. Y esta cornisa se ensancha a la derecha. Podría mantenerme en pie sin sujetarme con las manos. Iré... —la frase fue bruscamente interrumpida.

La oscuridad que avanzaba veloz y se extendía rápidamente, se precipitó desde el este devorando el cielo. El estampido seco y fragoroso de un trueno resonó en lo alto. Los relámpagos restallaron entre las colinas. Luego sopló una ráfaga huracanada, y simultáneamente, mezclado con el rugido del viento, se oyó un grito agudo y penetrante. Los hobbits habían escuchado el mismo grito allá lejos en el Marjal cuando huían de Hobbiton, y ya entonces, en los bosques de la Comarca, les había helado la sangre. Aquí, en el desierto, el terror que inspiraba era mucho mayor: unos cuchillos helados de horror y desesperación los atravesaban paralizándoles el corazón y el aliento. Sam se echó al suelo de bruces. Involuntariamente, Frodo soltó las manos del borde para cubrirse la cabeza y las orejas. Vaciló, resbaló y con un grito desgarrador desapareció en el abismo.

Sam lo oyó y se arrastró hasta el borde.

—¡Amo! ¡Amo! —gritó—. ¡Amo! —Ninguna respuesta le llegó del precipicio. Descubrió que estaba temblando de pies a cabeza, pero tomó aliento y volvió a gritar:— ¡Amo!

Le pareció que el viento impedía que la voz le saliera de la garganta; pero mientras el aire pasaba, rugiendo, a través de la hondonada y se alejaba sobre las colinas, llevó a oídos de Sam un apagado grito de respuesta.

—¡Todo bien! ¡Todo bien! Estoy aquí. Pero no se ve nada.

Frodo gritaba con voz débil. En realidad, no estaba muy lejos. Había resbalado pero no había caído, yendo a parar, de pie, a una cornisa más ancha pocas yardas más abajo. Por fortuna en aquel punto la pared de roca se retiraba hacia atrás y el viento había empujado a Frodo contra ella, impidiendo que se precipitara en el abismo. Trató de mantenerse en equilibrio apoyando la cara contra la piedra fría, sintiendo el corazón que le golpeaba en el pecho. Pero o bien la oscuridad se había vuelto impenetrable, o Frodo había perdido la vista. Todo era negro alrededor. Se preguntó si se habría quedado ciego de golpe. Respiró, tomando aliento.

—¡Vuelva! ¡Vuelva! —oyó la voz de Sam desde allá arriba, en las tinieblas.

—No puedo —dijo—. No veo nada. No encuentro en qué apoyarme. No me atrevo a moverme.

—¿Qué puedo hacer, señor Frodo? ¿Qué puedo hacer? —gritó Sam, asomándose peligrosamente. ¿Por qué su señor no veía? Estaba oscuro, sin duda, pero no tanto. Sam distinguía allá abajo la figura de Frodo, gris y solitaria contra la cara oblicua del acantilado, lejos del alcance de una mano amiga.

Volvió a retumbar el trueno, y empezó a llover a torrentes. Una cortina de agua y granizo enceguecedora y helada azotaba la roca.

—Bajaré hasta usted —gritó Sam, aunque no sabía cómo podría ayudar de ese modo.

—¡No, no, espera un momento! —le gritó Frodo ahora con más fuerza—. Pronto estaré mejor. *Ya* me siento mejor. ¡Espera! No puedes hacer nada sin una cuerda.

—¡Cuerda! —exclamó Sam, excitado y aliviado—. ¡Si merezco que me cuelguen de una, por imbécil! ¡No eres más que un pampirolón, Sam Gamyi: eso solía decirme el Tío, una palabra que él había inventado. ¡Cuerda!

—¡Basta de charla! —gritó Frodo, bastante recobrado ahora como para sentirse divertido e irritado a la vez—. ¡Qué importa lo que dijera tu compadre! ¿Estás tratando de decirme que tienes una cuerda en el bolsillo? Si es así, ¡sácala de una vez!

—Sí, señor Frodo, en mi equipaje junto con todo lo demás. ¡La he traído conmigo centenares de millas, y la había olvidado por completo!

—Entonces, ¡manos a la obra y tírame un cabo!

Sam descargó rápidamente el fardo y se puso a revolverlo. Y en verdad allá en el fondo había un rollo de la cuerda gris y sedosa trenzada por la gente de Lórien. Le arrojó un extremo a su amo. Frodo tuvo la impresión de que la oscuridad se disipaba, o de que estaba recobrando la vista. Alcanzó a ver la cuerda gris que descendía balanceándose, y le pareció que tenía un resplandor plateado. Ahora que podía clavar los ojos en un punto luminoso, sentía menos vértigo. Adelantando el cuerpo, se aseguró el extremo de la cuerda alrededor de la cintura, y la tomó con ambas manos.

Sam retrocedió y afirmó los pies contra un tocón a una o dos yardas de la orilla. A medias izado, a medias trepando, Frodo subió y se dejó caer en el suelo.

El trueno retumbaba y rugía en lontananza, y la lluvia seguía cayendo, torrencial. Los hobbits volvieron a arrastrarse al interior de la garganta en busca de reparo; no encontraron ninguno. El agua que descendía en arroyuelos no tardó en convertirse en un torrente espumoso que se estrellaba contra las rocas antes de precipitarse a chorros desde el acantilado como desde el alero de una enorme techumbre.

—Si me hubiese quedado allá abajo, ya estaría casi ahogado, o el agua me habría arrastrado no sé dónde —dijo Frodo—. ¡Qué suerte extraordinaria que tuvieras esa cuerda!

—Mejor suerte hubiera sido que lo pensara un poco antes —dijo Sam—. Tal vez usted recuerde cómo las pusieron en las barcas, cuando partíamos: en el país élfico. Me fascinaron, y guardé un rollo en mi equipaje. Parece que hiciera años de eso. "Puede ser una buena ayuda en muchas ocasiones", dijo Haldir o uno de ellos. Tenía razón.

—Lástima que no se me ocurriera a mí traer otro rollo —dijo Frodo—; pero me separé de la Compañía con tanta prisa y en medio de tanta confusión. Quizá pudiera alcanzarnos para bajar. ¿Cuánto medirá tu cuerda, me pregunto?

Sam extendió la cuerda lentamente, midiéndola con los brazos.

—Cinco, diez, veinte, treinta varas, más o menos.

—¡Quién lo hubiera creído! —exclamó Frodo.

—¡Ah! ¿Quién? —dijo Sam—. Los Elfos son gente maravillosa. Parece demasiado delgada, pero es resistente; y suave como leche en la mano. Ocupa poco lugar, y es liviana como la luz. ¡Gente maravillosa sin ninguna duda!

—¡Treinta varas! —dijo Frodo, pensativo—. Creo que será suficiente. Si la tormenta pasa antes que caiga la noche, voy a intentarlo.

—Ya casi ha dejado de llover —dijo Sam—, ¡pero no haga otra vez nada peligroso en la oscuridad, señor Frodo! Quizá usted haya olvidado ese grito en el viento, ¡pero yo no! Parecía el grito de un Jinete Negro... aunque venía del aire, como si pudiese volar. Creo que lo mejor sería quedarnos aquí hasta que pase la noche.

—Y yo creo que no me quedaré aquí ni un minuto más de lo necesario, atado de pies y manos al borde de este precipicio mientras los ojos del País Oscuro nos observan a través de las ciénagas —dijo Frodo.

Y con estas palabras se incorporó y volvió al fondo de la garganta. Miró a lo lejos. El cielo estaba casi límpido en el este. Los nubarrones se alejaban, tempestuosos y cargados de lluvia, y el frente tormentoso extendía ahora las grandes alas sobre Emyn Muil; allí el pensamiento sombrío de Sauron se detuvo un momento. Luego, se volvió, golpeando el Valle de Anduin con granizo y relámpagos, y arrojando sobre Minas Tirith una sombra que amenazaba guerra. Entonces, descendiendo a las montañas, pasó lentamente sobre Gondor y los confines de Rohan, hasta que a lo lejos, mientras cabalgaban por la llanura rumbo al oeste, los Caballeros vieron las torres negras que se movían detrás del sol. Pero aquí, sobre el desierto y sobre las ciénagas hediondas, el cielo de la noche se abrió una vez más, y las estrellas titilaron como pequeños agujeros blancos en el palio que cubría la luna creciente.

—¡Qué felicidad volver a ver! —exclamó Frodo, respirando profundamente—. ¿Sabes que durante un rato creí que había perdido la vista? A causa de los rayos o de algo más terrible tal vez. No veía nada, absolutamente nada hasta que apareció la cuerda gris. Me pareció que centelleaba.

—Es cierto, parece de plata en la oscuridad —dijo Sam—. Es raro, no lo había notado antes, aunque no recuerdo haberla mirado desde que la puse en el paquete.

Pero si está tan decidido a bajar, señor Frodo, ¿cómo piensa utilizarla? Treinta varas, unas dieciocho brazas, digamos: más o menos la altura que usted supuso.

Frodo reflexionó un momento.

—¡Amárrala a ese tocón, Sam! —dijo—. Creo que esta vez tendrás la satisfacción de ir primero. Yo te bajaré por la cuerda, y sólo tendrás que usar los pies y las manos para no chocar contra la roca. De todos modos, si puedes apoyarte en la cornisa y me das un respiro, tanto mejor. Cuando hayas llegado abajo, yo te seguiré. Me siento muy bien ahora.

—De acuerdo —dijo Sam sin mucho entusiasmo—. Si tiene que ser, ¡que sea en seguida!

Tomó la cuerda y la ató al tocón más próximo a la orilla; luego se aseguró el otro extremo en la cintura. Se volvió a regañadientes y se preparó para dejarse caer por segunda vez.

Sin embargo, el descenso resultó mucho menos difícil de lo que había esperado. La cuerda parecía darle confianza, aunque más de una vez, al mirar hacia abajo, tuvo que cerrar los ojos. A cierta altura, en un tramo donde no había cornisa y la pared del acantilado se inclinaba hacia adentro, pasó un mal rato: resbaló, y quedó suspendido en el aire. Pero Frodo sujetaba la cuerda con mano firme y la iba soltando poco a poco, y al fin el descenso concluyó. Lo que más había temido el hobbit era que la cuerda se acabase demasiado pronto, pero Frodo tenía aún un buen trozo entre las manos cuando Sam le gritó: —¡Ya estoy abajo! —La voz llegaba nítida desde el fondo del abismo, pero Frodo no distinguía a Sam: la capa gris de Elfo se confundía con la penumbra del crepúsculo.

Frodo tardó un poco más en seguir a Sam. Se había asegurado la cuerda a la cintura, y la había recogido manteniéndola siempre tensa; quería evitar en lo posible el riesgo de una caída; no tenía la fe ciega de Sam en aquella delgada cuerda gris. Sin embargo en dos sitios tuvo que confiar enteramente en ella: dos superficies tan lisas que ni sus vigorosos dedos de hobbit encontraron apoyo, y la distancia entre una cornisa y otra era demasiado grande. Pero al fin también él llegó abajo.

—¡Albricias! ¡Lo conseguimos! ¡Hemos escapado de Emyn Muil! ¿Y ahora? Quizá pronto estemos suspirando por pisar otra vez una buena roca dura.

Sam no contestó: tenía los ojos fijos en el acantilado.

—¡Pampirolón! —dijo Sam—. ¡Estúpido! ¡Mi tan hermosa cuerda! Ha quedado allá amarrada a un tocón y nosotros aquí abajo. Mejor escalera no podíamos dejarle a ese fisgón de Gollum. ¡Es casi como si hubiéramos puesto aquí un letrero, indicándole qué camino hemos tomado! Ya me parecía que todo era demasiado fácil.

—Si se te ocurre cómo hubiéramos podido bajar por la cuerda y al mismo tiempo traerla con nosotros, entonces puedes pasarme a mí el pampirolón o cualquier otro epíteto de esos que te endilgaba tu compadre —dijo Frodo—. ¡Sube, desátala y baja, si quieres!

Sam se rascó la cabeza.

—No, no veo cómo, con el perdón de usted —dijo—. Pero no me gusta dejarla, por supuesto. —Acarició el extremo de la cuerda y la sacudió levemente.— Me cuesta separarme de algo que traje del país de los Elfos. Hecha por Galadriel en persona, tal vez. Galadriel —murmuró meneando tristemente la cabeza. Miró hacia arriba y tironeó por última vez de la cuerda como despidiéndose.

Ante el asombro total de los dos hobbits, la cuerda se soltó. Sam cayó de espaldas, y las largas espirales grises se deslizaron silenciosamente sobre él. Frodo se echó a reír.

—¿Quién aseguró la cuerda? —dijo—. ¡Menos mal que aguantó hasta ahora! ¡Pensar que confié a tu nudo todo mi peso!

Sam no se reía.

—Quizá yo no sea muy ducho en eso de escalar montañas, señor Frodo —dijo con aire ofendido—, pero de cuerdas y nudos algo sé. Me viene de familia, por así decir. Mi abuelo, y después de él mi tío Andy, el hermano mayor del Tío, tuvo durante muchos años una cordelería cerca de Campo del Cordelero. Y nadie hubiera podido atar a este tocón un nudo más seguro que el mío, en la Comarca o fuera de ella.

—Entonces la cuerda ha tenido que romperse... al rozar contra el borde de la roca, supongo —dijo Frodo.

—¡Apuesto a que no! —dijo Sam en un tono aún más ofendido. Se agachó y examinó los dos cabos—. No, no me equivoco. ¡Ni una sola hebra!

—Entonces me temo que haya sido el nudo —dijo Frodo.

Sam sacudió la cabeza sin responder. Se pasaba la cuerda entre los dedos, pensativo.

—Como quiera, señor Frodo —dijo por último—, pero para mí la cuerda se soltó sola... cuando yo la llamé. —La enrolló y la guardó cariñosamente.

—Que bajó no puede negarse —dijo Frodo—, y eso es lo que importa. Pero ahora hemos de pensar cuál será nuestro próximo paso. Pronto caerá la noche. ¡Qué hermosas están las estrellas, y la Luna!

—Regocijan el corazón, ¿verdad? —dijo Sam mirando al cielo—. Son élficas, de alguna manera. Y la Luna está en creciente. Con este tiempo nuboso, hacía un par de noches que no la veíamos; ya da mucha luz.

—Sí —dijo Frodo—, pero no parece prudente que nos internemos en las ciénagas a la luz de una media luna.

Al amparo de las primeras sombras de la noche iniciaron una nueva etapa del viaje. Al cabo de un rato Sam volvió la cabeza y escudriñó el camino que acababan de recorrer. La boca de la garganta era como una fisura en la pared rocosa.

—Me alegra mucho haber recuperado la cuerda, mucho —dijo—. En todo caso ese malandrín se encontrará con un pequeño enigma difícil de resolver. ¡Que intente bajar por las cornisas con esos inmundos pies planos!

Avanzaron con precaución alejándose del pie del acantilado, a través de un desierto de guijarros y piedras ásperas, húmedas y resbaladizas por la lluvia. El terreno aún descendía abruptamente. Habían recorrido un corto trecho cuando se encontraron de pronto ante una fisura negra que les interceptaba el camino. No era demasiado ancha, pero sí lo suficiente para que no se atrevieran a saltar en la penumbra. Creyeron oír un gorgoteo de agua en el fondo. A la izquierda la fisura se curvaba hacia el norte, hacia las colinas, cerrándoles así el paso, por lo menos mientras durase la oscuridad.

—Será mejor que busquemos una salida por el sur a lo largo del acantilado —dijo Sam—. Tal vez encontremos un recoveco, o una caverna, o algo así.

—Creo que tienes razón —dijo Frodo—. Estoy cansado y no me siento con fuerzas para seguir arrastrándome entre las piedras esta noche... aunque odio retrasarme todavía más. Ojalá tuviésemos por delante una senda clara: en ese caso seguiría hasta que ya no me dieran las piernas.

Avanzar a lo largo de las faldas escabrosas de Emyn Muil no fue más fácil para los hobbits. Ni Sam encontró un rincón o un hueco en que cobijarse: sólo pendientes desnudas y pedregosas bajo la mirada amenazante del acantilado, que ahora volvía a elevarse, más alto y vertical. Por fin, extenuados, se dejaron caer en el suelo al abrigo de un peñasco, no lejos del pie del acantilado. Allí se quedaron algún tiempo, taciturnos, acurrucados uno contra otro en la noche fría e inclemente, luchando contra el sueño que los iba venciendo. La luna subía ahora alta y clara. El débil resplandor blanco iluminaba las caras de las rocas y bañaba las paredes frías y amenazadoras del acantilado, transformando la vasta e inquietante oscuridad en un gris pálido y glacial estriado de sombras negras.

—¡Bueno! —dijo Frodo, poniéndose de pie y arrebujándose en la capa—. Tú, Sam, duerme un poco y toma mi manta. Mientras tanto yo caminaré de arriba abajo y vigilaré. —De pronto se irguió, muy tieso; en seguida se agachó y tomó a Sam por el brazo.— ¿Qué es eso? —murmuró—. Mira, allá arriba, en el acantilado.

Sam miró y contuvo el aliento.

—¡Sss! —susurró—. Ya está ahí. ¡Es ese Gollum! ¡Sapos y culebras! ¡Y pensé que lo habíamos despistado con nuestra pequeña hazaña! ¡Mírelo! ¡Arrastrándose por la pared como una araña horrible!

A lo largo de una cara del precipicio, que parecía casi lisa a la pálida luz de la luna, una pequeña figura negra se desplazaba con los miembros delgados extendidos sobre la roca. Quizá aquellos pies y manos blandos y prensiles encontraban fisuras y asideros que ningún hobbit hubiera podido ver o utilizar, pero parecía deslizarse sobre patas pegajosas, como un gran insecto merodeador de alguna extraña especie. Y bajaba de cabeza, como si viniera olfateando el camino. De tanto en tanto levantaba el cráneo lentamente, haciéndolo girar sobre el largo pescuezo descarnado, y los hobbits veían entonces dos puntos pálidos, dos ojos, que parpadeaban un instante a la luz de la luna y en seguida volvían a ocultarse.

—¿Le parece que puede vernos? —dijo Sam.

—No sé —respondió Frodo en voz baja—, pero no lo creo. Estas capas élficas son poco visibles, aun para ojos amigos: yo no te veo en la sombra ni a dos pasos. Y por lo que sé, es enemigo del Sol y de la Luna.

—¿Por qué entonces desciende aquí, precisamente? —inquirió Sam.

—Calma, Sam —dijo Frodo—. Tal vez pueda olernos. Y tiene un oído tan fino como el de los Elfos, dicen. Me parece que ha oído algo ahora; nuestras voces probablemente. Hemos gritado mucho allá arriba; y hasta hace un momento hablábamos en voz demasiado alta.

—Bueno, estoy harto de él —dijo Sam—. Nos ha seguido demasiado tiempo para mi gusto, y le cantaré cuatro frescas, si puedo. De todos modos creo que ahora será inútil que tratemos de evitarlo. —Cubriéndose la cara con la caperuza gris, Sam se arrastró con pasos furtivos hacia el acantilado.

—¡Ten cuidado! —le susurró Frodo, que iba detrás—. ¡No lo alarmes! Es mucho más peligroso de lo que parece.

La forma negra había descendido ya las tres cuartas partes de la pared, y estaba a unos quince metros o menos del pie del acantilado. Acurrucados e inmóviles como piedras a la sombra de una roca, los hobbits lo observaban. Al parecer había tropezado con un pasaje difícil, o tenía alguna preocupación. Lo oían olisquear, y de tanto en tanto escuchaban una respiración áspera y siseante que sonaba como un juramento reprimido. Levantó la cabeza, y a los hobbits les pareció que escupía. Luego siguió avanzando. Ahora lo oían hablar con una voz cascada y sibilante.

—¡Ajjj, sss! ¡Seamos cautos, mi tesssoro! Más prisa

menos ligereza. No corramos el riesssgo de rompernos el pessscuezo, ¿no es cierto, mi tesssoro? ¡No, tesssoro... *gollum*! —Levantó otra vez la cabeza, parpadeó a la luz de la luna, y volvió a cerrar los ojos rápidamente.— La aborrecemos —siseó—. Odiosssa, odiosssa luz trémula es... sss... nos essspía, tesoro... nos lassstima los ojos.

Se iba acercando y los siseos eran ahora más agudos y claros.

—¿Dónde essstá, dónde essstá: mi tesssoro, mi tesssoro? Es nuestro, es, y nosotros lo queremos. Los ladrones, los inmundos ladronzuelos. ¿Dónde están con mi tesoro? ¡Malditos! Los odiamos de veras.

—No parece saber dónde estamos, ¿eh? —susurró Sam—. ¿Y qué es su tesoro? ¿Se referirá al...?

—¡Calla! —susurró Frodo—. Se está acercando, y ya podría oírnos.

Y en efecto, Gollum había vuelto a detenerse de improviso, y ahora inclinaba la cabezota hacia uno y otro lado como si estuviese escuchando. Había abierto a medias los ojillos pálidos. Sam se contuvo, aunque los dedos le escocían. Tenía los ojos encendidos de cólera y asco, fijos en la miserable criatura, que ahora avanzaba otra vez, siempre cuchicheando y siseando entre dientes.

Por fin, se encontró a no más de una docena de pies del suelo, justo encima de las cabezas de los hobbits. Desde esa altura la caída era vertical, pues la pared se inclinaba ligeramente hacia adentro, y ni el propio Gollum hubiera podido encontrar en ella un punto de apoyo. Trataba al parecer de darse vuelta, y ponerse con las piernas para abajo, cuando de pronto, con un chillido estridente y sibilante, cayó enroscando las piernas y los brazos alrededor del cuerpo, como una araña a la que han cortado el hilo por el que venía descendiendo.

Sam salió de su escondite como un rayo y en un par de saltos cruzó el espacio que lo separaba de la pared de piedra. Antes que Gollum pudiera levantarse, cayó sobre él. Pero descubrió que aun así, tomado por sorpresa después de una caída, Gollum era más fuerte y hábil de lo que había creído. No había alcanzado a sujetarlo cuando los largos miembros de Gollum lo envolvieron en un abrazo implacable, blando pero horriblemente poderoso que le impedía todo movimiento, y lo estrujaba como cuerdas que fuesen apretando lentamente. Unos dedos pegajosos le tantearon la garganta. Luego unos dientes afilados se le hincaron en el hombro. Todo cuanto Sam pudo hacer fue sacudir con violencia la cabeza dura y redonda contra la cara de la criatura. Gollum siseó escupiendo, pero no lo soltó.

Las cosas habrían terminado mal para Sam si hubiera estado solo. Pero Frodo se levantó de un salto, desenvainando a Dardo. Con la mano izquierda tomó a Gollum por los cabellos ralos y lacios y le tironeó la cabeza hacia atrás, estirándole el pescuezo, y obligándolo a fijar en el cielo los pálidos ojos venenosos.

—¡Suéltalo, Gollum! —dijo—. Esta espada es Dardo. Ya la has visto antes. ¡Suéltalo, o esta vez sentirás la hoja! ¡Te degollaré!

Gollum se aflojó y se derrumbó como una cuerda mojada. Sam se incorporó, palpándose el hombro. Echaba fuego por los ojos, pero no podía vengarse: su miserable enemigo se arrastraba por el suelo gimoteando.

—¡No nos hagas daño! ¡No dejes que nos hagan daño, mi tesoro! No nos harán daño, ¿verdad que no, pequeños y simpáticos hobbits? No teníamos intención de hacer daño, pero nos saltaron encima como gatos sobre unos pobres ratones, eso hicieron, mi tesoro. Y estamos tan solos, *gollum*. Seremos buenos con ellos, muy buenísimos, si también ellos son buenos con nosotros, ¿no? Sí, así.

—Bueno, ¿qué hacemos con él? —dijo Sam—. Atarlo, creo, sería lo mejor, para que no nos siga espiando.

—Pero eso nos mataría, nos mataría —gimoteó Gollum—. Crueles pequeños hobbits. Atarnos y abandonarnos en las duras tierras frías, *gollum*, *gollum*. —Los sollozos se le ahogaban en gorgoteos.

—No —dijo Frodo—. Si lo matamos, tenemos que matarlo ahora. Pero no podemos hacerlo, no en esta situación. ¡Pobre miserable! ¡No nos ha hecho ningún daño!

—¿Ah no? —dijo Sam restregándose el hombro—. En todo caso tenía la intención, y la tiene aún. Apuesto cualquier cosa. Estrangularnos mientras dormimos, eso es lo que planea.

—Puede ser —dijo Frodo—. Pero lo que intenta hacer es otra cuestión. —Calló un momento, ensimismado. Gollum yacía inmóvil, pero ya no gimoteaba. Sam le echaba miradas amenazadoras.

De pronto Frodo creyó oír, muy claras pero lejanas, unas voces que venían del pasado:

'¡Qué lástima que Bilbo no haya matado a esa vil criatura, cuando tuvo la oportunidad!'

¿Lástima? Sí, fue lástima lo que detuvo la mano de Bilbo. Lástima y misericordia: no matar sin necesidad.

'No siento ninguna lástima por Gollum. Merece la muerte. La merece, sin duda. Muchos de los que viven merecen morir y algunos de los que mueren merecen la vida. ¿Puedes devolver la vida? Entonces no te apresures en dispensar la muerte, pues ni el más sabio conoce el fin de todos los caminos.'

—Muy bien —respondió Frodo en voz alta, bajando la espada—. Pero todavía tengo miedo. Y sin embargo, como ves, no tocaré a este desgraciado. Porque ahora que lo veo, me inspira lástima.

Sam clavó la mirada en su amo, que parecía hablar con alguien que no estaba allí. Gollum alzó la cabeza.

—Sssí, somos desgraciados, tesoro —gimió—. ¡Miseria! ¡Miseria! Los hobbits no nos matarán, buenos hobbits.

—No, no te mataremos —dijo Frodo—. Pero tampoco te soltaremos. Eres todo maldad y malicia, Gollum. Tendrás que venir con nosotros, sólo eso, para que podamos vigilarte. Pero tú tendrás que ayudarnos, si puedes. Favor por favor.

—Sí, sí, por supuesto —dijo Gollum incorporándose—. ¡Buenos hobbits! Iremos con ellos. Les buscaremos caminos seguros en la oscuridad, sí. ¿Y a dónde van ellos por estas tierras frías, preguntamos, sí, preguntamos?

Levantó la mirada hacia ellos y un leve resplandor de astucia y ansiedad apareció un instante en los ojos pálidos y temerosos.

Sam le clavó una mirada furibunda y apretó los dientes; pero notó que había algo extraño en la actitud de su amo, y comprendió que las discusiones estaban fuera de lugar. Pero la respuesta de Frodo lo dejó estupefacto.

Frodo miró a Gollum y la criatura apartó los ojos.

—Tú lo sabes, o lo adivinas, Sméagol —dijo Frodo con voz severa y tranquila—. Vamos camino a Mordor, naturalmente. Y tú conoces ese camino, me parece.

—¡Aj! ¡Sss! —dijo Gollum, cubriéndose las orejas con las manos, como si tanta franqueza y esos nombres pronunciados en voz alta y clara le hicieran daño—. Lo adivinamos, sí lo adivinamos —murmuró—, y no queríamos que fueran, ¿no es verdad? No, tesoro, no los buenos hobbits. Cenizas, cenizas y polvo, y sed, hay allí, y fosos, fosos, fosos, y orcos, orcos, millares de orcos. Los buenos hobbits evitan... sss... esos lugares.

—¿Entonces has estado allí? —insistió Frodo—. Y ahora tienes que volver, ¿no?

—Ssí. Ssí. ¡No! —chilló Gollum—. Una vez, por accidente ¿no fue así, mi tesoro? Sí, por accidente. Pero no volveremos, no, ¡no! —De pronto la voz y el lenguaje de Gollum cambiaron, los sollozos se le ahogaron en la garganta y habló, pero no para ellos.

—¡Déjame solo, *gollum*! Me haces daño. Oh, mis pobres manos. *¡Gollum!* Yo, nosotros, no quisiera volver. No lo puedo encontrar. Estoy cansado. Yo, nosotros no podemos encontrarlo, *gollum, gollum,* no, en ninguna parte. Ellos siempre están despiertos. Enanos, Hombres y Elfos, Elfos terribles de ojos brillantes. No puedo encontrarlo. ¡Aj! —Se puso de pie y cerró la larga mano en un nudo de huesos, y la sacudió mirando al este.— ¡No queremos! —gritó—. ¡No para ti! —Luego volvió a derrumbarse.— *Gollum, gollum* —gimió de cara al suelo—. ¡No nos mires! ¡Vete a dormir!

—No se marchará ni se dormirá porque tú se lo ordenes, Sméagol —le dijo Frodo—. Pero si realmente quieres librarte de él, tendrás que ayudarme. Y eso, me temo, significa encontrar un camino que nos lleve a él. Tú no necesitas llegar hasta el final, no más allá de las puertas de ese país.

Gollum se incorporó otra vez y miró a Frodo por debajo de los párpados.

—¡Está allí! —dijo con sarcasmo—. Siempre allí. Los orcos te indicarán el camino. Es fácil encontrar orcos al este del Río. No se lo preguntes a Sméagol. Pobre, pobre Sméagol, hace mucho tiempo que partió. Le quitaron su Tesoro, y ahora está perdido.

—Tal vez podamos encontrarlo, si vienes con nosotros —dijo Frodo.

—No, no, ¡jamás! Ha perdido el Tesoro —dijo Gollum.

—¡Levántate! —ordenó Frodo.

Gollum se puso en pie y retrocedió hasta el acantilado.

—¡A ver! —dijo Frodo—. ¿Cuándo es más fácil encontrar el camino, de día o de noche? Nosotros estamos cansados; pero si prefieres la noche, partiremos hoy mismo.

—Las grandes luces nos dañan los ojos, sí —gimió Gollum—. No la luz de la Cara Blanca, no, todavía no. Pronto se esconderá detrás de las colinas, sssí. Descansad antes un poco, buenos hobbits.

—Siéntate aquí, entonces —dijo Frodo—, ¡y no te muevas!

Los hobbits se sentaron uno a cada lado de Gollum, de espaldas a la pared pedregosa, y estiraron las piernas. No fue preciso que hablaran para ponerse de acuerdo: sabían que no tenían que dormir ni un solo instante. Lentamente desapareció la luna. Las sombras cayeron desde las colinas y todo fue oscuridad. Las estrellas se multiplicaron y brillaron en el cielo. Ninguno de los tres se movía. Gollum estaba sentado con las piernas encogidas, las rodillas debajo del mentón, las manos y los pies planos abiertos contra el suelo, los ojos cerrados; pero parecía tenso, como si estuviera pensando o escuchando.

Frodo cambió una mirada con Sam. Los ojos se encontraron y se comprendieron. Los hobbits aflojaron el cuerpo, apoyaron la cabeza en la piedra, y cerraron los ojos, o fingieron cerrarlos. Pronto se los oyó respirar regularmente. Las manos de Gollum se crisparon, nerviosas. La cabeza se volvió en un movimiento casi imperceptible a la izquierda y a la derecha, y primero entornó apenas un ojo y luego el otro. Los hobbits no reaccionaron.

De súbito, con una agilidad asombrosa y la rapidez de

una langosta o una rana, Gollum se lanzó de un salto a la oscuridad. Eso era precisamente lo que Frodo y Sam habían esperado. Sam lo alcanzó antes de que pudiera dar dos pasos más. Frodo, que lo seguía, le aferró la pierna y lo hizo caer.

—Tu cuerda podrá sernos útil otra vez, Sam —dijo.

Sam sacó la cuerda.

—¿Y a dónde iba usted por estas duras tierras frías, señor Gollum? —gruñó—. Nos preguntamos, sí, nos preguntamos. En busca de algunos de tus amigos orcos, apuesto. Repugnante criatura traicionera. Alrededor de tu gaznate tendría que ir esta cuerda, y con un nudo bien apretado.

Gollum yacía inmóvil y no intentó ninguna otra jugarreta. No le contestó a Sam, pero le echó una mirada fugaz y venenosa.

—Sólo nos hace falta algo con que sujetarlo —dijo Frodo—. Es necesario que camine, de modo que no tendría sentido atarle las piernas... o los brazos, pues por lo que veo los utiliza indistintamente. Átale esta punta al tobillo, y no sueltes el otro extremo.

Permaneció junto a Gollum, vigilándolo, mientras Sam hacía el nudo. El resultado desconcertó a los dos hobbits. Gollum se puso a gritar: un grito agudo, desgarrador, horrible al oído. Se retorcía tratando de alcanzar el tobillo con la boca y morder la cuerda, aullando siempre.

Frodo se convenció al fin de que Gollum sufría de verdad; pero no podía ser a causa del nudo. Lo examinó y comprobó que no estaba demasiado apretado; al contrario. Sam había sido más compasivo que sus propias palabras.

—¿Qué te pasa? —dijo—. Si intentas escapar, tendremos que atarte; pero no queremos hacerte daño.

—Nos hace daño, nos hace daño —siseó Gollum—. ¡Hiela, muerde! ¡La hicieron los Elfos, malditos sean! ¡Hobbits sucios y crueles! Por eso tratamos de escapar, claro, tesoro. Adivinamos que eran hobbits crueles. Hobbits que visitan a los Elfos, Elfos feroces de ojos brillantes. ¡Quitad la cuerda! ¡Nos hace daño!

—No, no te la sacaré —dijo Frodo— a menos... —se detuvo un momento para reflexionar—... a menos que haya una promesa de tu parte en la que yo confíe.

—Juraremos hacer lo que él quiere, sí, sssí —dijo Gollum, siempre retorciéndose y aferrándose el tobillo—. Nos hace daño.

—¿Jurarías? —dijo Frodo.

—Sméagol —dijo Gollum con voz súbitamente clara, abriendo grandes los ojos y mirando a Frodo con una extraña luz—. Sméagol jurará sobre el Tesoro.

Frodo se irguió, y una vez más Sam escuchó estupefacto las palabras y la voz grave de Frodo.

—¿Sobre el Tesoro? ¿Cómo te atreves? —dijo—. Reflexiona.

Un Anillo para gobernarlos a todos y atarlos en las Tinieblas.

"¿Te atreves a hacer una promesa semejante, Sméagol? Te obligará a cumplirla. Pero es todavía más traicionero que tú. Puede tergiversar tus palabras. ¡Ten cuidado!

Gollum se encogió.

—¡Sobre el Tesoro, sobre el Tesoro! —repitió.

—¿Y qué jurarías? —preguntó Frodo.

—Ser muy muy bueno —dijo Gollum. Luego, arrastrándose por el suelo a los pies de Frodo, murmuró con voz ronca, y un escalofrío lo recorrió de arriba abajo, como si el terror de las palabras le estremeciera los huesos—: Sméagol jurará que nunca, nunca, permitirá que Él lo tenga. ¡Nunca! Sméagol lo salvará. Pero ha de jurar sobre el Tesoro.

—¡No! No sobre el Tesoro —dijo Frodo, mirándolo con severa piedad—. Lo que deseas es verlo y tocarlo, si puedes, aunque sabes que enloquecerías. No sobre el Tesoro. Jura por él, si quieres. Pues tú sabes dónde está. Sí, tú lo sabes, Sméagol. Está delante de ti.

Por un instante Sam tuvo la impresión de que su amo había crecido y que Gollum había empequeñecido: una sombra alta y severa, un poderoso y luminoso señor que se ocultaba en una nube gris, y a sus pies, un perrito apaleado. Sin embargo, no eran dos seres totalmente distintos, había entre ellos alguna afinidad: cada uno podía adivinar lo que pensaba el otro.

Gollum se incorporó y se puso a tocar a Frodo, acariciándole las rodillas.

—¡Abajo! ¡Abajo! Ahora haz tu promesa.

—Prometemos, sí, ¡yo prometo! —dijo Gollum—. Serviré al señor del Tesoro. Buen amo, buen Sméagol, ¡gollum, gollum! —Súbitamente se echó a llorar y volvió a morderse el tobillo.

—¡Sácale la cuerda, Sam! —dijo Frodo.

De mala gana, Sam obedeció. Gollum se puso de pie al instante y caracoleó como un cuzco que recibe una caricia luego del castigo. A partir de entonces hubo en él una curiosa transformación que se prolongó un cierto tiempo.

La voz era menos sibilante y menos llorosa, y hablaba directamente con los hobbits, no con aquel tesoro bienamado. Se encogía y retrocedía si los hobbits se le acercaban o hacían algún movimiento brusco, y evitaba todo contacto con las capas élficas; pero se mostraba amistoso, y en verdad daba lástima observar cómo se afanaba tratando de complacer a los hobbits. Se desternillaba de risa y hacía cabriolas ante cualquier broma, o cuando Frodo le hablaba con dulzura; y se echaba a llorar si lo reprendía. Sam casi no le hablaba. Desconfiaba de este nuevo Gollum, de Sméagol, más que nunca, y le gustaba, si era posible, aún menos que el antiguo.

—Y bien, Gollum, o como rayos te llames —dijo—, ¡ha llegado la hora! La luna se ha escondido y la noche se va. Convendría que nos pusiéramos en marcha.

—Sí, sí —asintió Gollum, brincando alrededor—. ¡En marcha! No hay más que un camino entre el extremo norte y el extremo sur. Yo lo descubrí, yo. Los orcos no lo utilizan, lor orcos no lo conocen. Los orcos no atraviesan las Ciénagas, hacen rodeos de millas y millas. Es una gran suerte que hayáis venido por aquí. Es una gran suerte que os encontrarais con Sméagol, sí. Seguid a Sméagol.

Se alejó unos pasos y volvió la cabeza, en una actitud de espera solícita, como un perro que los invitara a dar un paseo.

—¡Espera un poco, Gollum! —le gritó Sam—. ¡No te

adelantes demasiado! Te seguiré de cerca, y tengo la cuerda preparada.

—¡No, no! —dijo Gollum—. Sméagol prometió.

En plena noche y a la luz clara y fría de las estrellas, emprendieron la marcha. Durante un trecho Gollum los guió hacia el norte por el mismo camino por el que habían venido; luego dobló a la derecha alejándose de las escarpadas paredes de Emyn Muil, y bajó por la pendiente pedregosa y accidentada que llevaba a las ciénagas. Rápidos y silenciosos desaparecieron en la oscuridad. Sobre las interminables leguas desérticas que se extendían ante las puertas de Mordor, se cernía un silencio negro.

2

A TRAVÉS DE LAS CIÉNAGAS

Gollum avanzaba rápidamente, adelantando la cabeza y el cuello, y utilizando a menudo las manos con tanta destreza como los pies. Frodo y Sam se veían en apuros para seguirlo; pero ya no parecía tener intenciones de escaparse, y si se retrasaban, se daba vuelta y los esperaba. Al cabo de un rato llegaron a la entrada de la garganta angosta que antes les cerrara el paso; pero ahora estaban más lejos de las colinas.

—¡Helo aquí! —gritó Gollum—. Hay un sendero que desciende en el fondo, sí. Ahora lo seguimos... y sale allá, allá lejos. —Señaló las ciénagas, hacia el sur y hacia el este. El hedor espeso y rancio llegaba hasta ellos pese al fresco aire nocturno.

Gollum iba y venía a lo largo del borde, y por fin los llamó a gritos.

—¡Aquí! Por aquí podemos bajar. Sméagol fue por este camino una vez. Yo fui por este camino, ocultándome de los orcos.

Gollum se adelantó, y siguiéndole los pasos los hobbits bajaron a la oscuridad. No fue una empresa difícil, pues allí la grieta no medía más de doce pies de altura y unos doce de ancho. En el fondo corría agua: la grieta era en realidad el lecho de uno de los muchos riachos que descendían de las colinas a alimentar las lagunas y las ciénagas. Gollum giró a la derecha, hacia el sur, y pisó chapoteando el fondo pedregoso del riacho. Parecía inmensamente feliz al sentir el agua en los pies; reía entre dientes, y hasta creaba a ratos una especie de canción.

> *Las duras tierras frías*
> *nos muerden las manos;*
> *nos roen los pies.*
> *Las rocas y las piedras*
> *son como huesos*

> *viejos y descarnados.*
> *Pero el arroyo y la charca*
> *son húmedos y frescos:*
> *¡buenos para los pies!*
> *Y ahora deseamos...*

—¡Ja! ¡ja! ¿Qué deseamos? —dijo, mirando de soslayo a los hobbits—. Te lo diremos —croó—. Él lo adivinó hace mucho tiempo, Bolsón lo adivinó. —Un fulgor le iluminó los ojos, y a Sam, que alcanzó a verlo en la oscuridad, no le causó ninguna gracia.

> *Vive sin respirar;*
> *frío como la muerte;*
> *nunca sediento, siempre bebiendo,*
> *viste de malla y no tintinea.*
> *Se ahoga en el desierto,*
> *y cree que una isla*
> *es una montaña,*
> *y una fuente, una ráfaga.*
> *¡Tan bruñido y tan bello!*
> *¡Qué alegría encontrarlo!*
> *Sólo tenemos un deseo:*
> *¡que atrapemos un pez*
> *jugoso y suculento!*

Estas palabras no hicieron más que acrecentar la preocupación que acuciaba a Sam desde que supo que su amo iba a adoptar a Gollum como guía: el problema de la alimentación. No se le ocurrió que quizá también Frodo lo hubiera pensado, pero de que Gollum lo pensaba no le cabía ninguna duda. Quién sabe cómo y de qué se había alimentado durante sus largos vagabundeos solitarios. "No demasiado bien —se dijo Sam—. Parece un tanto famélico. Y no creo que, a falta de pescado, tenga demasiados escrúpulos en probar el sabor de los hobbits... en el caso de que nos sorprendiera dormidos. Pues bien, no nos sorprenderá: no a Sam Gamyi por cierto."

Avanzaron a tientas por la oscura y sinuosa garganta durante un tiempo que a los fatigados pies de Frodo y Sam les pareció interminable. La garganta, luego de describir una curva a la izquierda, se volvía cada vez más ancha y menos profunda. Por fin el cielo empezó a clarear, pálido y gris, a las primeras luces del alba. Gollum, que hasta ese momento no había dado señales de fatiga, miró hacia arriba y se detuvo.

—El día se acerca —murmuró, como si el día pudiese oírlo y saltarle encima—. Sméagol se queda aquí. Yo me quedaré aquí y la Cara Amarilla no me verá.

—A nosotros nos alegraría ver el Sol —dijo Frodo—, pero también nos quedaremos: estamos demasiado cansados para seguir caminando.

—No es de sabios alegrarse de ver la Cara Amarilla —dijo Gollum—. Delata. Los hobbits buenos y razonables se quedarán con Sméagol. Orcos y bestias inmundas rondan por aquí. Ven desde muy lejos. ¡Quedaos y escondeos conmigo!

Los tres se instalaron al pie de la pared rocosa, preparándose a descansar. Allí la altura de la garganta era apenas mayor que la de un hombre, y en la base había unos bancos anchos y lisos de piedra seca; el agua corría por un canal al pie de la otra pared. Frodo y Sam se sentaron en una de las piedras, recostándose contra el muro de roca. Gollum chapoteaba y pataleaba en el arroyo.

—Necesitaríamos comer un bocado — dijo Frodo—. ¿Tienes hambre, Sméagol? Es poco lo que nos queda, pero lo compartiremos contigo.

Al oír la palabra *hambre* una luz verdosa se encendió en los pálidos ojos de Gollum, que ahora parecían más saltones que nunca en el rostro flaco y macilento. Durante un momento les habló como antes.

—Estamos famélicos, sí, sí, famélicos, mi tesoro —dijo—. ¿Qué comen ellos? ¿Tienen buenos pescados? —Movía la lengua de lado a lado entre los afilados dientes amarillos, y se lamía los labios pálidos.

—No, no tenemos pescado —dijo Frodo—. No tenemos más que esto... —le mostró una galleta de *lembas*— ...y también agua, si es que el agua de aquí se puede beber.

—Ssí, ssí, agua buena —dijo Gollum—. ¡Bebamos, bebamos, mientras sea posible! ¿Pero qué es lo que ellos tienen,
mi tesoro? ¿Se puede masticar? ¿Es sabroso?

Frodo partió un trozo de galleta y se lo tendió envuelto
en la hoja. Gollum olió la hoja, y un espasmo de asco y
algo de aquella vieja malicia le torcieron la cara.

—¡Sméagol lo huele! —dijo—. Hojas del país élfico.
¡Puaj! Apestan. Se trepaba a esos árboles, y nunca más
podía quitarse el olor de las manos, ¡mis preciosas manos!

Dejó caer la hoja, y mordisqueó un borde de la *lembas*.
Escupió, y un acceso de tos le sacudió el cuerpo.

—¡Aj! ¡No! —farfulló echando baba—. Estáis tratando
de ahogar al pobre Sméagol. Polvo y cenizas, eso él no lo
puede comer. Se morirá de hambre. Pero a Sméagol no
le importa. ¡Hobbits buenos! Sméagol prometió. Se morirá
de hambre. No puede comer alimentos de hobbits. Se morirá de hambre. ¡Pobre Sméagol, tan flaco!

—Lo lamento —dijo Frodo—, pero no puedo ayudarte,
creo. Pienso que este alimento te haría bien, si quisieras
probarlo. Pero tal vez ni siquiera puedas probarlo, al
menos por ahora.

Los hobbits mascaron sus *lembas* en silencio. A Sam de
algún modo, le supieron mucho mejor que en los últimos
días: el comportamiento de Gollum le había permitido descubrir nuevamente el sabor y la fragancia de las *lembas*.
Pero no se sentía a gusto. Gollum seguía con la mirada el
trayecto de cada bocado de la mano a la boca, como un
perro famélico que espera junto a la silla del que come. Sólo
cuando los hobbits terminaron y se preparaban a descansar, se convenció al parecer de que no tenían manjares
ocultos para compartir. Estonces se alejó, se sentó a solas
a algunos pasos de distancia, y lloriqueó.

—¡Escuche! —le murmuró Sam a Frodo, no en voz
demasiado baja; en realidad no le importaba que Gollum
lo oyera o no—. Necesitamos dormir un poco; pero no los
dos al mismo tiempo con este malvado hambriento en las
cercanías. Con promesa o sin promesa, Sméagol o Gollum,
no va a cambiar de costumbres de la noche a la mañana,
eso se lo aseguro. Duerma usted, señor Frodo, y lo llamaré

cuando se me cierren los ojos. Haremos guardias, como antes, mientras él ande suelto.

—Puede que tengas razón, Sam —dijo Frodo hablando abiertamente—. Ha habido un cambio en él, pero de qué naturaleza y profundidad, no lo sé todavía con certeza. A pesar de todo, creo sinceramente que no hay nada que temer... por el momento. De cualquier manera, monta guardia si quieres. Déjame dormir un par de horas, no más, y luego llámame.

Tan cansado estaba Frodo que la cabeza le cayó sobre el pecho, y no bien hubo terminado de hablar, se quedó dormido. Al parecer, Gollum no sentía ya ningún temor. Se hizo un ovillo, y no tardó en dormirse, indiferente a todo. Pronto se lo oyó respirar suave y acompasadamente, silbando apenas entre los dientes apretados, pero yacía inmóvil como una piedra. Al cabo de un rato, temiendo dormirse también él si seguía escuchando la respiración de sus dos compañeros, Sam se levantó y pellizcó ligeramente a Gollum. Las manos de Gollum se desenroscaron y se crisparon, pero no hizo ningún otro movimiento. Sam se agachó y dijo *pessscado* junto al oído de Gollum, mas no hubo ninguna reacción, ni siquiera un sobresalto en la respiración de Gollum.

Sam se rascó la cabeza. —Ha de estar realmente dormido —murmuró—. Y si yo fuera como él, no despertaría nunca más. —Alejó las imágenes de la espada y la cuerda que se le habían aparecido en la mente, y fue a sentarse junto a Frodo.

Cuando despertó el cielo estaba oscuro, no más claro sino más sombrío que cuando habían desayunado. Sam se incorporó bruscamente. No sólo a causa del vigor que había recobrado, sino también por la sensación de hambre, comprendió de pronto que había dormido el día entero, nueve horas por lo menos. Frodo, tendido ahora de costado, aún dormía profundamente. A Gollum no lo veía por ninguna parte. Varios epítetos poco halagadores para sí mismo acudieron a la mente de Sam, tomados del vasto repertorio paternal del Tío; luego se le ocurrió pensar que su amo no se había equivocado: por el momento no tenían nada que temer. En todo caso, allí seguían los dos todavía vivos; nadie los había estrangulado.

—¡Pobre miserable! —dijo no sin remordimiento—. Me pregunto a dónde habrá ido.

—¡No muy lejos, no muy lejos! —dijo una voz por encima de él. Sam levantó la mirada y vio la gran cabeza y las enormes orejas de Gollum contra el cielo nocturno.

—Eh, ¿qué estás haciendo? —gritó Sam, inquieto una vez más como antes no bien vio aquella cabeza.

—Sméagol tiene mucha hambre —dijo Gollum—. Volverá pronto.

—¡Vuelve ahora mismo! —gritó Sam—. ¡Eh! ¡Vuelve! —Pero Gollum había desaparecido.

Frodo despertó con el grito de Sam y se sentó y se frotó los ojos.

—¡Hola! —dijo—. ¿Algo anda mal? ¿Qué hora es?

—No sé —dijo Sam—. Ya ha caído el sol, me parece. Y el otro se ha marchado. Decía que tenía mucha hambre.

—No te preocupes —dijo Frodo—. No podemos impedirlo. Pero volverá, ya verás. Todavía cumplirá la promesa por algún tiempo. Y de todos modos, no abandonará su Tesoro.

Frodo tomó con calma la noticia de que ambos habían dormido profundamente durante horas con Gollum, y con un Gollum muy hambriento por añadidura, suelto en las cercanías.

—No busques ninguno de esos epítetos de tu Tío —le dijo a Sam—. Estabas extenuado, y todo ha salido bien: ahora los dos estamos descansados. Y tenemos por delante un camino muy dificultoso, el tramo más arduo.

—Bien, a propósito de comida —comentó Sam—, ¿cuánto tiempo cree que nos llevará este trabajo? Y cuando hayamos concluido, ¿qué haremos entonces? Este pan del camino mantiene en pie maravillosamente bien, pero no satisface para nada el hambre de adentro, por así decir: no a mí al menos, sin faltar el respeto a quienes lo prepararon. Pero uno tiene que comer un poco cada día, y no se multiplica. Creo que nos alcanzará para unas tres semanas, digamos, y eso con el cinturón apretado y poco diente. Hemos estado derrochándolo.

—No sé cuánto tardaremos aún... hasta el final —dijo Frodo—. Nos retrasamos demasiado en las montañas. Pero Samsagaz Gamyi, mi querido hobbit... en verdad Sam, mi hobbit más querido, el amigo por excelencia, no nos preocupemos por lo que vendrá después. Terminar con este trabajo, como tú dices... ¿qué esperanzas tenemos de terminarlo alguna vez? Y si lo hacemos, ¿sabemos acaso qué habremos conseguido? Si el Único cae en el Fuego y nosotros nos encontramos en las cercanías, yo te pregunto a ti, Sam, ¿crees que en ese caso necesitaremos pan alguna vez? Yo diría que no. Cuidar nuestras piernas hasta que nos lleven al Monte del Destino, más no podemos hacer. Y empiezo a temer que sea más de lo que está a mi alcance.

Sam asintió en silencio. Tomando la mano de Frodo, se inclinó. No se la besó, pero unas lágrimas cayeron sobre ella. Luego se volvió, se enjugó la nariz con la manga, se levantó y se puso a dar puntapiés en el suelo, mientras trataba de silbar y decía con voz forzada:

—¿Por dónde andará esa condenada criatura?

En realidad, Gollum no tardó en regresar; pero con tanto sigilo que los hobbits no lo oyeron hasta que lo tuvieron delante. Tenía los dedos y la cara sucios de barro negro. Masticaba aún y se babeaba. Lo que mascaba, los hobbits no se lo preguntaron ni quisieron imaginarlo.

—Gusanos o escarabajos o algunos de esos bichos viscosos que viven en agujeros —pensó Sam—. ¡Brrr! ¡Qué criatura inmunda! ¡Pobre desgraciado!

Gollum no les habló hasta después de beber en abundancia y lavarse en el arroyo. Entonces se acercó a los hobbits lamiéndose los labios.

—Mejor ahora, ¿eh? —les dijo—. ¿Hemos descansado? ¿Listos para seguir viaje? ¡Buenos hobbits! ¡Qué bien duermen! ¿Confían ahora en Sméagol? Muy, muy bien.

La etapa siguiente del viaje fue muy parecida a la anterior. A medida que avanzaban la garganta se hacía menos profunda y la pendiente del suelo menos inclinada. El fondo era más terroso y casi sin piedras, y las paredes se transformaban poco a poco en barrancas. Ahora el sendero serpenteaba y se desviaba hacia uno u otro lado. La noche concluía, pero las nubes cubrían la luna y las estrellas, y sólo una luz gris y tenue que se expandía lentamente anunciaba la llegada del día.

Al cabo de una fría hora de marcha llegaron al término del arroyo. Las orillas eran ahora montículos cubiertos de musgo. El agua gorgoteaba sobre el último reborde de piedra putrefacta, caía en una charca de aguas pardas y desaparecía. Unas cañas secas silbaban y crujían, aunque al parecer no había viento.

A ambos lados y al frente de los viajeros se extendían grandes ciénagas y marismas, internándose al este y al sur en la penumbra pálida del alba. Unas brumas y vahos brotaban en volutas de los pantanos oscuros y fétidos. Un hedor sofocante colgaba en el aire inmóvil. En lontananza, casi en línea recta al sur, se alzaban las murallas montañosas de Mordor, como una negra barrera de nubes despedazadas que flotasen sobre un mar peligroso cubierto de nieblas.

Ahora los hobbits dependían enteramente de Gollum. No sabían, ni podían adivinar a esa luz brumosa, que en realidad se encontraban a sólo unos pasos de los confines septentrionales de las ciénagas, cuyas ramificaciones principales se abrían hacia el sur. De haber conocido la región, habrían podido, demorándose un poco, volver sobre sus pasos y luego, girando al este, llegar por tierra firme a la desnuda llanura de Dagorlad: el campo de la antigua batalla librada ante las puertas de Mordor. Aunque ese camino no prometía demasiado. En aquella llanura pedregosa, atravesada por las carreteras de los orcos y los soldados del Enemigo, no había ninguna posibilidad de encontrar algún refugio. Allí ni siquiera las capas élficas de Lórien hubieran podido ocultarlos.

—¿Y ahora por dónde vamos, Sméagol? —preguntó Frodo—. ¿Tenemos que atravesar estas marismas pestilentes?

—No, no —dijo Gollum—. No si los hobbits quieren llegar a las montañas oscuras e ir a verlo lo más pronto posible. Un poco para atrás y una pequeña vuelta... —el brazo flaco señaló el norte y el este— ...y podréis llegar por caminos duros y fríos a las puertas mismas del país. Muchos de los suyos estarán allí para recibir a los huéspedes, felices de poder conducirlos directamente a Él, oh sí. El Ojo vigila constantemente en esa dirección. Allí capturó a Sméagol, hace mucho, mucho tiempo. —Gollum se estremeció.— Pero desde entonces Sméagol ha aprendido a usar sus propios ojos, sí, sí: he usado mis ojos y mis pies y mi nariz desde entonces. Conozco otros caminos. Más difíciles, menos rápidos; pero mejores, si no queremos que Él vea. ¡Seguid a Sméagol! Él puede guiaros a través de las ciénagas, a través de las nieblas espesas y amigas. Seguid a Sméagol con cuidado, y podréis ir lejos, muy lejos, antes que Él os atrape, sí, quizá.

Ya era de día, una mañana lúgubre y sin viento, y los vapores de las ciénagas yacían en bancos espesos. Ni un solo rayo de sol atravesaba el cielo encapotado, y Gollum parecía ansioso y quería continuar el viaje sin demora. Así pues, luego de un breve descanso, reanudaron la marcha y pronto se perdieron en un paisaje umbrío y silencioso, aislado de todo el mundo circundante, desde donde no se veían ni las colinas que habían abandonado ni las montañas hacia donde iban. Avanzaban en fila, a paso lento: Gollum, Sam, Frodo.

Frodo parecía el más cansado de los tres, y a pesar de la lentitud de la marcha, a menudo se quedaba atrás. Los hobbits no tardaron en comprobar que aquel pantano inmenso era en realidad una red interminable de charcas, lodazales blandos, y riachos sinuosos y menguantes. En esa maraña, sólo un ojo y un pie avezados podían rastrear un sendero tortuoso. Gollum poseía ambas cosas sin duda alguna, y las necesitaba. No dejaba de girar la cabeza de un lado a otro sobre el largo cuello, mientras husmeaba el aire y hablaba constantemente consigo mismo entre dientes. De vez en cuando levantaba una mano para indicarles que debían detenerse, mientras él se adelantaba unos pocos pasos, y se agachaba para palpar el terreno con los dedos de las manos o de los pies, o escuchar, con el oído pegado al suelo.

Era un paisaje triste y monótono. Un invierno frío y húmedo reinaba aún en aquella comarca abandonada. El único verdor era el de la espuma lívida de las algas en la superficie oscura y viscosa del agua sombría. Hierbas muertas y cañas putrefactas asomaban entre las neblinas como las sombras andrajosas de unos estíos olvidados.

A medida que avanzaba el día, la claridad fue en aumento, las nieblas se levantaron volviéndose más tenues y transparentes. En lo alto, lejos de la putrefacción y los vapores del mundo, el Sol subía, altivo y dorado sobre un paisaje sereno con suelos de espuma deslumbrante, pero ellos, desde allí abajo, no veían más que un espectro pasajero, borroso y pálido, sin color ni calor. Bastó no obstante ese vago indicio de la presencia del Sol para que Gollum se enfurruñara y vacilara. Suspendió el viaje, y descansaron, agazapados como pequeñas fieras perseguidas, a la orilla de un extenso cañaveral pardusco. Había un profundo silencio, rasgado sólo superficialmente por las ligeras vibraciones de las cápsulas de las semillas, ahora resecas y vacías, y el temblor de las briznas de hierba quebradas, movidas por una brisa que ellos no alcanzaban a sentir.

—¡Ni un solo pájaro! —dijo Sam con tristeza.

—¡No, nada de pájaros! —dijo Gollum—. ¡Buenos pájaros! —Se pasó la lengua por los dientes.— Nada de pájaros aquí. Hay serpientes, gusanos, cosas de las ciénagas. Muchas cosas, montones de cosas inmundas. Nada de pájaros —concluyó tristemente. Sam lo miró con repulsión.

Así transcurrió la tercera jornada del viaje en compañía de Gollum. Antes que las sombras de la noche comenzaran a alargarse en tierras más felices, los viajeros reanudaron la marcha, avanzando casi sin cesar, y deteniéndose sólo brevemente, no tanto para descansar como para ayudar a Gollum; porque ahora hasta él tenía que avanzar con sumo cuidado, y a ratos se desorientaba. Habían llegado al corazón mismo de la Ciénaga de los Muertos, y estaba oscuro.

Caminaban lentamente, encorvados, en apretada fila, siguiendo con atención los movimientos de Gollum. Los pantanos eran cada vez más aguanosos, abriéndose en vastas lagunas; y cada vez era más difícil encontrar dónde poner el pie sin hundirse en el lodo burbujeante. Por fortuna, los viajeros eran livianos, porque de lo contrario difícilmente hubieran encontrado la salida.

Pronto la oscuridad fue total: el aire mismo parecía negro y pesado. Cuando aparecieron las luces, Sam se restregó los ojos: pensó que estaba viendo visiones. La primera la descubrió con el rabillo del ojo izquierdo: un fuego fatuo que centelleó un instante débilmente y desapareció; pero pronto asomaron otras: algunas como un humo de brillo apagado, otras como llamas brumosas que oscilaban lentamente sobre cirios invisibles; aquí y allá se retorcían como sábanas fantasmales desplegadas por manos ocultas. Pero ninguno de sus compañeros decía una sola palabra.

Por último Sam no pudo contenerse.

—¿Qué es todo esto, Gollum? —dijo en voz baja—. ¿Estas luces? Ahora nos rodean por todas partes. ¿Nos han atrapado? ¿Quiénes son?

Gollum alzó la cabeza. Se encontraba delante del agua oscura, y se arrastraba en el suelo, a derecha e izquierda, sin saber por dónde ir.

—Sí, nos rodean por todas partes —murmuró—. Los fuegos fatuos. Los cirios de los cadáveres, sí, sí. ¡No les prestes atención! ¡No las mires! ¡No las sigas! ¿Dónde está el amo?

Sam volvió la cabeza y advirtió que Frodo se había retrasado otra vez. No lo veía. Volvió sobre sus pasos en las tinieblas, sin atreverse a ir demasiado lejos, ni a llamar en voz más alta que un ronco murmullo. Súbitamente tropezó con Frodo, que inmóvil y absorto contemplaba las luces pálidas. Las manos rígidas le colgaban a los costados del cuerpo: goteaban agua y lodo.

—¡Venga, señor Frodo! —dijo Sam—. ¡No las mire! Gollum dice que no hay que mirarlas. Tratemos de caminar junto con él y de salir de este sitio maldito lo más pronto posible... si es posible.

—Está bien —dijo Frodo como si regresara de un sueño—. Ya voy. ¡Sigue adelante!

En la prisa por alcanzar a Gollum, Sam enganchó el pie en una vieja raíz o en una mata de hierba y trastabilló. Cayó pesadamente sobre las manos, que se hundieron en el cieno viscoso, con la cara muy cerca de la superficie oscura de la laguna. Oyó un débil silbido, se expandió un olor fétido, las luces titilaron, danzaron y giraron vertiginosamente. Por un instante el agua le pareció una ventana con vidrios cubiertos de inmundicia a través de la cual él espiaba. Arrancando las manos del fango, se levantó de un salto, gritando.

—Hay cosas muertas, caras muertas en el agua —dijo horrorizado—. ¡Caras muertas!

Gollum se rió.

—La Ciénaga de los Muertos, sí, sí: así la llaman —cloqueó—. No hay que mirar cuando los cirios están encendidos.

—¿Quiénes son? ¿Qué son? —preguntó Sam con un escalofrío, volviéndose a Frodo que ahora estaba detrás de él.

—No lo sé —dijo Frodo con una voz soñadora—. Pero yo también las he visto. En los pantanos, cuando se encendieron las luces. Yacen en todos los pantanos, rostros pálidos, en lo más profundo de las aguas tenebrosas. Yo las vi: caras horrendas y malignas, y caras nobles y tristes. Una multitud de rostros altivos y hermosos, con algas en los cabellos de plata. Pero todos inmundos, todos putrefactos, todos muertos. En ellos brilla una luz tétrica. —Frodo se cubrió los ojos con las manos.— Ahora sé quiénes son; pero me pareció ver allí Hombres y Elfos, y orcos junto a ellos.

—Sí, sí —dijo Gollum—. Todos muertos, todos putrefactos. Elfos y Hombres y orcos. La Ciénaga de los Muertos. Hubo una gran batalla en tiempos lejanos, sí, eso le contaron a Sméagol cuando era joven, cuando yo era joven y el Tesoro no había llegado aún. Fue una gran batalla. Hombres altos con largas espadas, y Elfos terribles, y orcos que aullaban. Pelearon en el llano durante días y meses delante de las Puertas Negras. Pero las ciénagas crecieron desde entonces, engulleron las tumbas; reptando, reptando siempre.

—Pero eso pasó hace una eternidad o más —dijo Sam—. ¡Los Muertos no pueden estar ahí realmente! ¿Pesa algún sortilegio sobre el País Oscuro?

—¿Quién sabe? Sméagol no sabe —respondió Gollum—. No puedes llegar a ellos, no puedes tocarlos. Nosotros lo intentamos una vez, sí, tesoro. Yo traté una vez; pero son inalcanzables. Sólo formas para ver, quizá, pero no para tocar. ¡No, tesoro! Todos muertos.

Sam lo miró sombríamente y se estremeció otra vez, creyendo adivinar por qué razón Sméagol había intentado tocarlos.

—Bueno, no quiero verlos —dijo—. ¡Nunca más! ¿Podemos continuar y alejarnos de aquí?

—Sí, sí —dijo Gollum—. Pero lentamente, muy lentamente. ¡Con mucha cautela! Si no los hobbits bajarán a acompañar a los Muertos y encender pequeños cirios. ¡Seguid a Sméagol! ¡No miréis las luces!

Gollum se arrastró en cuatro patas hacia la derecha, buscando un camino que bordeara la laguna. Frodo y Sam lo seguían de cerca, y se agachaban, utilizando a menudo las manos lo mismo que Gollum. —Tres pequeños tesoros de Gollum seremos, si esto dura mucho más —murmuró Sam.

Llegaron por fin al extremo de la laguna negra, y la atravesaron, reptando o saltando de una traicionera isla de hierbas a la siguiente. Más de una vez perdieron pie y cayeron de manos en aguas tan hediondas como las de un albañal, y se levantaron cubiertos de lodo y de inmundicia casi hasta el cuello, arrastrando un olor nauseabundo.

Era noche cerrada cuando por fin volvieron a pisar suelo firme. Gollum siseaba y murmuraba entre dientes, pero parecía estar contento: de alguna manera misteriosa, gracias a una combinación de los sentidos del tacto y el olfato, y a una extraordinaria memoria para reconocer formas en la oscuridad, parecía saber una vez más dónde se encontraba, y por dónde iba el camino.

—¡En marcha ahora! —dijo—. ¡Buenos hobbits! ¡Valientes hobbits! Muy muy cansados, claro; también nosotros, mi tesoro, los tres. Pero al amo hay que alejarlo de las luces malas, sí, sí. —Con estas palabras reanudó la marcha casi al trote, por lo que parecía ser un largo camino entre cañas altas, y los hobbits lo siguieron, trastabillando, tan de prisa como podían. Pero poco después se detuvo de pronto, y husmeó el aire dubitativamente, siseando como si otra vez algo lo preocupara o irritara.

—¿Qué te ocurre? —gruñó Sam, tomando a mal la actitud de Gollum—. ¿Qué andas husmeando? A mí este olor poco menos que me derriba, por más que me tape la nariz. Tú apestas y el amo apesta: todo apesta en este sitio.

—¡Sí, sí, y Sam apesta! —respondió Gollum—. El pobre Sméagol lo huele, pero Sméagol es bueno y lo soporta. Ayuda al buen amo. Pero no es por eso. El aire se agita, algo va a cambiar. Sméagol se pregunta qué: no está contento.

Se puso de nuevo en marcha, pero parecía cada vez más inquieto, y a cada instante se erguía en toda su estatura, y tendía el cuello hacia el este y el sur. Durante un tiempo los hobbits no alcanzaron a oír ni a sentir lo que tanto parecía preocupar a Gollum. De improviso los tres se detuvieron, tiesos y alertas. Frodo y Sam creyeron oír a lo lejos un grito largo y doliente, agudo y cruel. Se estremecieron. En el mismo momento advirtieron al fin la agitación del aire, que ahora era muy frío. Mientras permanecían así, muy quietos, y expectantes, oyeron un rumor creciente, como el de un vendaval que se fuera acercando. Las luces veladas por la niebla vacilaron, se debilitaron, y por fin se extinguieron.

Gollum se negaba a avanzar. Se quedó allí, como petrificado, temblando y farfullando en su jerigonza, hasta que el viento se precipitó sobre ellos en un torbellino, rugiendo y silbando en las ciénagas. La oscuridad se hizo algo menos impenetrable, apenas lo suficiente como para que pudieran ver, o vislumbrar, unos bancos informes de niebla que se desplazaban y alejaban encrespándose en rizos y en volutas. Y al levantar la cabeza vieron que las nubes se abrían y dispersaban en jirones; de pronto, alta en el cielo meridional, flotando entre las nubes fugitivas, brilló una luna pálida.

Por un instante el tenue resplandor llenó de júbilo los corazones de los hobbits; pero Gollum se agazapó, maldiciendo entre dientes la Cara Blanca. Y entonces Frodo y Sam, mirando el cielo, la vieron venir: una nube que se acercaba volando desde las montañas malditas; una sombra negra de Mordor; una figura alada, inmensa y aciaga. Cruzó como una ráfaga por delante de la luna, y con un grito siniestro, dejando atrás el viento, se alejó hacia el oeste.

Se arrojaron al suelo de bruces, y se arrastraron, insensibles a la tierra fría. Mas la sombra nefasta giró en el aire y retornó, y esta vez voló más bajo, muy cerca del suelo, sacudiendo las alas horrendas y agitando los vapores fétidos de la ciénaga. Y entonces desapareció: en las alas de la ira de Sauron voló rumbo al oeste; y tras él, rugiendo, partió también el viento huracanado dejando desnuda y desolada la Ciénaga de los Muertos. Hasta donde alcanzaba la vista, hasta la distante amenaza de las montañas, sólo la luz intermitente de la luna punteaba el páramo inmenso.

Frodo y Sam se levantaron, frotándose los ojos, como niños que despiertan de un mal sueño, y encuentran que la noche amiga tiende aún un manto sobre el mundo. Pero Gollum yacía en el suelo, como desmayado. No les fue fácil reanimarlo; durante un rato se negó a alzar el rostro, y permaneció obstinadamente de rodillas, los codos apoyados en el suelo protegiéndose la parte posterior de la cabeza con las manos grandes y chatas.

—¡Espectros! —gimoteaba—. ¡Espectros con alas! Son los siervos del Tesoro. Lo ven todo, todo. ¡Nada puede ocultárseles! ¡Maldita Cara Blanca! ¡Y le dicen todo a Él! Él ve, Él sabe. ¡Aj, *gollum, gollum, gollum!* —Sólo cuando la luna se puso a lo lejos, más allá del Tol Brandir, consintió en levantarse y reanudar la marcha.

A partir de ese momento Sam creyó adivinar en Gollum un nuevo cambio. Se mostraba más servil y más pródigo en supuestas manifestaciones de afecto; pero Sam lo sorprendía a veces echando miradas extrañas, principalmente a Frodo; además, recaía, cada vez más a menudo, en el lenguaje de antes. Y Sam tenía un nuevo motivo de preocupación. Frodo parecía cansado, cansado hasta el agotamiento. No decía nada, en realidad casi no hablaba; tampoco se quejaba, pero caminaba como si soportara una carga cuyo peso aumentaba sin cesar; y se arrastraba con una lentitud cada vez mayor, al punto de que Sam tenía que rogarle a menudo a Gollum que esperase a fin de no dejar atrás al amo.

Frodo sentía, en efecto, que con cada paso que lo acercaba a las Puertas de Mordor, el Anillo, sujeto a la cadena que llevaba al cuello, se volvía más y más pesado. Y empezaba a tener la sensación de llevar a cuestas un verdadero fardo, cuyo peso lo vencía y lo encorvaba. Pero lo que más inquietaba a Frodo era el Ojo: así llamaba en su fuero íntimo a esa fuerza más insoportable que el peso del Anillo que lo obligaba a caminar encorvado. El Ojo: la creciente y horrible impresión de la voluntad hostil, decidida a horadar toda sombra de nube, de tierra y de carne para verlo: para inmovilizarlo con una mirada mortífera, desnuda, inexorable. ¡Qué tenues, qué frágiles y tenues eran ahora los velos que lo protegían! Frodo sabía bien dónde habitaba y cuál era el corazón de aquella voluntad: con tanta certeza como un hombre que sabe dónde está el sol, aun con los ojos cerrados. Estaba allí, frente a él, y esa fuerza le golpeaba la frente.

Gollum sentía sin duda algo parecido. Pero lo que acontecía en aquel corazón miserable, acorralado como estaba entre las presiones del Ojo, la codicia del Anillo ahora tan al alcance de la mano, y la promesa reticente y humillante que hiciera a medias bajo la amenaza de la espada, los hobbits no podían adivinarlo. Frodo no había pensado en eso en ningún momento. Y Sam, preocupado como estaba por su señor, casi no había reparado en la nube que le ensombrecía el corazón. Ahora caminaba detrás de Frodo, y observaba con mirada vigilante cada uno de sus movimientos, sosteniéndolo cuando vacilaba, procurando alentarlo, con palabras desmañadas.

Cuando despuntó por fin el día, los hobbits se sorprendieron al ver cuánto más próximas estaban ya las montañas infaustas. El aire era ahora más límpido y fresco, y aunque todavía lejanos, los muros de Mordor no parecían ya una amenaza nebulosa en el horizonte, sino unas torres negras y siniestras que se erguían del otro lado de un desierto tenebroso. Las tierras pantanosas terminaban transformándose paulatinamente en turberas muertas y grandes placas de barro seco y resquebrajado. Ante ellos el terreno se elevaba en largas cuchillas, desnudas y despiadadas, hacia el desierto que se extendía a las puertas de Sauron.

Mientras duró la luz grísea del alba, se agazaparon encogiéndose como gusanos debajo de una piedra negra, temiendo que el terror alado pasara nuevamente y los ojos crueles alcanzaran a verlos. Del resto de aquel día no les quedó en la memoria más que una sombra creciente de miedo. Durante dos noches más avanzaron penosamente por aquella tierra monótona y sin caminos. El aire, les parecía, se había vuelto más áspero, cargado de un vapor acre que los sofocaba y les secaba la boca.

Por fin, en la quinta mañana desde que se pusieran en camino con Gollum, se detuvieron una vez más. Ante ellos, negras en el amanecer, las cumbres se perdían en una alta bóveda de humo y nubarrones sombríos. De las faldas de las montañas, que se alzaban ahora a sólo una docena de millas, nacían grandes contrafuertes y colinas anfractuosas. Frodo miró en torno, horrorizado. Si las Ciénagas de los Muertos y los páramos secos de la Tierra-de-Nadie les habían parecido sobrecogedores, mil veces más horripilante era el paisaje que el lento amanecer develaba a los ojos entornados de los viajeros. Hasta el Pantano de las Caras Muertas llegaría acaso alguna vez un trasnochado espectro de verde primavera; pero estas tierras nunca más conocerían la primavera ni el estío. Nada vivía aquí, ni siquiera esa vegetación leprosa que se alimenta de la podredumbre. Cenizas y lodos viscosos de un blanco y un gris malsanos ahogaban las bocas jadeantes de las ciénagas, como si las entrañas de los montes hubiesen vomitado una inmundicia sobre las tierras circundantes. Altos túmulos de roca triturada y pulverizada, grandes conos de tierra calcinada y manchada de veneno, que se sucedían en hileras interminables, como obscenas sepulturas de un cementerio infinito, asomaban lentamente a la luz indecisa.

Habían llegado a la desolación que nacía a las puertas de Mordor: ese monumento permanente a los trabajos sombríos de muchos esclavos, y destinado a sobrevivir aun cuando todos los esfuerzos de Sauron se perdieran en la nada: una tierra corrompida, enferma sin la más remota esperanza de cura, a menos que el Gran Mar la sumergiera en las aguas del olvido.

—Me siento mal —dijo Sam. Frodo callaba.

Permanecieron allí unos instantes, como hombres a la orilla de un sueño en el que acecha una pesadilla, procurando no amilanarse, pero recordando que sólo atravesando la noche se llega a la mañana. La luz crecía alrededor. Las ciénagas ahogadas y los túmulos envenenados se recortaban ya nítidos y horribles. El sol, ahora alto, surcaba el cielo entre nubes y largos regueros de humo, pero la luz parecía impura y viciada, y no alegró los corazones de los hobbits. La sintieron hostil, pues les mostraba el desamparo en que estaban: pequeños fantasmas atribulados y errantes entre los túmulos de cenizas del Señor Oscuro.

Demasiado fatigados, buscaron un sitio donde descansar. Durante un rato estuvieron sentados y sin hablar a la sombra de un túmulo de escoria, pero los vapores fétidos les atacaban la garganta y los sofocaban. Gollum fue el primero en levantarse. Escupiendo y echando maldiciones, se puso de pie, y sin una palabra ni una mirada a los hobbits se alejó en cuatro patas. Frodo y Sam se arrastraron detrás, hasta que llegaron a un foso enorme y casi circular que se elevaba al oeste en un terraplén. Estaba frío y muerto y un cieno viscoso y multicolor rezumaba en el fondo. En ese agujero maligno se amontonaron, esperando que la sombra los protegiera de las miradas del Ojo.

El día transcurrió lentamente. La sed los atormentaba, pero apenas bebieron algunas gotas de las cantimploras. Las habían llenado por última vez en la garganta, que ahora, en el recuerdo, les parecía un remanso de paz y belleza. Los hobbits se turnaron para descansar. Tan agotados estaban, que al principio ninguno de los dos pudo dormir, pero cuando el sol empezó a descender a lo lejos, envuelto en nubes lentas, Sam se quedó dormido. A Frodo le tocó pues hacer la guardia. Apoyó la espalda contra la pared inclinada del foso, pero seguía sintiéndose como si llevara una carga agobiante. Alzó los ojos al cielo estriado de humo y vio fantasmas extraños, jinetes negros y rostros del pasado. Flotando entre el sueño y la vigilia, perdió la noción del tiempo, hasta que el olvido vino y lo envolvió.

Sam despertó bruscamente, con la impresión de que su amo lo estaba llamando. Era de noche. Frodo no podía haberlo llamado, porque se había quedado dormido, y había resbalado casi hasta el fondo del pozo. Gollum estaba junto a él. Por un instante Sam pensó que estaba tratando de despertar a Frodo; pero en seguida comprendió que no era así. Gollum estaba hablando solo. Sméagol discutía con un interlocutor imaginario que utilizaba la misma voz, sólo que la pronunciación era entrecortada y sibilante. Un resplandor pálido y un resplandor verde aparecían alternativamente en sus ojos mientras hablaba.

—Sméagol prometió —decía el primer pensamiento.

—Sí, sí, mi tesoro —fue la respuesta—, hemos prometido: para salvar nuestro Tesoro, para no dejar que lo tenga Él... nunca. Pero está yendo hacia Él, con cada paso se le acerca más. ¿Qué pensará hacer el hobbit, nos preguntamos, sí, nos preguntamos?

—No lo sé. Yo no puedo hacer nada. El amo lo tiene. Sméagol prometió ayudar al amo.

—Sí, sí, ayudar al amo: el amo del Tesoro. Pero si nosotros fuéramos el amo, podríamos ayudarnos a nosotros mismos, sí, y a la vez cumplir las promesas.

—Pero Sméagol dijo que iba a ser muy bueno, buenísimo. ¡Buen hobbit! Quitó la cuerda cruel de la pierna de Sméagol. Me habla con afecto.

—Ser muy bueno, buenísimo, ¿eh, mi tesoro? Seamos buenos, entonces, buenos como los peces, dulce tesoro, pero con nosotros mismos. Sin hacerle ningún daño al buen hobbit, naturalmente, no, no.

—Pero el Tesoro mantendrá la promesa —objetó la voz de Sméagol.

—Quítaselo entonces —dijo la segunda voz—, y será nuestro. Entonces, nosotros seremos el amo, ¡gollum! Haremos que el otro hobbit, el malo y desconfiado, se arrastre por el suelo, ¿sí, gollum?

—¿No al hobbit bueno?

—Oh, no, si eso nos desagrada. Sin embargo es un Bolsón, mi tesoro, un Bolsón. Y fue un Bolsón quien lo robó. Lo encontró y no dijo nada, nada. Odiamos a los Bolsones.

—No, no a este Bolsón.

—Sí, a todos los Bolsones. A todos los que retienen el Tesoro. ¡Tiene que ser nuestro!

—Pero Él verá, Él sabrá. ¡Él nos lo quitará!

—Él ve, Él sabe. Él nos ha oído hacer promesas tontas, contrariando sus órdenes, sí. Tenemos que quitárselo. Los Espectros buscan. Tenemos que quitárselo.

—¡No para Él!

—No, dulce tesoro. Escucha, mi tesoro: si es nuestro, podremos escapar, hasta de Él, ¿eh? Podríamos volvernos muy fuertes, más fuertes tal vez que los Espectros. ¿El Señor Sméagol? ¿Gollum, el Grande? ¡*El* Gollum! Comer pescado todos los días, tres veces al día, recién sacado del Mar. ¡Gollum el más precioso de los Tesoros! Tiene que ser nuestro. Lo queremos, lo queremos, ¡lo queremos!

—Pero ellos son dos. Despertarán demasiado pronto y nos matarán —gimió Sméagol en un último esfuerzo—. Ahora no. Todavía no.

—¡Lo queremos! Pero... —y aquí hubo una larga pausa, como si un nuevo pensamiento hubiera despertado—. Todavía no, ¿eh? Tal vez no. Ella podría ayudar. Ella podría, sí.

—¡No, no! ¡Así no! —gimió Sméagol.

—¡Sí! ¡Lo queremos! ¡Lo queremos!

Cada vez que hablaba el segundo pensamiento, la larga mano de Gollum se arrastraba lentamente, acercándose a Frodo, para apartarse luego de súbito, con un sobresalto, cuando volvía a hablar Sméagol. Finalmente los dos brazos, con los largos dedos flexionados y crispados, se acercaron a la garganta de Frodo.

Fascinado por esta discusión, Sam había permanecido acostado e inmóvil, pero espiando por entre los párpados entornados cada gesto y cada movimiento de Gollum. Como espíritu simple, había imaginado que el peligro principal era la voracidad de Gollum, el deseo de comer hobbits. Ahora caía en la cuenta de que no era así: Gollum sentía el terrible llamado del Anillo. *Él* era evidentemente el Señor Oscuro, pero Sam se preguntaba quién sería *Ella*. Una de las horrendas amigas que la miserable criatura había encontrado en sus vagabundeos, supuso. Pero al instante se olvidó del asunto pues las cosas habían ido sin duda demasiado lejos y estaban tomando visos peligrosos, pero se incorporó con un esfuerzo y logró sentarse. Algo le decía que tuviera cuidado y no revelara que había escuchado la discusión. Suspiró largamente y bostezó con ruido.

—¿Qué hora es? —preguntó con voz soñolienta.

Gollum dejó escapar entre dientes un silbido prolongado. Se irguió un momento, tenso y amenazador; luego se desplomó, cayó hacia adelante en cuatro patas, y echó a correr, reptando, hasta el borde del pozo.

—¡Buenos hobbits! ¡Buen Sam! —dijo—. ¡Cabezas soñolientas, sí, cabezas soñolientas! ¡Dejad que el buen Sméagol haga la guardia! Pero cac la noche. El crepúsculo avanza. Es hora de partir.

—¡Más que hora! —pensó Sam—. Y también hora de que nos separemos. Pero en el mismo instante se le cruzó la idea de que Gollum suelto y en libertad podía ser tan peligroso como yendo con ellos.— ¡Maldito sea! —masculló—. ¡Ojalá se ahogara! —Bajó la cuesta tambaleándose y despertó a su amo.

Cosa extraña. Frodo se sentía reconfortado. Había tenido un sueño. La sombra oscura había pasado, y una visión maravillosa lo había visitado en esta tierra infecta. No conservaba ningún recuerdo, pero a causa de esa visión se sentía animado y feliz. La carga parecía menos pesada ahora. Gollum lo saludó con la alegría de un perro. Reía y parloteaba, haciendo crujir los dedos largos y palmoteando las rodillas de Frodo. Frodo le sonrió.

—¡Coraje! —le dijo—. Nos has guiado bien y con fidelidad. Ésta es la última etapa. Condúcenos hasta la Puerta, y una vez allí no te pediré que des un paso más. Condúcenos hasta la Puerta, y serás libre de ir a donde quieras... excepto a reunirte con nuestros enemigos.

—¿Hasta la Puerta, eh? —chilló la voz de Gollum, al parecer con sorpresa y temor—. ¿Hasta la Puerta, dice el amo? Sí, eso dice. Y el buen Sméagol hace lo que el amo pide. Oh, sí. Pero cuando nos hayamos acercado, veremos tal vez, entonces veremos. Y no será nada agradable. ¡Oh no! ¡Oh no!

—¡Acaba de una vez! —dijo Sam—. ¡Ya basta!

La noche caía cuando se arrastraron fuera del foso y se deslizaron lentamente por la tierra muerta. No habían avanzado mucho y de pronto sintieron otra vez aquel temor que los había asaltado cuando la figura alada pasara volando sobre las ciénagas. Se detuvieron, agazapándose contra el suelo nauseabundo; pero no vieron nada en el sombrío cielo crepuscular, y pronto la amenaza pasó a gran altura enviada tal vez desde Barad-dûr con alguna misión urgente. Al cabo de un rato Gollum se levantó y reanudó la marcha en cuatro patas, mascullando y temblando.

Alrededor de una hora después de la medianoche, el miedo los asaltó por tercera vez, pero ahora parecía más remoto, como si volara muy por encima de las nubes, precipitándose a una velocidad terrible rumbo al oeste. Gollum sin embargo estaba paralizado de terror, convencido de que los perseguían, de que sabían dónde estaban.

—¡Tres veces! —gimoteó—. Tres veces es una amenaza. Sienten nuestra presencia. Sienten el Tesoro. El Tesoro es el amo para ellos. No podemos seguir adelante, no. ¡Es inútil, inútil!

De nada sirvieron ya los ruegos y las palabras amables. Y sólo cuando Frodo se lo ordenó, furioso, y echó mano a la empuñadura de la espada, Gollum se movió, otra vez. Se levantó al fin con un gruñido, y marchó delante de ellos como un perro apaleado.

Y así, tropezando y trastabillando, prosiguieron la marcha hasta el fatigoso término de la noche, hacia el amanecer de un nuevo día de terror, caminando en silencio con las cabezas gachas, sin ver nada, sin oír nada más que el silbido del viento.

3

LA PUERTA NEGRA ESTÁ CERRADA

Antes que despuntara el sol del nuevo día habían llegado al término del viaje a Mordor. Las ciénagas y el desierto habían quedado atrás. Ante ellos, sombrías contra un cielo pálido, las grandes montañas erguían las cabezas amenazadoras.

Mordor estaba flanqueada al oeste por la cordillera espectral de Ephel Dúath, las Montañas de la Sombra, y al norte por los picos anfractuosos y las crestas desnudas de Ered Lithui, de color gris ceniza. Pero al aproximarse las unas a las otras, estas cadenas de montañas, que eran en realidad sólo parte de una muralla inmensa que encerraba las llanuras lúgubres de Lithlad y Gorgoroth, y en el centro mismo el cruel mar interior de Núrnen, tendían largos brazos hacia el norte; y entre esos brazos corría una garganta profunda. Era Cirith Gorgor, el Paso de los Espectros, la entrada al territorio del Enemigo. La flanqueaban unos altos acantilados, y dos colinas desnudas y casi verticales de osamenta negra emergían de la boca de la garganta. En las crestas de esas colinas asomaban los Dientes de Mordor, dos torres altas y fuertes. Las habían construido los Hombres de Gondor en días muy lejanos de orgullo y grandeza, luego de la caída y la fuga de Sauron, temiendo que intentase rescatar el antiguo reino. Pero el poderío de Gondor declinó, y los hombres durmieron, y durante largos años las torres estuvieron vacías. Entonces Sauron volvió. Ahora, las torres de atalaya, en un tiempo ruinosas, habían sido reparadas, y las armas se guardaban allí, y las vigilaban día y noche. Los muros eran de piedra, y las troneras negras se abrían al norte, al este y al oeste, y en todas ellas había ojos avizores.

A la entrada del desfiladero, de pared a pared, el Señor Oscuro había construido un parapeto de piedra. En él había una única puerta de hierro, y en el camino de ronda los centinelas montaban guardia. Al pie de las colinas, de extremo a extremo, habían cavado en la roca centenares de cavernas y agujeros; allí aguardaba emboscado un ejército de orcos, listo para lanzarse afuera a una señal como hormigas negras que parten a la guerra. Nadie podía pasar por los Dientes de Mordor sin sentir la mordedura, a menos que fuese un invitado de Sauron, o conociera el santo y seña que abría el Morannon, la puerta negra.

Los dos hobbits escudriñaron con desesperación las torres y la muralla. Aun a la distancia alcanzaban a ver en la penumbra las idas y venidas de los centinelas negros por el adarve y las patrullas delante de la puerta. Echados en el suelo, miraban por encima del borde rocoso de una concavidad a la sombra del brazo más septentrional de Ephel Dúath. Un cuervo que a través del aire denso volara en línea recta, no necesitaría recorrer, quizá, más de doscientas varas para llegar desde el escondite de los hobbits hasta la cúspide de la torre más próxima, de la que se elevaba en espiral una leve humareda, como si un fuego lento ardiera en las entrañas de la colina.

Llegó el día, y el sol pajizo parpadeó sobre las crestas inánimes de Ered Lithui. Entonces, de improviso, resonó el grito de bronce de las trompetas: llamaban desde las torres; y de muy lejos, desde las fortalezas y avanzadas ocultas en las montañas, llegaban las respuestas; y más distantes aún, remotos pero profundos y siniestros, resonaban a través de las tierras cavernosas los ecos de los cuernos poderosos y los tambores de Barad-dûr. Un nuevo y tenebroso día de temor y penurias había amanecido para Mordor; los centinelas nocturnos eran llevados de vuelta a las mazmorras y cámaras subterráneas, y los guardias diurnos, malignos y feroces, venían a ocupar sus puestos. El acero relumbraba débilmente en los muros.

—¡Y bien, henos aquí! —dijo Sam—. He aquí la Puerta, y tengo la impresión de que no podremos ir más lejos. A fe mía, creo que el Tío tendría un par de cosas que decir, ¡si me viera aquí ahora! Decía siempre que yo terminaría mal, si no me cuidaba, eso decía. Pero ahora no creo que lo vuelva a ver, nunca más. Se perderá la oportunidad de decirme *Yo te lo decía, Sam*: tanto peor. Ojalá siguiera diciéndolo hasta que perdiera el aliento, si al menos pudiera ver otra vez esa cara arrugada. Pero antes tendría que lavarme, pues si no, no me reconocería.

"Supongo que es inútil preguntar 'A dónde vamos ahora'. No podemos seguir adelante... a menos que pidamos a los orcos que nos den una mano.

—¡No, no! —dijo Gollum—. Es inútil. No podemos seguir. Ya lo dijo Sméagol. Dijo: iremos hasta la Puerta, y entonces veremos. Y ahora vemos. Oh sí, mi tesoro, ahora vemos. Sméagol sabía que los hobbits no podían tomar este camino. Oh sí, Sméagol sabía.

—Entonces, ¿por qué rayos nos trajiste aquí? —prorrumpió Sam, que no se sentía de humor como para ser justo y razonable.

—El amo lo dijo. El amo dijo: Llévanos hasta la Puerta. Y el buen Sméagol hace lo que el amo dice. El amo lo dijo, el amo sabio.

—Es verdad —dijo Frodo, con expresión dura y tensa, pero resuelta. Estaba sucio, ojeroso y deshecho de cansancio, mas ya no se encorvaba, y tenía una mirada límpida—. Lo dije porque tengo la intención de entrar en Mordor, y no conozco otro camino. Por consiguiente iré por ese camino. No le pido a nadie que me acompañe.

—¡No, no, amo! —gimió Gollum, acariciando a Frodo con sus manazas, y al parecer muy afligido—. ¡Por este lado es inútil! ¡Inútil! ¡No le lleves a Él el Tesoro! Nos comerá a todos, si lo tiene, se comerá a todo el mundo. Consérvalo, buen amo, y sé bueno con Sméagol. No permitas que Él lo tenga. O vete lejos de aquí, ve a sitios agradables, y devuélvelo al pequeño Sméagol. Sí, sí, amo: devuélvelo, ¿eh? Sméagol lo guardará en un sitio seguro; hará mucho bien, especialmente a los buenos hobbits. Hobbits, volveos. ¡No vayáis a la Puerta!

—Tengo la orden de ir a las tierras de Mordor, y por lo tanto iré —dijo Frodo—. Si no hay más que un camino, tendré que tomarlo. Suceda lo que suceda.

Sam se quedó callado. La expresión del rostro de Frodo era suficiente para él; sabía que todo cuando pudiera decirle sería inútil. Al fin y al cabo, él nunca había puesto ninguna esperanza en el éxito de la empresa; pero era un hobbit vehemente y temerario y no necesitaba esperanzas, mientras pudiera retrasar la desesperanza. Ahora habían llegado al amargo final. Pero él no había abandonado a su señor ni un solo instante; para eso había venido, y no pensaba abandonarlo ahora. Frodo no iría solo a Mordor. Sam iría con él... y en todo caso, al menos se verían por fin libres de Gollum.

Gollum, sin embargo, no tenía ningún interés en que se libraran de él, al menos por el momento. Se arrodilló a los pies de Frodo, retorciéndose las manos y lloriqueando.

—¡No por este camino, mi amo! —suplicó—. Hay otro camino. Oh sí, de verdad, hay otro. Otro camino más oscuro, más difícil de encontrar, más secreto. Pero Sméagol lo conoce. ¡Deja que Sméagol te lo muestre!

—¡Otro camino! —dijo Frodo en tono dubitativo, escrutando el rostro de Gollum.

—¡Sssí! Sssí, ¡de verdad! *Había* otro camino. Sméagol lo descubrió. Vayamos a ver si todavía está.

—No dijiste nada de ese camino, antes.

—No. El amo no preguntó. El amo no dijo lo que quería hacer. No le dice nada al pobre Sméagol. Dice: Sméagol, llévame hasta la Puerta... y luego ¡adiós! Sméagol puede marcharse y ser bueno. Pero ahora le dice: pienso entrar en Mordor por este camino. Y entonces Sméagol tiene mucho miedo. No desea perder al buen amo. Y él prometió, el amo le hizo prometer que salvaría el Tesoro. Pero el amo se lo llevará a Él, directamente a la Mano Negra, si va por este camino. Entonces Sméagol piensa en otro camino, de mucho tiempo atrás. Buen amo. Sméagol muy bueno, siempre ayuda.

Sam arrugó el entrecejo. Si hubiera podido, habría atravesado a Gollum con los ojos. Tenía muchas dudas. En apariencia Gollum estaba sinceramente afligido, y deseaba ayudar a Frodo. Pero a Sam, recordando la discusión que había escuchado a hurtadillas, le costaba creer que el Sméagol largamente sumergido hubiese salido a la superficie; esta voz, en todo caso, no era la que había dicho la última palabra en la discusión. Lo que Sam sospechaba era que las dos mitades, Sméagol y Gollum (que él llamaba para sus adentros el Bribón y el Adulón), habían pactado una tregua y una alianza temporaria: ninguno de los dos quería que el Anillo fuese a parar a manos del Enemigo; ambos querían evitar que Frodo cayese prisionero, para poder vigilarlo ellos mismos tanto tiempo como fuera posible... al menos mientras Adulón tuviese la posibilidad de recuperar el "Tesoro". De que hubiera realmente otro camino a Mordor, Sam no estaba seguro.

—Y es una suerte que ninguna de las mitades de este viejo bribón conozca las intenciones del amo —se dijo—. Si supiera que el señor Frodo se propone acabar de una vez por todas con el Tesoro, apuesto a que muy pronto se armaría la gorda. Como quiera que sea, el viejo Adulón le tiene tanto miedo al Enemigo (y está o estuvo de algún modo bajo sus órdenes) que preferiría entregarnos a Él a que lo atrapen ayudándonos, y a que fundan el Tesoro, quizá. Ésta es mi opinión, por lo menos. Y espero que el amo lo piense con cuidado. Es tan sagaz como cualquiera, pero tiene un corazón demasiado tierno, eso es lo que pasa. ¡Y lo que vaya a hacer ahora está más allá del entendimiento de un Gamyi!

Frodo no le respondió a Gollum en seguida. Mientras estas dudas pasaban por el cerebro lento pero perspicaz de Sam, había estado mirando los acantilados oscuros que flanqueaban el Cirith Gorgor. La hoya en que se habían refugiado estaba excavada en el flanco de una loma, un poco por encima de un largo valle atrincherado que se abría entre la colina y las estribaciones de la montaña. En el centro del valle se alzaban los cimientos negros de la torre de atalaya occidental. Ahora, a la luz de la mañana, podían verse claramente los caminos que convergían hacia la Puerta de Mordor, pálidos y polvorientos; uno serpenteaba en dirección al norte; otro se perdía en el este entre las nieblas que flotaban en las faldas de Ered Lithui; el tercero venía hacia ellos. Luego de describir una curva brusca alrededor de la torre, se internaba en una garganta angosta y pasaba no muy lejos de la hondonada.

A la derecha giraba hacia el oeste, bordeando las estribaciones montañosas, y hacia el sur desaparecía en las sombras que envolvían las laderas occidentales de Ephel Dúath; más allá de donde alcanzaba la vista, se internaba en la estrecha lengua de tierra que corría entre las montañas y el Río Grande.

Mientras miraba en esa dirección, Frodo advirtió que había mucho movimiento y agitación en la llanura. Se hubiera dicho que ejércitos enteros estaban en marcha, aunque ocultos en parte por los vahos y humaredas que el viento traía a la deriva desde las ciénagas y desiertos lejanos. No obstante, vislumbraba aquí y allá el centelleo de las lanzas y los yelmos; y por los terraplenes vecinos a las carreteras se veían jinetes que cabalgaban en compañías numerosas. Recordó la visión que había tenido en lo alto del Amon Hen, hacía apenas unos días, aunque ahora le parecieran años. Y supo entonces que la esperanza que en un raro momento le había encendido el corazón era vana. Las trompetas no habían tronado en son de desafío sino de bienvenida. No era éste un ataque al Señor Oscuro organizado por los Hombres de Gondor que como espectros vengadores habían salido de las tumbas de los héroes desaparecidas hacía tiempo. Estos eran Hombres de otra raza, venidos de las vastas comarcas del este, que acudían al llamado del Soberano; ejércitos que, luego de acampar por la noche ante la Puerta, entraban en la fortaleza para engrosar aquel poderío avasallador. Como si de súbito tomara conciencia cabal del peligro que corrían, solos, a la creciente luz de la mañana, tan al alcance de esa inmensa amenaza, Frodo se cubrió prestamente la cabeza con el frágil capuchón y descendió al valle. Luego se volvió hacia Gollum.

—Sméagol —le dijo—. Confiaré en ti una vez más. Se diría en verdad que he de hacerlo, y que es mi destino recibir ayuda de ti cuando menos la busco, y el tuyo ayudar a quien tanto tiempo perseguiste con designios perversos. Hasta ahora has merecido mi confianza, y has mantenido fielmente tu promesa. Fielmente, digo y creo —agregó mirando a Sam de soslayo—, pues dos veces nos tuviste a tu merced y no nos hiciste daño alguno. Tampoco has intentado quitarme lo que antes codiciabas. ¡Ojalá esta tercera prueba sea la mejor! Pero te lo advierto, estás en peligro.

—¡Sí, sí, amo! —dijo Gollum—. ¡Un peligro terrible! Los huesos de Sméagol tiemblan al pensarlo, pero él no huye. Él tiene que ayudar al buen amo.

—No me refería al peligro que todos compartimos —dijo Frodo—. Hablo de un peligro que sólo tú corres. Juraste cumplir una promesa por eso que llamas el Tesoro. ¡Recuérdalo! Te obligará a cumplirla, pero tratará de volverla contra ti para destruirte. Ya ha empezado a volverla contra ti. Tú mismo te delataste hace un momento por atolondrado. *Devuélveselo a Sméagol,* dijiste. ¡No lo digas nunca más! ¡No dejes que ese pensamiento crezca en ti! Nunca podrás recuperarlo. Pero la codicia que sientes por él puede traicionarte y arrastrarte a la desgracia. Nunca podrás recuperarlo. Como último recurso, Sméagol, yo me pondré el Tesoro; y el Tesoro te dominó hace mucho tiempo. Si entonces yo te diese una orden, tendrías que obedecerla, aunque dijera que saltaras al fuego desde un precipicio y ésa sería mi orden. ¡Así que ten cuidado, Sméagol!

Sam le lanzó a Frodo una mirada de aprobación, pero a la vez de sorpresa: había algo en la expresión del rostro y en el tono de la voz de Frodo que él nunca había conocido antes. Siempre había pensado que la bondad de su querido señor Frodo era tal que entrañaba una considerable dosis de ceguera. Por supuesto, siempre había sostenido a pie juntillas la creencia incompatible de que el señor Frodo era la persona más sabia del mundo (con la posible excepción del anciano señor Bilbo y de Gandalf). Gollum a su modo (y con muchas más disculpas, pues su relación con Frodo era tanto más reciente) debía de haber cometido el mismo error, confundiendo bondad con ceguera. En todo caso, este discurso lo había apabullado y aterrorizado. Se arrastraba por el suelo y era incapaz de pronunciar palabras más inteligibles que *buen amo.*

Frodo esperó pacientemente, y luego volvió a hablar, en tono menos severo.

—A ver, Gollum, o Sméagol si prefieres, háblame de ese otro camino, y muéstrame qué esperanzas podemos poner en él, y si justifican que me desvíe del rumbo elegido. Tengo prisa.

Pero el estado de Gollum era deplorable; la amenaza de Frodo lo había desarmado por completo. No fue fácil obtener de él una explicación clara, entre balbuceos y gemidos, y las frecuentes interrupciones en las que se retorcía por el suelo y les suplicaba que fuesen buenos con el "pobrecito Sméagol". Al cabo de un rato se tranquilizó un poco, y Frodo pudo al fin sacar en limpio, pedazo a pedazo, que si un viajero seguía el camino que giraba hacia el oeste de Ephel Dúath, llegaría en cierto momento a una encrucijada en un círculo de árboles sombríos. A la derecha, un camino descendía hasta Osgiliath y los puentes del Anduin; en el centro, el camino continuaba hacia el sur.

—Continúa, continúa y continúa —dijo Gollum—. Nunca fuimos por ese camino, pero dicen que continúa así un centenar de leguas hasta que se ven las Grandes Aguas que nunca están quietas. Hay muchos peces allí, y grandes pájaros que se comen los peces: pájaros buenos; pero nosotros nunca estuvimos allí, ¡ay, no! Nunca tuvimos la oportunidad. Y más lejos aún hay otras tierras, dicen, dicen, pero allí la Cara Amarilla es muy caliente, y casi nunca hay nubes, y los hombres son feroces y tienen la cara negra. Nosotros no queremos ver esa región.

—¡No! —dijo Frodo—. Pero no te alejes de lo que importa. ¿Y el tercer camino?

—Oh sí, oh sí, hay un tercer camino —dijo Gollum—. Es el de la izquierda. Ni bien comienza empieza a trepar, a trepar, y serpentea y vuelve siempre trepando hacia las sombras altas. Cuando pasas el recodo de la roca negra, la ves, la ves de pronto; allá arriba, sobre tu cabeza, y entonces quieres esconderte.

—La ves, la ves... ¿Qué ves?

—La antigua fortaleza, muy vieja, muy horrible hoy. Oíamos entonces historias del Sur, cuando Sméagol era joven, hace mucho tiempo. Oh sí, nos contaban montones de cuentos por la noche, sentados junto a las orillas del Río Grande, en los saucedales, cuando también el Río era más joven, ¡gollum, gollum! —Gollum empezó a llorar y balbucear. Los hobbits esperaron con paciencia.

—Historias del Sur —siguió diciendo Gollum— acerca de los Hombres altos de ojos brillantes, y de casas como colinas de piedra, la corona de plata del Rey y el Árbol Blanco: cuentos maravillosos. Levantaban torres altísimas, y una de ellas era blanca como la plata, y allí había una piedra parecida a la luna, rodeada de grandes muros blancos. Oh sí, había muchas historias acerca de la Torre de la Luna.

—Ésa ha de ser Minas Ithil, construida por Isildur el hijo de Elendil —dijo Frodo—. Fue Isildur quien le cortó el dedo al Enemigo.

—Sí, Él tiene sólo cuatro dedos en la Mano Negra, pero le bastan —dijo Gollum estremeciéndose—. Y Él odiaba la ciudad de Isildur.

—¿Qué es lo que él no odia? —dijo Frodo—. Pero ¿qué tiene que ver con nosotros la Torre de la Luna?

—Bueno, amo, allí estaba, y aún está allí: la torre alta y las casas blancas y el muro; pero no agradables ahora, no hermosas. Él las conquistó hace mucho tiempo. Es un lugar terrible ahora. Los viajeros tiemblan al verlo, se ocultan, evitan la sombra de los muros. Pero el amo tendrá que ir por ese camino. Ése es el único otro camino. Porque allí las montañas son más bajas, y el viejo camino sube y sube, hasta llegar en la cima a una garganta sombría, y luego desciende, desciende otra vez... hasta Gorgoroth. —La voz se perdió en un susurro y Gollum se estremeció de nuevo.

—¿Pero de qué nos servirá? —preguntó Sam—. Sin duda el Enemigo conoce palmo a palmo todas esas montañas, y es seguro que en ese camino hay tantos vigías como aquí. La torre no está vacía, ¿verdad?

—¡Oh no, vacía no! —murmuró Gollum—. Parece vacía, pero no lo está, ¡oh no! Criaturas muy terribles viven en ella. Orcos sí, siempre orcos; pero cosas peores; también viven allí cosas peores. El camino trepa en línea recta bajo la sombra de los muros y pasa por la puerta. Nada puede acercarse por el camino sin que ellos lo noten. Las criaturas de allí dentro lo saben: los Centinelas Silenciosos.

—Así que ése es tu consejo —dijo Sam—, que emprendamos otra interminable caminata hacia el sur, para encontrarnos nuevamente en este mismo brete, o quizá en otro peor, cuando lleguemos allí, si alguna vez llegamos.

—No, no, claro que no —dijo Gollum—. Los hobbits tienen que verlo, tratar de comprender. Él no espera un ataque por ese lado. El Ojo de Él está en todas partes, pero a algunos sitios llega más que a otros. Entendedlo, Él no puede verlo todo al mismo tiempo, todavía no. Ha conquistado todos los territorios al oeste de las Montañas de las Sombras, hasta el Río, y domina los puentes. Cree que nadie podrá llegar a la Torre de la Luna sin librar una batalla en los puentes, o sin traer cantidades de embarcaciones imposibles de ocultar y que Él descubriría.

—Pareces saber mucho acerca de lo que Él hace y piensa —dijo Sam—. ¿Has estado hablando con Él recientemente? ¿O te has codeado con los orcos?

—No bueno el hobbit, no sensato —dijo Gollum, lanzándole a Sam una mirada furiosa y volviéndose a Frodo—. Sméagol ha hablado con los orcos, claro que sí, antes de encontrar al amo, y con mucha gente: ha caminado mucho y lejos. Y lo que ahora dice, lo dice mucha gente. Aquí en el Norte está ese gran peligro que lo amenaza a Él, y también a nosotros. Un día saldrá por la Puerta Negra, un día muy cercano. Ése es el único camino por el que pueden venir los grandes ejércitos. Pero allá, en el oeste, Él no teme nada, y allí están los Centinelas Silenciosos.

—¡Exactamente! —replicó Sam, que no era nada fácil de convencer—. Sólo tenemos que subir y llamar a la puerta de la Torre y preguntar si ése es el camino que lleva a Mordor. ¿O son demasiado silenciosos para responder? Esto no tiene ni pies ni cabeza. Tanto valdría probar aquí, y ahorrarnos una larga caminata.

—No hagas bromas sobre eso —siseó Gollum—. No le veo ninguna gracia. ¡Oh no! No es divertido. No tiene ni pies ni cabeza tratar de llegar a Mordor. Pero si el amo dice *He de ir* o *Iré*, entonces tiene que buscar algún camino. Pero no ir a la ciudad terrible. Oh no, claro que no. Aquí es donde Sméagol ayuda, buen Sméagol, aunque nadie le dice de qué se trata. Sméagol ayuda otra vez. Él lo descubrió. Él lo conoce.

—¿Qué descubriste? —preguntó Frodo.

Gollum se enroscó sobre sí mismo y bajó la voz hasta que habló en un susurro. —Un pequeño sendero que sube hasta las montañas; y a continuación una escalera, una escalera estrecha. Oh sí, muy larga y muy estrecha. Y después —la voz bajó aún más— un túnel, un túnel oscuro; y por último una hendidura, una pequeña hendidura, y un sendero muy por encima del paso principal. Fue por ese camino por donde

Sméagol salió de las tinieblas. Pero eso sucedió hace muchos años. El sendero puede haber desaparecido desde entonces; pero tal vez no, tal vez no.

—No me gusta nada como suena todo eso —dijo Sam—. Suena demasiado fácil, al menos en palabras. Si el sendero existe todavía, también ha de estar vigilado. ¿No estaba vigilado, Gollum? —Mientras decía estas palabras, vio, o creyó ver, un resplandor verde en la mirada de Gollum. Gollum masculló, y no dijo nada.

—¿No está vigilado? —preguntó Frodo con voz severa—. ¿Y tú *escapaste* de las tinieblas, Sméagol? ¿No habrá sido más bien que te dejaron partir, con una misión? Eso era al menos lo que pensaba Aragorn, que te encontró cerca de las Ciénagas de los Muertos hace algunos años.

—¡Mentira! —siseó Gollum, y un resplandor maligno le cruzó los ojos cuando oyó el nombre de Aragorn—. Mintió, sí, mintió. Es verdad que escapé, solo y sin ayuda, pobre de mí. Es verdad que me encomendaron que buscara el Tesoro, y lo he buscado y buscado, seguro que sí. Pero no para Él, no para el Oscuro. El Tesoro era nuestro, era mío, te dije. Yo me escapé.

Frodo tuvo una extraña certeza: que Gollum por una vez no estaba tan lejos de la verdad como se podría sospechar, que de algún modo había llegado a encontrar la manera de salir de Mordor y que atribuía el hallazgo a su propia astucia. Notó, en todo caso, que Gollum había utilizado el *yo*, lo que era de algún modo un signo, las raras veces que aparecía, de que en ese momento predominaban los restos de una veracidad y sinceridad de otros tiempos. Pero aunque en este aspecto se pudiera confiar en Gollum, Frodo no olvidaba la astucia del Enemigo. La "evasión" bien podía haber sido permitida o arreglada, y perfectamente conocida en la Torre Oscura. Y en todo caso, no cabía duda de que Gollum callaba muchas cosas.

—Vuelvo a preguntarte —dijo—: ¿no está vigilado ese camino secreto?

Pero el nombre de Aragorn había puesto de mal talante a Gollum. Tenía todo el aire ofendido de un mentiroso de quien se sospecha que está mintiendo, cuando por una vez ha dicho la verdad, o parte de ella. No contestó.

—¿No está vigilado? —repitió Frodo.

—Sí, sí, tal vez. Ningún lugar es seguro en esta región —dijo Gollum malhumorado—. Ningún lugar es seguro. Pero el amo tiene que intentarlo o volverse atrás. No hay otro camino. —No consiguieron hacerle decir otra cosa. El nombre del paraje peligroso y del paso alto, no pudo, o no quiso decirlo.

Era Cirith Ungol, un nombre de siniestra memoria. Quizá Aragorn hubiera podido decirles este nombre y explicarles su significado; Gandalf los habría puesto en guardia. Pero estaban solos, y Aragorn se encontraba lejos, y Gandalf estaba entre las ruinas de Isengard, en lucha con Saruman, retenido por traición. No obstante, en el momento mismo en que decía a Saruman unas últimas palabras, y el *palantir* se desplomaba en llamas sobre las gradas de Orthanc, los pensamientos de Gandalf volvían sin cesar a Frodo y Sam; a través de las largas leguas los buscaba siempre con esperanza y compasión.

Quizá Frodo lo sentía, sin saberlo, como lo había sentido en el Amon Hen, aunque creyera que Gandalf había partido, partido para siempre a las sombras de la Moria distante. Durante largo rato permaneció sentado en el suelo, en silencio, cabizbajo, tratando de recordar todo cuanto le dijera Gandalf. Mas con respecto a esta elección no podía recordar ningún consejo. En verdad, la guía de Gandalf les había sido arrebatada demasiado pronto, cuando el País Oscuro estaba aún lejano. Cómo harían para entrar por fin en él, Gandalf no lo había dicho. Tal vez no lo supiera. En una oportunidad se había aventurado a entrar en la fortaleza Enemiga del Norte. Pero ¿había viajado alguna vez a Mordor, a la Montaña de Fuego y a Barad-dûr desde que el Señor Oscuro recobrara el poder? Frodo no lo creía. Y ahora él, un pequeño Mediano de la Comarca, un simple hobbit de la apacible campiña, estaba aquí ¡obligado a encontrar un camino que los mayores no podían o no se atrevían a transitar! Triste destino el suyo. Pero Frodo ya lo había aceptado en su propia salita en la remota primavera de otro año, tan remota que le parecía un capítulo en la historia de la juventud del mundo, cuando los Árboles de Plata y de Oro todavía estaban en flor. Era una elección nefasta. ¿Qué camino elegir? Y si ambos conducían al terror y a la muerte, ¿de qué le valía elegir?

Avanzaba el día. Un silencio profundo cayó sobre el pequeño hueco gris en que yacían tendidos, tan cercano a las orillas del reino del terror: un silencio palpable, como un velo espeso, que los separara del mundo circundante. Allá arriba una cúpula de cielo pálido, con estrías de un humo fugitivo, parecía alta y lejana, como si la observaran a través de profundos abismos de aire, cargado de inquietos pensamientos. Ni aun un águila volando contra el sol habría reparado en los hobbits sentados allí, bajo el peso del destino, silenciosos e inmóviles, envueltos en los delgados mantos grises. Acaso se habría detenido un instante a examinar a Gollum, una figura minúscula, inerte contra el suelo: quizá eso que allí yacía era el esqueleto enflaquecido de un niño humano, las ropas en harapos aún adheridas al cuerpo, los brazos y piernas largos y blancos y resecos como huesos; de carne, ni un mísero bocado.

Frodo tenía la cabeza inclinada y apoyada sobre las rodillas, pero Sam, recostado de espaldas, con las manos detrás de la cabeza, contemplaba por debajo del capuchón el cielo desierto. O por lo menos estuvo desierto un rato. De pronto creyó ver la forma oscura de un pájaro que revoloteaba en círculos, se cernía sobre ellos, y se alejaba otra vez. Otras dos la siguieron, y luego una cuarta. A simple vista, parecían muy pequeñas, pero algo le decía a Sam que eran enormes, de alas inmensas, y que volaban a gran altura. Se tapó los ojos e inclinó el cuerpo hacia adelante, acurrucándose. Sentía el mismo temor premonitorio que había conocido en presencia de los Jinetes Negros, aquel horror irremediable que llegara con el grito en el viento y la sombra sobre la luna, aunque ahora no era tan aplastante y compulsivo: la amenaza parecía más remota. Pero era una amenaza. También Frodo la sintió, e interrumpió sus meditaciones. Se movió y se estremeció, pero no levantó la cabeza. Gollum se enroscó sobre sí mismo como una araña acorralada. Las figuras aladas giraron, y en rápido descenso partieron como flechas rumbo a Mordor.

—Los Jinetes andan otra vez por aquí, en el aire —dijo

Sam en un ronco murmullo—. Yo los vi. ¿Cree que ellos nos habrán visto? Volaban muy alto. Si son los mismos Jinetes Negros no ven mucho a la luz del día, ¿verdad?

—No, tal vez no —respondió Frodo—. Pero los corceles podían ver. Y estas criaturas aladas en que ahora cabalgan tienen la vista más aguda que cualquiera otra. Son como grandes aves de rapiña. Algo andan buscando: el Enemigo está en guardia, me temo.

El sentimiento de terror pasó, pero el silencio que los envolvía se había roto. Durante un tiempo habían estado aislados del mundo, como en una isla invisible; ahora estaban de nuevo al desnudo, el peligro había retornado. Pero Frodo seguía sin hablarle a Gollum, y aún no se había decidido. Tenía los ojos cerrados, como si soñara, o se escudriñase interiormente el corazón y la memoria. Por fin se movió, se puso de pie, y pareció que iba a hablar y decidir.

—¡Escuchad! —dijo en cambio—. ¿Qué es esto?

Un nuevo temor cayó sobre ellos. Oyeron cantos y gritos roncos. Al principio parecían lejanos, pero se acercaban hacia ellos. A los tres los asaltó la idea de que las Alas Negras los habían descubierto y habían enviado hombres armados a capturarlos; nada era nunca demasiado rápido para aquellos terribles servidores de Sauron. Se acurrucaron, escuchando. Las voces y el ruido metálico de las armas y los arneses se oían ahora muy cerca. Frodo y Sam desenvainaron las pequeñas espadas. Huir era imposible.

Gollum se incorporó lentamente y trepó como un insecto hasta el reborde del hueco. Con extrema cautela, pulgada por pulgada, se encaramó hasta poder mirar hacia abajo entre dos aristas de la piedra. Allí estuvo inmóvil un tiempo, sin hacer ningún ruido. Pronto las voces comenzaron a alejarse otra vez, hasta extinguirse poco a poco. Un cuerno sonó a lo lejos en las murallas del Morannon. Entonces Gollum se retiró en silencio y se deslizó nuevamente en el agujero.

—Más Hombres que van a Mordor —dijo en voz baja—. Caras oscuras. Nunca vimos Hombres como éstos hasta ahora. No, Sméagol nunca los vio. Parecen feroces. Tienen los ojos negros, largos cabellos negros, y aros de oro en las orejas: sí, montones de oro muy bello. Y algunos tienen pintura roja en las mejillas, y mantos rojos; y los estandartes son rojos, y también las puntas de las lanzas; y llevan escudos redondos, amarillos y negros con grandes clavijas. No buenos: Hombres malos muy crueles, parecen. Casi tan malvados como los orcos, y mucho más grandes. Sméagol piensa que vienen del Sur, de más allá del extremo del Río Grande: llegaban por ese camino. Iban todos hacia la Puerta Negra; pero otros podrían venir detrás. Siempre más gente llegando a Mordor. Un día todos estarán adentro.

—¿Había algún Olifante? —preguntó Sam, olvidándose del miedo, ávido de noticias de países extraños.

—No, no, ningún Olifante. ¿Qué son los Olifantes? —dijo Gollum.

Sam se levantó, y poniéndose las manos en la espalda (como siempre cuando "decía poesía"), declamó:

> Gris como una rata,
> grande como una casa,
> la nariz de serpiente,
> hago temblar la tierra
> cuando piso la hierba;
> y los árboles crujen.
> Con cuernos en la boca
> por el Sur voy moviendo
> las inmensas orejas.
> Desde años sin cuento,
> marcho de un lado a otro,
> y ni para morir
> en la tierra me acuesto.
> Yo soy el Olifante,
> el más grande de todos,
> viejo, alto y enorme.
> Si alguna vez me ves,
> no podrás olvidarme.
> Y si nunca me encuentras
> no pensarás que existo.
> Soy el viejo Olifante,
> el que nunca se acuesta.

—Éste —dijo Sam cuando hubo terminado de recitar—, éste es uno de los poemas que se dicen en la Comarca. Puede que sean tonterías, puede que no. Pero te diré una cosa, nosotros tenemos nuestras historias, y noticias del Sur. En los viejos tiempos los hobbits partían de viaje de tanto en tanto. No eran muchos los que regresaban, y no siempre la gente creía lo que decían: *noticias de Bree* y *no tan seguras como las habladurías de la Comarca*, como se suele decir. Pero yo he escuchado historias de la Gente Grande de allá lejos, de las Tierras del Sur. Endrinos los llamamos en nuestras historias; y montan Olifantes cuando luchan, según dicen. Ponen casas y torres sobre las grupas de los Olifantes y se arrojan rocas y árboles unos a otros. Por eso cuando tú dijiste: "Hombres que vienen del Sur, todos de rojo y oro", yo te pregunté: "¿Había algún Olifante?", porque si los hay, peligro o no peligro, iré a echar una ojeada. Pero ahora supongo que nunca en mi vida veré un Olifante. Tal vez ese animal no exista. —Sam suspiró.

—No, nunca, ningún Olifante —repitió Gollum—. Sméagol no ha oído hablar de ellos. No quiere verlos. No quiere que existan. Sméagol quiere irse de aquí y esconderse en un lugar seguro. Sméagol quiere que el amo se vaya. Buen amo, ¿no te irás con Sméagol?

Frodo se levantó. Aunque estaba muy preocupado, se había reído de buena gana cuando Sam sacó a relucir el viejo poema del *Olifante*, y esa risa había puesto fin a sus titubeos.

—Ojalá tuviéramos un millar de Olifantes, y a Gandalf a la cabeza montado en uno blanco —dijo—. Entonces podríamos tal vez abrirnos paso en esa tierra maldita. Pero no los tenemos; sólo contamos con nuestras pobres piernas fatigadas, y nada más. Y bien, Sméagol, esta alternativa puede ser la mejor. Iré contigo.

—¡Amo bueno, amo sabio, querido amo! —exclamó Gollum radiante de alegría, palmoteando las rodillas de Frodo—. ¡Buen amo! Entonces, ahora descansad, queridos hobbits, a la sombra de las piedras, ¡muy cerca de las piedras! Descansad y quedaos tranquilos, hasta que la Cara Amarilla se haya marchado. Partiremos entonces. ¡Tenemos que ser sigilosos y rápidos como sombras!

4

HIERBAS AROMÁTICAS Y GUISO DE CONEJO

Descansaron durante las pocas horas de luz que aún quedaban, corriéndose a medida que el sol se movía, hasta que la sombra de la cresta del valle se alargó por fin, y el hueco todo se pobló de oscuridad. Entonces comieron un poco, y bebieron unos sorbos. Gollum no quiso comer, pero aceptó el agua de buena gana.

—Pronto conseguiremos más —dijo, lamiéndose los labios—. Corre agua buena por los arroyos que van al Río Grande, hay agua sabrosa en las tierras a donde vamos. Allí Sméagol también conseguirá comida, tal vez. Tiene mucha hambre, sí, ¡gollum! —Se llevó las manazas al vientre encogido, y una débil luz verde le animó los ojos.

La oscuridad era profunda cuando por fin se pusieron en marcha, deslizándose por encima de la pared del valle, y desvaneciéndose como fantasmas en las tierras accidentadas que se extendían más allá del camino. Era la tercera noche de plenilunio, pero la luna no asomó por encima de las montañas hasta pasada la medianoche, y en esas primeras horas la oscuridad era casi impenetrable. Excepto una luz roja encendida en lo alto de las Torres de los Dientes, no se veía ni oía ningún otro indicio de la insomne vigilancia mantenida sobre el Morannon.

Durante muchas millas, mientras huían tropezando a través de un campo yermo y pedregoso, tuvieron la impresión de que el ojo rojo no dejaba de observarlos. No se atrevían a marchar por el camino, pero procuraban no alejarse de él, siguiendo sus sinuosidades por la izquierda lo mejor que podían. Por fin, cuando la noche envejecía y el cansancio empezaba a vencerlos, pues sólo habían hecho un breve alto, el ojo se empequeñeció, fue una punta de fuego, y desapareció al fin: habían bordeado el oscuro rellano septentrional de las montañas más bajas y ahora iban hacia el sur.

Con el corazón extrañamente aligerado volvieron a descansar, mas no por mucho tiempo. Gollum opinaba que la marcha era demasiado lenta. Según él había casi treinta leguas desde el Morannon hasta la encrucijada en lo alto del Osgiliath, y esperaba que cubrieran esa distancia en cuatro etapas. De modo que pronto reanudaron la penosa caminata, hasta que el alba se extendió lentamente en la vasta soledad gris. Para ese entonces habían recorrido ya casi ocho leguas, y los hobbits no podían ir más allá, aun cuando se hubiesen atrevido.

La luz creciente les descubrió una región ya menos yerma y estragada. A la izquierda, las montañas se erguían aún amenazantes, pero ya alcanzaban a ver el camino del sur, que ahora se alejaba de las raíces negras de las colinas y descendía hacia el oeste. Más allá, las pendientes estaban cubiertas de árboles sombríos, como nubes oscuras, pero alrededor crecía un tupido brezal de retamas, cornejos y otros arbustos desconocidos. Aquí y allá asomaban unos pinos altos. Los corazones de los hobbits parecieron reanimarse: el aire, fresco y fragante, les trajo el recuerdo de allá lejos, de las tierras altas de la Cuaderna del Norte. Era una felicidad que se les concediera aquella tregua, y un placer pisar un suelo que el Señor Oscuro dominaba desde hacía sólo pocos años, y aún no había caído en la ruina total. No se olvidaron, sin embargo, del peligro que los amenazaba, ni tampoco de la Puerta Negra, muy cercana aún, por oculta que estuviese detrás de aquellas elevaciones lúgubres. Observaron los alrededores en busca de un sitio donde ocultarse de los ojos maléficos mientras durase la luz.

El día transcurrió, inquietante. Tendidos en la espesura del brezal, contaban las horas lentas, y les parecía que poco o nada cambiaba; se encontraban aún bajo la sombra de Ephel Dúath, y el sol estaba velado. Frodo dormía por momentos, profunda y apaciblemente, ya fuera porque confiaba en Gollum o porque estaba demasiado cansado para preocuparse; pero Sam a duras penas conseguía dormitar, aun en los momentos en que Gollum dormía visiblemente a pierna suelta, resoplando y contrayéndose en sueños secretos. El hambre acaso, más que la desconfianza, lo mantenía despierto; había empezado a añorar una buena comida casera, "un bocado caliente sacado de la olla".

Tan pronto como la tierra fue sólo una extensión gris con la proximidad de la noche, reanudaron la marcha. Poco después Gollum los hizo bajar al camino del sur; y a partir de ese momento empezaron a avanzar más rápidamente, aunque ahora el peligro era mayor. Aguzaban los oídos, temerosos de escuchar ruidos de cascos o de pies delante de ellos o detrás; pero la noche pasó sin que oyeran nada.

El camino, construido en tiempos muy remotos, había sido recientemente reparado a lo largo de unas treinta millas bajo el Morannon, pero a medida que avanzaba hacia el sur cobraba un aspecto cada vez más salvaje. La mano de los Hombres de antaño era aún visible en la rectitud y la seguridad del recorrido y en la uniformidad de los niveles: de tanto en tanto se abría paso a través de las laderas de las colinas, o un arco armonioso de sólida mampostería atravesaba un río; pero al cabo todo signo de arquitectura desaparecía, excepto una que otra columna rota que emergía aquí y allá entre los matorrales, o algunos desgastados adoquines que asomaban aún entre el musgo y las malezas. Brezos, árboles y helechos invadían en espesa maraña las orillas o se extendían por la superficie. El camino parecía al fin un sendero rural poco frecuentado; pero no serpeaba: iba siempre en la misma dirección y los llevaba por la vía más corta.

Cruzaron así las marcas septentrionales de ese país que los hombres llamaban antaño Ithilien, una hermosa región de lomas boscosas, y de aguas rápidas. A la luz de las estrellas y de una luna redonda, la noche se volvió transparente, y los hobbits tuvieron la impresión de que la fragancia del aire aumentaba a medida que avanzaban; y a juzgar por los resoplidos y bisbiseos de desagrado de Gollum, también él lo había notado. Al despuntar el día hicieron una nueva pausa. Habían llegado al extremo de una garganta larga y profunda, de paredes abruptas en el centro, por la que el camino se abría un pasaje a través de una cresta rocosa. Escalaron la cuesta occidental y miraron a lo lejos.

La luz del día se desplegaba en el cielo, y las montañas estaban ahora mucho más distantes, retrocediendo hacia el este en una larga curva que se perdía en la lejanía. Frente a ellos, cuando miraban hacia el oeste, las lomas descendían en pendientes y se perdían allá abajo entre brumas ligeras. Estaban rodeados de bosquecillos de árboles resinosos, abetos y cedros y cipreses, y otras especies desconocidas en la Comarca, separados por grandes claros; y por todas partes crecía una exuberante vegetación de matas y hierbas aromáticas. El largo viaje desde Rivendel los había llevado muy al sur de su propio país, pero sólo ahora, en esta región más protegida, los hobbits advertían el cambio de clima. Aquí ya había llegado la primavera: a través del musgo y el mantillo despuntaban las hojas, las florecillas se abrían en la hierba, los pájaros cantaban. Ithilien, el jardín de Gondor, ahora desolado, conservaba aún la belleza de una dríade desmelenada.

Al sur y al oeste, miraba a los cálidos valles inferiores del Anduin, protegidos al este por el Ephel Dúath, aunque no todavía bajo la sombra de la montaña, y reparados al norte por los Emyn Muil, y abiertos a las brisas meridionales y a los vientos húmedos del Mar lejano. Numerosos árboles crecían allí, plantados en tiempos remotos y envejecidos sin cuidados en medio de una legión de tumultuosos y despreocupados descendientes; y había montes, y matorrales de tamariscos y terebintos espinosos, de olivos y laureles; y enebros, y arrayanes; el tomillo crecía en matorrales, o unos tallos leñosos y rastreros tapizaban las piedras ocultas; las salvias de todas las especies se adornaban de flores azules, encarnadas o verdes; y la mejorana y el perejil recién germinado, y una multitud de hierbas cuyas formas y fragancias escapaban a los conocimientos hortícolas de Sam. Las saxífragas y la jusbarba ocupaban ya las grutas y las paredes rocosas. Las prímulas y las anémonas despertaban en la fronda de los avellanos; y los asfodelos y lirios sacudían las corolas semiabiertas sobre la hierba: una hierba de un verde lozano, que crecía alrededor de las lagunas, en cuyas frescas oquedades se detenían los arroyos antes de ir a volcarse en el Anduin.

Volviendo la espalda al camino, los viajeros bajaron la

pendiente. Mientras avanzaban, abriéndose paso a través de los matorrales y los pastos altos, una fragancia dulce embalsamaba el aire. Gollum tosía y jadeaba; pero los hobbits respiraban a pleno pulmón, y de improviso Sam rompió a reír, no por simple chanza, sino de pura alegría. Siguiendo el curso rápido de un arroyo que descendía delante de ellos, llegaron a una laguna de aguas transparentes en una cuenca poco profunda: ocupaba las ruinas de una antigua represa de piedra, cuyos bordes esculpidos estaban casi enteramente cubiertos de musgo y rosales silvestres; lo rodeaban hileras de lirios esbeltos como espadas, y en la superficie oscura, ligeramente encrespada, flotaban las hojas de los nenúfares; pero el agua era profunda y fresca y en el otro extremo se derramaba suave e incesantemente por encima del borde de piedra.

Allí se lavaron y bebieron hasta saciarse. Luego buscaron un sitio donde descansar, y donde esconderse, pues el paraje, aunque hermoso y acogedor, no dejaba de ser un territorio del Enemigo. No se habían alejado mucho del camino, pero ya en un espacio tan corto habían visto cicatrices de las antiguas guerras, y las heridas más recientes infligidas por los orcos y otros servidores abominables del Señor Oscuro: un foso abierto lleno de inmundicias y detritus; árboles arrancados sin razón y abandonados a la muerte, con runas siniestras o el funesto signo del Ojo tallado a golpes en las cortezas.

Sam, que gateaba indolente al pie de la cascada, tocando y oliendo las plantas de los árboles desconocidos, olvidado por un momento de Mordor, despertó de súbito a la realidad de aquel peligro omnipresente. Al tropezar de pronto con un círculo todavía arrasado por el fuego, descubrió en el centro una pila de huesos y calaveras rotos y carbonizados. La rápida y salvaje vegetación de zarzas y escaramujos y clemátides trepadoras empezaba ya a tender un velo piadoso sobre aquel testimonio de una matanza y de un festín macabros; pero no cabía duda de que era reciente. Se apresuró a regresar junto a sus compañeros, mas nada dijo de lo que había visto: era preferible que los huesos descansaran en paz, y no exponerlos al toqueteo y el hociqueo de Gollum.

—Busquemos un sitio donde descansar —dijo—. No más abajo. Más arriba, diría yo.

Un poco más arriba, no lejos del lago, y al reparo de un frondoso monte de laureles de hojas oscuras, que trepaba por una loma empinada coronada de cedros añosos, las matas cobrizas de los helechos del año anterior habían formado una especie de cama profunda y mullida. Allí resolvieron descansar y pasar el día, que ya prometía ser claro y caluroso. Un día propicio para disfrutar, en camino, de los bosques y los claros de Ithilien. No obstante, si bien los orcos huían de la luz del sol, muchos eran los parajes donde podían esconderse para acecharlos; y muchos eran también los ojos malignos y avizores: Sauron tenía innumerables siervos. De todos modos, Gollum no aceptaría dar un paso bajo la mirada de la Cara Amarilla: tan pronto como ésta asomara por detrás de las crestas sombrías de Ephel Dúath, se enroscaría, desfalleciente, aplastado por la luz y el calor.

Durante la caminata, Sam había estado pensando seriamente en la comida. Ahora que la desesperación de la Puerta infranqueable había quedado atrás, no se sentía tan inclinado como su amo a no preocuparse por el problema hasta después de haber llevado a cabo la misión; y de todos modos consideraba prudente economizar el pan de viaje de los Elfos para días más aciagos. Al menos seis habían pasado desde que viera que les quedaban provisiones sólo para tres semanas.

—Tendremos suerte —pensó— si, al paso que vamos, llegamos al Fuego en ese tiempo. Y tal vez querremos regresar. ¡Tal vez!

Además, al cabo de una larga noche de marcha, y después de haberse bañado y bebido, sentía más hambre que nunca. Una cena, o un desayuno, junto al fuego en la vieja cocina en Bolsón de Tirada, eso era lo que añoraba en realidad. Se le ocurrió una idea, y se volvió hacia Gollum. Gollum acababa de escabullirse y se deslizaba a cuatro patas por la cama de helechos.

—¡Eh! ¡Gollum! —dijo Sam—. ¿A dónde vas? ¿De caza? A ver, a ver, viejo fisgón, a ti no te gusta nuestra comida, y tampoco a mí me desagradaría un cambio. Tu nuevo lema es *siempre dispuesto a ayudar*. ¿Podrías encontrar un bocado para un hobbit hambriento?

—Sí, tal vez, sí —dijo Gollum—. Sméagol siempre ayuda, si le piden... si le piden amablemente.

—¡Bien! —dijo Sam—. Yo pido. Y si eso no es bastante amable, ruego.

Gollum desapareció. Estuvo ausente un buen rato, y Frodo, luego de mascar unos bocados de *lembas,* se instaló en el fondo de la oscura cama de helechos y se quedó dormido. Sam lo miraba. Las primeras luces del día se filtraban apenas a través de las sombras, bajo los árboles, pero Sam veía claramente el rostro de su amo, y también las manos en reposo, apoyadas en el suelo a ambos lados del cuerpo. De pronto le volvió a la mente la imagen de Frodo, acostado y dormido en la casa de Elrond, después de la terrible herida. En ese entonces, mientras lo velaba, Sam había observado que por momentos una luz muy tenue parecía iluminarlo interiormente; ahora la luz brillaba, más clara y más poderosa. El semblante de Frodo era apacible, las huellas del miedo y la inquietud se habían desvanecido; y sin embargo recordaba el rostro de un anciano, un rostro viejo y hermoso, como si el cincel de los años revelase ahora toda una red de finísimas arrugas que antes estuvieran ocultas, aunque sin alterar la fisonomía. Sam Gamyi, claro está, no expresaba de esa manera sus pensamientos. Sacudió la cabeza, como si descubriera que las palabras eran inútiles y luego murmuró:

—Lo quiero mucho. Él es así, y a veces, por alguna razón, la luz se transparenta. Pero se transparente o no, yo lo quiero.

Gollum volvió sin hacer ruido y espió por encima del hombro de Sam. Mirando a Frodo, cerró los ojos y se alejó en silencio. Sam se unió a él un momento después, y lo encontró masticando algo y murmurando entre dientes. En el suelo junto a él había dos conejos pequeños que Gollum empezaba a mirar con ojos ávidos.

—Sméagol siempre ayuda —dijo—. Ha traído conejos, buenos conejos. Pero el amo se ha dormido, y quizá Sam también quiera dormir. ¿No quiere conejos ahora? Sméagol trata de ayudar, pero no puede atrapar todas las cosas en un minuto.

Sam, sin embargo, no tenía nada que decir contra los conejos. Al menos contra el conejo cocido. Todos los hobbits, por supuesto, saben cocinar, pues aprenden ese arte antes que las primeras letras (que muchos no aprenden jamás); pero Sam era un buen cocinero, aun desde un punto de vista hobbit, y a menudo se había ocupado de la cocina de campamento durante el viaje, cada vez que le era posible. No había perdido aún las esperanzas de utilizar los enseres que llevaba en el equipaje: un yesquero, dos cazuelas pequeñas —la menor entraba en la más grande—, en ellas guardaba una cuchara de madera, y algunas broquetas; y escondido en el fondo del equipaje, en una caja de madera chata, un tesoro que mermaba irremediablemente, un poco de sal. Pero necesitaba un fuego, y también otras cosas. Reflexionó un momento, mientras sacaba el cuchillo, lo limpiaba y afilaba, y empezaba a aderezar los conejos. No iba a dejar a Frodo solo y dormido ni un segundo más.

—A ver, Gollum —dijo—, tengo otra tarea para ti. ¡Llena de agua estas cazuelas y tráemelas de vuelta!

—Sméagol irá a buscar el agua, sí —dijo Gollum—. Pero ¿para qué quiere el hobbit tanta agua? Ha bebido y se ha lavado.

—No te preocupes por eso —dijo Sam—. Si no lo adivinas, no tardarás en descubrirlo. Y cuanto más pronto busques el agua, más pronto lo sabrás. Y no se te ocurra estropear una de mis cazuelas, o te haré picadillo.

Durante la ausencia de Gollum, Sam volvió a mirar a Frodo. Dormía aún apaciblemente, pero esta vez Sam descubrió sorprendido la flacura del rostro y de las manos. —¡Qué delgado está, qué consumido! —murmuró—. Eso no es bueno para un hobbit. Si consigo guisar estos conejos, lo despertaré.

Amontonó en el suelo los helechos más secos, y luego trepó por la cuesta juntando una brazada de leña en la cima; la rama caída de un cedro le proporcionó una buena provisión. Arrancó algunos trozos de turba al pie de la loma un poco más allá del helechal, cavó en el suelo un hoyo poco profundo y depositó allí el combustible. Acostumbrado a valerse de la yesca y el pedernal, prontó logró encender una pequeña hoguera. No despedía casi humo, pero esparcía una dulce fragancia. Acababa de inclinarse sobre el fuego, para abrigarlo con el cuerpo mientras lo alimentaba con leña más consistente, cuando Gollum regresó, transportando con precaución las cazuelas y mascullando.

Las dejó en el suelo, y entonces, de súbito, vio lo que Sam estaba haciendo. Dejó escapar un grito sibilante, y pareció a la vez atemorizado y furioso.

—¡Ajj! ¡Ss... no! —gritó—. ¡No! ¡Hobbits estúpidos, locos, sí, locos! ¡No hagáis eso!

—¿Qué cosa? —preguntó Sam, sorprendido.

—Esas lenguas rojas e inmundas —siseó Gollum—. ¡Fuego, fuego! ¡Es peligroso, sí, es peligroso! Quema, mata. Y traerá enemigos, sí.

—No lo creo —dijo Sam—. No veo por qué, si no le ponemos encima nada mojado que haga humo. Pero si lo hace, que lo haga. Correré el riesgo, de todos modos. Voy a guisar estos conejos.

—¡Guisar los conejos! —gimió Gollum, consternado—. ¡Arruinar la preciosa carne que Sméagol guardó para vosotros, el pobre Sméagol muerto de hambre! ¿Para qué? ¿Para qué, estúpido hobbit? Son jóvenes, son tiernos, son sabrosos. ¡Comedlos, comedlos! —Echó mano al conejo que tenía más cerca, ya desollado y colocado cerca del fuego.

—Vamos, vamos —dijo Sam—. Cada cual a su estilo. A ti nuestro pan se te atraganta, y a mí se me atraganta el conejo crudo. Si me das un conejo, el conejo es mío, sabes, y puedo cocinarlo, si me da la gana. Y me da. No hace falta que me mires. Ve a cazar otro y cómelo a tu gusto... lejos de aquí y fuera de mi vista. Así tú no verás el fuego y yo no te veré a ti, y los dos seremos más felices. Cuidaré de que el fuego no eche humo, si eso te tranquiliza.

Gollum se alejó mascullando, y desapareció entre los helechos. Sam se afanó sobre sus cacerolas. —Lo que un hobbit necesita para aderezar el conejo —se dijo— son algunas hierbas y raíces, especialmente patatas... De pan ni hablemos. Hierbas podremos conseguir, me parece.

—¡Gollum! —llamó en voz baja—. La tercera es la vencida. Necesito algunas hierbas. —La cabeza de Gollum asomó entre los helechos, pero la expresión no era ni servicial ni amistosa.— Algunas hojas de laurel, y un poco de tomillo y salvia que me bastarán... antes que empiece a hervir el agua —dijo Sam.

—¡No! —dijo Gollum—. Sméagol no está contento. Y a Sméagol no le gustan las hierbas hediondas. Él no come hierbas ni raíces, no a menos que esté famélico o muy enfermo, pobre Sméagol.

—Sméagol irá a parar al agua bien caliente, cuando empiece a hervir, si no hace lo que se le pide —gruñó Sam—. Sam lo meterá en la olla, sí, mi tesoro. Y yo lo mandaría a buscar nabos también, y zanahorias, y aun patatas, si fuera la estación. Apuesto que hay muchas cosas buenas en las plantas silvestres de este país. Daría cualquier cosa por una media docena de patatas.

—Sméagol no irá. Oh, no, mi tesoro, esta vez no —siseó Gollum—. Tiene miedo, y está cansado, y este hobbit no es amable, no es nada amable. Sméagol no arrancará raíces y zanahorias y... patatas. ¿Qué son las patatas, mi tesoro, eh, qué son las patatas?

—Pa-ta-tas —dijo Sam—. La delicia del Tío, y un lastre raro y excelente para una panza vacía. Pero no encontrarás ninguna, no vale la pena que las busques. Pero sé el buen Sméagol y tráeme las hierbas, y tendré mejor opinión de ti. Y más aún, si das vuelta la hoja y no cambias de parecer, un día de éstos guisaré para ti unas patatas. Sí: pescado frito con patatas fritas servidos por S. Gamyi. No podrás decir que no a eso.

—Sí, sí que podríamos. Arruinar buenos pescados y patatas, chamuscarlos. ¡Dame ahora el pescado y guárdate las sssucias patatas fritas!

—Oh, no tienes compostura —dijo Sam—. ¡Vete a dormir!

En resumidas cuentas, tuvo que ir él mismo a buscar lo que quería; pero no le fue preciso alejarse mucho, siempre a la vista del sitio donde descansaba Frodo, todavía dormido. Durante un rato Sam se sentó a esperar, canturreando, y cuidando el fuego hasta que el agua empezó a hervir. La luz del día creció, calentando el aire; el rocío se evaporó en la hierba y las hojas. Pronto los conejos desmenuzados burbujeaban en la cazuela junto con el ramillete de hierbas aromáticas. Los dejó hervir cerca de una hora, pinchándolos de cuando en cuando con el tenedor, y probando el caldo, y más de una vez estuvo a punto de quedarse dormido.

Cuando le pareció que todo estaba listo retiró las cazuelas del fuego, y se acercó a Frodo en silencio. Frodo abrió a medias los ojos mientras Sam se inclinaba sobre él, y en este instante el sueño se quebró: otra dulce e irrecuperable visión de paz.

—¡Hola, Sam! —dijo—. ¿No estás descansando? ¿Pasa algo malo? ¿Qué hora es?

—Unas dos horas después del alba —dijo Sam—, y casi las ocho y media de acuerdo con los relojes de la Comarca, tal vez. Pero no pasa nada malo. Aunque tampoco nada de lo que yo llamaría demasiado bueno: no hay provisiones, no hay cebollas, no hay patatas. He preparado un poco de guiso para usted, y un poco de caldo, señor Frodo. Le sentará bien. Tendrá que beberlo en el jarro; o directamente de la olla, cuando se haya enfriado un poco. No he traído escudillas, ni nada apropiado.

Frodo bostezó y se desperezó.

—Tendrías que haber descansado, Sam —dijo—. Y encender un fuego en este paraje era peligroso. Pero la verdad es que tengo hambre. ¡Hmm! ¿Lo huelo desde aquí? ¿Qué has cocinado?

—Un regalo de Sméagol —dijo Sam—: un par de conejos jóvenes; aunque sospecho que ahora Gollum se ha arrepentido. Pero no hay nada con qué acompañarlos excepto algunas hierbas.

Sentados en el borde del helechal, Sam y Frodo comieron el guiso directamente de las cazuelas, compartiendo el viejo tenedor y la cuchara. Se permitieron tomar cada uno medio trozo del pan de viaje de los Elfos. Parecía un festín.

—¡Huuii, Gollum! —llamó Sam y silbó suavemente—. ¡Ven aquí! Aún estás a tiempo de cambiar de idea. Si quieres probar el guiso de conejo, todavía queda un poco. —No obtuvo respuesta.— Oh bueno, supongo que habrá ido a buscarse algo. Lo terminaremos.

—Y luego tendrás que dormir un rato —dijo Frodo.

—No se duerma usted, mientras yo echo un sueño, señor Frodo. Sméagol no me inspira mucha confianza. Todavía queda en él mucho del Bribón, el Gollum malvado, si usted me entiende, y parece estar cobrando fuerzas otra vez. Si no me equivoco, ahora trataría de estrangularme primero a mí. No vemos las cosas de la misma manera, y él no está nada contento con Sam. Oh no, mi tesoro, nada contento.

Terminaron de comer, y Sam bajó hasta el arroyo a lavar los cacharros. Al incorporarse, volvió la cabeza y miró hacia la pendiente. Vio entonces que el sol se elevaba por encima de los vapores, la niebla o la sombra oscura (no sabía a ciencia cierta qué era aquello) que se extendía siempre hacia el este, y que los rayos dorados bañaban los árboles y los claros de alrededor. De pronto descubrió una fina espiral de humo gris azulado, claramente visible a la luz del sol, que subía desde un matorral próximo. Comprendió con un sobresalto que era el humo de la pequeña hoguera, que no había tenido la precaución de apagar.

—¡No es posible! ¡Nunca imaginé que pudiera hacer tanto humo! —murmuró, mientras subía de prisa. De pronto se detuvo a escuchar. ¿Era un silbido lo que había creído oír? ¿O era el grito de algún pájaro extraño? Si era un silbido, no venía de donde estaba Frodo. Y ahora volvía a escucharlo, ¡esta vez en otra dirección! Sam echó a correr cuesta arriba.

Descubrió que una rama pequeña, al quemarse hasta el extremo, había encendido una mata de helechos junto a la hoguera, y el helecho había contagiado el fuego a la turba que ahora ardía sin llama. Pisoteó vivamente los rescoldos hasta apagarlos, desparramó las cenizas, y echó la turba en el agujero. Luego se deslizó hasta donde estaba Frodo.

—¿Oyó usted un silbido y algo que parecía una respuesta? —le preguntó—. Hace unos minutos. Espero que no haya sido más que el grito de un pájaro, pero no sonaba del todo como eso: más como si alguien imitara el grito de un pájaro, pensé. Y me temo que mi fuego haya estado humeando. Si por mi causa hubiera problemas, no me lo perdonaré jamás. ¡Ni tampoco tendré la oportunidad, probablemente!

—¡Calla! —dijo Frodo en un susurro—. Me pareció oír voces.

Los hobbits cerraron los pequeños bultos, se los echaron al hombro prontos para una posible huida, y se hundieron en lo más profundo de la cama de helechos. Allí se acurrucaron, aguzando el oído.

No había duda alguna respecto de las voces. Hablaban en tono bajo y furtivo, pero no estaban lejos, y se acercaban. De pronto, una habló claramente, a pocos pasos.

—¡Aquí! ¡De aquí venía el humo! ¡No puede estar lejos! Entre los helechos, sin duda. Lo atraparemos como a un conejo en una trampa. Entonces sabremos qué clase de criatura es.

—¡Sí, y lo que sabe! —dijo una segunda voz.

En ese instante cuatro hombres penetraron a grandes trancos en el helechal desde distintas direcciones. Dado que tratar de huir y ocultarse era ya imposible, Frodo y Sam se pusieron de pie de un salto y desenvainaron las pequeñas espadas.

Si lo que vieron les llenó de asombro, mayor aún fue la sorpresa de los recién llegados. Cuatro hombres de elevada estatura estaban allí. Dos de ellos empuñaban lanzas de hoja ancha y reluciente. Los otros dos llevaban arcos grandes, casi de la altura de ellos y grandes carcajes repletos de flechas largas con penachos verdes. Todos ceñían espadas y estaban vestidos de verde y castaño de varias tonalidades, como para poder desplazarse mejor sin ser notados en los claros de Ithilien. Guantes verdes les cubrían las manos, y tenían los rostros encapuchados y enmascarados de verde, con excepción de los ojos que eran vivos y brillantes. Inmediatamente Frodo pensó en Boromir, pues esos Hombres se le parecían en estatura y porte, y también en la forma de hablar.

—No hemos encontrado lo que buscábamos —dijo uno de ellos—. Pero, ¿qué hemos encontrado?

—Orcos no son —dijo otro, soltando la empuñadura de

la espada, a la que había echado mano al ver el centelleo de Dardo en la mano de Frodo.

—¿Elfos? —dijo un tercero, poco convencido.

—¡No! No son Elfos —dijo el cuarto, el más alto de todos y al parecer el jefe—. Los Elfos no se pasean por Ithilien en estos tiempos. Y los Elfos son maravillosamente hermosos, o por lo menos eso se dice.

—Lo que significa que nosotros no lo somos, supongo —dijo Sam—. Muchas, muchísimas gracias. Y cuando hayáis terminado de discutir acerca de nosotros, tal vez queráis decirnos quiénes sois vosotros, y por qué no dejáis descansar a dos viajeros fatigados.

El más alto de los hombres verdes rió sombríamente.

—Yo soy Faramir, Capitán de Gondor —dijo—. Mas no hay viajeros en esta región: sólo los servidores de la Torre Oscura o de la Blanca.

—Pero nosotros no somos ni una cosa ni otra —dijo Frodo—. Y viajeros somos, diga lo que diga el Capitán Faramir.

—Entonces, decidme en seguida quiénes sois, y qué misión os trae —dijo Faramir—. Tenemos una tarea que cumplir, y no es éste momento ni lugar para acertijos o parlamentos. ¡A ver! ¿Dónde está el tercero de vuestra compañía?

—¿El tercero?

—Sí, el fisgón que vimos allá abajo con la nariz metida en el agua. Tenía un aspecto muy desagradable. Una especie de orco espía, supongo, o una criatura al servicio de ellos. Pero se nos escabulló con una zancadilla de zorro.

—No sé dónde está —dijo Frodo—. No es más que un compañero ocasional que encontramos en el camino, y no soy responsable por él. Si lo encontráis, perdonadle la vida. Traedlo o enviadlo a nosotros. No es otra cosa que una miserable criatura vagabunda, pero lo tengo por un tiempo bajo mi tutela. En cuanto a nosotros, somos Hobbits de la Comarca, muy lejos al norte y al oeste, más allá de numerosos ríos. Frodo hijo de Drogo es mi nombre, y el que está conmigo es Samsagaz hijo de Hamfast, un honorable hobbit a mi servicio. Hemos venido hasta aquí por largos caminos, desde Rivendel, o Imladris como la llaman algunos.

—Faramir se sobresaltó al oír este nombre y escuchó con creciente atención.— Teníamos siete compañeros: a uno lo perdimos en Moria, de los otros nos separamos en Parth Galen a orillas del Rauros: dos de mi raza; había también un Enano, un Elfo y dos Hombres. Eran Aragorn y Boromir, que dijo venir de Minas Tirith, una ciudad del Sur.

—¡Boromir! —exclamaron los cuatro hombres a la vez—. ¿Boromir hijo del Señor Denethor? —dijo Faramir, y una expresión extraña y severa le cambió el rostro—. ¿Vinisteis con él? Éstas sí que son nuevas, si dices la verdad. Sabed, pequeños extranjeros, que Boromir hijo de Denethor era el Alto Guardián de la Torre Blanca, y nuestro Capitán General; profundo dolor nos causa su ausencia. ¿Quiénes sois pues vosotros, y qué relación teníais con él? ¡Y daos prisa, pues el sol está en ascenso!

—¿Conocéis las palabras del enigma que Boromir llevó a Rivendel? —repitió Frodo.

Busca la espada quebrada
que está en Imladris.

—Las palabras son conocidas por cierto —dijo Faramir, asombrado—. Y es prueba de veracidad que tú también las conozcas.

—Aragorn, a quien he nombrado, es el portador de la Espada que estuvo Rota —dijo Frodo— y nosotros somos los Medianos de que hablaba el poema.

—Eso lo veo —dijo Faramir, pensativo—. O veo que podría ser. ¿Y qué es el Daño de Isildur?

—Está escondido —respondió Frodo—. Sin duda aparecerá en el momento oportuno.

—Necesitamos saber más de todo esto —dijo Faramir— y conocer los motivos de ese largo viaje a un Este tan lejano, bajo las sombras de... —señaló con la mano sin pronunciar el nombre—. Mas no en este momento. Tenemos un trabajo entre manos. Estáis en peligro, y no habríais llegado muy lejos en este día, ni a través de los campos ni por el sendero. Habrá golpes duros en las cercanías antes de que concluya el día. Y luego la muerte, o una veloz huida de regreso al Anduin. Dejaré aquí dos hombres para que os custodien, por vuestro bien y por el mío. Un hombre sabio no se fía de un encuentro casual en estas tierras. Si regreso, hablaré más largamente.

—¡Adiós! —dijo Frodo, con una profunda reverencia—. Piensa lo que quieras, pero soy un amigo de todos los enemigos del Enemigo Único. Os acompañaríamos, si nosotros los Medianos pudiéramos ayudar a los Hombres que parecen tan fuertes y valerosos, y si la misión que aquí me trae me lo permitiese. ¡Que la luz brille en vuestras espadas!

—Los Medianos son, en todo caso, gente muy cortés —dijo Faramir—. ¡Hasta la vista!

Los hobbits volvieron a sentarse, pero nada se contaron de los pensamientos y dudas que tenían entonces. Muy cerca, justo a la sombra moteada de los laureles oscuros, dos hombres montaban guardia. De vez en cuando se quitaban las máscaras para refrescarse, a medida que aumentaba el calor del día, y Frodo vio que eran hombres hermosos, de tez pálida, cabellos oscuros, ojos grises y rostros tristes y orgullosos. Hablaban entre ellos en voz baja, empleando al principio la Lengua Común, pero a la manera de antaño, para expresarse luego en otro idioma que les era propio. Con profunda extrañeza Frodo advirtió, al escucharlos, que hablaban la lengua élfica, o una muy similar; y los miró maravillado, pues entonces supo que eran sin duda Dúnedain del Sur, del linaje de los Señores de Oesternesse.

Al cabo de un rato les habló; pero las respuestas de ellos fueron lentas y prudentes. Se dieron a conocer como Mablung y Damrod, soldados de Gondor, y eran Montaraces de Ithilien; pues descendían de gentes que habitaran antaño en Ithilien, antes de la invasión. Entre estos hombres el Señor Denethor escogía sus adelantados, que cruzaban secretamente el Anduin (cómo y por dónde no lo dijeron) para hostigar a los orcos y a otros enemigos que merodeaban entre Ephel Dúath y el Río.

—Hay casi diez leguas desde aquí a la costa oriental del Anduin —dijo Mablung— y rara vez llegamos tan lejos en nuestras expediciones: hemos venido a tender una emboscada a los Hombres de Harad. ¡Malditos sean!

—Sí, ¡malditos Sureños! —dijo Damrod—. Se dice que antiguamente hubo tratos entre Gondor y los Reinos de Harad en el Lejano Sur; pero nunca una amistad. En aquellos días nuestras fronteras estaban al sur más allá de las bocas del Anduin, y Umbar, el más cercano de los reinos de Harad, reconocía nuestro imperio. Pero eso ocurrió tiempo atrás. Muchas vidas de Hombres se han sucedido desde que dejamos de visitarnos. Y ahora, recientemente, hemos sabido que el Enemigo ha estado entre ellos y que se han sometido o han vuelto a Él (siempre estuvieron prontos a obedecer), como lo hicieron tantos otros en el Este. No hay duda de que los días de Gondor están condenados, tal es la fuerza y la malicia que hay en Él.

—Sin embargo, nosotros no vamos a quedarnos ociosos y permitirle que haga lo que quiera —dijo Mablung—. Esos malditos Sureños vienen ahora por los caminos antiguos a engrosar los ejércitos de la Torre Oscura. Sí, por los mismos caminos que creó el arte de Gondor. Y avanzan cada vez más despreocupados, hemos sabido, seguros de que el poder del nuevo amo es suficientemente grande, y que la simple sombra de esas colinas habrá de protegerlos. Nosotros venimos a enseñarles otra lección. Nos hemos enterado hace algunos días de que una hueste numerosa se encaminaba al Norte. Según nuestras estimaciones, uno de los regimientos aparecerá aquí poco antes del mediodía, en el camino de allá arriba que pasa por la garganta. Puede que el camino la pase, ¡pero ellos no pasarán! No mientras Faramir sea quien conduzca todas las empresas peligrosas. Pero un sortilegio le protege la vida, o tal vez el destino se la reserva para algún otro fin.

La conversación se extinguió en un silencio expectante. Todo parecía inmóvil, atento. Sam, acurrucado en el borde del helechal, espió asomando la cabeza. Los ojos penetrantes del hobbit vieron más Hombres en las cercanías. Los veía subir furtivamente por las cuestas, de uno en uno, en largas columnas, manteniéndose siempre a la sombra de los bosquecillos, o arrastrándose, apenas visibles en las ropas pardas y verdes, a través de la hierba y los matorrales. Todos estaban encapuchados y enmascarados, y llevaban las manos enguantadas, e iban armados como Faramir y sus compañeros. Pronto todos pasaron y desaparecieron. El sol subía por el Sur. Las sombras se encogían.

—Me gustaría saber dónde anda ese malandrín de Gollum —pensó Sam, mientras regresaba gateando a una sombra más profunda—. Corre el riesgo de que lo ensarten, confundiéndolo con un orco, o de que lo ase la Cara Amarilla. Pero imagino que sabrá cuidarse. —Se echó al lado de Frodo y se quedó dormido.

Despertó, creyendo haber oído voces de cuernos. Se puso de pie. Era mediodía. Los guardias seguían alertas y tensos a la sombra de los árboles. De pronto los cuernos sonaron otra vez, más poderosos, y sin ninguna duda allá arriba, por encima de la cresta de la loma. Sam creyó oír gritos y también clamores salvajes, pero apagados, como si vinieran de una caverna lejana. Luego, casi en seguida, un fragor de combate estalló muy cerca, justo encima del escondite de los hobbits. Oían claramente el tintineo del acero contra el acero, el choque metálico de las espadas sobre los yelmos de hierro, el golpe seco de las hojas sobre los escudos: los hombres bramaban y aullaban, y una voz clara y fuerte gritaba: —¡Gondor! ¡Gondor!

—Suena como si un centenar de herreros golpearan juntos los yunques —le dijo Sam a Frodo—. ¡No me gustaría tenerlos cerca!

Pero el estrépito se acercaba.

—¡Aquí vienen! —gritó Damrod—. ¡Mirad! Algunos de los Sureños han conseguido escapar de la emboscada y ahora huyen del camino. ¡Allá van! Nuestros hombres los persiguen, con el Capitán Faramir a la cabeza.

Sam, dominado por la curiosidad, salió del escondite y se unió a los guardias. Subió gateando un trecho y se ocultó en la fronda espesa de un laurel. Por un momento alcanzó a ver unos hombres endrinos vestidos de rojo que corrían cuesta abajo a cierta distancia, perseguidos por guerreros de ropaje verde que saltaban tras ellos y los abatían en plena huida. Una espesa lluvia de flechas surcaba el aire. De pronto, un hombre se precipitó justo por encima del borde de la loma que les servía de reparo, y se hundió a través del frágil ramaje de los arbustos, casi sobre ellos. Cayó de bruces en el helechal, a pocos pies de distancia;

unos penachos verdes le sobresalían del cuello por debajo de la gola de oro. Tenía la túnica escarlata hecha jirones, la loriga de bronce rajada y deformada, las trenzas negras recamadas de oro empapadas de sangre. La mano morena aprisionaba aún la empuñadura de una espada rota.

Era la primera vez que Sam veía una batalla de Hombres contra Hombres, y no le gustó nada. Se alegró de no verle la cara al muerto. Se preguntó cómo se llamaría el hombre y de dónde vendría; y si sería realmente malo de corazón, o qué amenazas lo habrían arrastrado a esta larga marcha tan lejos de su tierra, y si no hubiera preferido en verdad quedarse allí en paz... Todos esos pensamientos le cruzaron por la mente y desaparecieron en menos de lo que dura un relámpago. Pues en el preciso momento en que Mablung se adelantaba hacia el cuerpo, estalló una nueva algarabía. Fuertes gritos y alaridos. En medio del estrépito Sam oyó un mugido o una trompeta estridente. Y luego unos golpes y rebotes sordos, como si grandes arietes batieran la tierra.

—¡Cuidado! ¡Cuidado! —gritó Damrod a su compañero—. ¡Ojalá el Valar lo desvíe! ¡Mûmak! ¡Mûmak!

Asombrado y aterrorizado, pero con una felicidad que nunca olvidaría, Sam vio una mole enorme que irrumpía por entre los árboles y se precipitaba como una tromba pendiente abajo. Grande como una casa, mucho más grande que una casa le pareció, una montaña gris en movimiento. El miedo y el asombro quizá la agrandaban a los ojos del hobbit, pero el Mûmak de Harad era en verdad una bestia de vastas proporciones, y ninguna que se le parezca se pasea en estos tiempos por la Tierra Media; y los congéneres que viven hoy no son más que una sombra de aquella corpulencia y aquella majestad. Y venía, corría en línea recta hacia los aterrorizados espectadores, y de pronto, justo a tiempo, se desvió, y pasó a pocos metros, estremeciendo la tierra: las patas grandes como árboles, las orejas enormes tendidas como velas, la larga trompa erguida como una serpiente lista para atacar, furibundos los ojillos rojos. Los colmillos retorcidos como cuernos estaban envueltos en bandas de oro y goteaban sangre. Los arreos de púrpura y oro le flotaban alrededor del cuerpo en desordenados andrajos. Sobre la grupa bamboleante llevaba las ruinas de lo que parecía ser una verdadera torre de guerra, destrozada en furiosa carrera a través de los bosques; y en lo alto, aferrado aún desesperadamente al pescuezo de la bestia, una figura diminuta, el cuerpo de un poderoso guerrero, un gigante entre los Endrinos.

Ciega de cólera, la gran bestia se precipitó con un ruido de trueno a través del agua y la espesura. Las flechas rebotaban y se quebraban contra el cuero triple de los flancos. Los hombres de ambos bandos huían despavoridos, pero la bestia alcanzaba a muchos y los aplastaba contra el suelo. Pronto se perdió de vista, siempre trompeteando y pisoteando con fuerza en la lejanía. Qué fue de ella, Sam jamás lo supo: si había escapado para vagabundear durante un tiempo por las regiones salvajes, hasta perecer lejos de su tierra, o atrapada en algún pozo profundo; o si había continuado aquella carrera desenfrenada hasta zambullirse al fin en el Río Grande y desaparecer bajo el agua.

Sam respiró profundamente.

—¡Era un Olifante! —dijo—. ¡De modo que los Olifantes existen y yo he visto uno! ¡Qué vida! Pero nadie en la Tierra Media me lo creerá jamás. Bueno, si esto ha terminado, me echaré un sueño.

—Duerme mientras puedas —le dijo Mablung—. Pero el Capitán volverá, si no está herido; y partiremos en cuanto llegue. Pronto nos perseguirán, no bien las nuevas del combate lleguen a oídos del Enemigo, y eso no tardará.

—¡Partid en silencio cuando sea la hora! —dijo Sam—. No es necesario que perturbéis mi sueño. He caminado la noche entera.

Mablung se echó a reír.

—No creo que el Capitán te abandone aquí, Maese Samsagaz —dijo—. Pero ya lo verás tú mismo.

5

UNA VENTANA AL OESTE

Sam tenía la impresión de haber dormido sólo unos pocos minutos, cuando descubrió al despertar que ya caía la tarde y que Faramir había regresado. Había traído consigo un gran número de hombres; en realidad todos los sobrevivientes de la batalla estaban ahora reunidos en la pendiente vecina, es decir unos doscientos o trescientos hombres. Se habían dispuesto en un vasto semicírculo, entre cuyas ramas se encontraba Faramir, sentado en el suelo, mientras que Frodo estaba de pie delante de él. La escena se parecía extrañamente al juicio de un prisionero.

Sam se deslizó fuera del helechal, pero nadie le prestó atención, y se instaló en el extremo de las hileras de hombres, desde donde podía ver y oír todo cuanto ocurría. Observaba y escuchaba con atención, pronto a correr en auxilio de su amo en caso necesario. Veía el rostro de Faramir, ahora desenmascarado: era severo e imperioso; y detrás de aquella mirada escrutadora brillaba una viva inteligencia. Había duda en los ojos grises, clavados en Frodo.

Sam no tardó en comprender que las explicaciones de Frodo no eran satisfactorias para el Capitán en varios puntos: qué papel desempeñaba el hobbit en la Compañía que partiera de Rivendel; por qué se había separado de Boromir; y a dónde iba ahora. En particular, volvía a menudo al Daño de Isildur. Veía a las claras que Frodo le ocultaba algo de suma importancia.

—Pero era a la llegada del Mediano cuando tenía que despertar el Daño de Isildur, o así al menos se interpretan las palabras —insistía—. Si tú eres ese Mediano del poema, sin duda habrás llevado esa cosa, lo que sea, al Concilio de que hablas, y allí lo vio Boromir. ¿Lo niegas todavía?

Frodo no respondió.

—¡Bien! —dijo Faramir—. Deseo entonces que me hables más de todo eso; pues lo que concierne a Boromir me concierne a mí. Fue la flecha de un orco la que mató a Isildur, según las antiguas leyendas. Pero flechas de orcos hay muchas, y ver una flecha no le parecería una señal del Destino a Boromir de Gondor. ¿Tenías tú ese objeto en custodia? Está escondido, dices; ¿no será porque tú mismo has elegido esconderlo?

—No, no porque yo lo haya elegido —respondió Frodo—. No me pertenece. No pertenece a ningún mortal, grande o pequeño; aunque si alguien puede reclamarlo, ése es Aragorn hijo de Arathorn, a quien ya nombré, y que guió nuestra Compañía desde Moria hasta el Rauros.

—¿Por qué él, y no Boromir, príncipe de la Ciudad que fundaron los hijos de Elendil?

—Porque Aragorn desciende en línea paterna directa del propio Isildur hijo de Elendil. Y la espada que lleva es la espada de Elendil.

Un murmullo de asombro recorrió el círculo de hombres. Algunos gritaron en voz alta: —¡La espada de Elendil! ¡La espada de Elendil viene a Minas Tirith! —Pero el semblante de Faramir permaneció impasible.

—Puede ser —dijo—. Pero un reclamo tan grande necesita algún fundamento, y se le exigirán pruebas claras, si ese Aragorn viene alguna vez a Minas Tirith. No había llegado, ni él ni ninguno de vuestra Compañía, cuando partí de allí seis días atrás.

—Boromir aceptaba la legitimidad de ese reclamo —dijo Frodo—. En verdad, si Boromir estuviese aquí, él podría responder a tus preguntas. Y puesto que estaba ya en el Rauros muchos días atrás, y tenía la intención de ir directamente a Minas Tirith, si vuelves pronto tendrás allí todas las respuestas. Mi papel en la Compañía le era conocido, como a todos los demás, pues me fue encomendado por Elrond de Imladris en presencia de todos los miembros del Concilio. En cumplimiento de esa misión he venido a estas tierras, pero no me es dado revelarla a nadie ajeno a la Compañía. No obstante, quienes pretenden combatir al Enemigo harían bien en no entorpecerla.

El tono de Frodo era orgulloso, cualesquiera que fuesen sus sentimientos, y Sam lo aprobó; pero no apaciguó a Faramir.

—¡Ah, sí! —dijo—. Me conminas a ocuparme de mis propios asuntos, y volver a casa, y dejarte en paz. Boromir lo dirá todo cuando vuelva. ¡Cuando vuelva, dices! ¿Eras tú un amigo de Boromir?

El recuerdo de la agresión de Boromir volvió vívidamente a la mente de Frodo, y vaciló un instante. La mirada alerta de Faramir se endureció.

—Boromir fue un miembro muy valiente de nuestra Compañía —dijo Frodo al cabo—. Sí, yo por mi parte era amigo de Boromir.

Faramir sonrió con ironía.

—¿Te entristecería entonces enterarte de que Boromir ha muerto?

—Me entristecería por cierto —dijo Frodo. Luego, reparando en la expresión de los ojos de Faramir, se turbó—. ¿Muerto? —preguntó—. ¿Quieres decirme que *está* muerto y que tú lo sabías? ¿Has pretendido enredarme en mis propias palabras, jugar conmigo? ¿O es que me mientes para tenderme una trampa?

—No le mentiría ni siquiera a un orco.

—¿Cómo murió, entonces, y cómo sabes tú que murió? Puesto que dices que ninguno de la Compañía había llegado a la Ciudad cuando partiste.

—En cuanto a las circunstancias de su muerte, esperaba que su amigo y compañero me las revelase.

—Pero estaba vivo y fuerte cuando nos separamos. Y por lo que yo sé vive aún. Aunque hay ciertamente muchos peligros en el mundo.

—Muchos en verdad —dijo Faramir—, y la traición no es el menor.

La impaciencia y la cólera de Sam habían ido en aumento mientras escuchaba esta conversación. Las últimas palabras no las pudo soportar, y saltando al centro del círculo fue a colocarse al lado de su amo.

—Con perdón, señor Frodo —dijo—, pero esto ya se ha prolongado demasiado. Él no tiene ningún derecho a hablarle en ese tono. Después de todo lo que usted ha soportado, tanto por el bien de él como por el de estos Hombres Grandes, y por el de todos.

"¡Oiga usted, Capitán! —Sam se plantó tranquilamente delante de Faramir, las manos en las caderas, y una expresión ceñuda, como si estuviese increpando a un joven hobbit que interrogado acerca de sus visitas a la huerta, se hubiese pasado de 'fresco', como el mismo Sam decía. Hubo algunos murmullos, pero también algunas sonrisas en los rostros de los hombres que observaban. La escena del Capitán sentado en el suelo, enfrentado por un joven hobbit, de pie frente a él, abierto de piernas y erizado de cólera, era inusitada para ellos.— ¡Oiga usted! —dijo—. ¿A dónde quiere llegar? ¡Vayamos al grano antes que todos los orcos de Mordor nos caigan encima! Si piensa que mi señor asesinó a ese Boromir y luego huyó, no tiene ni un ápice de sentido común; pero dígalo, ¡y acabe de una vez! Y luego díganos qué se propone. Pero es una lástima que gente que habla de combatir al Enemigo no pueda dejar que cada uno haga lo suyo. Él se sentiría profundamente complacido si lo viera a usted en este momento. Creería haber conquistado un nuevo amigo, eso creería.

—¡Paciencia! —dijo Faramir, pero sin cólera—. No hables así delante de tu amo, que es más inteligente que tú. Y no necesito que nadie me enseñe el peligro que nos amenaza. Aun así, me concedo un breve momento para poder juzgar con equidad en un asunto difícil. Si fuera tan irreflexivo como tú, ya os hubiera matado. Pues tengo la misión de dar muerte a todos los que encuentre en estas tierras sin autorización del Señor de Gondor. Pero yo no mato sin necesidad ni a hombre ni a bestia, y cuando es necesario no lo hago con alegría. Tampoco hablo en vano. Tranquilízate, pues. ¡Siéntate junto a tu señor, y guarda silencio!

Sam se sentó pesadamente, el rostro acalorado. Faramir se volvió otra vez a Frodo.

—Me preguntaste cómo sabía yo que el hijo de Denethor ha muerto. Las noticias de muerte tienen muchas alas. *A menudo la noche trae las nuevas a los parientes cercanos*, dicen. Boromir era mi hermano. —Una sombra de tristeza le pasó por el rostro.— ¿Recuerdas algo particularmente notable que el Señor Boromir llevaba entre sus avíos?

Frodo reflexionó un momento, temiendo alguna nueva

trampa y preguntándose cómo acabaría la discusión. A duras penas había salvado el Anillo de la orgullosa codicia de Boromir, y no sabía cómo se daría maña esta vez, entre tantos hombres aguerridos y fuertes. Sin embargo, tenía en el fondo la impresión de que Faramir, aunque muy semejante a su hermano en apariencia, era menos orgulloso, y a la vez más austero y más sabio.

—Recuerdo que Boromir llevaba un cuerno —dijo por último.

—Recuerdas bien, y como alguien que en verdad lo ha visto —dijo Faramir—. Tal vez puedas verlo entonces con el pensamiento: un gran cuerno de asta, de buey salvaje del Este, guarnecido de plata y adornado con caracteres antiguos. Ese cuerno lo ha llevado durante muchas generaciones el primogénito de nuestra casa; y se dice que si se lo hace sonar en un momento de necesidad dentro de los confines de Gondor, tal como era el reino en otros tiempos, la llamada no será desoída.

"Cinco días antes de mi partida para esta arriesgada empresa, hace once días, y casi a esta misma hora, oí la llamada del cuerno; parecía venir del norte, pero apagada, como si fuese sólo un eco en la mente. Un presagio funesto, pensamos que era, mi padre y yo, pues no habíamos tenido ninguna noticia de Boromir desde su partida, y ningún vigía de nuestras fronteras lo había visto pasar. Y tres noches después me aconteció otra cosa, más extraña aún.

"Era la noche y yo estaba sentado junto al Anduin, en la penumbra gris bajo la luna pálida y joven, contemplando la corriente incesante; y las cañas tristes susurraban en la orilla. Es así como siempre vigilamos las costas en las cercanías de Osgiliath, ahora en parte en manos del Enemigo, y donde se esconden antes de saquear nuestro territorio. Pero era medianoche y todo el mundo dormía. Entonces vi, o me pareció ver, una barca que flotaba sobre el agua, gris y centelleante, una barca pequeña y rara de proa alta, y no había nadie en ella que la remase o la guiase.

"Un temor misterioso me sobrecogió; una luz pálida envolvía la barca. Pero me levanté, y fui hasta la orilla, y entré en el río, pues algo me atraía hacia ella. Entonces la embarcación viró hacia mí, y flotó lentamente al alcance de mi mano. Yo no me atreví a tocarla. Se hundía en el río, como si llevase una carga pesada, y me pareció, cuando pasó bajo mis ojos, que estaba casi llena de un agua transparente, y que de ella emanaba aquella luz, y que sumergido en el agua dormía un guerrero.

"Tenía sobre la rodilla una espada rota. Y vi en su cuerpo muchas heridas. Era Boromir, mi hermano, muerto. Reconocí los atavíos, la espada, el rostro tan amado. Una única cosa eché de menos: el cuerno. Y vi una sola que no conocía: un hermoso cinturón de hojas de oro engarzadas le ceñía el talle. *¡Boromir!* grité. *¿Dónde está tu cuerno? ¿A dónde vas? ¡Oh Boromir!* Pero ya no estaba. La embarcación volvió al centro del río y se perdió centelleando en la noche. Fue como un sueño, pero no era un sueño, pues no hubo un despertar. Y no dudo que ha muerto y que ha pasado por el Río rumbo al Mar.

—¡Ay! —dijo Frodo—. Era en verdad Boromir tal como yo lo conocí. Pues el cinturón de oro se lo regaló en Lothlórien la Dama Galadriel. Ella fue quien nos vistió como ves, de gris élfico. Este broche es obra de los mismos artífices. —Tocó la hoja verde y plata que le cerraba el cuello del manto.

Faramir la examinó de cerca.

—Es muy hermoso —dijo—. Sí, es obra de los mismos artífices. ¿Habéis pasado entonces por el País de Lórien? Laurelindórenan era el nombre que le daban antaño, pero hace mucho tiempo que ha dejado de ser conocido por los Hombres —agregó con dulzura, mirando a Frodo con renovado asombro—. Mucho de lo que en ti me parecería extraño, empiezo ahora a comprenderlo. ¿No querrás decirme más? Pues es amargo el pensamiento de que Boromir haya muerto a la vista del país natal.

—No puedo decir más de lo que he dicho —respondió Frodo—. Aunque tu relato me trae presentimientos sombríos. Una visión fue lo que tuviste, creo yo, y no otra cosa; la sombra de un infortunio pasado o porvenir. A menos que sea en realidad una superchería del Enemigo. Yo he visto dormidos bajo las aguas de las Ciénagas de los Muertos los rostros de hermosos guerreros de antaño, o así parecía por algún artificio siniestro.

—No, no era eso —dijo Faramir—. Pues tales sortilegios repugnan al corazón; pero en el mío sólo había compasión y tristeza.

—Pero ¿cómo es posible que tal cosa haya ocurrido realmente? —preguntó Frodo—. ¿Quién hubiera podido llevar una barca sobre las colinas pedregosas desde Tol Brandir? Boromir pensaba regresar a su tierra a través del Entaguas y los campos de Rohan. Y además, ¿qué embarcación podría navegar por la espuma de las grandes cascadas y no hundirse en las charcas burbujeantes, y cargada de agua por añadidura?

—No lo sé —dijo Faramir—. Pero ¿de dónde venía la barca?

—De Lórien —dijo Frodo—. En tres embarcaciones semejantes a aquélla bajamos por el Anduin a los Saltos. También las barcas eran obra de los Elfos.

—Habéis pasado por las Tierras Ocultas —dijo Faramir— pero no habéis entendido el poder que hay allí, parece. Si los Hombres tienen tratos con la Dueña de la Magia que habita en el Bosque de Oro, cosas extrañas habrán por cierto de acontecerles. Pues se dice que es peligroso para un mortal salir al mundo de ese Sol, y pocos de los que allí fueron en días lejanos volvieron como eran.

"¡Boromir, oh Boromir! —exclamó—. ¿Qué te dijo la Dama que no muere? ¿Qué vio? ¿Qué despertó en tu corazón en aquel momento? ¿Por qué fuiste a Laurelindórenan, por qué no regresaste de mañana montado en los caballos de Rohan?

Luego, volviéndose a Frodo, habló una vez más en voz baja.

—A estas preguntas creo que tú podrías dar alguna respuesta, Frodo hijo de Drogo. Pero no aquí ni ahora, quizá. Mas para que no sigas pensando que mi relato fue una visión, te diré esto: el cuerno de Boromir al menos ha vuelto realmente, y no en apariencia. El cuerno regresó, pero partido en dos, como bajo el golpe de un hacha o de una espada. Los pedazos llegaron a la orilla separadamente: uno fue hallado en los cañaverales donde los vigías de Gondor montan guardia, hacia el norte, bajo las cascadas del Entaguas; el otro lo encontró girando en la corriente un hombre que cumplía una misión en las aguas del río. Extrañas coincidencias, pero tarde o temprano el crimen siempre sale a la luz, se dice.

"Y el cuerno del primogénito yace ahora, partido en dos, sobre las rodillas de Denethor, que en el alto sitial aún espera noticias. ¿Y tú nada puedes decirme de cómo quebraron el cuerno?

—No, yo nada sabía —dijo Frodo—, pero el día que lo oíste sonar, si tu cuenta es exacta, fue el de nuestra partida, el mismo en que mi sirviente y yo nos separamos de los otros. Y ahora tu relato me llena de temores. Pues si Boromir estaba entonces en peligro y fue muerto, puedo temer que mis otros compañeros también hayan perecido. Y ellos eran mis amigos y mis parientes.

"¿No querrás desechar las dudas que abrigas sobre mí y dejarme partir? Estoy fatigado, cargado de penas, y tengo miedo de no llevar a cabo la empresa o intentarla al menos, antes que me maten a mí también. Y más necesaria es la prisa si nosotros, dos Medianos, somos todo lo que queda de la comunidad.

"Vuelve a tu tierra, Faramir, valiente Capitán de Gondor, y defiende tu ciudad mientras puedas, y déjame partir hacia donde me lleve mi destino.

—No hay consuelo posible para mí en esta conversación —dijo Faramir—; pero a ti te despierta sin duda demasiados temores. A menos que hayan llegado a él los de Lórien, ¿quién habrá ataviado a Boromir para los funerales? No los orcos ni los servidores del Sin Nombre. Algunos de los miembros de vuestra Compañía han de vivir aún, presumo.

"Mas, sea lo que fuere lo que haya sucedido en la Frontera del Norte, de ti, Frodo, no dudo más. Si días crueles me han inclinado a erigirme de algún modo en juez de las palabras y los rostros de los Hombres, puedo ahora aventurar una opinión sobre los Medianos. Sin embargo —y sonrió al decir esto—, noto algo extraño en ti, Frodo, un aire élfico, tal vez. Pero en las palabras que hemos cambiado hay mucho más de lo que yo pensé al principio. He de llevarte ahora a Minas Tirith para que respondas a

Denethor, y en justicia pagaré con mi vida si la elección que ahora hiciera fuese nefasta para mi ciudad. No decidiré, pues, precipitadamente lo que he de hacer. Sin embargo, saldremos de aquí sin más demora.

Se levantó con presteza e impartió algunas órdenes. Al instante los hombres que estaban reunidos alrededor de él se dividieron en pequeños grupos, y partieron con distintos rumbos, y no tardaron en desaparecer entre las sombras de las rocas y los árboles. Pronto sólo quedaron allí Mablung y Damrod.

—Ahora vosotros, Frodo y Samsagaz, vendréis conmigo y con mis guardias —dijo Faramir—. No podéis continuar vuestro camino rumbo al sur, si tal era vuestra intención. Será peligroso durante algunos días, y lo vigilarán más estrechamente después de esta refriega. De todos modos, tampoco podríais llegar muy lejos hoy, me parece, puesto que estáis fatigados. También nosotros. Ahora iremos a un lugar secreto, a menos de diez millas de aquí. Los orcos y los espías del Enemigo no lo han descubierto todavía, y si así no fuera, igualmente podríamos resistir un largo tiempo, aun contra muchos. Allí podremos estar y descansar un rato, y vosotros también. Mañana por la mañana decidiré qué es lo mejor que puedo hacer, tanto por mí como por vosotros.

No le quedaba a Frodo otra alternativa que la de resignarse a este pedido, o esta orden. Parecía ser en todo caso una medida prudente por el momento, ya que después de esta correría de los hombres de Gondor, un viaje a Ithilien era más peligroso que nunca.

Se pusieron en marcha inmediatamente: Mablung y Damrod un poco más adelante, y Faramir con Frodo y Sam detrás. Bordeando la orilla opuesta de la laguna en que se habían lavado los hobbits, cruzaron el río, escalaron una larga barranca, y se internaron en los bosques de sombra verde que descendían hacia el oeste. Mientras caminaban, tan rápidamente como podían ir los hobbits, hablaban entre ellos en voz baja.

—Si interrumpí nuestra conversación —dijo Faramir— no fue sólo porque el tiempo apremiaba, como me recordó

Maese Samsagaz, sino también porque tocábamos asuntos que era mejor no discutir abiertamente delante de muchos hombres. Por esa razón preferí volver al tema de mi hermano y dejar para otro momento el Daño de Isildur. No has sido del todo franco conmigo, Frodo.

—No te dije ninguna mentira, y de la verdad, te he dicho cuanto podía decirte —replicó Frodo.

—No te estoy acusando —dijo Faramir—. Hablaste con habilidad, en una contingencia difícil, y con sabiduría, me pareció. Pero supe por ti, o adiviné, más de lo que me decían tus palabras. No estabas en buenos términos con Boromir, o no os separasteis como amigos. Tú, y también Maese Samsagaz, guardáis, lo adivino, algún resentimiento. Yo lo amaba, sí, entrañablemente, y vengaría su muerte con alegría, pero lo conocía bien. El Daño de Isildur... me aventuro a decir que el Daño de Isildur se interpuso entre vosotros y fue motivo de discordias. Parece ser, a todas luces, un legado de importancia extraordinaria, y esas cosas no ayudan a la paz entre los confederados, si hemos de dar crédito a lo que cuentan las leyendas. ¿No me estoy acercando al blanco?

—Cerca estás —dijo Frodo—, mas no en el blanco mismo. No hubo discordias en nuestra Compañía, aunque sí dudas; dudas acerca de qué rumbo habríamos de tomar luego de Emyn Muil. Sea como fuere, las antiguas leyendas también advierten sobre el peligro de las palabras temerarias, cuando se trata de cuestiones tales como... herencias.

—Ah, entonces era lo que yo pensaba: tu desavenencia fue sólo con Boromir. Él deseaba que el objeto fuese llevado a Minas Tirith. ¡Ay! Un destino injusto que sella los labios de quien lo viera por última vez me impide enterarme de lo que tanto quisiera saber: lo que guardaba en el corazón y el pensamiento en sus últimas horas. Que haya o no cometido un error, de algo estoy seguro: murió con ventura, cumpliendo una noble misión. Tenía el rostro más hermoso aún que en vida.

"Pero Frodo, te acosé con dureza al principio a propósito del Daño de Isildur. Perdóname. ¡No era prudente en aquel lugar y en tales circunstancias! No había tenido tiempo para reflexionar. Acabábamos de librar un violento combate, y tenía la mente ocupada con demasiadas cosas. Pero en el momento mismo en que hablaba contigo, me iba acercando al blanco, y deliberadamente dispersaba mis flechas. Pues has de saber que entre los Gobernantes de la ciudad se conserva aún buena parte de la antigua sabiduría, que no se ha difundido más allá de las fronteras. Nosotros, los de mi casa, no pertenecemos a la dinastía de Elendil, aunque la sangre de Númenor corre por nuestras venas. Mi dinastía se remonta hasta Mardil, el buen senescal, que gobernó en el lugar del rey, cuando éste partió para la guerra. Era el Rey Eärnur, último de la dinastía de Anárion, pues no tenía hijos, y nunca regresó. Desde ese día el Senescal reinó en la ciudad, aunque ya hace de esto muchas generaciones de Hombres.

”Y una cosa recuerdo de Boromir cuando era niño, y juntos aprendíamos las leyendas de nuestros antepasados y la historia de la ciudad: siempre le disgustaba que su padre no fuera rey. '¿Cuántos centenares de años han de pasar para que un senescal se convierta en rey, si el rey no regresa?', preguntaba. 'Pocos años, tal vez, en casas de menor realeza', le respondía mi padre. 'En Gondor no bastarían diez mil años.' ¡Ay! pobre Boromir. ¿Esto no te dice algo de él?

—Sí —dijo Frodo—. Sin embargo siempre trató a Aragorn con honor.

—No lo dudo —dijo Faramir—. Si estaba convencido, como dices, de que las pretensiones de Aragorn eran legítimas, ha de haberlo reverenciado. Pero no había llegado aún el momento decisivo: no había ido aún a Minas Tirith, ni se habían convertido aún en rivales en las guerras de la ciudad.

”Pero me estoy alejando del tema. Nosotros, los de la casa de Denethor, tenemos por tradición un conocimiento profundo de la antigua sabiduría; y en nuestros cofres conservamos además muchos tesoros: libros y tabletas escritos en caracteres diversos sobre pergamino, sí, y sobre piedra y sobre láminas de plata y de oro. Hay algunos que nadie puede leer; en cuanto a los demás, pocos son los que logran alguna vez entenderlos. Yo los sé descifrar, un poco, pues he sido iniciado. Son los archivos que nos trajo el Peregrino Gris. Yo lo vi por primera vez cuando era niño, y ha vuelto dos o tres veces desde entonces.

—¡El Peregrino Gris! —exclamó Frodo—. ¿Tenía un nombre?

—Mithrandir lo llamaban a la manera élfica —dijo Faramir—, y él estaba satisfecho. *Muchos son mis nombres en numerosos países,* decía. *Mithrandir entre los Elfos, Tharkûn para los Enanos; Olórin era en mi juventud en el Oeste que nadie recuerda, Incánus en el Sur, Gandalf en el Norte; al Este nunca voy.*

—¡Gandalf! —dijo Frodo—. Me imaginé que era Gandalf el Gris, el más amado de nuestros consejeros. Guía de nuestra Compañía. Lo perdimos en Moria.

—¡Mithrandir perdido! —dijo Faramir—. Se diría que un destino funesto se ha encarnizado con vuestra comunidad. Es en verdad difícil de creer que alguien de tan alta sabiduría y tanto poder, pues muchos prodigios obró entre nosotros, pudiera perecer de pronto, que tanto saber fuera arrebatado al mundo. ¿Estás seguro? ¿No habrá partido simplemente en uno de sus misteriosos viajes?

—¡Ay! sí —dijo Frodo—. Yo lo vi caer en el abismo.

—Veo que detrás de todo esto se oculta una historia larga y terrible —dijo Faramir— que tal vez podrás contarme en la velada. Este Mithrandir era, ahora lo adivino, más que un maestro de sabiduría: un verdadero artífice de las cosas que se hacen en nuestro tiempo. De haber estado entre nosotros para discutir las duras palabras de nuestro sueño, él nos las hubiera esclarecido en seguida, sin necesidad de ningún mensajero. Pero quizá no habría querido hacerlo, y el viaje de Boromir era inevitable. Mithrandir nunca nos hablaba de lo que iba a acontecer, ni de sus propósitos. Obtuvo autorización de Denethor, ignoro por qué medios, para examinar los secretos de nuestro tesoro, y yo aprendí un poco de él, cuando quería enseñarme, cosa poco frecuente. Buscaba siempre y quería saberlo todo de la Gran Batalla que se libró sobre el Dagorlad en los primeros tiempos de Gondor, cuando aquel a quien no nombramos fue derrotado. Y pedía que le contáramos historias de Isildur, aunque poco podíamos decirle; pues acerca del fin de Isildur nada seguro se supo jamás entre nosotros.

Ahora la voz de Faramir se había convertido en un susurro.

—Pero una cosa supe al menos, o adiviné, que siempre he guardado en secreto en mi corazón: que Isildur tomó algo de la mano del Sin Nombre, antes de partir de Gondor, cuando fue visto por última vez entre hombres mortales. Aquí estaba, pensaba yo, la respuesta a las preguntas de Mithrandir. Pero parecía en ese entonces que estos asuntos concernían sólo a los estudiosos de la antigua sabiduría. Ni cuando discutíamos entre nosotros las enigmáticas palabras del sueño, pensé que el Daño de Isildur pudiera ser la misma cosa. Pues Isildur cayó en una emboscada y fue muerto por flechas de orcos, de acuerdo con la única leyenda que nosotros conocemos, y Mithrandir nunca me dijo más.

"Qué es en realidad esa Cosa no puedo aún adivinarlo; pero tiene que ser un objeto de gran poder y peligro. Un arma temible, tal vez, ideada por el Señor Oscuro. Si fuese un talismán que procurara ventajas en la guerra, puedo creer por cierto que Boromir, el orgulloso y el intrépido, el a menudo temerario Boromir, siempre soñando con la victoria de Minas Tirith (y con su propia gloria) haya deseado poseerlo y se sintiera atraído por él. ¡Por qué habrá partido en esa búsqueda funesta! Yo habría sido elegido por mi padre y los ancianos, pero él se adelantó, por ser el mayor y el más osado (lo cual era verdad), y no escuchó razones.

"¡Pero no temas! Yo no me apoderaría de esa cosa ni aun cuando la encontrase tirada en la orilla del camino. Ni aunque Minas Tirith cayera en ruinas, y sólo yo pudiera salvarla, así, utilizando el arma del Señor Oscuro para bien de la ciudad, y para mi gloria. No, no deseo semejantes triunfos, Frodo hijo de Drogo.

—Tampoco los deseaba el Concilio —dijo Frodo—. Ni yo. Quisiera no saber nada de esos asuntos.

—Por mi parte —dijo Faramir— quisiera ver el Árbol Blanco de nuevo florecido en las cortes de los reyes, y el retorno de la Corona de Plata, y que Minas Tirith viviera en paz: Minas Anor otra vez como antaño, plena de luz, alta y radiante, hermosa como una reina entre otras reinas: no señora de una legión de esclavos, ni aun ama benévola de esclavos voluntarios. Guerra ha de haber mientras tengamos que defendernos de la maldad de un poder destructor que nos devoraría a todos; pero yo no amo la espada porque tiene filo, ni la flecha porque vuela, ni al guerrero porque ha ganado la gloria. Sólo amo lo que ellos defienden: la ciudad de los Hombres de Númenor; y quisiera que otros la amasen por sus recuerdos, por su antigüedad, por su belleza y por la sabiduría que hoy posee. Que no la teman, sino como acaso temen los hombres la dignidad de un hombre, viejo y sabio.

"¡Así pues, no me temas! No pido que me digas más. Ni siquiera pido que digas si me he acercado a la verdad. Pero si quieres confiar en mí, podría tal vez aconsejarte y hasta ayudarte a cumplir tu misión, cualquiera que ella sea.

Frodo no respondió. A punto estuvo de ceder al deseo de ayuda y de consejo, de confiarle a este hombre joven y grave, cuyas palabras parecían tan sabias y tan hermosas, todo cuanto pesaba sobre él. Pero algo lo retuvo. Tenía el corazón abrumado de temor y tristeza: si él y Sam eran en verdad, como parecía probable, todo cuanto quedaba ahora de los Nueve Caminantes, entonces sólo él conocía el secreto de la misión. Más valía desconfiar de palabras inmerecidas que de palabras irreflexivas. Y el recuerdo de Boromir, del horrible cambio que había producido en él la atracción del Anillo, estaba muy presente en su memoria, mientras miraba a Faramir y escuchaba su voz: eran distintos, sí, pero a la vez muy parecidos.

Durante un rato continuaron caminando en silencio, deslizándose como sombras grises y verdes bajo los árboles añosos, sin hacer ningún ruido; en lo alto cantaban muchos pájaros, y el sol brillaba en la bóveda de hojas lustrosas y oscuras de los siempre verdes bosques de Ithilien.

Sam no había intervenido en la conversación, pero la había escuchado; y al mismo tiempo había prestado atención, con su aguzado oído de hobbit, a todos los rumores y ruidos ahogados del bosque. Una cosa había notado: que en toda la conversación el nombre de Gollum no se había mencionado una sola vez. Se alegraba, aunque le parecía que era demasiado esperar no volver a oírlo más. Pronto advirtió también que aunque iban solos, había muchos hombres en las cercanías: no solamente Damrod y Mablung, que aparecían y desaparecían entre las sombras delante de ellos, sino otros a la izquierda y la derecha, encaminándose furtiva y rápidamente a algún sitio señalado.

Una vez, al volver bruscamente la cabeza, como si una picazón en la piel le advirtiera que alguien lo observaba, creyó entrever una pequeña forma negra que se escabullía por detrás del tronco de un árbol. Abrió la boca para hablar y la cerró otra vez. —No estoy seguro —se dijo—; ¿y para qué recordarles a ese viejo bribón, si ellos han preferido olvidarlo? ¡Ojalá yo también lo olvidara!

Así continuaron la marcha, hasta que la espesura del bosque empezó a ralear, y el terreno a descender en barrancas más empinadas. Dieron vuelta una vez más, a la derecha, y no tardaron en llegar a un pequeño río que corría por una garganta estrecha: era el mismo arroyo que nacía, mucho más arriba, en la cuenca redonda, y que ahora serpeaba en un rápido torrente, por un lecho profundamente hendido y muy pedregoso, bajo las ramas combadas de los acebos y el oscuro follaje del boj. Mirando hacia el oeste podían ver, más abajo, envueltas en una bruma luminosa, tierras bajas y vastas praderas, y centelleando a lo lejos a la luz del sol poniente las aguas anchas del Anduin.

—Aquí, lamentablemente, cometeré con vosotros una descortesía —dijo Faramir—. Espero que sabréis perdonarla en quien hasta ahora ha desechado órdenes en favor de buenos modales a fin de no mataros ni amarraros con cuerdas. Pero un mandamiento riguroso exige que ningún extranjero, aun cuando fuese uno de Rohan que luche en nuestras filas, ha de ver el camino por el que ahora avanzamos con los ojos abiertos. Tendré que vendaros.

—Como gustes —dijo Frodo—. Hasta los Elfos lo hacen cuando les parece necesario, y con los ojos vendados cruzamos las fronteras de la hermosa Lothlórien. Gimli el Enano lo tomó a mal, pero los hobbits lo soportaron.

—El lugar al que os conduciré no es tan hermoso —dijo Faramir—. Pero me alegra que lo aceptéis de buen grado y no por la fuerza.

Llamó por lo bajo, e inmediatamente Mablung y Damrod salieron de entre los árboles y se acercaron de nuevo a ellos.

—Vendadles los ojos a estos huéspedes —dijo Faramir—. Fuertemente, pero sin incomodarlos. No les atéis las manos. Prometerán que no tratarán de ver. Podría confiar en que cerrasen los ojos voluntariamente, pero los ojos parpadean, si los pies tropiezan en el camino. Guiadlos de modo que no trastabillen.

Los guardias vendaron entonces con bandas verdes los ojos de los hobbits, y les bajaron las capuchas casi hasta la boca; en seguida, tomándolos rápidamente por las manos, se pusieron otra vez en marcha. Todo cuanto Frodo y Sam supieron de esta última milla, fue lo que adivinaron haciendo conjeturas en la oscuridad. Al cabo de un rato tuvieron la impresión de ir por un sendero que descendía en rápida pendiente; muy pronto se volvió tan estrecho que avanzaron todos en fila, rozando a ambos lados un muro pedregoso; los guardias los guiaban desde atrás, con las manos firmemente apoyadas en los hombros de los hobbits. De tanto en tanto, cada vez que llegaban a un trecho más accidentado, los levantaban, para volver a depositarlos en el suelo un poco más adelante. Constantemente oían a la derecha el agua que corría sobre las piedras, ahora más cercana y rumorosa. Al cabo de un tiempo detuvieron la marcha. Inmediatamente Mablung y Damrod los hicieron girar sobre sí mismos, varias veces, y los hobbits se desorientaron del todo. Treparon un poco; hacía frío y el ruido del agua era ahora más débil. Luego, levantándolos otra vez, los hicieron bajar numerosos escalones, y volver un recodo. De improviso oyeron de nuevo el agua, ahora sonora, impetuosa y saltarina. Tenían la impresión de estar rodeados de agua, y sentían que una finísima llovizna les rociaba las manos y las mejillas. Por fin los pusieron nuevamente en el suelo. Un momento permanecieron así, amedrentados, con vendas en los ojos, sin saber dónde estaban; y nadie hablaba alrededor.

De pronto llegó la voz de Faramir, muy próxima, a espaldas de ellos.

—¡Dejadles ver! —dijo.

Les quitaron los pañuelos y les levantaron las capuchas, y los hobbits pestañearon, y se quedaron sin aliento.

Se encontraban en un mojado pavimento de piedra pulida, el umbral, por así decir, de una puerta de roca toscamente tallada que se abría, negra, detrás de ellos. Enfrente caía una delgada cortina de agua, tan próxima que Frodo, con el brazo extendido, hubiera podido tocarla. Miraba al oeste. Del otro lado del velo se refractaban los rayos horizontales del sol poniente, y la luz purpúrea se quebraba en llamaradas de colores siempre cambiantes. Les parecía estar junto a la ventana de una extraña torre élfica, velada por una cortina recamada con hilos de plata y de oro, y de rubíes, zafiros, y amatistas, ardiendo todo en un fuego que nunca se consumía.

—Al menos hemos tenido la suerte de llegar a la mejor hora para recompensar vuestra paciencia —dijo Faramir—. Ésta es la Ventana del Sol Poniente, Henneth Annûn, la más hermosa de todas las cascadas de Ithilien, tierra de muchos manantiales. Pocos son los extranjeros que la han contemplado. Mas no hay dentro una cámara real digna de tanta belleza. ¡Entrad ahora y ved!

Mientras Faramir hablaba, el sol desapareció en el horizonte, y el fuego se extinguió en el móvil dosel del agua. Dieron media vuelta, traspusieron el umbral bajo la arcada baja y amenazadora, y se encontraron de súbito en un recinto de piedra, vasto y tosco, bajo un techo abovedado. Algunas antorchas proyectaban una luz mortecina sobre las paredes relucientes. Ya había allí un gran número de hombres. Otros seguían entrando en grupos de dos y de tres por una puerta lateral, oscura y estrecha. A medida que se habituaban a la penumbra, los hobbits notaron que la caverna era más grande de lo que habían imaginado, y que había allí grandes reservas de armamentos y vituallas.

—Bien, he aquí nuestro refugio —dijo Faramir—. No es un lugar demasiado confortable, pero os permitirá pasar la noche en paz. Al menos está seco, y aunque no hay fuego, tenemos comida. En tiempos remotos el agua corría a través de esta gruta y se derramaba por la arcada, pero los obreros de antaño desviaron la corriente más arriba del paso, y el río desciende ahora desde las rocas en una cascada dos veces más alta. Todas las vías de acceso a esta gruta fueron clausuradas entonces, para impedir la penetración del agua y de cualquier otra cosa; todas salvo una. Ahora hay sólo dos salidas: aquel pasaje por el que entrasteis con los ojos vendados, y el de la Cortina de la Ventana, que da a una cuenca profunda sembrada de cuchillos de piedra. Y ahora descansad unos minutos, mientras preparamos la cena.

Los hobbits fueron conducidos a un rincón, donde les dieron un lecho para que se echaran encima a descansar, si así lo deseaban. Mientras tanto los hombres iban y venían atareados por la caverna, silenciosos, y con una presteza metódica. Tablas livianas fueron retiradas de las paredes, dispuestas sobre caballetes y cargadas de utensilios. Éstos eran en su mayor parte simples y sin adornos, pero todos de noble y armoniosa factura: escudillas redondas, tazones y fuentes de terracota esmaltada o de madera de boj torneada, lisos y pulcros. Aquí y allá había una salsera o un cuenco de bronce pulido; y un copón de plata sin adornos junto al sitio del Capitán, en la mesa del centro.

Faramir iba y venía entre los hombres, interrogándolos en voz baja, a medida que llegaban. Algunos volvían de perseguir a los Sureños; otros, los que habían quedado como centinelas y exploradores cerca del camino, fueron los últimos en aparecer. Se conocía la suerte que habían corrido todos los sureños, excepto el gran Mûmak: qué había sido de él nadie pudo decirlo. Del Enemigo, no se veía movimiento alguno; no había en los alrededores ni un solo espía orco.

—¿No viste ni oíste nada, Anborn? —le preguntó Faramir al último en llegar.

—Bueno, no, señor —dijo el hombre—. Por lo menos ningún orco. Pero vi, o me pareció ver, una cosa un poco extraña. Caía la noche, y a esa hora las cosas parecen a veces más grandes de lo que son. Así que tal vez no fuera nada más que una ardilla. —Al oír esto Sam aguzó el oído.— Pero entonces era una ardilla negra, y no le vi la cola. Parecía una sombra que se deslizaba por el suelo. Se escurrió detrás del tronco de un árbol cuando me aproximé, y trepó hasta la copa rápidamente, en verdad como una ardilla. Pero vos, señor, no aprobáis que matemos sin razón bestias salvajes, y no parecía ser otra cosa, de modo que no usé mi arco. De todas maneras estaba demasiado oscuro para disparar una flecha certera, y la criatura desapareció en un abrir y cerrar de ojos en la oscuridad del follaje. Pero me quedé allí un rato, porque me pareció extraño, y luego me apresuré a regresar. Tuve la impresión de que me silbó desde muy arriba, cuando me alejaba. Una ardilla grande, tal vez. Puede ser que al amparo de las sombras del Sin Nombre algunas de las bestias del Bosque Negro vengan a merodear por aquí. Ellos tienen allá ardillas negras, dicen.

—Puede ser —dijo Faramir—. Pero ése sería un mal presagio. No queremos en Ithilien fugitivos del Bosque Negro. —Sam creyó ver que al decir estas palabras Faramir echaba una mirada rápida a los hobbits, pero no dijo nada. Durante un rato Frodo y él permanecieron acostados de espaldas observando la luz de las antorchas, y a los hombres que iban y venían hablando a media voz. Luego, repentinamente, Frodo se quedó dormido.

Sam discutía consigo mismo, defendiendo ya un argumento, ya el argumento contrario. —Es posible que tenga razón —se decía—, pero también podría no tenerla. Las palabras hermosas esconden a veces un corazón infame. —Bostezó.— Podría dormir una semana entera, y bien que me sentaría. ¿Y qué puedo hacer, aunque me mantenga despierto, yo solo en medio de tantos Hombres grandes? Nada, Sam Gamyi; pero tienes que mantenerte despierto a pesar de todo. —Y de una u otra forma lo consiguió. La luz desapareció de la puerta de la caverna, y el velo gris del agua de la cascada se ensombreció y se perdió en la oscuridad creciente. Y el sonido del agua siempre continuaba, sin cambiar jamás de nota, mañana, tarde o noche. Murmuraba y susurraba e invitaba al sueño. Sam se hundió los nudillos en los ojos.

Ahora estaban encendiendo más antorchas. Habían espitado un casco de vino, abrían los barriles de provisiones, y algunos hombres iban a buscar agua a la cascada. Otros se lavaban las manos en jofainas. Trajeron para Faramir un gran aguamanil de cobre y un lienzo blanco, y también él se lavó.

—Despertad a nuestros huéspedes —dijo—, y llevadles agua. Es hora de comer.

Frodo se incorporó y se desperezó, bostezando. Sam, que no estaba habituado a que lo sirvieran, miró con cierta sorpresa al hombre alto que se inclinaba, acercándole un aguamanil.

—¡Déjala en el suelo, maestro, por favor! —dijo—. Será más fácil para ti y también para mí. —Luego, ante el asombro divertido de los Hombres, hundió la cabeza en el agua fría y se restregó el cuello y las orejas.

—¿Es costumbre en vuestro país lavarse la cabeza antes de la cena? —preguntó el hombre que servía a los hobbits.

—No, antes del desayuno —replicó Sam—. Pero si estás falto de sueño, el agua fría en el cuello te hace el mismo efecto que la lluvia a una lechuga marchita. ¡Listo! Ahora me podré mantener despierto el tiempo suficiente como para comer un bocado.

Condujeron a los hobbits a los asientos junto a Faramir: barriles recubiertos de pieles y más altos que los bancos de los Hombres para que estuvieran cómodos. Antes de sentarse a comer, Faramir y todos sus hombres se volvieron de cara al oeste, y así permanecieron un momento, en profundo silencio. Faramir les indicó a Frodo y a Sam que hicieran lo mismo.

—Siempre lo hacemos —explicó Faramir cuando por fin se sentaron—; volvemos la mirada hacia Númenor, la Númenor que fue, y más allá de Númenor hacia el Hogar de los Elfos que todavía es, y más lejos todavía hacia lo que es y siempre será. ¿No hay entre vosotros una costumbre semejante a la hora de las comidas?

—No —respondió Frodo, sintiéndose extrañamente rústico y sin educación—. Pero si hemos sido invitados, saludamos a nuestro anfitrión con una reverencia, y luego de haber comido nos levantamos y le damos las gracias.

—También nosotros lo hacemos —dijo Faramir.

Luego de tanto peregrinar, y de acampar a la intemperie, y de tantos días pasados en tierras salvajes y desiertas, la colación de la noche les pareció a los hobbits un festín: beber el vino rubio, fresco y fragante, y comer el pan con mantequilla, y carnes saladas y frutos secos, y un excelente queso rojo, ¡con las manos limpias y vajilla y cubiertos relucientes! Ni Frodo ni Sam rehusaron una sola de las viandas que les fueron ofrecidas, ni una segunda ración, ni aun una tercera. El vino les corría por las venas y los miembros cansados y se sentían alegres y ligeros de corazón como no lo habían estado desde que partieran de las tierras de Lórien.

Cuando todo hubo terminado, Faramir los llevó a un nicho al fondo de la caverna, aislado en parte por una cortina; allí pusieron una mesa y dos bancos. Una pequeña lámpara de barro ardía en la hornacina.

—Pronto podréis tener ganas de dormir —dijo—, especialmente el buen Samsagaz, que no ha querido cerrar un ojo antes de la cena aunque no sé si por miedo a embotar un noble apetito o por miedo a mí. Pero no es saludable irse a dormir en seguida de comer, y menos aún luego de un prolongado ayuno. Hablemos pues durante un rato. Tendréis mucho que contar de vuestro viaje desde Rivendel. Y también querréis saber algo de nosotros y del país en que ahora os encontráis. Habladme de mi hermano Boromir, del viejo Mithrandir y de la hermosa gente del país de Lothlórien.

Frodo ya no tenía sueño y estaba dispuesto a conversar. Sin embargo, aunque se sentía bien luego de la comida y el vino, no había perdido del todo la cautela. Sam estaba radiante y canturreaba en voz baja; pero cuando Frodo habló, al principio se contentó con escuchar, aventurando sólo una que otra exclamación de asentimiento.

Frodo relató muchas historias, pero eludiendo una y otra vez el tema de la misión de la Compañía y el Anillo, extendiéndose en cambio en el valiente papel que Boromir había desempeñado en todas las aventuras de los viajeros, con los lobos en las tierras salvajes, en medio de las nieves bajo el Caradhras, y en las minas de Moria donde cayera Gandalf. La historia del combate sobre el puente fue la que más conmovió a Faramir.

—Ha de haber enfurecido a Boromir tener que huir de los orcos —dijo— y hasta de la criatura feroz de que me hablas, ese Balrog, aun cuando fuera el último en retirarse.

—Él fue el último, sí —dijo Frodo—, pero Aragorn no tuvo más remedio que ponerse al frente de la Compañía. De no haber tenido que cuidar de nosotros, los más pequeños, no creo que ni él ni Boromir hubiesen huido.

—Quizá hubiera sido mejor que Boromir hubiese caído allí con Mithrandir —dijo Faramir—, en vez de ir hacia el destino que lo esperaba más allá de las cascadas del Rauros.

—Quizá. Pero háblame ahora de vuestras vicisitudes —dijo Frodo eludiendo una vez más el tema—. Pues me gustaría conocer mejor la historia de Minas Ithil y de Osgiliath, y de Minas Tirith la perdurable. ¿Qué esperanzas albergáis para esa ciudad en esta larga guerra?

—¿Qué esperanzas? —dijo Faramir—. Tiempo ha que hemos abandonado toda esperanza. La espada de Elendil, si es que vuelve en verdad, podrá reavivarlas, pero no conseguirá otra cosa, creo, que aplazar el día fatídico, a menos que recibiéramos también nosotros ayuda inesperada, de los Elfos o de los Hombres. Pues el Enemigo crece y nosotros decrecemos. Somos un pueblo en decadencia, un otoño sin primavera.

"Los Hombres de Númenor se habían afincado a lo ancho y a lo largo de las costas y regiones marítimas de las Grandes Tierras, pero la mayor parte de ellos cayeron en maldades y locura. Muchos se dejaron seducir por las Sombras y las artes negras; algunos se abandonaron por completo a la pereza o la molicie, y otros a la guerra entre hermanos, hasta que se debilitaron y fueron conquistados por los hombres salvajes.

"No se dice que las malas artes fueran siempre practicadas en Gondor, ni que honraran al Sin Nombre; la sabiduría y la belleza de antaño, traídas del Oeste, perduraron largo tiempo en el reino de los Hijos de Elendil el Hermoso, y todavía subsisten. Pero aun así, fue Gondor la que provocó su propia decadencia, hundiéndose poco a poco en la extravagancia, convencida de que el Enemigo dormía, cuando en realidad estaba replegado, no destruido.

"La muerte siempre estaba presente, porque los Númenóreanos, como lo hicieran en su antiguo reino, que así habían perdido, ambicionaban aún una vida eternamente inmutable. Los reyes construían tumbas más espléndidas que las casas en que habitaban, y en sus árboles genealógicos los nombres del pasado les eran más caros que los de sus propios hijos. Señores sin descendencia holgazaneaban en antiguos castillos sin otro pensamiento que la heráldica; en cámaras secretas los ancianos decrépitos preparaban elixires poderosos, o en torres altas y frías interrogaban a las estrellas. Y el último rey de la dinastía de Anárion no tenía heredero.

"Pero los senescales fueron más sabios y más afortunados. Más sabios, porque reclutaron las fuerzas de nuestro pueblo entre la gente robusta de la costa marítima, y entre los intrépidos montañeses de Ered Nimrais. Y pactaron una tregua con los orgullosos pueblos del Norte, que a menudo nos habían atacado, hombres de un coraje feroz, pero nuestros parientes muy lejanos, a diferencia de los salvajes Hombres del Este o los crueles Haradrim.

"Ocurrió entonces que en los días de Cirion, el Duodécimo Senescal (y mi padre es el Vigesimosexto), acudieron en nuestra ayuda y en el gran Campo de Celebrant destruyeron al enemigo que se había apoderado de las provincias septentrionales. Éstos son los Rohirrim, como nosotros los llamamos, señores de caballos, y a ellos les cedimos las tierras de Calenardhon que desde entonces llevan el nombre de Rohan: pues ya en tiempos remotos esa provincia estaba escasamente poblada. Y se convirtieron en nuestros aliados y siempre se han mostrado leales, ayudándonos en momentos de necesidad, y custodiando nuestras fronteras en el Paso de Rohan.

"De nuestras tradiciones y costumbres han aprendido lo que quisieron, y sus señores hablan nuestra lengua si es preciso; pero en general conservan las costumbres y tradiciones del pasado; y entre ellos hablan en la lengua nórdica que les es propia. Y nosotros los amamos: hombres de elevada estatura y mujeres hermosas, valientes todos por igual, fuertes, de cabellos dorados y ojos brillantes; nos recuerdan la juventud de los Hombres, como eran en los

Tiempos Antiguos. Y en verdad, nuestros maestros de tradición dicen que tienen de antiguo esta afinidad con nosotros porque provienen de las mismas Tres Casas del Hombre, como los Númenóreanos; no de Hador el de los Cabellos de Oro, el amigo de los Elfos, tal vez, sino de aquellos hijos y súbditos de Hador que no atravesaron el Mar rumbo al Oeste, desoyendo la llamada.

"Pues así denominamos a los Hombres en nuestra tradición, llamándolos los Altos, o los Hombres del Oeste, que eran los Númenóreanos; y los Pueblos del Medio, los Hombres del Crepúsculo, como los Rohirrim y las gentes como ellos que habitan todavía muy lejos en el Norte; y los Salvajes, los Hombres de la Oscuridad.

"Pero si con el tiempo los Rohirrim han empezado a parecerse en algunos aspectos a nosotros, aficionándose a las artes y a maneras más atemperadas, también nosotros hemos empezado a parecernos a ellos, y ya casi no podemos reclamar el título de Altos. Nos hemos transformado en Hombres del Medio, del Crepúsculo, pero con el recuerdo de otras cosas. De los Rohirrim hemos aprendido a amar la guerra y el coraje como cosas buenas en sí mismas, juego y meta a la vez; y aunque todavía pensamos que un guerrero ha de tener inteligencia y conocimientos, y no sólo dominar el manejo de las armas y el arte de matar, consideramos no obstante al guerrero superior a los hombres de otras profesiones. Así lo exigen las necesidades de nuestros tiempos. Guerrero era también mi hermano, Boromir: un hombre intrépido, considerado por su temple como el mejor de Gondor. Y era muy valiente: en muchos años no hubo en Minas Tirith un heredero como él, tan resistente a la fatiga, tan denodado en la batalla, ninguno capaz de arrancar del Gran Cuerno una nota más poderosa. —Faramir suspiró y durante un rato guardó silencio.

—No habla usted mucho de los Elfos en sus relatos, señor —dijo Sam, armándose súbitamente de coraje. Había notado que Faramir aludía a los Elfos con reverencia, y esto, aún más que la cortesía con que trataba a los hobbits, y la comida y el vino que les ofreciera, le había ganado el respeto de Sam, mucho menos receloso ahora.

—No, así es, Maese Samsagaz —dijo Faramir—, pues no soy versado en la tradición élfica. Pero has tocado aquí otro aspecto en el que también hemos cambiado, en la declinación que va de Númenor a la Tierra Media. Sabrás tal vez, si Mithrandir fue compañero vuestro y si habéis hablado con Elrond, que los Edain, los Padres de los Númenóreanos, combatieron junto a los Elfos en las primeras guerras, y recibieron en recompensa el reino que está en el centro mismo del Mar, a la vista del Hogar de los Elfos. Pero en la Tierra Media los Hombres y los Elfos se distanciaron en días de oscuridad, a causa de los ardides del Enemigo, y de las lentas mutaciones del tiempo, pues cada especie se alejó cada vez más por caminos divergentes. Ahora los Hombres temen a los Elfos y desconfían de ellos, aunque bien poco los conocen. Y nosotros, los de Gondor, nos estamos pareciendo a los otros Hombres, pues hasta los Hombres de Rohan, que son los enemigos del Señor Oscuro, evitan a los Elfos y hablan del Bosque de Oro con terror.

"Sin embargo, aun entre nosotros hay quienes tienen tratos con los Elfos, cuando pueden, y de vez en cuando algunos viajan secretamente a Lórien, de donde rara vez retornan. Yo no. Porque considero que hoy es peligroso para un mortal ir voluntariamente en busca de las Gentes Antiguas. Sin embargo envidio de veras que hayas hablado con la Dama Blanca.

—¡La Dama de Lórien! ¡Galadriel! —exclamó Sam—. Tendría usted que verla, ah, por cierto que tendría que verla, señor. Yo no soy más que un hobbit, y jardinero de oficio, en mi tierra, señor, si me comprende usted, y no soy ducho en poesía... no en componerla: alguna copla cómica, tal vez, de tanto en tanto, sabe, pero no verdadera poesía... por eso no puedo explicarle lo que quiero decir. Habría que cantarlo. Haría falta Trancos, es decir Aragorn, para ello, o el viejo señor Bilbo. Pero me gustaría componer una canción sobre ella. ¡Es hermosa, señor! ¡Qué hermosa es! A veces como un gran árbol en flor, a veces como un narciso, tal delgada y menuda. Dura como el diamante, suave como el claro de luna. Ardiente como el sol, fría como la escarcha bajo las estrellas. Orgullosa y distante como una montaña nevada, y tan alegre como una muchacha que en primavera se trenza margaritas en los cabellos. Pero he dicho un montón de tonterías y ni me he acercado a la idea.

—Ha de ser muy bella en efecto —dijo Faramir—. Peligrosamente bella.

—No sé si es *peligrosa* —dijo Sam—. Se me ocurre que la gente lleva consigo su propio peligro a Lórien, y allí lo vuelve a encontrar porque lo ha tenido dentro. Pero tal vez podría llamársela peligrosa, pues es tan fuerte. Usted, usted podría hacerse añicos contra ella, como un barco contra una roca, o ahogarse, como un hobbit en un río. Pero ni en la roca ni en el río habría culpa alguna. Y ahora Boro... —Se interrumpió de golpe, enrojeciendo hasta las orejas.

—¿Sí? ¿Y ahora Boromir, dijiste? —preguntó Faramir—. ¿Qué estabas por decir? ¿Él llevaba consigo el peligro?

—Sí, señor, con el perdón de usted, y un hermoso hombre era su hermano, si me permite decirlo así. Pero usted estuvo cerca de la verdad desde el principio. Yo observé y escuché a Boromir durante todo el camino desde Rivendel, para cuidar de mi amo, como usted comprenderá, y sin desearle ningún mal a Boromir, y es mi opinión que fue en Lórien donde vio claramente por primera vez lo que yo había adivinado antes: lo que él quería. ¡Desde el momento en que lo vio, quiso tener el Anillo del Enemigo!

—¡Sam! —exclamó Frodo, consternado. Había estado ensimismado en sus propios pensamientos, y salió de ellos bruscamente, pero demasiado tarde.

—¡Caracoles! —dijo Sam palideciendo y enrojeciendo otra vez hasta el escarlata—. ¡Ya hice otra barrabasada! *Cada vez que abres el pico metes la pata,* solía decirme el Tío, y tenía razón. ¡Caracoles! ¡Caracoles! ¡Oiga, señor! —Dio media vuelta y miró cara a cara a Faramir con todo el coraje que pudo juntar.— No vaya ahora a aprovecharse de mi amo porque el sirviente sea sólo un tonto. Usted nos ha arrullado todo el tiempo con palabras hermosas, hablando de los Elfos y todo, y bajé la guardia. Pero lo hermoso es bueno, como decimos nosotros. He aquí una oportunidad de demostrar su nobleza.

—Así parece —dijo Faramir, lentamente y con una voz

muy dulce y una extraña sonrisa—. ¡Así que ésta era la respuesta de todos los enigmas! El Anillo Único que se creía desaparecido del mundo. ¿Y Boromir intentó apoderarse de él por la fuerza? ¿Y vosotros escapasteis? ¿Y habéis corrido tanto camino... para llegar a mí? Y aquí os tengo, en estas soledades: dos Medianos, y una hueste de hombres a mi servicio, y el Anillo de los Anillos. ¡Un golpe de suerte! Una buena oportunidad para Faramir de Gondor de mostrar su nobleza. ¡Ah! —Se incorporó muy erguido, muy alto y grave, los ojos grises centelleando.

Frodo y Sam saltaron de sus taburetes y se pusieron lado a lado de espaldas al muro, buscando a tientas la empuñadura de las espadas. Hubo un silencio. Todos los hombres reunidos en la caverna dejaron de hablar y los miraron con asombro. Pero Faramir volvió a sentarse y se echó a reír quedamente, y luego, de pronto pareció grave otra vez.

— ¡Ay, desdichado Boromir! Fue una prueba demasiado dura! —dijo—. Cuánto habéis acrecentado mi tristeza, vosotros dos, ¡extraños peregrinos de un país lejano, portadores del peligro de los Hombres! Pero juzgáis peor a los Hombres que yo a los Medianos. Nosotros, los Hombres de Gondor, decimos siempre la verdad. Nos jactamos rara vez pero entonces actuamos o morimos intentándolo. *No lo recogería ni si lo viese tirado a la orilla del camino,* dije. Aunque fuese hombre capaz de codiciar ese objeto, aunque cuando lo dije no sabía qué era, de todos modos consideraría esas palabras como un juramento, y a ellas me atengo.

"Mas no soy ese hombre. O soy quizá bastante prudente para saber que el hombre ha de evitar ciertos peligros. ¡Descansad en paz! Y tú, Samsagaz, tranquilízate. Si crees haber flaqueado, piensa que estaba escrito que así habría de ser. Tu corazón es tan perspicaz como fiel, y él vio más claro que tus ojos. Por extraño que pueda parecer, no hay peligro alguno en que me lo hayas dicho. Hasta podría ayudar al amo a quien tanto quieres. Puede ser favorable para él, si está a mi alcance. Tranquilízate entonces. Pero nunca más vuelvas a nombrar esa cosa en voz alta. ¡Basta una vez!

Los hobbits volvieron a sus taburetes y se sentaron en silencio. Los hombres retornaron a la bebida y la charla, suponiendo que el Capitán había estado divirtiéndose a expensas de los pequeños huéspedes, pero que la chanza ya había terminado.

—Bien, Frodo, ahora por fin nos hemos entendido —dijo Faramir—. Si asumiste la responsabilidad de ser el portador de ese objeto no por elección sino a instancias de otros, te compadezco y te honro. Y me dejas maravillado: lo llevas escondido y no lo utilizas. Sois para mí gente de un mundo nuevo. ¿Son semejantes a vosotros todos los de esa raza? Vuestra tierra parece un remanso de paz y tranquilidad, y honráis sin duda a los jardineros.

—No todo es allí felicidad —dijo Frodo—, pero es cierto que honramos a los jardineros.

—Pero también allí la gente tiene que aburrirse, aun en los huertos, como todas las cosas bajo el Sol de este mundo. Y vosotros estáis lejos de vuestro hogar y habéis viajado mucho. Basta por esta noche. Dormid los dos en paz, si podéis. ¡Nada temáis! Yo no deseo verlo, ni tocarlo, ni saber de él más de lo que sé (y ya es más que suficiente), no sea que el peligro me tiente, y si me enfrentara a esa prueba no sé si tendría la entereza de Frodo hijo de Drogo. Id ahora a descansar... mas decidme antes si es posible: a dónde deseáis ir y qué queréis hacer. Pues yo he de velar, y esperar, y reflexionar. El tiempo pasa. En la mañana partiremos unos y otros por los caminos que el destino nos ha marcado.

Pasado el primer sobresalto, Frodo no había dejado de temblar. Ahora un inmenso cansancio descendió sobre él como una nube. Incapaz de seguir disimulando, no se resistió más.

—Buscaba un camino para entrar en Mordor —dijo con voz débil—. Iba a Gorgoroth. Tengo que encontrar la Montaña de Fuego y arrojar el objeto en el abismo del Destino. Así dijo Gandalf. No creo que llegue jamás allí.

Faramir lo contempló un instante con asombrada seriedad. Luego, de improviso, viéndolo vacilar, sostuvo a Frodo, lo levantó con dulzura y lo llevó hasta el lecho y allí lo acostó, y lo abrigó. Al instante Frodo cayó en un sueño profundo.

Otra cama fue instalada al lado para el sirviente de Frodo. Sam titubeó un momento, luego se inclinó en una profunda reverencia: —Buenas noches, Capitán, mi señor —dijo—. Habéis aceptado el desafío, señor.

—¿Sí? —dijo Faramir.

—Sí, señor, y habéis mostrado vuestra nobleza: la más alta.

Faramir sonrió.

—Eres un sirviente atrevido, Maese Samsagaz. Mas no importa: el alabar lo que es digno de alabanza no necesita recompensa. Sin embargo no había nada loable en todo esto. No tuve ni la tentación ni el deseo de hacer otra cosa.

—Ah, bueno, señor —dijo Sam—, habéis dicho que mi amo tenía un cierto aire élfico; y eso era bueno, y cierto además. Pero yo puedo ahora deciros que vos también tenéis un aire, señor, un aire que me hace pensar en... en... bueno, en Gandalf, en los Magos.

—Es posible —dijo Faramir—. Quizá distingas desde lejos el aire de Númenor. ¡Buenas noches!

6

EL ESTANQUE VEDADO

Al despertar, Frodo vio a Faramir inclinado sobre él. Por un segundo le volvieron los viejos temores y se sentó y retrocedió.

—No hay nada que temer —le dijo Faramir.

—¿Ya es la mañana? —preguntó Frodo, bostezando.

—Aún no, pero la noche ya toca a su fin y la luna llena se está ocultando. ¿Quieres venir a verla? Hay también una cuestión acerca de la cual quisiera que me dieras tu parecer. Lamento haberte despertado, pero ¿quieres venir?

—Sí —dijo Frodo levantándose, y tembló ligeramente al abandonar el calor de las mantas y las pieles. Hacía frío en la caverna sin fuego. El rumor del agua se oía claramente en la quietud de la noche. Se envolvió en la capa y siguió a Faramir.

Sam, despertando bruscamente por una especie de instinto de vigilancia, vio primero el lecho vacío de su amo y se levantó de un salto. En seguida vio dos siluetas oscuras, las de Frodo y un hombre, recortadas en la arcada, nimbada ahora por un resplandor blanquecino. Se encaminó de prisa a reunirse con ellos, más allá de las hileras de hombres que dormían sobre jergones a lo largo de la pared. Al pasar cerca de la entrada vio que la Cortina se había transformado en un velo deslumbrante de seda y perlas e hilos de plata: carámbanos de luna en lenta fusión. Pero no se detuvo a admirarla y dando la vuelta siguió a su amo a través de la puerta angosta tallada en la pared de la caverna.

Tomaron primero por un pasadizo negro, luego subieron varios escalones mojados, y llegaron así a un pequeño rellano tallado en la roca, iluminado por un cielo pálido que resplandecía muy arriba, distante, como la cúpula de un alto campanario. De allí partían dos escaleras: una conducía a la orilla elevada del río; la otra se doblaba en un recodo hacia la izquierda. Siguieron por esta última, que subía en espiral, como la escalera de una torre.

Salieron por fin de las tinieblas de piedra y miraron alrededor. Se encontraban en una ancha plataforma de roca lisa sin antepecho ni pretil. A la derecha, en el este, el torrente caía en cascadas sobre numerosas terrazas, y descendiendo en brusca y vertiginosa carrera, con la oscura fuerza del agua, y cuajado de espuma, iba a verterse en un lecho; por fin, rizándose y arremolinándose casi sobre la plataforma, se precipitaba por encima de la arista que se abría a la derecha. Un hombre estaba allí de pie, cerca de la orilla, en silencio, mirando hacia abajo.

Frodo se volvió a contemplar las cintas de agua aterciopelada, que se curvaban y desaparecían. Luego alzó los ojos y miró en lontananza. El mundo estaba silencioso y frío, como si el alba se acercase. A lo lejos, en el poniente, la luna llena se hundía redonda y blanca. Unas brumas pálidas relucían en el valle ancho de allá abajo: un vasto abismo de vapores de plata, bajo los que fluían las aguas nocturnas y frescas del Anduin. Y más allá una tiniebla negra y amenazante, en la que rutilaban de tanto en tanto, fríos, afilados, remotos y blancos como colmillos fantasmales, los picos de Ered Nimrais, las Montañas Blancas de Gondor, coronadas de nieves eternas.

Frodo permaneció un momento sobre la alta piedra, preguntándose con un estremecimiento si en algún lugar de esas vastas tierras nocturnas caminarían aún sus antiguos compañeros, o dormirían, o si yacerían muertos envueltos en sudarios de niebla. ¿Por qué lo habían traído aquí arrancándolo del olvido del sueño?

Sam, que estaba preguntándose lo mismo, no pudo reprimirse y murmuró, sólo para el oído de su amo, creyó él:
—¡Es una vista hermosa, señor Frodo, pero le hiela a uno el corazón, por no hablar de los huesos! ¿Qué sucede?

Faramir lo oyó y respondió: —La luna se pone sobre Gondor. El bello Ithil, al abandonar la Tierra Media, echa una mirada a los rizos blancos del viejo Mindolluin. Bien vale la pena soportar algunos escalofríos. Mas no es esto lo que os he traído a ver, aunque en verdad a ti, Samsagaz, yo no te he llamado, y ahora estás pagando por tu exceso de celo. Un sorbo de vino remediará el problema. ¡Venid ahora, y mirad!

Se acercó al centinela silencioso en el borde oscuro, y Frodo lo siguió. Sam se quedó atrás. Ya bastante inseguro se sentía en aquella alta plataforma mojada. Faramir y Frodo miraron abajo. Muy lejos, en el fondo, vieron las aguas blancas que se vertían en un cauce espumoso, giraban alrededor de una profunda cuenca oval entre las rocas, hasta encontrar por fin una nueva salida por una puerta estrecha, y se alejaban murmurando y humeando hacia regiones más llanas y apacibles. El claro de luna iluminaba aún con rayos oblicuos el pie de la cascada y centelleaba en el menudo y tumultuoso oleaje de la cuenca. Pronto Frodo creyó ver una forma pequeña y oscura en la orilla más próxima, pero en el momento mismo en que la observaba, la figura se zambulló y desapareció detrás del remolino de la cascada, hendiendo el agua negra con la precisión de una flecha o de una piedra arrojada de canto.

Faramir se volvió hacia el centinela.

—¿Y ahora qué dirías que es, Anborn? ¿Una ardilla, o un pájaro pescador? ¿Hay pájaros pescadores en las charcas nocturnas del Bosque Negro?

—No sé qué puede ser, pero no es un pájaro —respondió Anborn—. Tiene cuatro miembros y se zambulle como un hombre; y con maestría, además. ¿En qué andará? ¿Buscando un camino por detrás de la Cortina para subir a nuestro escondite? Me parece que al fin hemos sido descubiertos. Aquí tengo mi arco, y he apostado otros arqueros, casi tan buenos tiradores como yo, en las dos orillas. Sólo esperamos vuestra orden para disparar, Capitán.

—¿Dispararemos? —preguntó Faramir, volviéndose rápidamente a Frodo.

Frodo tardó un momento en responder. Luego dijo:

—¡No! ¡No! ¡Te suplico que no lo hagas! —De haberse atrevido, Sam habría dicho "Sí" más pronto y más fuerte. No alcanzaba a ver, pero por lo que Frodo y Faramir decían, podía imaginarse qué estaban mirando.

—¿Sabes entonces qué es eso? —dijo Faramir—. Bien, ahora que lo has visto, dime por qué hay que perdonarlo.

En todas nuestras conversaciones, no has nombrado ni una sola vez a vuestro compañero vagabundo, y yo lo dejé pasar por el momento. Podría esperar hasta que lo capturaran y lo trajeran a mi presencia. Envié en su busca a mis mejores cazadores, pero se les escapó, y no volvieron a verlo hasta ahora, excepto Anborn, aquí presente, que lo divisó un momento anoche, a la hora del crepúsculo. Pero ahora ha cometido un delito peor que ir a cazar conejos en las tierras altas: ha tenido la osadía de venir a Henneth Annûn, y lo pagará con la vida. Me desconcierta esta criatura: tan solapada y tan astuta como es, ¡venir a jugar en el lago justo delante de nuestra ventana! ¿Se imagina acaso que los hombres duermen sin vigilancia la noche entera? ¿Por qué lo hace?

—Hay dos respuestas, creo yo —dijo Frodo—. Por una parte, esta criatura conoce poco a los Hombres, y aunque es astuta, vuestro refugio está tan escondido que ignora tal vez que hay Hombres aquí. Además, creo que ha sido atraído por un deseo irresistible, más fuerte que la prudencia.

—¿Atraído aquí, dices? —preguntó Faramir en voz baja—. ¿Es posible... sabe entonces lo de tu carga?

—Lo sabe, sí. Él mismo la llevó durante años.

—¿Él la llevó? —dijo Faramir, estupefacto, respirando entrecortadamente—. Esta historia es cada vez más intrincada y enigmática. ¿Entonces anda detrás de tu carga?

—Tal vez. Es un tesoro para él. Pero no hablaba de eso.

—¿Qué busca entonces la criatura?

—Pescado —dijo Frodo—. ¡Mira!

Escudriñaron la oscuridad del lago. Una cabecita negra apareció en el otro extremo de la cuenca, emergiendo de la profunda sombra de las rocas. Hubo un fugaz relámpago de plata y un remolino de ondas diminutas se movió hacia la orilla. Luego, con una agilidad asombrosa, una figura que parecía una rana trepó fuera de la cuenca. Al instante se sentó y empezó a mordisquear algo pequeño, plateado y reluciente: los rayos postreros de la luna caían ahora detrás del muro de piedra en el confín del agua.

Faramir se rió por lo bajo.

—¡Pescado! —dijo—. Es un hambre menos peligrosa. O tal vez no: los peces del lago Henneth Annûn podrían costarle todo lo que tiene.

—Ahora le estoy apuntando con la flecha —dijo Anborn—. ¿No tiraré, Capitán? Por haber venido a este lugar sin ser invitado, la muerte es nuestra ley.

—Espera, Anborn —dijo Faramir—. Este asunto es más delicado de lo que parece. ¿Qué puedes decir ahora, Frodo? ¿Por qué habríamos de perdonarle la vida?

—Esta criatura es miserable y tiene hambre —dijo Frodo—, y desconoce el peligro que la amenaza. Y Gandalf, tu Mithrandir, te habría pedido que no la matases, por esa razón, y por otras. Les prohibió a los Elfos que lo hicieran. No sé bien por qué, y lo que adivino no puedo decirlo aquí abiertamente. Pero esta criatura está ligada de algún modo a mi misión. Hasta el momento en que nos descubriste y nos trajiste aquí, era mi guía.

—¡Tu guía! Esta historia se vuelve cada vez más extraña. Mucho haría por ti, Frodo, pero esto no puedo concedértelo: dejar que ese vagabundo taimado se vaya de aquí en libertad para reunirse luego contigo si le place o que los orcos lo atrapen y él les cuente todo lo que sabe bajo la amenaza del sufrimiento. Es preciso matarlo o capturarlo. Matarlo, si no podemos atraparlo en seguida. Mas, ¿cómo capturar esa criatura escurridiza que cambia de apariencia si no es con un dardo empenachado?

—Déjame bajar hasta él en paz —dijo Frodo—. Podéis mantener tensos los arcos, y matarme a mí al menos si fracaso. No escaparé.

—¡Ve pues y date prisa! —dijo Faramir—. Si sale de aquí con vida, tendrá que ser tu fiel servidor por el resto de sus desdichados días. Conduce a Frodo allá abajo, a la orilla, Anborn, e id con cautela. Esta criatura tiene nariz y orejas. Dame tu arco.

Anborn gruñó, descendiendo delante de Frodo la larga escalera de caracol, y ya en el rellano subieron por la otra escalera, hasta llegar al fin a una angosta abertura disimulada por arbustos espesos. Salieron en silencio, y Frodo se encontró en lo alto de la orilla meridional, por encima del lago. Ahora la oscuridad era profunda, y las cascadas grises y pálidas sólo reflejaban la claridad lunar demorada en el cielo occidental. No veía a Gollum. Avanzó un corto trecho y Anborn lo siguió con paso sigiloso.

—¡Continúa! —susurró al oído de Frodo—. Ten cuidado a tu derecha. Si te caes en el lago, nadie salvo tu amigo pescador podrá socorrerte. Y no olvides que hay arqueros en las cercanías, aunque tú no puedas verlos.

Frodo se adelantó con precaución, valiéndose de las manos a la manera de Gollum para tantear el camino y a la vez mantenerse en equilibrio. Las rocas eran casi todas lisas y planas, pero resbaladizas. Se detuvo un momento a escuchar. Al principio no oyó otro ruido que el rumor incesante de la cascada a sus espaldas. Pero pronto distinguió, no muy lejos, delante de él, un murmullo sibilante.

—Pecesss, buenos pecesss. La Cara Blanca ha desaparecido, mi tesoro, por fin, sí. Ahora podemos comer pescado en paz. No, no en paz, mi tesoro. Pues el Tesoro está perdido: sí, perdido. Sucios hobbits, hobbits malvados. Se han ido, y nos han abandonado, *gollum*; y el Tesoro se ha ido también. El pobre Sméagol no tiene a nadie ahora. No más Tesoro. Hombres malos lo tomarán, me robarán mi Tesoro. Ladrones. Los odiamos. Pecesss, buenos buenos pecesss. Nos dan fuerzas. Nos ponen los ojos brillantes y los dedos recios, sí. Estrangúlalos, tesoro. Estrangúlalos a todos, sí, si tenemos la oportunidad. Buenos pecesss. ¡Buenos pecesss!

Y así continuó, casi tan incesante como el agua de la cascada, interrumpido solamente por un débil ruido de salivación y gorgoteo. Frodo se estremeció, escuchando con piedad y repugnancia. Deseaba que se interrumpiera de una vez y que nunca más tuviera que escuchar esa voz. Anborn, detrás de él, no estaba lejos. Frodo podía volver arrastrándose y pedirle que los cazadores dispararan los arcos. No les costaría mucho acercarse, mientras Gollum engullía y no estaba en guardia. Un solo tiro certero, y Frodo se liberaría para siempre de aquella voz miserable. Pero no, Gollum tenía ahora derechos sobre él. El sirviente adquiere derechos sobre su amo a cambio de servirlo, aun cuando lo haga por temor. Sin Gollum se habrían hundido en las Ciénagas de los Muertos. Y además Frodo sabía de algún modo, y con absoluta certeza, que Gandalf hubiera defendido la vida de Gollum.

—¡Sméagol! —llamó en voz baja.

—Pecesss, buenos pecesss —dijo la voz.

—¡Sméagol! —repitió Frodo, un poco más alto. La voz calló. —Sméagol, el amo ha venido a buscarte. El amo está aquí. ¡Ven, Sméagol! —No hubo respuesta, pero sí un suave silbido. —¡Ven, Sméagol! —repitió Frodo—. Estamos en peligro. Los Hombres te matarán si te encuentran aquí. Ven pronto, si quieres escapar a la muerte. ¡Ven al amo!

—¡No! —dijo la voz—. Amo no bueno. Abandona al pobre Sméagol y se va con otros amigos. Amo puede esperar. Sméagol no ha terminado.

—No hay tiempo —dijo Frodo—. Trae el pescado contigo. ¡Ven!

—¡No! Tengo que terminar el pescado.

—¡Sméagol! —dijo Frodo desesperado—. El Tesoro se enfadará. Sacaré el Tesoro y le diré: haz que se trague las espinas y se ahogue. Nunca más probarás pescado. Ven. ¡El Tesoro espera!

Hubo un silbido agudo. Un instante después, Gollum emergió de la oscuridad en cuatro patas, como un perro errabundo que acude a una llamada. Tenía en la boca un pescado comido a medias y otro en la mano. Se detuvo muy cerca de Frodo, casi nariz con nariz, y lo olió. Los ojos pálidos le brillaban. Entonces se sacó el pescado de la boca y se irguió.

—¡Buen amo! —murmuró—. Buen hobbit, venir a buscar al pobre Sméagol. El buen Sméagol ha venido. Ahora vamos, pronto, sí. A través de los árboles mientras las Caras están oscuras. ¡Sí, pronto, vamos!

—Sí, pronto iremos —dijo Frodo—. Pero no en seguida. Yo iré contigo como prometí. Te lo prometo de nuevo. Pero no ahora. Todavía no estás a salvo. Yo te salvaré, pero tienes que confiar en mí.

—¿Tenemos que confiar en el amo? —dijo Gollum, dudando—. ¿Por qué no partir en seguida? ¿Dónde está el otro hobbit, el hobbit malhumorado y grosero? ¿Dónde está?

—Allá arriba —dijo Frodo, señalando la cascada—. No partiré sin él. Tenemos que ir a buscarlo. —Se le encogió el corazón. Esto se parecía demasiado a una celada. No temía en realidad que Faramir permitiese que mataran a Gollum, pero probablemente lo tomaría prisionero y lo haría atar; y lo que Frodo estaba haciendo le parecería sin duda una traición a la infeliz criatura traicionera. Quizá nunca llegaría a comprender o creer que Frodo le había salvado la vida del único modo posible. ¿Qué otra cosa podía hacer, para guardar al menos cierta lealtad a uno y otro?— ¡Ven! —dijo—. Si no vienes el Tesoro se enfadará. Ahora volveremos, subiendo por la orilla del río. ¡Adelante, adelante, tú irás al frente!

Gollum trepó un corto trecho junto a la orilla, olisqueando con recelo. Muy pronto se detuvo y levantó la cabeza.

—¡Hay algo allí! —dijo—. No es un hobbit. —Retrocedió bruscamente. Una luz verde le brillaba en los ojos saltones.— ¡Amo, amo! —siseó—. ¡Malvado! ¡Astuto! ¡Falso! —Escupió y extendió los largos brazos chasqueando los dedos.

En ese momento la gran forma negra de Anborn apareció por detrás y cayó sobre él. Una mano grande y fuerte lo tomó por la nuca y lo inmovilizó. Gollum giró en redondo con la celeridad de un rayo, mojado como estaba y cubierto de lodo, retorciéndose como una anguila, mordiendo y arañando como un gato. Pero otros dos hombres salieron de las sombras.

—¡Quieto! —le dijo uno de ellos—. O te ensartaremos más púas que las de un puerco espín. ¡Quieto!

Gollum se derrumbó y empezó a gimotear y lloriquear. Los hombres lo ataron con cuerdas, sin demasiados miramientos.

—¡Despacio, despacio! —dijo Frodo—. No tiene tanta fuerza como vosotros. No lo lastiméis, si podéis evitarlo. Se calmará. ¡Sméagol! No te harán daño. Yo iré contigo, y no pasará nada. A menos que me maten también a mí. ¡Ten confianza en el amo!

Gollum volvió la cabeza y escupió a Frodo en la cara.

Los hombres lo alzaron, lo embozaron con un capuchón hasta los ojos, y se lo llevaron.

Frodo los siguió, sintiéndose profundamente desdichado. Pasaron por la abertura disimulada entre los arbustos, y a través de las escaleras y los pasadizos regresaron a la caverna. Ya habían encendido dos o tres antorchas. Los hombres iban de un lado a otro, en plena actividad. Sam, que estaba allí, lanzó una mirada curiosa al bulto fofo que los cazadores llevaban a la rastra.

—¿Usted lo atrapó? —le preguntó a Frodo.

—Sí. Bueno, no, no lo atrapé yo. Él vino voluntariamente, porque confió en mí al principio, me temo. Yo no quería que lo atasen así. Ojalá salga bien; pero odio todo esto.

—También yo —dijo Sam—. Y nunca nada saldrá bien donde se encuentre esa criatura abominable.

Un hombre se acercó a los hobbits, les hizo una seña y los condujo al nicho del fondo de la caverna. Allí los esperaba Faramir sentado en su silla, y en la hornacina la lámpara estaba encendida otra vez. Con un ademán invitó a los hobbits a sentarse junto a él, en los taburetes.

—Traed vino para los huéspedes —dijo—. Y traedme al prisionero.

Sirvieron el vino, y un momento después entró Anborn, llevando a Gollum. Levantándole el capuchón, lo ayudó a ponerse en pie, permaneciendo junto a él para sostenerlo. Gollum entornó los ojos, ocultando detrás de los párpados pálidos y pesados una mirada maligna. Chorreando agua y entumecido, y con olor a pescado (todavía llevaba uno apretado en la mano), parecía la viva imagen de la miseria; los cabellos ralos le colgaban como algas fétidas sobre las órbitas huesudas, la nariz le moqueaba.

—¡Desatadnos! ¡Desatadnos! —dijo—. La cuerda nos hace daño, sí, nos lastima, duele, y no hicimos nada.

—¿Nada? —dijo Faramir clavando en la infeliz criatura una mirada incisiva, pero sin expresión alguna, ni de cólera, ni de piedad ni de extrañeza—. ¿Nada? ¿Nunca hiciste nada que mereciera que te atasen o castigos peores? No es a mí, sin embargo, a quien incumbe juzgarte. Por fortuna. Pero esta noche has venido a un lugar donde sólo venir significa la muerte. Caros se pagan los peces de este lago.

Gollum dejó caer el pescado que tenía en la mano.

—No queremos pescado —dijo.

—El precio no está en el pescado —dijo Faramir—. Basta venir aquí y mirar el lago para merecer la muerte. Si hasta este momento te he perdonado la vida ha sido gracias a las súplicas del amigo Frodo, quien dice que él al menos te debe cierta gratitud. Pero también a mí tendrás que satisfacerme. ¿Cómo te llamas? ¿De dónde vienes? ¿Y a dónde vas? ¿Cuál es tu ocupación?

—Estamos perdidos —dijo Gollum—. Sin nombre, sin ocupación, sin el Tesoro, nada. Sólo vacío. Sólo hambre; sí, tenemos hambre. Unos pocos pescaditos, horribles pescaditos espinosos para una pobre criatura, y ellos dicen muerte. Tan sabios son; tan justos, tan verdaderamente justos.

—No verdaderamente sabios —dijo Faramir—. Pero justos sí, tal vez: tan justos como lo permite nuestra menguada sabiduría. ¡Desátalo, Frodo! —Faramir sacó del cinto un cuchillo pequeño y se lo tendió a Frodo. Gollum, interpretando mal el gesto, lanzó un chillido y se desplomó.

—¡Vamos, Sméagol! —dijo Frodo—. Tienes que confiar en mí. No te abandonaré. Contesta con veracidad, si puedes. Te hará bien, no mal. —Cortó las cuerdas que sujetaban las muñecas y los tobillos de Gollum, y lo ayudó a ponerse en pie.

—¡Acércate! —dijo Faramir—. ¡Mírame! ¿Conoces el nombre de este lugar? ¿Has estado antes aquí?

Gollum levantó la vista lentamente y de mala gana miró a Faramir. La luz se le apagó en los ojos, y por un instante los clavó, taciturnos y pálidos, en los ojos claros e imperturbables del hombre de Gondor. Hubo un silencio de muerte. De pronto Gollum dejó caer la cabeza y se enroscó sobre sí mismo, hasta quedar en el suelo tembloroso, hecho un ovillo.

—No sabemos y no queremos saber —gimoteó—. Nunca vinimos aquí; nunca volveremos.

—Hay en tu mente puertas y ventanas condenadas, y recintos oscuros detrás —dijo Faramir—. Pero en esto juzgo que eres sincero. Mejor para ti. ¿Sobre qué jurarás no volver nunca más y no guiar hasta aquí ni con palabras ni por señas a ningún ser viviente?

—El amo sabe —dijo Gollum con una mirada de soslayo a Frodo—. Sí, él sabe. Lo prometemos al amo, si él nos salva. Se lo prometemos al Tesoro, sí. —Se arrastró hasta los pies de Frodo.— ¡Sálvanos, buen amo! —gimió—. Sméagol se lo promete al Tesoro, lo promete lealmente. ¡Jamás volveré, jamás hablaré, nunca más! ¡No, Tesoro, no!

—Sí —dijo Frodo—. En todo caso, o aceptáis esta promesa o aplicáis la ley. Más no conseguirás. Pero yo le prometí que si venía a mí no le harían ningún daño. Y no me gustaría faltar a mi palabra.

Faramir permaneció pensativo un momento.

—Muy bien —dijo al cabo hablándole a Gollum—. Te entrego a manos de tu amo, Frodo hijo de Drogo. ¡Que él declare qué hará contigo!

—Pero, Señor Faramir —dijo Frodo inclinándose—, no has declarado aún tu voluntad respecto al susodicho Frodo, y hasta tanto no la des a conocer él no podrá trazar ningún plan ni para él mismo ni para sus compañeros. Tu decisión quedó postergada hasta la mañana; y el amanecer ya está muy próximo.

—Entonces declararé mi sentencia —dijo Faramir—: En lo que a ti concierne, Frodo, en la medida de los poderes que me son conferidos por una autoridad más alta, te declaro libre en el reino de Gondor hasta los últimos confines de sus antiguas fronteras; con la sola salvedad de que ni a ti ni a ninguno de quienes te acompañan, le estará permitido venir aquí a menos que haya sido invitado. Este veredicto tendrá vigencia por un año y un día, y vencido ese término caducará salvo que antes vayas tú a Minas Tirith y te presentes ante el Señor y Senescal de la Ciudad. A quien rogaré que ratifique mi veredicto y que lo prolongue por vida. De aquí a entonces, toda persona que tomes bajo tu protección estará también bajo mi protección, y al amparo del escudo de Gondor. ¿Te satisface esta respuesta?

Frodo se inclinó profundamente.

—Me satisface, sí —dijo—, y permíteme que te ofrezca

mis servicios, si fueran dignos de alguien tan noble y tan honorable.

—Son altamente dignos —dijo Faramir—. Y ahora, Frodo, ¿tomas a esta criatura, Sméagol, bajo tu protección?

—Sí, tomo a Sméagol bajo mi protección —dijo Frodo. Sam dejó escapar un sonoro suspiro; y no a causa de las fórmulas de cortesía, las cuales, como lo haría cualquier hobbit, aprobaba sin reservas. A decir verdad, en la Comarca un asunto de esa naturaleza habría exigido muchas más reverencias y muchas más palabras.

—En ese caso —dijo Faramir volviéndose a Gollum—, te advierto que pesa sobre ti una sentencia de muerte. Pero mientras permanezcas junto a Frodo y camines con él estarás a salvo, por lo que a nosotros atañe. No obstante, si alguna vez un hombre de Gondor te encontrase merodeando y sin tu amo, la sentencia será ejecutada. Y quiera la muerte llegar pronto a ti, dentro o fuera de Gondor, si no le sirves con la debida lealtad. Y ahora, respóndeme: ¿a dónde querías ir? Eres su guía, dice él. ¿A dónde lo llevabas? —Gollum no respondió.

—No admitiré secretos en cuanto a esto —dijo Faramir—. Respóndeme, o revocaré mi veredicto.

Tampoco esta vez Gollum respondió.

—Yo responderé por él —dijo Frodo—. Me guió hasta la Puerta Negra, como yo se lo había pedido; pero esa puerta era infranqueable.

—No hay ninguna puerta abierta para entrar en el País Sin Nombre —dijo Faramir.

—Por lo tanto cambiamos de rumbo y vinimos por la ruta del Sur —prosiguió Frodo—; pues según él hay, o puede haber, un camino cerca de Minas Ithil.

—Minas Morgul —dijo Faramir.

—No lo sé exactamente —dijo Frodo—; pero el camino trepa, creo, entre las montañas del lado norte del valle, donde se alza la ciudad antigua. Sube hasta muy arriba, hasta una hendedura, y luego desciende otra vez hasta... lo que está más allá.

—¿Conoces el nombre de esa garganta? —dijo Faramir.

—No —respondió Frodo.

—Se llama Cirith Ungol. —Gollum lanzó un silbido

agudo y se puso a mascullar.— ¿No es ése el nombre? —dijo Faramir, volviéndose a Gollum.

—¡No! —dijo Gollum, y en seguida gimió, como si le hubieran dado un puñetazo—. Sí, sí, hemos oído ese nombre, una vez. Pero ¿qué nos importa el nombre? El amo dice que él necesita entrar. Es preciso entonces que tratemos de encontrar algún camino. No hay otro camino posible, no.

—¿No hay otro camino? —dijo Faramir—. ¿Y tú cómo lo sabes? ¿Quién ha explorado todos los confines de este reino sombrío? —Miró a Gollum larga y pensativamente. Luego volvió a hablar:— Llévate de aquí a esta criatura, Anborn. Trátala con dulzura, pero vigílala. Y tú, Sméagol, no intentes arrojarte a las cascadas. Allí las rocas tienen dientes tan afilados que morirás antes de tiempo. ¡Déjanos pues y llévate tu pescado!

Anborn salió de la cueva, y Gollum fue delante de él, sumisamente. La cortina se cerró tras ellos.

—Frodo, pienso que eres demasiado imprudente en este asunto —dijo Faramir—. No creo que tengas que ir con esa criatura. Es malvada.

—No, no es del todo malvada —dijo Frodo.

—No del todo, quizá —dijo Faramir—; pero la malicia esta devorándolo como un chancro, y el mal crece. No te conducirá a nada bueno. Si te separas de él, le daré un salvoconducto y un guía, y haré que lo acompañen al punto que él nombre, a lo largo de la frontera de Gondor.

—No lo aceptaría —dijo Frodo—. Me seguiría como lo ha hecho durante tanto tiempo. Y yo le he prometido muchas veces tomarlo bajo mi protección e ir a donde él me lleve. ¿No me pedirás que falte a la palabra que he empeñado?

—No —respondió Faramir—. Pero mi corazón te lo pediría. Parece menos grave aconsejar a alguien que falte a una promesa que hacerlo uno mismo, sobre todo si se trata de un amigo atado involuntariamente por un juramento nefasto. Pero ahora... tendrás que soportarlo si quiere ir contigo. Sin embargo, no me parece necesario que tengas que ir a Cirith Ungol, del que no te ha dicho ni la mitad de lo que sabe. Esto al menos lo vi claro en la mente de ese Sméagol. ¡No vayas a Cirith Ungol!

—¿A dónde iré entonces? —dijo Frodo—. ¿Volveré a la Puerta Negra para entregarme a los guardias? ¿Qué sabes tú en contra de ese lugar que hace su nombre tan temible?

—Nada cierto —respondió Faramir—. Nosotros los de Gondor nunca cruzamos en nuestros días al este del camino, y menos nuestros hombres más jóvenes, así como ninguno de nosotros ha puesto jamás el pie en las Montañas de las Sombras. De esos parajes sólo conocemos los antiguos relatos y los rumores de tiempos lejanos. Pero la sombra de un terror oscuro se cierne sobre los pasos que dominan Minas Morgul. Cuando se pronuncia el nombre de Cirith Ungol, los ancianos y los maestros del saber se ponen pálidos y enmudecen.

"El valle de Minas Morgul cayó en poder del mal hace mucho tiempo, y era una amenaza y un lugar de terror cuando el Enemigo se había retirado muy lejos, e Ithilien estaba en su mayor parte bajo nuestra protección. Como sabes, esa ciudad fue antaño una plaza fuerte, orgullosa y espléndida, hermana gemela de nuestra propia ciudad. Pero se apoderaron de ella hombres feroces, que el Enemigo había dominado en sus primeras guerras, y que luego de su caída erraban sin hogar y sin amo. Se dice que sus señores eran hombres de Númenor que se habían entregado a una maldad oscura: el Enemigo les había dado anillos de poder, y los había devorado: se habían convertido en espectros vivientes, terribles y nefastos. Y cuando el Enemigo partió, tomaron Minas Ithil y allí vivieron, y la ciudad declinó, así como todo el valle circundante: parecía vacía mas no lo estaba, pues un temor inconmensurable habitaba entre los muros ruinosos. Había allí Nueve Señores, y después del retorno del Amo, que favorecieron y prepararon en secreto, adquirieron poder otra vez. Entonces los Nueve Jinetes partieron de las puertas del horror, y nosotros no pudimos resistirlos. No te acerques a esa ciudadela. Te descubrirán. Es un lugar maligno en incesante vigilia, poblado de ojos sin párpados. ¡No vayas por ese camino!

—¿Pero a dónde, entonces, me encaminarías tú? —dijo

Frodo—. No puedes, me dices, conducirme tú mismo a las montañas, ni por encima de ellas. Pero un compromiso solemne contraído con el Concilio me obliga a atravesarlas, a encontrar un camino o perecer en el intento. Y si me echara atrás, si rehusara al amargo final del camino, ¿a dónde iría entonces entre los Elfos o los Hombres? ¿Querrías tú acaso que yo fuera a Gondor con este Objeto, el Objeto que volvió loco de deseo a tu hermano? ¿Qué sortilegio obraría en Minas Tirith? ¿Habrá dos ciudades de Minas Morgul contemplándose mutuamente con una sonrisa burlona a través de una tierra muerta cubierta de podredumbre?

—Yo no querría que eso sucediera —dijo Faramir.

—Entonces, ¿qué querrías que hiciera yo?

—No lo sé. Pero no que te encaminaras a la muerte o al suplicio. Y no creo que Mithrandir hubiera elegido ese camino.

—No obstante, puesto que él se ha ido, he de tomar los caminos que yo pueda encontrar. Y no hay tiempo para una larga búsqueda —dijo Frodo.

—Es un duro destino y una misión desesperada, Frodo hijo de Drogo —dijo Faramir—. Pero al menos ten presente mi advertencia: cuídate de ese guía, Sméagol. Ha matado ya. Lo he leído en sus ojos. —Suspiró.— Bien, así nos encontramos y así nos separamos, Frodo hijo de Drogo. No es preciso que te endulce el oído con palabras de consuelo: no espero volver a verte bajo este Sol. Pero ahora partirás con mis bendiciones, sobre ti, y sobre todo tu pueblo. Descansa un poco mientras les preparan alimentos.

"Mucho me gustaría saber por qué medios esa criatura escurridiza, Sméagol, llegó a poseer el Objeto de que hablamos, y cómo lo perdió, pero no te importunaré con eso ahora. Si algún día, contra toda esperanza, regresas a las tierras de los vivos y una vez más nos narramos nuestras historias, sentados junto a un muro y al sol, riéndonos de las congojas pasadas, tú entonces me lo contarás. Hasta ese día, o algún otro momento, más allá de lo que alcanzan a ver las Piedras Videntes de Númenor, ¡adiós!

Se levantó, se inclinó profundamente ante Frodo, y corriendo la cortina entró en la caverna.

7

VIAJE A LA ENCRUCIJADA

Frodo y Sam volvieron a sus lechos y se acostaron en silencio a descansar, mientras los hombres se ponían en actividad y los trabajos del día comenzaban. Al cabo de un rato les llevaron agua y los condujeron a una mesa servida para tres. Faramir desayunó con ellos. No había dormido desde la batalla de la víspera, pero no parecía fatigado.

Una vez terminada la comida, se pusieron de pie.

—Ojalá no os atormente el hambre en el camino —dijo Faramir—. Tenéis escasas provisiones, pero he dado orden de acondicionar en vuestros equipajes una pequeña reserva de alimentos apropiada para viajeros. No os faltará el agua mientras caminéis por Ithilien, pero no bebáis de ninguno de los arroyos que descienden del Imlad Morgul, el Valle de la Muerte Viviente. Algo más he de deciros: mis exploradores y vigías han regresado todos, aun algunos que se habían deslizado subrepticiamente hasta tener a la vista el Morannon. Todos han observado una cosa extraña. La tierra está desierta. No hay nada en el camino; no se oye en parte alguna ruido de pasos, de cuernos ni de arcos. Un silencio expectante pesa sobre el País Sin Nombre. Ignoro lo que esto presagia. Pero todo parece precipitarse hacia una gran conclusión. Se aproxima la tormenta. ¡Daos prisa, mientras podáis! Si estáis listos, partamos. Muy pronto el Sol se levantará sobre las sombras.

Les trajeron a los hobbits sus paquetes (un poco más pesados que antes) y también dos bastones de madera pulida, herrados en la punta, y de cabeza tallada, por la que pasaba una correa de cuero trenzado.

—No tengo regalos apropiados para el momento de la partida —dijo Faramir—, pero aceptad estos bastones. Pueden prestar buenos servicios a los caminantes o a quienes escalan montañas en las regiones salvajes. Los Hombres de las Montañas Blancas los utilizan: si bien éstos han sido cortados para vuestra talla y herrados de nuevo. Están hechos con la madera del hermoso árbol *lebethron*, cara a los ebanistas de Gondor, y les ha sido conferida la virtud de encontrar y retornar. ¡Ojalá esta virtud no se malogre enteramente en las Sombras en que ahora vais a internaros!

Los hobbits se inclinaron con una reverencia.

—Magnánimo y muy benévolo anfitrión —dijo Frodo—, me fue augurado por Elrond el Medio Elfo que encontraría amigos en el camino, secretos e inesperados. Mas no esperaba por cierto una amistad como la tuya. Haberla encontrado trueca el mal en un auténtico bien.

Se prepararon para la partida. Gollum fue sacado de algún rincón o de algún escondrijo, y parecía más satisfecho de sí mismo que antes, aunque no se apartaba un momento del lado de Frodo y evitaba la mirada de Faramir.

—Vuestro guía partirá con los ojos vendados —dijo Faramir—, pero a ti y a tu servidor Samsagaz no os obligaré, si así lo deseáis.

Gollum lanzó un chillido, y se retorció, y se aferró a Frodo, cuando fueron a vendarle los ojos; y Frodo dijo:

—Vendadnos a los tres, empezando por mí, así comprenderá tal vez que nadie quiere hacerle daño.

Así lo hicieron, y los guiaron fuera de la caverna de Henneth Annûn. Cuando dejaron atrás los corredores y las escaleras, sintieron alrededor el aire fresco, puro y apacible de la mañana. Todavía a ciegas prosiguieron la marcha un corto trecho, primero subiendo, luego bajando unas suaves pendientes. Por fin la voz de Faramir ordenó que les quitasen las vendas.

Estaban nuevamente en el bosque bajo las ramas de los árboles. No se oía ningún rumor de cascadas de agua, pues una larga pendiente se extendía ahora en dirección al sur entre ellos y la hondonada por la que corría el río. Y a través de los árboles, al oeste, vieron luz, como si el mundo terminara allí bruscamente, y en ese punto comenzara el cielo.

—Aquí se separan definitivamente nuestros caminos —dijo Faramir—. Si seguís mi consejo, no tomaréis aún hacia el este. Continuad en línea recta, pues así tendréis el abrigo de los bosques durante muchas millas. Al oeste hay una cresta y allí el terreno se precipita hacia los grandes valles, a veces bruscamente y a pique, otras veces en largas pendientes. No os alejéis de esta cresta y de los lindes del bosque. Al comienzo de vuestro viaje podréis caminar a la luz del día, creo. Las tierras duermen el sueño de una paz ficticia, y por un tiempo todo mal se ha retirado. ¡Buen viaje, mientras sea posible!

Abrazó a Frodo y a Sam, a la usanza del pueblo de Gondor, encorvándose y poniendo las manos sobre los hombros de los hobbits, y besándoles la frente.

—¡Id con la buena voluntad de todos los hombres de bien! —dijo.

Los hobbits saludaron inclinándose hasta el suelo, Faramir dio media vuelta, y sin mirar atrás ni una sola vez, fue a reunirse con los dos guardias que lo esperaban allí cerca. La celeridad con que ahora se movían esos hombres vestidos de verde, a quienes perdieron de vista casi en un abrir y cerrar de ojos, dejó maravillados a los hobbits. El bosque donde un momento antes estuviera Faramir parecía ahora vacío y triste, como si un sueño se hubiese desvanecido.

Frodo suspiró y se volvió hacia el sur. Como mostrando qué poco le importaban todas aquellas expresiones de cortesía, Gollum estaba arañando la tierra al pie de un árbol.

—¿Tiene hambre otra vez? —pensó Sam—. ¡Bueno, de nuevo en la brecha!

—¿Se han marchado ya por fin? —dijo Gollum—. ¡Hombres sssucios malvados! Todavía le duele el cuello a Sméagol, sí, todavía. ¡En marcha!

—Sí, en marcha —dijo Frodo—. ¡Pero calla si sólo sabes hablar mal de quienes te trataron con misericordia!

—¡Buen amo! —dijo Gollum—. Sméagol hablaba en broma. Él siempre perdona, sí, siempre, aun las zancadillas del buen amo. ¡Oh sí, buen amo, Sméagol bueno!

Ni Frodo ni Sam le respondieron. Cargaron los paquetes, empuñaron los bastones y se internaron en los bosques de Ithilien.

Dos veces descansaron ese día y comieron un poco de las provisiones que les había dado Faramir: frutos secos y carne salada, en cantidad suficiente para un buen número de días; y pan en abundancia, que podrían comer mientras se conservase fresco. Gollum no quiso probar bocado.

El sol subió y pasó invisible por encima de las cabezas de los caminantes y empezó a declinar, y en el poniente una luz dorada se filtró a través de los árboles; y ellos avanzaron a la sombra verde y fresca de las frondas, y alrededor todo era silencio. Parecía como si todos los pájaros del lugar se hubieran ido, o hubieran perdido la voz.

La oscuridad cayó temprano sobre los bosques silenciosos, y antes que cerrara la noche hicieron un alto, fatigados, pues habían caminado siete leguas o más desde Henneth Annûn. Frodo se acostó y durmió toda la noche sobre el musgo al pie de un árbol viejo. Sam, junto a él, estaba más intranquilo: despertó muchas veces, pero en ningún momento vio señales de Gollum, quien se había escabullido tan pronto como los hobbits se echaron a descansar. Si había dormido en algún agujero cercano, o si se había pasado la noche al acecho de alguna presa, no lo dijo; pero regresó a las primeras luces del alba y despertó a los hobbits.

—¡A levantarse, sí, a levantarse! —dijo—. Nos esperan caminos largos, al sur y al este. ¡Los hobbits tienen que darse prisa!

El día no fue muy diferente del anterior, pero el silencio parecía más profundo; el aire más pesado era ahora sofocante debajo de los árboles, como si el trueno se estuviera preparando para estallar. Gollum se detenía con frecuencia, husmeaba el aire, y luego mascullaba entre dientes e instaba a los hobbits a acelerar el paso.

Al promediar la tercera etapa de la jornada, cuando declinaba la tarde, la espesura del bosque se abrió, y los árboles se hicieron más grandes y más espaciados. Imponentes encinas de troncos corpulentos se alzaban sombrías y solemnes en los vastos calveros, y aquí y allá, entre ellas, había fresnos venerables, y unos robles gigantescos exhibían el verde pardusco de los retoños incipientes. Alrededor, en unos claros de hierba verde, crecían celidonias y anémonas, blancas y azules, ahora replegadas para el sueño nocturno; y había prados interminables poblados por el follaje de los jacintos silvestres: los tallos tersos y relucientes de las campánulas asomaban ya a través del mantillo. No había a la vista ninguna criatura viviente, ni bestia ni ave, pero en aquellos espacios abiertos Gollum tenía cada vez más miedo, y ahora avanzaban con cautela, escabulléndose de una larga sombra a otra.

La luz se extinguía rápidamente cuando llegaron a la orilla del bosque. Allí se sentaron debajo de un roble viejo y nudoso cuyas raíces descendían entrelazadas y enroscadas como serpientes por una barranca empinada y polvorienta. Un valle profundo y lóbrego se extendía ante ellos. Del otro lado del valle el bosque reaparecía, azul y gris en la penumbra del anochecer, y avanzaba hacia el sur. A la derecha refulgían las Montañas de Gondor, lejos en el oeste, bajo un cielo salpicado de fuego. Y a la izquierda, la oscuridad: los elevados muros de Mordor; y de esa oscuridad nacía el valle largo, descendiendo abruptamente hacia el Anduin en una hondonada cada vez más ancha. En el fondo se apresuraba un torrente: Frodo oía esa voz pedregosa, que crecía en el silencio; y junto a la orilla más próxima un camino descendía serpenteando como una cinta pálida, para perderse entre las brumas grises y frías que ningún rayo del sol poniente llegaba a tocar. Allí Frodo creyó ver, muy distantes, como flotando en un océano de sombras, las cúpulas altas e indistintas y los pináculos irregulares de unas torres antiguas, solitarias y sombrías.

Se volvió a Gollum. —¿Sabes dónde estamos? —le preguntó.

—Sí, amo. Parajes peligrosos. Éste es el camino que baja de la Torre de la Luna hasta la ciudad en ruinas por las orillas del Río. La ciudad en ruinas, sí, lugar muy horrible, plagado de enemigos. Hicimos mal en seguir el consejo de los Hombres. Los hobbits se han alejado mucho del camino. Ahora tenemos que ir hacia el este, por allá arriba. —Movió el brazo descarnado señalando las montañas envueltas en sombras.— Y no podemos ir por este camino. ¡Oh no! ¡Gente cruel viene por ahí desde la Torre!

Frodo miró abajo y escudriñó el camino. En todo caso nada se movía allí por el momento. Descendía hasta las ruinas desiertas envueltas en la bruma y parecía solitario y abandonado. Pero algo siniestro flotaba en el aire, como si en verdad hubiera unas cosas que iban y venían, y que los ojos no podían ver. Frodo se estremeció mirando una vez más los pináculos distantes y que ahora desaparecían en la noche, y el sonido del agua le pareció frío y cruel: la voz de Morgulduin, el río de aguas corruptas que descendía del Valle de los Espectros.

—¿Qué vamos a hacer? —dijo—. Hemos andado mucho. ¿Buscaremos algún sitio aquí detrás, en el bosque, donde poder descansar escondidos?

—Inútil esconderse en la oscuridad —dijo Gollum—. Los hobbits tienen que esconderse ahora, sí, de día.

—¡Oh vamos! —dijo Sam—. Necesitamos descansar, aunque luego nos levantemos en mitad de la noche. Todavía quedarán horas de oscuridad, tiempo de sobra para que nos guíes en otra larga marcha, si en verdad conoces el camino.

Gollum consintió a regañadientes, y fue otra vez hacia los árboles, hacia el este al principio, a lo largo del linde del bosque, donde la arboleda era menos espesa. No quería descansar en el suelo tan cerca del camino malvado, y luego de algunas discusiones se encaramaron los tres en la horqueta de una encina corpulenta, de ramaje espeso, y que era un buen escondite y un refugio más o menos cómodo. Cayó la noche y la oscuridad se cerró, impenetrable, bajo el palio de fronda. Frodo y Sam bebieron un poco de agua y comieron una ración de pan y frutos secos, pero Gollum se enroscó en un ovillo y se durmió instantáneamente. Los hobbits no cerraron los ojos.

Habría pasado apenas la medianoche cuando Gollum despertó: los hobbits vieron de pronto el resplandor de aquellos ojos pálidos y muy abiertos. Gollum escuchaba y husmeaba, cosa que parecía ser, como ya lo habían advertido antes, su método habitual para conocer la hora de la noche.

—¿Hemos descansado? ¿Hemos dormido maravillosamente? ¡En marcha!

—No, no hemos descansado ni hemos dormido maravillosamente —refunfuñó Sam—. Pero si hay que partir, partamos.

Gollum se dejó caer inmediatamente de las ramas del árbol en cuatro patas, y los hobbits lo siguieron con más lentitud.

Tan pronto como llegaron al suelo reanudaron la marcha en la oscuridad, bajo la conducción de Gollum, subiendo hacia el este por una cuesta empinada. Veían muy poco; la noche era tan profunda que sólo reparaban en los troncos de los árboles cuando tropezaban con ellos. El suelo era ahora más accidentado y la marcha se les hacía más difícil, pero Gollum no parecía preocupado. Los guiaba a través de malezas y zarzales, bordeando a veces una grieta profunda o un pozo oscuro, otras bajando a los agujeros negros escondidos bajo la espesura y volviendo a salir; y si descendían un trecho, la cuesta siguiente era más larga y más escarpada. Trepaban sin descanso. En el primer alto se volvieron para mirar y a duras penas alcanzaron a ver la techumbre del bosque que habían dejado atrás: una sombra densa y vasta, una noche más oscura bajo el cielo oscuro y vacío. Algo negro e inmenso parecía venir lentamente desde el este, devorando las estrellas pálidas y desvaídas. Más tarde la luna en descenso escapó de la nube, pero envuelta en un maléfico resplandor amarillo.

Al fin Gollum se volvió a los hobbits.

—Pronto de día —anunció—. Hobbits tienen que apresurarse. ¡Nada seguro mostrarse al descampado en estos sitios! ¡De prisa!

Apretó el paso, y los hobbits lo siguieron cansadamente. Pronto comenzaron a escalar una ancha giba. Estaba cubierta casi por completo de matorrales de aulaga y arándano, y de espinos achaparrados y duros, si bien aquí y allá se abrían algunos claros, las cicatrices de recientes hogueras. Ya cerca de la cima, las matas de aulaga se hacían más frecuentes; eran viejísimas y muy altas, flacas y desgarbadas en la base pero espesas arriba, y ya mostraban las flores amarillas que centelleaban en la oscuridad y esparcían una fragancia suave y delicada. Eran tan altos aquellos matorrales de espinos que los hobbits podían caminar por debajo sin agacharse, atravesando largos senderos secos, tapizados de un musgo profundo, erizado de espinas.

Al llegar al otro extremo de la colina ancha y gibosa se detuvieron un momento y luego corrieron a esconderse bajo una apretada maraña de espinos. Las ramas retorcidas que se encorvaban hasta tocar el suelo, estaban recubiertas por un laberinto de viejos brezos trepadores. Toda aquella intrincada espesura formaba una especie de recinto hueco y profundo, tapizado de zarzas y hojas muertas y techado por las primeras hojas y brotes primaverales. Allí se echaron un rato a descansar, demasiado fatigados aún para comer; y espiando por entre los intersticios de la hojarasca aguardaron el lento despertar del día. Pero no llegó el día, sólo un crepúsculo pardo y mortecino. Al este, un resplandor apagado y rojizo asomaba bajo los nubarrones amenazantes: no era el rojo purpúreo de la aurora. Más allá de las desmoronadas tierras intermedias, se alzaban las montañas siniestras de Ephel Dúath, negras e informes abajo, donde la noche se demoraba; arriba los picos dentados y las crestas de bordes recortados se erguían amenazantes contra el fiero resplandor. A lo lejos, a la derecha, una gran meseta montañosa se adelantaba hacia el oeste, lóbrega y negra en medio de las sombras.

—¿Por qué camino marcharemos ahora? —preguntó Frodo—. ¿Y aquélla es la entrada de... del Valle de Morgul, allí arriba, detrás de esa mole negra?

—¿Ya tenemos que pensar en eso? —dijo Sam—. Me imagino que ya no nos moveremos hoy durante el día, si esto es el día.

—Tal vez no —dijo Gollum—. Pero pronto tendremos que partir, hacia la Encrucijada. Sí, la Encrucijada. Sí, amo, aquél es el camino.

El resplandor rojizo que se cernía sobre Mordor se extinguió al fin. La penumbra crepuscular se cerró todavía más mientras unos grandes vapores se alzaban en el este y se deslizaban por encima de los viajeros. Frodo y Sam comieron frugalmente y luego se echaron a descansar, pero Gollum estaba inquieto. No quiso la comida de los hobbits; bebió un poco de agua y luego se puso a corretear de un lado a otro bajo los matorrales, husmeando y mascullando. De pronto desapareció.

—Habrá salido de caza, supongo —dijo Sam, y bostezó. Esta vez le tocaba a él dormir primero, y pronto cayó en un sueño profundo. Creía estar de vuelta en el jardín de Bolsón Cerrado buscando algo; pero cargaba un fardo pesado que le encorvaba las espaldas. De algún modo todo parecía cubierto de malezas, y los espinos y helechos habían invadido los macizos hasta casi la cerca del fondo.

—Menudo trabajo me espera, por lo que veo; pero estoy tan cansado —repetía una y otra vez. De pronto recordó lo que había ido a buscar—. ¡Mi pipa! —dijo, y en ese momento se despertó.

—¡Tonto! —exclamó, mientras abría los ojos y se preguntaba por qué se había acostado debajo del cerco—. ¡Estuvo todo el tiempo en tu equipaje! —Entonces se dio cuenta, primero, que la pipa bien podía estar en el equipaje, pero que era inútil, puesto que no tenía hojas, y en seguida que él se encontraba a cientos de millas de Bolsón Cerrado. Se incorporó. Parecía ser casi de noche. ¿Por qué el amo lo había dejado dormir fuera de turno, hasta el anochecer?

—¿No ha dormido, señor Frodo? —dijo—. ¿Qué hora es? Parece que se está haciendo tarde.

—No, nada de eso —dijo Frodo—. Pero el día no aclara, y en cambio se oscurece cada vez más. Hasta donde yo puedo saber, aún no es mediodía, y tú no has dormido más de tres horas.

—Me pregunto qué sucede —dijo Sam—. ¿Será que se avecina una tormenta? En ese caso, será la peor que hubo jamás. Desearemos estar metidos en un agujero profundo, no sólo amontonados debajo de un seto. —Escuchó con atención.— ¿Qué es eso? ¿Truenos, o tambores, o qué?

—No lo sé —dijo Frodo—. Ya hace un buen rato que dura. Por momentos la tierra parece temblar, y por momentos tienes la impresión de que el aire pesado te late en los oídos.

Sam miró alrededor.

—¿Dónde está Gollum? —preguntó—. ¿Todavía no ha vuelto?

—No —dijo Frodo—. No lo he visto ni lo he oído.

—Bueno, yo no lo soporto —dijo Sam—. A decir verdad, nunca salí con nada de viaje que me haya importado tan poco perder en el camino. Pero sería muy de él, después de habernos seguido todas estas millas, venir a perderse ahora, justo cuando lo necesitamos más... es decir, si alguna vez nos sirve de algo, cosa que dudo.

—Te olvidas de las Ciénagas —dijo Frodo—. Espero que no le haya ocurrido nada.

—Y yo espero que no nos esté preparando alguna triquiñuela. Y en todo caso espero que no vaya a caer en otras manos, como quien dice. Porque entonces, pronto nos veríamos en figurillas.

En ese momento se oyó otra vez, más fuerte y cavernoso, un ruido sordo, vibrante y prolongado. El suelo pareció temblar bajo los pies de los hobbits.

—Me parece que nos veremos en figurillas de todas maneras —dijo Frodo—. Me temo que nuestro viaje se esté acercando a su fin.

—Tal vez —dijo Sam—; pero *donde hay vida hay esperanza,* como decía mi compadre, y *necesidad de vituallas,* solía agregar. Coma usted un bocado, señor Frodo, y luego échese un sueño.

La tarde, como Sam suponía que había que llamarla, transcurrió lentamente. Cuando asomaba la cabeza fuera del refugio no veía nada más que un mundo lúgubre, sin sombras, que se diluía poco a poco en una oscuridad monótona, incolora. La atmósfera era sofocante, pero no hacía calor. Frodo dormía con un sueño intranquilo, se movía y daba vueltas, y de cuando en cuando murmuraba. Sam creyó oír dos veces el nombre de Gandalf. El tiempo parecía prolongarse interminablemente. De pronto Sam oyó un silbido detrás de él, y vio a Gollum en cuatro patas, mirándolos con los ojos relucientes.

—¡A despertarse, a despertarse! ¡A despertarse, dormilones! —murmuró—. ¡A despertarse! No hay tiempo que perder. Tenemos que partir, sí, tenemos que partir en seguida. ¡No hay tiempo que perder!

Sam le clavó una mirada recelosa: Gollum parecía asustado o excitado.

—¿Partir ahora? ¿Qué andas tramando? Todavía no es el momento. No puede ser ni la hora del té, al menos en los lugares decentes donde hay una hora para tomar el té.

—¡Estúpido! —siseó Gollum—. No estamos en ningún lugar decente. Los minutos corren, sí, vuelan. No hay tiempo que perder. Tenemos que partir. Despierte, amo, ¡despierte! —Se prendió a Frodo, que despertó sobresaltado y tomó a Gollum por el brazo. Gollum se desasió rápidamente y retrocedió.

—No seáis estúpidos —siseó—. Tenemos que partir. No hay tiempo que perder. —Y no hubo modo de sacarle una palabra más. No quiso decir de dónde venía ni por qué tenía tanta prisa. A Sam todo aquello le parecía muy sospechoso, y lo demostraba; de Frodo en cambio no podía saberse lo que le pasaba por la mente. Suspiró, levantó el paquete, y se preparó para salir a la creciente oscuridad.

Gollum les hizo descender muy furtivamente el flanco de la colina, tratando de mantenerse oculto siempre que era posible, y corriendo, encorvado casi contra el suelo en los espacios abiertos; pero la luz era ahora tan débil que ni siquiera una bestia salvaje de ojos penetrantes hubiera podido ver a los hobbits, encapuchados, envueltos en los oscuros mantos grises, ni tampoco oírlos, pues caminaban con ese andar sigiloso que con tanta naturalidad adopta la gente menuda. Ni una rama crujió, ni una hoja susurró mientras pasaban y desaparecían.

Durante cerca de una hora prosiguieron la marcha en silencio, en fila, bajo la opresión de la oscuridad y la calma absoluta de aquellos parajes, sólo interrumpida de tanto en tanto por lo que parecía un trueno lejano, o un redoble de tambores en alguna hondonada de las colinas. Siempre descendiendo, dejaron atrás el escondite, y se volvieron hacia el sur y tomaron por el camino más recto que Gollum pudo encontrar: una larga pendiente accidentada que subía a las montañas. Pronto, no muy lejos camino adelante, vieron un cinturón de árboles que parecía alzarse como una muralla negra. Al acercarse notaron que eran árboles enormes y quizá muy viejos, pero erguidos aún, aunque las copas estaban desnudas y rotas, como castigadas por la tempestad y el rayo, que no habían podido matarlos ni conmover las raíces insondables.

—La Encrucijada, sí —susurró Gollum, hablando por primera vez desde que salieran del escondite—. Hemos de tomar ese camino. —Virando ahora al este, los guió cuesta arriba; y entonces, de improviso, apareció a la vista el Camino del Sur: se abría paso serpenteando desde el pie de las montañas, para venir a morir aquí, en el gran anillo de los árboles.

—Éste es el único camino —cuchicheó Gollum—. No hay ningún otro. Ni senderos. Tenemos que ir a la Encrucijada. ¡Pero de prisa! ¡Silencio!

Furtivamente, como exploradores en campamento enemigo, se deslizaron al camino y con pasos sigilosos de gato en acecho avanzaron a lo largo del borde occidental, al amparo de la barranca pedregosa, gris como las piedras mismas. Llegaron por fin a los árboles, y descubrieron que se encontraban dentro de un vasto claro circular, abierto bajo el cielo sombrío; y los espacios entre los troncos inmensos eran como las grandes arcadas oscuras de un castillo ruinoso. En el centro mismo confluían cuatro caminos. A espaldas de los hobbits se extendía el que conducía al Morannon; delante de ellos partía nuevamente rumbo al sur; a la derecha subía el camino de la antigua Osgiliath, y luego se perdía en las sombras del este: el cuarto camino, el que ellos tomarían.

Frodo se detuvo un instante atemorizado y de pronto vio brillar una luz: un reflejo en la cara de Sam, que estaba junto a él. Se volvió y alcanzó a ver bajo la bóveda de ramas el camino de Osgiliath que descendía y descendía hacia el oeste, casi tan recto como una cinta estirada. Allí, en la lejanía, más allá de la triste Gondor ahora envuelta en sombras, el Sol declinaba y tocaba por fin la orla del paño funerario de las nubes, que rodaban lentamente, y se hundían, en un incendio ominoso, en el Mar todavía inmaculado. El breve resplandor iluminó una enorme figura sentada, inmóvil y solemne como los grandes reyes de piedra de Argonath. Los años la habían carcomido, y unas manos violentas la habían mutilado. Habían arrancado la cabeza, y habían puesto allí como burla una piedra toscamente tallada y pintarrajeada por manos salvajes; la piedra simulaba una cara horrible y gesticulante con un ojo grande y rojo en medio de la frente. Sobre las rodillas, el trono majestuoso y alrededor del pedestal unos garabatos absurdos se mezclaban con los símbolos inmundos de los corruptos habitantes de Mordor.

De improviso, capturada por los rayos horizontales, Frodo vio la cabeza de rey: yacía abandonada a la orilla del camino.

—¡Mira, Sam! —exclamó con voz entrecortada—. ¡Mira! ¡El rey tiene otra vez una corona!

Le habían vaciado las cuencas de los ojos, y la barba esculpida estaba rota, pero alrededor de la frente alta y severa tenía una corona de plata y de oro. Una planta trepadora con flores que parecían estrellitas blancas se había adherido a las cejas como rindiendo homenaje al rey caído, y en las fisuras de la cabellera de piedra resplandecían unas siemprevivas doradas.

—¡No podrán vencer eternamente! —dijo Frodo. Y entonces, de pronto, la visión se desvaneció. El Sol se hundió y desapareció, y como si se apagara una lámpara, cayó la noche negra.

8

LAS ESCALERAS DE CIRITH UNGOL

Gollum le tiraba a Frodo de la capa y siseaba de miedo e impaciencia.

—Tenemos que partir —decía—. No podemos quedarnos aquí. ¡De prisa!

De mala gana Frodo volvió la espalda al Oeste y siguió al guía que lo llevaba a las tinieblas del Este. Salieron del anillo de los árboles y se arrastraron a lo largo del camino hacia las montañas. También este camino corría un cierto trecho en línea recta, pero pronto empezó a torcer hacia el sur, para continuar al pie de la amplia meseta rocosa que poco antes habían divisado en lontananza. Negra y hostil se levantaba sobre ellos, más tenebrosa que el cielo tenebroso. A la sombra de la meseta el camino proseguía ondulante, la contorneaba, y otra vez torcía rumbo al este y ascendía luego rápidamente.

Frodo y Sam avanzaban con el paso y el corazón pesados, incapaces ya de preocuparse por el peligro en que se encontraban. Frodo caminaba con la cabeza gacha: otra vez el fardo lo empujaba hacia abajo. No bien dejaron atrás la Encrucijada, el peso del Objeto, casi olvidado en Ithilien, había empezado a crecer de nuevo. Ahora, sintiendo que el suelo era cada vez más escarpado, Frodo alzó fatigado la cabeza; y entonces la vio, tal como Gollum se la había descrito: la Ciudad de los Espectros del Anillo. Se acurrucó contra la barranca pedregosa.

Un valle en largo y pronunciado declive, un profundo abismo de sombra, se internaba a lo lejos en las montañas. Del lado opuesto, a cierta distancia entre los brazos del valle, altos y encaramados sobre un asiento rocoso en el regazo de Ephel Dúath, se erguían los muros y la torre de Minas Morgul. Todo era oscuridad en torno, tierra y cielo, pero la ciudad estaba iluminada. No era el claro de luna aprisionado que en tiempos lejanos brotaba como agua de manantial de los muros de mármol de Minas Ithil, la Torre de la Luna, bella y radiante en el hueco de las colinas. Más pálida en verdad que el resplandor de una luna que desfallecía en algún eclipse lento era ahora la luz, una luz trémula, un fuego fatuo de cadáveres que no alumbraba nada y que parecía vacilar como un nauseabundo hálito de putrefacción. En los muros y en la torre se veían las ventanas, innumerables agujeros negros que miraban hacia adentro, hacia el vacío; pero la garita superior de la torre giraba lentamente, primero en un sentido, luego en otro: una inmensa cabeza espectral que espiaba la noche. Los tres compañeros permanecieron allí un momento, encogidos de miedo, mirando con repulsión. Gollum fue el primero en recobrarse. De nuevo tironeó, apremiante, de las capas de los hobbits, pero no dijo una palabra. Casi a la rastra los obligó a avanzar. Cada paso era una nueva vacilación, y el tiempo parecía muy lento, como si entre el instante de levantar un pie y el de volverlo a posar transcurriesen unos minutos abominables.

Así llegaron por fin al puente blanco. Allí el camino, envuelto en un débil resplandor, pasaba por encima del río en el centro del valle y subía zigzagueando hasta la puerta de la ciudad: una boca negra abierta en el círculo exterior de las murallas septentrionales. Unos grandes llanos se extendían en ambas orillas, prados sombríos cuajados de pálidas flores blancas. También las flores eran luminosas, bellas y sin embargo horripilantes, como las imágenes deformes de una pesadilla; y exhalaban un vago y repulsivo olor a carroña; un hálito de podredumbre colmaba el aire. El puente cruzaba de uno a otro prado. Allí, en la cabecera, había figuras hábilmente esculpidas de formas humanas y animales, pero todas repugnantes y corruptas. El agua corría por debajo en silencio, y humeaba; pero el vapor que se elevaba en volutas y espirales alrededor del puente era mortalmente frío. Frodo tuvo la impresión de que la razón lo abandonaba y que la mente se le oscurecía. Y de pronto, como movido por una fuerza ajena a su voluntad, apretó el paso, y extendiendo las manos avanzó a tientas, tambaleándose, bamboleando la cabeza de lado a lado. Sam y Gollum se lanzaron tras él al mismo tiempo. Sam lo alcanzó y lo sujetó entre los brazos, en el preciso instante en que Frodo tropezaba con el umbral del puente y estaba a punto de caer.

—¡Por ahí no! ¡No, no, no por ahí! —murmuró Gollum, pero el aire que le pasaba entre los dientes pareció desgarrar el pesado silencio como un silbido, y la criatura se acurrucó en el suelo, aterrorizada.

—¡Coraje, señor Frodo! —musitó Sam al oído de Frodo—. ¡Vuelva! Por ahí no, Gollum dice que no, y por una vez estoy de acuerdo con él.

Frodo se pasó la mano por la frente y quitó los ojos de la ciudad posada en la colina. Aquella torre luminosa lo fascinaba, y luchaba contra el deseo irresistible de correr hacia la puerta por el camino iluminado. Al fin con un esfuerzo dio media vuelta, y entonces sintió que el Anillo se le resistía, tirando de la cadena que llevaba alrededor del cuello; y también los ojos, cuando los apartó, parecieron enceguecidos un momento. Delante de él la oscuridad era impenetrable.

Gollum, reptando por el suelo como un animal asustado, se desvanecía ya en la penumbra. Sam, sin dejar de sostener a su amo que se tambaleaba, lo siguó lo más rápido que pudo. No lejos de la orilla del río había una abertura en el muro de piedra que bordeaba el camino. Pasaron por ella, y Sam vio que se encontraban en un sendero estrecho, vagamente luminoso al principio, como lo estaba el camino principal, pero luego, a medida que trepaba por encima de los prados de flores mortales y se internaba, tortuoso y zigzagueante, en los flancos septentrionales del valle, la luz se iba extinguiendo y el camino se perdía en las tinieblas.

Por este sendero caminaban los hobbits trabajosamente, juntos, incapaces de distinguir a Gollum delante de ellos, salvo cuando se volvía para indicarles que se apresuraran. Los ojos le brillaban entonces con un fulgor blanco-verdoso, reflejo tal vez de la maléfica luminosidad de Morgul, o encendidos por algún estado de ánimo correspondiente al lugar. Frodo y Sam no podían olvidar aquel fulgor mortal y las troncras sombrías, y una y otra vez espiaban temerosos por encima del hombro, y una y otra vez se obligaban a volver la mirada hacia la oscuridad creciente del sendero. Avanzaban lenta y pesadamente. Cuando se elevaron por encima del hedor y los vapores del río envenenado, empezaron a respirar con más libertad y a sentir la mente más despejada, pero ahora una terrible fatiga les agarrotaba los miembros, como si hubiesen caminado toda la noche llevando a cuestas una carga pesada, o hubiesen estado nadando. Al fin no pudieron dar un paso más.

Frodo se detuvo y se sentó sobre una piedra. Habían trepado hasta la cresta de una gran giba de roca desnuda. Delante de ellos, en el flanco del valle, había una saliente que el sendero contorneaba, apenas una ancha cornisa con un abismo a la derecha; trepaba luego por la cara escarpada del sur, hasta desaparecer arriba, en la negrura.

—Necesitaría descansar un rato, Sam —murmuró Frodo—. Me pesa mucho, Sam, hijo, me pesa enormemente. Me pregunto hasta dónde podré llevarlo. De todos modos necesito descansar antes de que nos aventuremos a entrar allí. —Señaló adelante el angosto camino.

—¡Sssh! ¡Sssh! —siseó Gollum corriendo apresuradamente hacia ellos—. ¡Sssh! —Tenía los dedos contra los labios y sacudía insistentemente la cabeza. Tironeando a Frodo de la manga, le señaló el sendero; pero Frodo se negó a moverse.

—Todavía no —dijo—, todavía no. —La fatiga y algo más que la fatiga lo oprimían; tenía la impresión de que un terrible sortilegio le atenazaba la cabeza y el cuerpo.— Necesito descansar —murmuró.

Al oír esto, el miedo y la agitación de Gollum fueron tales que volvió a hablar esta vez claramente, llevándose la mano a la boca, como para que unos oyentes invisibles que poblaban el aire no pudieron oírlo.

—No aquí, no. No descansar aquí. Locos. Ojos pueden vernos. Cuando vengan al puente nos verán. ¡Vamos! ¡Arriba, arriba! ¡Vamos!

—Vamos, señor Frodo —dijo Sam—. Otra vez tiene razón. No podemos quedarnos aquí.

—Está bien —dijo Frodo con una voz remota, como la de alguien que hablase en un duermevela—. Lo intentaré. —Penosamente volvió a incorporarse.

*

Pero era demasiado tarde. En ese momento la roca se estremeció y tembló debajo de ellos. El estruendo prolongado y trepidante, más fuerte que nunca, retumbó bajo la tierra y reverberó en las montañas. Luego, de improviso, con una celeridad enceguecedora, estalló un relámpago enorme y rojo. Saltó al cielo mucho más allá de las montañas del este y salpicó de púrpura las nubes sombrías. En aquel valle de sombras y fría luz mortal pareció de una violencia insoportable y feroz. Los picos de piedra y las crestas que parecían cuchillos mellados emergieron de pronto siniestros y negros contra la llama que subía del Gorgoroth. Luego se oyó el estampido de un trueno.

Y Minas Morgul respondió. Hubo un centelleo de relámpagos lívidos: saetas de luz azul brotaron de la torre y de las colinas circundantes hacia las nubes lóbregas. La tierra gimió; y un clamor llegó desde la ciudad. Mezclado con voces ásperas y estridentes, como de aves de rapiña, y el agudo relincho de caballos furiosos y aterrorizados, resonó un grito desgarrador, estremecido, que subió rápidamente de tono hasta perderse en un chillido penetrante, casi inaudible. Los hobbits giraron en redondo, volviéndose hacia el sitio de donde venía el sonido, y se tiraron al suelo, tapándose las orejas con las manos.

Cuando el grito terrible terminó en un gemido largo y abominable, Frodo levantó lentamente la cabeza. Del otro lado del valle estrecho, ahora casi al nivel de los ojos, se alzaban los muros de la ciudad funesta, y la puerta cavernosa, como una boca flanqueada de dientes relucientes, estaba abierta. Y por esa puerta salía un ejército.

Todos los hombres iban vestidos de negro, sombríos como la noche. Frodo los veía contra los muros claros y el pavimento luminoso: pequeñas figuras negras que marchaban en filas apretadas, silenciosas y rápidas, fluyendo como un río interminable. Al frente avanzaba una caballería numerosa de jinetes que se movían como sombras disciplinadas, y a la cabeza iba uno más grande que los otros: un Jinete, todo de negro, excepto la cabeza encapuchada protegida por un yelmo que parecía una corona y que centelleaba con una luz inquietante. Descendía, se acercaba al puente, y Frodo lo seguía con los ojos muy abiertos, incapaz de parpadear o de apartar la mirada. ¿No era aquél el Señor de los Nueve Jinetes, que había retornado para conducir a la guerra a aquel ejército horrendo? Allí, sí, allí estaba por cierto el rey espectral, cuya mano fría hiriera al Portador del Anillo con un puñal mortífero. La vieja herida le latió de dolor y un frío inmenso invadió el corazón de Frodo.

Y mientras estos pensamientos lo traspasaban aún de terror y lo tenían paralizado como por un sortilegio, el Jinete se detuvo de golpe, justo a la entrada del puente, y toda la hueste se inmovilizó detrás. Hubo una pausa, un silencio de muerte. Tal vez era el Anillo que llamaba al Señor de los Espectros, y lo turbaba haciéndole sentir la presencia de otro poder en el valle. A un lado y a otro se volvía la cabeza embozada y coronada de miedo, barriendo las sombras con ojos invisibles. Frodo esperaba, igual que un pájaro que ve acercarse una serpiente, incapaz de moverse. Y mientras esperaba sintió, más imperiosa que nunca, la orden de ponerse el Anillo en el dedo. Pero por más poderoso que fuese aquel impulso, ahora no se sentía inclinado a ceder. Sabía que el Anillo no haría otra cosa que traicionarlo, y que aun cuando se lo pusiera, no tenía todavía poder suficiente para enfrentarse al Rey de Morgul... todavía no. Ya no había en él, en su voluntad, por muy debilitada por el terror que ahora estuviera, ninguna respuesta a ese mandato, y sólo sentía aquella fuerza extraña que lo golpeaba. Una fuerza que le tomaba la mano, y mientras Frodo la observaba con los ojos de la mente, sin consentir pero en suspenso (como si esperase el final de una vieja leyenda de antaño), se la acercaba poco a poco a la cadena que llevaba al cuello. Entonces la voluntad de Frodo reaccionó: lentamente obligó a la mano a retroceder y a buscar otra cosa, algo que llevaba escondido cerca del pecho. Frío y duro lo sintió cuando el puño se cerró sobre él: el frasco de Galadriel, tanto tiempo atesorado, y luego casi olvidado. Al tocarlo, todos los pensamientos que concernían al Anillo se desvanecieron un momento. Suspiró e inclinó la cabeza.

En ese mismo instante el Rey de los Espectros dio media vuelta, picó espuelas y cruzó el puente, y todo el sombrío ejército marchó tras él. Quizá las caperuzas élficas habían resistido la mirada de los ojos invisibles, y la mente del pequeño enemigo, fortalecido ahora, había logrado desviar los pensamientos del Jinete. Pero llevaba prisa. La hora ya había sonado, y a la orden del Amo poderoso tenía que marchar en son de guerra hacia el Oeste.

Pronto se perdió, una sombra en la sombra, en el sinuoso camino, y tras él las filas negras aún cruzaban el puente. Nunca un ejército tan grande había partido de ese valle desde los días del esplendor de Isildur; ningún enemigo tan cruel y tan fuertemente armado había atacado aún los Vados del Anduin; y sin embargo no era más que un ejército, y no el mayor, de las huestes que ahora enviaba Mordor.

Frodo se sacudió. Y de pronto volvió el corazón a Faramir. —La tormenta al fin ha estallado —se dijo—. Este enorme despliegue de lanzas y de espadas va hacia Osgiliath. ¿Llegará a tiempo Faramir? Él lo predijo, ¿pero sabía la hora? ¿Y quién defenderá ahora los vados, cuando llegue el Rey de los Nueve Jinetes? Y a este ejército le seguirán otros. He venido tarde. Todo está perdido. Me he demorado demasiado. Y aun cuando llegase a cumplir mi misión, nadie lo sabría. No habrá nadie a quien pueda contárselo. Será inútil. —Débil y abatido, Frodo se echó a llorar. Y mientras tanto los ejércitos de Morgul seguían cruzando el puente.

De pronto, lejana y remota, como surgida de los recuerdos de la Comarca, iluminada por el primer sol de la mañana, mientras el día despertaba y las puertas se abrían, oyó la voz de Sam: —¡Despierte, señor Frodo! ¡Despierte! —Si la voz hubiese agregado: "Tiene el desayuno servido" poco le habría extrañado. Era evidente que Sam estaba ansioso.— ¡Despierte, señor Frodo! Se han marchado —dijo.

Hubo un golpe sordo. Las puertas de Minas Morgul se habían cerrado. La última fila de lanzas había desaparecido en el camino. La torre se alzaba aún como una mueca siniestra del otro lado del valle, pero la luz empezaba a debilitarse en el interior. La ciudad toda se hundía una vez más en una sombra negra y hostil, y en el silencio. Sin embargo, seguía poblada de ojos vigilantes.

—¡Despierte, señor Frodo! Ellos se han marchado, y lo mejor será que también nosotros nos alejemos de aquí. Todavía hay algo vivo en ese lugar, algo que tiene ojos, o una mente que ve, si usted me entiende; y cuanto más tiempo nos quedemos, más pronto nos caerá encima. ¡Ánimo, señor Frodo!

Frodo levantó la cabeza, y luego se incorporó. La desesperación no lo había abandonado, pero ya no estaba tan débil. Hasta sonrió con cierta ironía, sintiendo ahora tan claramente como un momento antes había sentido lo contrario, que lo que tenía que hacer, lo tenía que hacer, si podía, y poco importaba que Faramir o Aragorn o Elrond o Galadriel o Gandalf o cualquier otro no lo supieran nunca. Tomó el bastón con una mano y el frasco de cristal con la otra. Cuando vio que la luz clara le brotaba entre los dedos, lo volvió a guardar junto al pecho y lo estrechó contra el corazón. Luego, volviendo la espalda a la ciudad de Morgul, que ahora no era más que un resplandor trémulo y gris en la otra orilla de un abismo de sombras, se dispuso a ir camino arriba.

Gollum se había escabullido al parecer a lo largo de la cornisa hacia la oscuridad del otro lado, cuando se abrieron las puertas de Minas Morgul, dejando a los hobbits en el sitio en que se habían echado a descansar. Ahora volvía en cuatro patas, rechinando los dientes y chasqueando los dedos.

—¡Locos! ¡Estúpidos! —siseó—. ¡De prisa! El peligro no ha pasado, no ha pasado. ¡De prisa!

Los hobbits no le contestaron, pero lo siguieron y subieron tras él por la cornisa empinada. Ese tramo del camino no les gustó mucho ni a Frodo ni a Sam, aun después de tantos peligros como habían pasado; pero duró poco. Pronto el sendero describió una curva, penetrando bruscamente en una angosta abertura en la roca, y allí el flanco de la colina volvía a combarse. Habían llegado a la primera escalera, que Gollum había mencionado. La oscuridad era casi completa, y más allá de las manos extendidas no veían absolutamente nada; pero los ojos de Gollum brillaban con un resplandor pálido, pocos pasos más adelante, cuando se dio vuelta.

—¡Cuidado! —susurró—. ¡Escalones! Muchos escalones. ¡Cuidado!

La cautela era necesaria por cierto. Al principio Frodo y Sam se sintieron más seguros, con una pared de cada lado, pero la escalera era casi vertical, como una escala, y a medida que subían y subían, menos podían olvidar el largo vacío negro que iban dejando atrás; y los peldaños eran estrechos, desiguales, y a menudo traicioneros; estaban desgastados y pulidos en los bordes, y a veces rotos, y algunos se agrietaban bajo los pies. El ascenso era muy penoso, y al fin terminaron aferrándose con dedos desesperados al escalón siguiente, y obligando a las rodillas doloridas a flexionarse y estirarse; y a medida que la escalera se iba abriendo un camino cada vez más profundo en el corazón de la montaña, las paredes rocosas se elevaban más y más a los lados, por encima de ellos.

Por fin, cuando ya les parecía que no podían aguantar más, vieron los ojos de Gollum que escudriñaban otra vez desde arriba. —Hemos llegado —les dijo—. Hemos pasado la primera escalera. Hobbits hábiles para subir tan alto; hobbits muy hábiles para subir. Unos escalones más y ya está, sí.

Mareados y terriblemente cansados, Sam, y Frodo tras él, subieron a duras penas el último escalón, y allí se sentaron, y se frotaron las piernas y las rodillas. Estaban en un pasadizo tenebroso que parecía subir delante de ellos, aunque en pendiente más suave y sin escalera. Gollum no permitió que descansaran mucho tiempo.

—Hay otra escalera más —les dijo—. Mucho más larga. Descansarán después de subir la próxima escalera. Todavía no.

Sam refunfuñó.

—¿Más larga, dijiste?

—Sí, sssí, más larga —dijo Gollum—. Pero tan difícil. Hobbits subieron ya la Escalera Recta. Ahora viene la Escalera en Espiral.

—¿Y después? —dijo Sam.

—Ya veremos —dijo Gollum en voz baja—. ¡Oh sí, ya veremos!

—Me parece que nos hablaste de un túnel —dijo Sam—. ¿No hay que atravesar un túnel, o algo así?

—Oh sí, un túnel —dijo Gollum—. Pero los hobbits podrán descansar antes. Si lo pasan habrán llegado casi a la cima. Casi, si lo pasan. Oh sí casi a la cima.

Frodo se estremeció. El ascenso lo había hecho sudar, pero ahora sentía el cuerpo mojado y frío, y una corriente de aire glacial, que llegaba desde alturas invisibles, soplaba en el pasadizo oscuro. Se levantó y se sacudió.

—¡Bien, en marcha! —dijo—. Éste no es sitio para sentarse a descansar.

El pasadizo parecía alargarse millas y millas, y siempre el soplo helado flotaba sobre ellos, transformándose poco a poco en un viento áspero. Se hubiera dicho que las montañas, al echarles encima ese aliento mortal, intentaban desanimarlos, alejarlos de los secretos de las alturas, o arrojarlos al tenebroso vacío que habían dejado atrás. Supieron que al fin habían llegado cuando de pronto ya no palparon el muro a la derecha. No veían casi nada. Grandes masas negras e informes y profundas sombras grises se alzaban por encima de ellos y todo alrededor, pero ahora una luz roja y opaca parpadeaba bajo los nubarrones oscuros, y por un momento alcanzaron a ver las formas de los picos, al frente y a los lados, como columnas que sostuvieran una vasta techumbre a punto de desplomarse. Habían subido al parecer muchos centenares de pies, y ahora se encontraban en una cornisa ancha. A la derecha una pared se elevaba a pique y a la izquierda se abría un abismo.

Gollum marchaba adelante casi pegado a la pared rocosa. En ese tramo ya no subían, pero el suelo era más accidentado y peligroso, y había bloques de piedra y roca desmoronada en el camino. Avanzaban lenta y cautelosamente. Cuántas horas habían transcurrido desde que entraran en el Valle de Morgul, ni Sam ni Frodo podían decirlo con certeza. La noche parecía interminable.

Al fin advirtieron que otro muro acababa de aparecer, y una nueva escalera se abrió ante ellos. Otra vez se detuvieron, y otra vez empezaron a subir. Era un ascenso largo y fatigoso; pero esta escalera no penetraba en la ladera de la montaña; aquí la enorme y empinada cara del acantilado retrocedía, y el sendero la cruzaba serpenteando. A cierta altura se desviaba hasta el borde mismo del precipicio oscuro, y Frodo, echando una mirada allá abajo, vio un foso ancho y profundo, la hondonada de acceso al Valle de Morgul. Y en el fondo, como un collar de luciérnagas, centelleaba el camino de los espectros, que iba de la ciudad muerta al Paso Sin Nombre. Frodo volvió rápidamente la cabeza.

Más y más allá proseguía la escalera, siempre sinuosa y zigzagueante, hasta que por fin, luego de un último tramo corto y empinado, desembocó en otro nivel. El sendero se había alejado del paso principal en la gran hondonada, y ahora seguía su propio y peligroso curso por una garganta más angosta, entre las regiones más elevadas de Ephel Dúath. Los hobbits distinguían apenas, a los lados, unos pilares altos y unos pináculos de piedra dentada, entre los que se abrían unas grietas y fisuras más negras que la noche; allí unos inviernos olvidados habían carcomido y tallado la piedra que el sol no tocaba nunca. Y ahora la luz roja parecía más intensa en el cielo; no podían decir aún si lo que se acercaba a este lugar de sombras era en verdad un terrible amanecer o sólo la llamarada de alguna tremenda violencia de Sauron en los tormentos de más allá de Gorgoroth. Todavía lejana, y aún altísima, Frodo, alzando los ojos, vio tal como él esperaba la cima misma de este duro camino. Por el este, contra el púrpura lúgubre del cielo, en la cresta más alta, se dibujaba una abertura estrecha y profunda entre dos plataformas negras: y en cada plataforma había un cuerno de piedra.

Se detuvo y miró más atentamente. El cuerno de la izquierda era alto y esbelto; y en él ardía una luz roja, o acaso la luz de la tierra de más allá brillaba a través de un agujero. Y la vio entonces: una torre negra que dominaba el paso de salida. Le tomó el brazo a Sam y la señaló.

—¡El aspecto no me gusta nada! —dijo Sam—. De modo que en resumidas cuentas tu camino secreto está vigilado

—gruñó, volviéndose a Gollum—. Y tú lo sabías desde el comienzo, ¿no es cierto?

—Todos los caminos están vigilados, sí —dijo Gollum—. Claro que sí. Pero los hobbits tienen que probar algún camino. Ése puede estar menos vigilado. ¡Quizá todos se hayan ido a la gran batalla!

—Quizá —refunfuñó Sam—. Bueno, por lo que parece, queda aún mucho que caminar y mucho que subir. Y además falta el túnel. Creo que es momento de descansar, señor Frodo. No sé en qué hora estamos, del día o de la noche, pero hemos andado mucho tiempo.

—Sí, tenemos que descansar —dijo Frodo—. Busquemos algún rincón abrigado, y juntemos fuerzas... para la última etapa. —Y en realidad estaba convencido de que era la última: los terrores del país que se extendía más allá de las montañas, los peligros de la empresa que allí intentaría le parecían todavía remotos, demasiado distantes aún para perturbarlo. Por ahora tenía un único pensamiento: atravesar ese muro impenetrable, eludir la vigilancia de los guardias. Si llevaba a cabo esa hazaña imposible entonces de algún modo cumpliría la misión, o eso pensaba al menos en aquella hora de fatiga, mientras caminaba entre las sombras pedregosas bajo Cirith Ungol.

Se sentaron en una grieta oscura entre dos grandes pilares de roca: Frodo y Sam un poco hacia dentro, y Gollum acurrucado en el suelo cerca de la entrada. Allí los hobbits tomaron lo que creían habría de ser la última comida antes del descenso al País Sin Nombre, y acaso la última que tendrían juntos. Comieron algo de los alimentos de Gondor y el pan de viaje de los Elfos, y bebieron un poco. Pero cuidaron el agua, y tomaron apenas la suficiente para humedecerse las bocas resecas.

—Me pregunto cuándo encontraremos agua nuevamente —dijo Sam—. Aunque supongo que allá arriba han de beber. Los orcos beben, ¿no?

—Sí, beben —dijo Frodo—. Pero ni hablemos de eso. Lo que ellos beben no es para nosotros.

—Más razón para que llenemos nuestras botellas —dijo Sam—. Pero no hay agua por aquí y no he oído ningún rumor, ni el más leve susurro. Y de todos modos Faramir nos recomendó no beber las aguas de Morgul.

—No beber las aguas que descienden del Imlad Morgul, fueron sus palabras —dijo Frodo—. No estamos ahí aún, y si encontramos un manantial, el agua fluirá hacia el valle y no desde el valle.

—Yo no me fiaría demasiado —dijo Sam—, a menos que me estuviese muriendo de sed. Hay una atmósfera maligna en este sitio. —Husmeó el aire.— Y un olor, me parece. ¿No lo siente usted? Un olor muy raro, como a encierro. No me gusta.

—A mí no me gusta nada de aquí: piedra y viento, hueso y aliento. Tierra, agua, aire, todo parece maldito. Pero es el camino que nos fue trazado.

—Sí, es verdad —dijo Sam—. Y de haber sabido más antes de partir, no estaríamos ahora aquí seguramente. Aunque me imagino que así ocurre a menudo. Las hazañas de que hablan las antiguas leyendas y canciones, señor Frodo: las aventuras, como yo las llamaba. Yo pensaba que los personajes maravillosos de las leyendas salían en busca de aventuras porque querían tenerlas, y les parecían excitantes, y en cambio la vida era un tanto aburrida: una especie de juego, por así decir. Pero con las historias que importaban de veras, o con esas que uno guarda en la memoria, no ocurría lo mismo. Se diría que los protagonistas se encontraban de pronto en medio de una aventura, y que casi siempre ya tenían los caminos trazados, como dice usted. Supongo que también ellos, como nosotros, tuvieron muchas veces la posibilidad de volverse atrás, sólo que no la aprovecharon. Quizá, pues si la aprovecharan tampoco lo sabríamos, porque nadie se acordaría de ellos. Porque sólo se habla de los que continuaron hasta el fin... y no siempre terminan bien, observe usted; al menos no de ese modo que la gente de la historia, y no la gente de fuera, llama terminar bien. Usted sabe qué quiero decir, volver a casa, y encontrar todo en orden, aunque no exactamente igual que antes... como el viejo señor Bilbo. Pero no son ésas las historias que uno prefiere escuchar, ¡aunque sean las que uno prefiere vivir! Me gustaría saber en qué clase de historia habremos caído.

—A mí también —dijo Frodo—. Pero no lo sé. Y así son las historias de la vida real. Piensa en alguna de las que más te gustan. Tú puedes saber, o adivinar, qué clase de historia es, si tendrá un final feliz o un final triste, pero los protagonistas no saben absolutamente nada. Y tú no querrías que lo supieran.

—No, señor, claro que no. Beren, por ejemplo, nunca se imaginó que conseguiría el Silmaril de la Corona de Hierro en Thangorodrim, y sin embargo lo consiguió, y era un lugar peor y un peligro más negro que este en que nos encontramos ahora. Pero ésa es una larga historia, naturalmente, que está más allá de la tristeza... Y el Silmaril siguió su camino y llegó a Eärendil. ¡Cáspita, señor, nunca lo había pensado hasta ahora! Tenemos... ¡usted tiene un poco de la luz del Silmaril en ese cristal de estrella que le regaló la Dama! Cáspita, pensar... pensar que estamos todavía en la misma historia. ¿Las grandes historias no terminan nunca?

—No, nunca terminan como historias —dijo Frodo—. Pero los protagonistas llegan a ellas, y se van cuando han cumplido su parte. También la nuestra terminará, tarde... o quizá temprano.

—Y entonces podremos descansar y dormir un poco —dijo Sam. Soltó una risa áspera—. A eso me refiero, nada más, señor Frodo. A descansar y dormir simple y sencillamente, y a despertarse para el trabajo matutino en el jardín. Temo no esperar otra cosa por el momento. Los planes grandes e importantes no son para los de mi especie. Me pregunto sin embargo si algún día apareceremos en las canciones y en las leyendas. Estamos envueltos en una, por supuesto; pero quiero decir: si la pondrán en palabras para contarla junto al fuego, o para leerla en un libraco con letras rojas y negras, muchos, muchos años después. Y la gente dirá: "¡Oigamos la historia de Frodo y el Anillo!". Y dirán: "Sí, es una de mis historias favoritas. Frodo era muy valiente ¿no es cierto, papá?". "Sí, hijo mío, el más famoso de los hobbits, y no es poco decir."

—Es decir demasiado —respondió Frodo, y se echó a reír, una risa larga y clara que le nacía del corazón. Nunca desde que Sauron ocupara la Tierra Media se había escuchado en aquellos parajes un sonido tan puro. Sam tuvo de pronto la impresión de que todas las piedras escuchaban y que las rocas altas se inclinaban hacia ellos. Pero Frodo no hizo caso; volvió a reírse—. Ah, Sam, si supieras... —dijo—, de algún modo oírte me hace sentir tan contento como si la historia ya estuviese escrita. Pero te has olvidado de uno de los personajes principales: Samsagaz el intrépido. "¡Quiero oír más cosas de Sam, papá! ¿Por qué no ponen más de las cosas que decía en el cuento? Eso es lo que me gusta, me hace reír. Y sin Sam, Frodo no habría llegado ni a la mitad del camino, ¿verdad, papá?"

—Vamos, señor Frodo —dijo Sam—, no se burle usted. Yo hablaba en serio.

—Yo también —dijo Frodo—, y sigo hablando en serio. Estamos yendo demasiado de prisa. Tú y yo, Sam, nos encontramos todavía atascados en los peores pasajes de la historia, y es demasiado probable que algunos digan al llegar a este punto: 'Cierra el libro, papá, no tenemos ganas de seguir leyendo'.

—Quizá —dijo Sam—, pero no es eso lo que yo diría. Las cosas hechas y terminadas y transformadas en grandes historias son diferentes. Si hasta Gollum podría ser bueno en una historia, mejor que ahora a nuestro lado, al menos. Y a él también le gustaba escucharlas en otros días, por lo que nos ha dicho. Me gustaría saber si se considera el héroe o el villano...

"¡Gollum! —llamó—. ¿Te gustaría ser el héroe?... Bueno, ¿dónde se habrá metido otra vez?

No había rastros de él a la entrada del refugio ni en las sombras vecinas. Había rechazado la comida de los hobbits, aunque aceptara como de costumbre un sorbo de agua; y luego, al parecer, se había enroscado para dormir. Suponían que uno al menos de los propósitos de Gollum en la larga ausencia de la víspera había sido salir de caza, en busca de algún alimento de su gusto; y ahora era evidente que había vuelto a escabullirse a hurtadillas mientras ellos conversaban. Pero ¿con qué fin esta vez?

—No me gustan estas escapadas furtivas y sin aviso —dijo Sam—. Y menos ahora. No puede andar buscando comida allá arriba, a menos que quiera morder un pedazo de roca. ¡Si aquí ni el musgo crece!

—Es inútil preocuparse por él ahora —dijo Frodo—. Sin él no habríamos llegado tan lejos, ni siquiera a la vista del paso, y tendremos que amoldarnos a sus caprichos. Si es falso, es falso.

—De todos modos, preferiría no perderlo de vista. Y con mayor razón, si es falso. ¿Recuerda usted que nunca quiso decirnos si este paso estaba vigilado, o no? Y ahora vemos allí una torre... y quizá esté abandonada y quizá no. ¿Cree usted que habrá ido a buscarlos? ¿A los orcos o lo que sean?

—No, no lo creo —respondió Frodo—. Aun cuando ande en alguna trapacería, lo que no es inverosímil, no creo que se trate de eso. No ha ido en busca de orcos ni de ninguno de los servidores del Enemigo. ¿Por qué habría esperado hasta ahora, por qué habría hecho el esfuerzo de subir y venir hasta aquí, de acercarse a la región que teme? Sin duda hubiera podido delatarnos muchas veces a los orcos desde que lo encontramos. No, si hay algo de eso, ha de ser una de sus pequeñas jugarretas de siempre que él imagina absolutamente secreta.

—Bueno, supongo que usted tiene razón señor Frodo —dijo Sam—. Aunque eso no me tranquiliza demasiado. Pero en una cosa sé que no me equivoco: estoy seguro de que a *mí* me entregaría a los orcos con alegría. Pero me olvidaba... el Tesoro. No, supongo que de eso se ha tratado desde el principio, *El Tesoro para el pobre Sméagol*. Ése es el único móvil de todos sus planes, si tiene alguno. Pero de qué puede servirle habernos traído aquí, no alcanzo a adivinarlo.

—Lo más probable es que ni él mismo lo sepa —dijo Frodo—. Y tampoco creo que tenga en la embrollada cabeza un plan único y bien definido. Pienso que en parte está intentando salvar el Tesoro del Enemigo, tanto tiempo como sea posible. También para él sería la peor de las calamidades, si fuese a parar a manos del Enemigo. Y es posible que además esté tratando de ganar tiempo, esperando una oportunidad.

—Bribón y Adulón, como dije antes —observó Sam—. Pero cuanto más se acerque al territorio del Enemigo, más será Bribón que Adulón. Recuerde mis palabras: si alguna vez llegamos al Paso no nos permitirá que llevemos el Tesoro del otro lado de la frontera sin jugarnos alguna mala pasada.

—Todavía no hemos llegado —replicó Frodo.

—No, pero hasta entonces convendrá mantener los ojos bien abiertos. Si nos pesca dormitando, Bribón correrá a tomar la delantera. No es que sea arriesgado que ahora se eche usted a dormir, mi amo. No hay ningún peligro en que descanse en este sitio, bien cerca de mí. Y yo me sentiría muy feliz si lo viera dormir un rato. Yo lo cuidaré; y en todo caso, si usted se acuesta aquí, y yo le paso el brazo alrededor, nadie podrá venir a toquetearlo sin que Sam se entere.

—¡Dormir! —dijo Frodo, y suspiró, como si viera aparecer en un desierto un espejismo de frescura verde—. Sí, aun aquí podría dormir.

—¡Duerma entonces, señor! Apoye la cabeza en mis rodillas.

Y así los encontró Gollum unas horas más tarde, cuando volvió deslizándose y reptando a lo largo del sendero que descendía de la oscuridad. Sam, sentado de espaldas contra la roca, la cabeza inclinada a un lado, respiraba pesadamente. La cabeza de Frodo descansaba sobre las rodillas de Sam, que apoyaba una mano morena sobre la frente blanca de Frodo, mientras la otra le protegía el pecho. En los rostros de ambos había paz.

Gollum los miró. Una expresión extraña le apareció en la cara. Los ojos se le apagaron, y se volvieron de pronto grises y opacos, viejos y cansados. Se retorció, como en un espasmo de dolor, y volvió la cabeza y miró para atrás, hacia la garganta, sacudiendo la cabeza como si estuviese librando una lucha interior. Luego volvió a acercarse a Frodo y extendiendo lentamente una mano trémula le tocó con cautela la rodilla; más que tocarla, la acarició. Por un instante fugaz, si uno de los durmientes hubiese podido observarlo, habría creído estar viendo a un hobbit fatigado y viejo, abrumado por los años que lo habían llevado mucho más allá de su tiempo, lejos de los amigos y parientes, y de los campos y arroyos de la juventud; un viejo despojo hambriento y lastimoso.

Pero al sentir aquel contacto Frodo se agitó y se quejó entre sueños, y al instante Sam abrió los ojos. Y lo primero que vio fue a Gollum, "toqueteando al amo", le pareció.

—¡Eh, tú! —le dijo con aspereza—. ¿Qué andas tramando?

—Nada, no, nada —le respondió Gollum afablemente—. ¡Buen amo!

—Eso digo yo —replicó Sam—. Pero ¿dónde te habías metido?... ¿Por qué desapareces y reapareces así, furtivamente, viejo fisgón?

Gollum encogió el cuerpo y un fulgor verde le centelleó bajo los párpados pesados. Ahora casi parecía una araña, enroscado sobre las piernas combadas, los ojos protuberantes. El momento fugaz había pasado para siempre.

—¡Fisgón, fisgón! —siseó—. Hobbits siempre tan amables, sí. ¡Oh, buenos hobbits! Sméagol los trae por caminos secretos que nadie más podría encontrar. Cansado está, sediento, sí, sediento; y los guía y les busca senderos, y ellos le dicen *fisgón, fisgón*. Muy buenos amigos. Oh, sí, mi tesoro, muy buenos.

Sam sintió un ligero remordimiento, pero no menos desconfianza. —Lo lamento —dijo—. Lo lamento, pero me despertaste bruscamente. Y no tendría que haberme dormido, y por eso me alteré un poco. Pero el señor Frodo, él está muy cansado, y le pedí que se echara a dormir, y bueno, nada más. Lo lamento. Pero ¿dónde has estado?

—Fisgoneando —dijo Gollum, y el fulgor verde no se le iba de los ojos.

—Oh, está bien —dijo Sam—; ¡como tú quieras! Me imagino que lo que dices no está tan lejos de la verdad. Y ahora, creo que lo mejor será que vayamos a fisgonear todos juntos. ¿Qué hora es? ¿Es hoy o es mañana?

—Es mañana —dijo Gollum—, o sea mañana cuando los hobbits se quedaron dormidos. Muy estúpidos, muy peligroso... si el pobre Sméagol no hubiese fisgoneado vigilando.

—Me temo que pronto estaremos hartos de esa palabra —dijo Sam—. Pero no importa. Despertaré al amo. —Gentilmente echó hacia atrás los cabellos que caían sobre la frente de Frodo e inclinándose sobre él le habló con dulzura.— ¡Despierte, señor Frodo! ¡Despierte!

Frodo se movió y abrió los ojos, y sonrió al ver el rostro de Sam inclinado sobre él. —Me despiertas temprano, ¿eh, Sam? ¡Todavía está oscuro!

—Sí, aquí siempre está oscuro —dijo Sam—. Pero Gollum ha vuelto, señor Frodo, y dice que ya es mañana. Así que nos pondremos en camino. La última etapa.

Frodo respiró profundamente y se sentó.

—¡La última etapa! —dijo—. ¡Hola, Sméagol! ¿Encontraste algo para comer? ¿Descansaste un poco?

—Nada para comer, nada de descanso, nada para el pobre Sméagol —dijo Gollum—. No hace otra cosa que fisgonear.

Sam chasqueó la lengua, pero se contuvo.

—No te pongas calificativos, Sméagol —le dijo Frodo—. No es prudente, así sean verdaderos o falsos.

—Sméagol toma lo que le dan —dijo Gollum—. El nombre se lo puso el amable Maese Samsagaz, ese hobbit que tantas cosas sabe.

Frodo miró a Sam.

—Sí, señor —dijo Sam—. Yo empleé esa palabra, al despertar sobresaltado y todo lo demás. Y al encontrármelo aquí, al lado. Ya le dije que lo lamentaba, pero creo que pronto voy a dejar de lamentarlo.

—Bueno, bueno, a olvidar —dijo Frodo—. Pero me parece, Sméagol, que hemos llegado al final, tú y yo. Dime, ¿podremos encontrar solos el resto del camino? Tenemos el paso a la vista, una vía de acceso, y si podemos encontrarlo, creo que nuestro pacto ha tocado a su fin. Cumpliste con lo que habías prometido, y ahora eres libre: libre de ir a procurarte alimento y reposo, libre de ir a donde más te plazca, excepto en busca de los servidores del Enemigo. Y algún día tal vez podré recompensarte, yo o quienes me recuerden.

—¡No, no, todavía no! —gimió Gollum—. ¡Oh no! No podrán encontrar solos el camino, ¿verdad que no? Oh, seguro que no. Ahora viene el túnel. Sméagol tiene que seguir. Nada de descansar. Nada de comer. ¡Todavía no!

9

EL ANTRO DE ELLA-LARAÑA

Acaso fuera en verdad de día, como lo aseguraba Gollum, pero los hobbits no notaron mayor diferencia, salvo quizá el cielo de una negrura menos impenetrable, semejante a una inmensa bóveda de humo; y en lugar de las tinieblas de la noche profunda, que se demoraba aún en las grietas y en los agujeros, una sombra gris y confusa envolvía como en un sudario el mundo de piedra de alrededor. Prosiguieron la marcha, Gollum al frente y los hobbits uno al lado del otro, cuesta arriba entre los pilares y columnas de roca lacerada y desgastada por la intemperie que flanqueaban la larga hondonada como enormes estatuas informes. No se oía ningún ruido. Un poco más lejos, a una milla o algo así de distancia, había una muralla gris, el último e imponente macizo de roca montañosa. Más alto y sombrío a medida que se acercaban, al fin se alzó sobre ellos impidiéndoles ver todo cuanto se extendía más allá. Sam husmeó el aire.

—¡Puaj! ¡Ese olor! —dijo—. Es insoportable.

Pronto estuvieron bajo la sombra, y vieron allí la boca de una caverna.

—Éste es el camino —dijo Gollum en voz baja—. Por aquí se entra en el túnel. —No dijo el nombre: Torech Ungol, el Antro de Ella-Laraña. Un hedor repugnante salía del agujero, no el nauseabundo olor a podredumbre de los prados de Morgul, sino un tufo fétido y penetrante, como si allí, en la oscuridad, hubiesen acumulado montones de inmundicias.

—¿Éste es el único camino? —preguntó Frodo.

—Sí, sí —fue la respuesta—. Sí, ahora tenemos que tomar este camino.

—¿Quieres decir que ya estuviste en este agujero? —preguntó Sam—. ¡Puaj! Pero quizá a ti no te preocupan los malos olores.

Los ojos de Gollum relampaguearon.

—Él no sabe lo que a nosotros nos preocupa, ¿verdad, tesoro? No, no, no lo sabe. Pero Sméagol puede soportar muchas cosas. Sí. Ya ha pasado antes por aquí. Oh sí, ha ido hasta el otro lado. Es el único camino.

—Y qué es lo que produce el olor, me pregunto —dijo Sam—. Es como... bueno, prefiero no decirlo. Una infecta cueva de orcos, apuesto, repleta de inmundicias de los últimos años.

—Bueno —dijo Frodo—, orcos o no, si es el único camino, tendremos que ir por él.

Entraron en la caverna. A los pocos pasos se encontraron en la tiniebla más absoluta e impenetrable. Desde que recorrieran los pasadizos sin luz de Moria, Frodo y Sam no habían visto oscuridad semejante: la de aquí les parecía, si era posible, más densa y más profunda. Allá en Moria, había ráfagas de aire, y ecos, y cierta impresión de espacio. Aquí, el aire pesaba, estancado, inmóvil, y los ruidos morían, sin ecos ni resonancias. Caminaban en un vapor negro que parecía engendrado por la oscuridad misma, y que cuando era inhalado producía una ceguera, no sólo visual sino también mental, borrando así de la memoria todo recuerdo de forma, de color y de luz. Siempre había sido de noche, siempre sería de noche, y todo era noche.

Durante un tiempo, sin embargo, no se les durmieron los sentidos; por el contrario, la sensibilidad de los pies y las manos había aumentado tanto al principio que era casi dolorosa. La textura de las paredes, para sorpresa de los hobbits, era lisa, y el suelo, salvo uno que otro escalón, recto y uniforme, ascendiendo siempre en la misma pendiente empinada. El túnel era alto y ancho, tan ancho que aunque los hobbits caminaban de frente y uno al lado del otro, rozando apenas las paredes laterales con los brazos extendidos, estaban separados, aislados en la oscuridad.

Gollum había entrado primero y parecía haberse adelantado sólo unos pasos. Mientras aún estaban en condiciones de atender a esas cosas, oían su respiración sibilante y jadeante justo delante de ellos. Pero al cabo de un rato se les embotaron los sentidos, fueron perdiendo el oído y el tacto, y continuaron avanzando a tientas, trepando, caminando, movidos sobre todo por la misma fuerza de voluntad que los había llevado a entrar, la voluntad de ir hasta el final y de llegar a la puerta alta que se abría del otro lado del túnel.

No habían ido aún muy lejos, quizá, pues habían perdido toda noción de tiempo y distancia, cuando Sam, que iba tanteando la pared, notó de pronto que de ese lado, a la derecha, había una abertura: sintió por un instante un ligero soplo de aire menos pesado, pero pronto lo dejaron atrás.

—Aquí hay más de un pasaje —murmuró con un esfuerzo; le parecía muy difícil respirar y emitir a la vez algún sonido—. ¡Jamás vi mejor sitio para orcos!

Después de aquel boquete, primero Sam a la derecha, y luego Frodo a la izquierda, encontraron tres o cuatro aberturas; pero en cuanto a la dirección del camino principal, que era siempre recto y empinado, no cabía ninguna duda. ¿Cuánto les quedaría aún por recorrer, cuánto tiempo más tendrían que soportarlo, o podrían soportarlo? A medida que subían el aire era cada vez más irrespirable; y ahora tenían a menudo la impresión de encontrar en las tinieblas una resistencia más tenaz que la del aire fétido. Y mientras se empeñaban en avanzar sentían cosas que les rozaban la cabeza o las manos, largos tentáculos o excrecencias colgantes, tal vez: no lo sabían. Y aquel hedor crecía sin cesar. Creció y creció hasta que tuvieron la impresión de que el único sentido que aún conservaban era el del olfato. Una hora, dos horas, tres horas: ¿cuántas habían pasado en aquel agujero sin luz? Horas... días, semanas más bien. Sam se apartó de la pared del túnel y se acercó a Frodo, y las manos de los hobbits se encontraron y se unieron, y de este modo, juntos, continuaron avanzando.

Por fin Frodo, que tanteaba la pared de la izquierda, sintió de pronto un vacío y estuvo a punto de caer de costado en el agujero. Allí la abertura en la roca era mucho más grande que todas las anteriores, y exhalaba un olor fétido tan nauseabundo y una impresión de malicia acechante tan intensa que Frodo vaciló. Y en ese preciso momento también Sam trastabilló y cayó de bruces.

Luchando al mismo tiempo contra la náusea y el miedo, Frodo apretó la mano de Sam.

—¡Arriba! —le dijo en un soplo ronco, sin voz—. Todo proviene de aquí, el olor y el peligro. ¡Escapemos! ¡Pronto!

Apelando a todo cuanto le quedaba de fuerza y de resolución, logró poner a Sam en pie, y obligó a sus propias piernas a moverse. Sam se tambaleaba. Un paso, dos pasos, tres pasos... seis pasos por fin. Acaso habían dejado atrás el horrendo agujero invisible, pero fuera o no así, de pronto se movieron con más facilidad, como si una voluntad hostil los hubiese soltado momentáneamente. Siempre tomados de la mano, prosiguieron el ascenso.

Pero casi en seguida encontraron una nueva dificultad. El túnel se bifurcaba, o parecía bifurcarse, y en la oscuridad no podían ver cuál era el camino más ancho, o el más recto. ¿Cuál tomar: el de la derecha o el de la izquierda? No había nada que pudiese orientarlos, pero una elección equivocada sería sin duda fatal.

—¿Qué dirección tomó Gollum? —jadeó Sam—. ¿Y por qué no nos esperó?

—¡Sméagol! —dijo Frodo, tratando de gritar—. ¡Sméagol! —Pero la voz le sonó como un graznido, y se extinguió ni bien le llegó a los labios. No hubo ninguna respuesta, ni un solo eco, ni una vibración del aire.

—Esta vez se ha marchado de veras creo, —murmuró Sam—. Sospecho que éste es exactamente el lugar al que quería traernos. ¡Gollum! Si alguna vez vuelvo a ponerte las manos encima, te aseguro que te arrepentirás.

En seguida, tanteando y dando vueltas a ciegas en la oscuridad, descubrieron que la abertura de la izquierda estaba obstruida: o era un agujero ciego, o una gran piedra había caído en el pasadizo.

—Éste no puede ser el camino —susurró Frodo—. Para bien o para mal, tendremos que tomar el otro.

—¡Y pronto! —dijo Sam, jadeante—. Hay algo peor que Gollum muy cerca. Siento que nos están mirando.

Habían recorrido apenas unos pocos metros, cuando desde atrás les llegó un sonido, sobrecogedor y horrible en el silencio pesado: un gorgoteo, un ruido burbujeante, y un silbido largo y venenoso. Dieron media vuelta, mas nada era visible. Inmóviles, como petrificados, permanecieron allí, los ojos fijos y muy abiertos, en espera no sabían de qué.

—¡Es una trampa! —dijo Sam, y apoyó la mano en la empuñadura de la espada; y al hacerlo, pensó en la oscuridad del túmulo de donde provenía—. ¡Cuánto daría porque el viejo Tom estuviera ahora cerca de nosotros! —pensó. Y de pronto, mientras seguía allí de pie, envuelto en las tinieblas, el corazón rebosante de cólera y de negra desesperación, le pareció ver una luz: una luz que le iluminaba la mente, al principio casi enceguecedora, como un rayo de sol a los ojos de alguien que ha estado largo tiempo oculto en un foso sin ventanas. Y entonces la luz se transformó en color: verde, oro, plata, blanco. Muy distante, como en una imagen pequeña dibujada por dedos élficos, vio a la Dama Galadriel de pie en la hierba de Lórien, las manos cargadas de regalos. *Y para ti, Portador del Anillo*, le oyó decir con una voz remota pero clara, *para ti he preparado esto.*

El burbujeo sibilante se acercó y hubo un crujido como si una cosa grande y articulada se moviese con lenta determinación en la oscuridad. Un olor fétido la precedía.

—¡Amo! ¡Amo! —gritó Sam, y la vida y la vehemencia le volvieron a la voz—. ¡El regalo de la Dama! ¡El cristal de estrella! Una luz para usted en los sitios oscuros, dijo que sería. ¡El cristal de estrella!

—¿El cristal de estrella? —murmuró Frodo, como alguien que respondiera desde el fondo de un sueño, sin comprender—. ¡Ah, sí! ¿Cómo pude olvidarlo? *¡Una luz cuando todas las otras luces se hayan extinguido!* Y ahora en verdad sólo la luz puede ayudarnos.

Lenta fue la mano hasta el pecho, y con igual lentitud levantó el frasco de Galadriel. Por un instante titiló, débil como una estrella que lucha al despertar en medio de las densas brumas de la tierra; luego, a medida que crecía, y la esperanza volvía al corazón de Frodo, empezó a arder, hasta transformarse en una llama plateada, un corazón diminuto de luz deslumbradora, como si Eärendil hubiese descendido en persona desde los altos senderos del crepúsculo llevando en la frente el último Silmaril. La oscuridad retrocedió y el frasco pareció brillar en el centro de un globo de cristal etéreo, y la mano que lo sostenía centelleó con un fuego blanco.

Frodo contempló maravillado aquel don portentoso que durante tanto tiempo había llevado consigo, de un valor y un poder que no había sospechado. Rara vez lo había recordado en el camino, hasta que llegaron al Valle de Morgul, y nunca lo había utilizado porque temía aquella luz reveladora.

—*Aiya Eärendil Elenion Ancalima!* —exclamó sin saber lo que decía; porque fue como si otra voz hablase a través de la suya, clara, invulnerable al aire viciado del foso.

Pero hay otras fuerzas en la Tierra Media, potestades de la noche, que son antiguas y poderosas. Y Ella, la que caminaba en las tinieblas, había oído en boca de los Elfos la misma exhortación en los días de un tiempo sin memoria, y ni entonces la había arredrado, ni la arredraba ahora. Y mientras Frodo aún hablaba, sintió que una maldad inmensa lo envolvía, y que unos ojos de mirada mortal lo escudriñaban. A corta distancia de allí, entre ellos y la abertura donde habían trastabillado, dos ojos se iban haciendo visibles, dos grandes racimos de ojos multifacéticos: el peligro inminente por fin desenmascarado. El resplandor del cristal de estrella se quebró y se refractó en un millar de facetas, pero detrás del centelleo un fuego pálido y mortal empezó a arder cada vez más poderoso, una llama encendida en algún pozo profundo de pensamientos malévolos. Monstruosos y abominables eran aquellos ojos, bestiales y a la vez resueltos y animados por una horrible delectación, clavados en la presa, ya acorralada.

Frodo y Sam, aterrorizados, como fascinados por la horrible e implacable mirada de aquellos ojos siniestros, empezaron a retroceder con lentitud; pero mientras ellos retrocedían los ojos avanzaban. La mano de Frodo tembló, y el frasco descendió lentamente. Luego, de pronto, liberados del sortilegio que los retenía, dominados por un pánico inútil para diversión de los ojos, se volvieron y huyeron juntos; pero mientras corrían Frodo miró por encima del hombro y vio con terror que los ojos venían saltando detrás de ellos. El hedor de la muerte lo envolvió como una nube.

—¡Párate! ¡Párate! —gritó con voz desesperada—. Es inútil correr.

Los ojos se acercaban lentamente.

—¡Galadriel! —llamó y apelando a todas sus fuerzas levantó el frasco una vez más. Los ojos se detuvieron. Por un instante la mirada cedió, como si la turbara la sombra de una duda. Y entonces a Frodo se le inflamó el corazón dentro del pecho, y sin pensar en lo que hacía, fuera locura, desesperación o coraje, tomó el frasco en la mano izquierda, y con la derecha desenvainó la espada. Dardo relampagueó, y la afilada hoja élfica centelleó a la luz plateada, y una llama azul tembló en el filo. Entonces, la estrella en alto y esgrimiendo la espada reluciente, Frodo, Hobbit de la Comarca, se encaminó con firmeza al encuentro de los ojos.

Los ojos vacilaron. La incertidumbre crecía en ellos a medida que la luz se acercaba. Uno a uno se oscurecieron, retrocediendo lentamente. Nunca hasta entonces los había herido una luz tan mortal. Del sol, la luna y las estrellas estaban al abrigo allá en el antro subterráneo, pero ahora una estrella había descendido hasta las entrañas mismas de la tierra. Y seguía acercándose, y los ojos empezaron a retraerse, acobardados. Uno por uno se fueron extinguiendo; y se alejaron, y un gran bulto, más allá de la luz, interpuso una sombra inmensa. Los ojos desaparecieron.

—¡Señor, Señor! —gritó Sam. Estaba detrás de Frodo, también él espada en mano—. ¡Estrellas y gloria! ¡Estoy seguro de que los Elfos compondrían una canción, si algún día oyeran esta hazaña! Ojalá viva yo el tiempo suficiente para contarla y oírlos cantar. Pero no siga adelante, señor. ¡No baje a ese antro! No tendremos otra oportunidad. ¡Salgamos en seguida de este agujero infecto!

Y así volvieron sobre sus pasos, al principio caminando y luego corriendo, pues a medida que avanzaban el suelo del túnel se elevaba en una cuesta cada vez más empinada y cada paso los alejaba del hedor y del antro invisible, y las fuerzas les volvían al corazón y los miembros. Pero el odio de la Vigía los perseguía aún, cegada acaso momentáneamente, pero invicta y ávida de muerte. En aquel momento una ráfaga de aire, fresco y ligero, les salió al encuentro. La boca, el extremo del túnel, estaba por fin ante ellos.

Jadeando, deseando salir al fin al aire libre, se precipitaron y cayeron hacia atrás. La salida estaba bloqueada por una barrera, pero no de piedra: blanda y más bien elástica, al parecer, y al mismo tiempo resistente e impenetrable; a través de ella se filtraba el aire, pero ningún rayo de luz. Una vez más se abalanzaron y fueron rechazados.

Levantando el frasco, Frodo miró y vio delante un color gris que la luminosidad del cristal de estrella no penetraba ni iluminaba, como una sombra que no fuera proyectada por ninguna luz, y que ninguna luz pudiera disipar. A lo ancho y a lo alto del túnel había una vasta tela tejida, como la tela de una araña enorme, pero de trama mucho más cerrada y mucho más grande, y cada hebra de esta tela era gruesa como una cuerda.

Sam soltó una risa sarcástica.

—¡Telarañas! —dijo—. ¿Nada más? ¡Telarañas! ¡Pero qué araña! ¡Adelante, abajo con ellas!

Las atacó furiosamente a golpes de espada, pero el hilo que golpeaba no se rompía. Cedía un poco, y luego, como la cuerda tensa de un arco, rebotaba desviando la hoja y lanzando hacia arriba la espada y el brazo. Tres veces golpeó Sam la telaraña con todas sus fuerzas, y a la tercera una sola de las innumerables cuerdas chasqueó y se enroscó, retorciéndose y azotando el aire. Uno de los extremos alcanzó a Sam, que se echó atrás con un grito, llevándose la mano a la boca.

—A este paso tardaremos días y días en despejar el camino —dijo—. ¿Qué hacer? ¿Han vuelto los ojos?

—No, no se los ve —dijo Frodo—. Pero tengo aún la impresión de que me están mirando, o pensando en mí: maquinando algún otro plan, tal vez. Si esta luz menguase, o fallara, no tardarían en reaparecer.

—¡Atrapados justo al final! —dijo Sam con amargura. Y otra vez, por encima del cansancio y la desesperación, lo dominó la cólera—. ¡Moscardones atrapados en una telaraña! ¡Que la maldición de Faramir caiga sobre Gollum, y cuanto antes!

—Nada ganaríamos con eso ahora —dijo Frodo—. ¡Bien! Veamos qué puede hacer Dardo. Es una hoja élfica. También en las hondonadas oscuras de Beleriand donde fue forjada había telarañas horripilantes. Pero tú tendrás que estar alerta y mantener los ojos a raya. Ven, toma el cristal de estrella. No tengas miedo. ¡Levántalo y vigila!

Frodo se aproximó entonces a la gran red gris, y lanzándole una violenta estocada, corrió rápidamente a filo a través de un apretado nudo de cuerdas, mientras saltaba de prisa hacia atrás. La hoja de reflejos azules cortó como una hoz que segara unas hierbas, y las cuerdas saltaron, se enroscaron, y colgaron flojamente, en el aire. Ahora había una gran rajadura en la telaraña.

Golpe tras golpe, toda la telaraña al alcance del brazo de Frodo quedó al fin despedazada, y el borde superior flotó y onduló como un velo a merced del viento. La trampa estaba abierta.

—¡Vamos, ya! —gritó Frodo—. ¡Adelante! ¡Adelante! —Una alegría frenética por haber podido escapar de las fauces mismas de la desesperación se apoderó de pronto de él. La cabeza le daba vueltas como si hubiera tomado un vino fuerte. Saltó afuera, con un grito.

Luego de haber pasado por el antro de la noche, aquella tierra en sombras le pareció luminosa. Las grandes humaredas se habían elevado, y eran menos espesas, y las últimas horas de un día sombrío estaban pasando; el rojo incandescente de Mordor se había apagado en una lobreguez melancólica. Pero Frodo tenía la impresión de estar contemplando el amanecer de una esperanza repentina. Había llegado casi a la cresta del murallón. Faltaba poco ahora. El Desfiladero, Cirith Ungol, ya se abría delante de él, una hendidura sombría en la cresta negra, flanqueada a ambos lados por los cuernos de la roca, cada vez más oscuros contra el cielo. Una carrera corta, una carrera rápida, y ya estaría del otro lado.

—¡El paso, Sam! —gritó, sin preocuparse por la estridencia de su voz, que libre de la atmósfera sofocante del túnel resonaba ahora vibrante y fogosa—. ¡El paso! Corre, corre, y llegaremos al otro lado... ¡antes que nadie pueda detenernos!

Sam corrió detrás de él, tan rápido como se lo permitían las piernas; no obstante la alegría de encontrarse en libertad, se sentía inquieto mientras corría, y miraba atrás, a la sombría arcada del túnel, temiendo ver aparecer allí los ojos, o alguna forma monstruosa e inimaginable que se acercara a los saltos. Él y su amo poco conocían de las astucias y ardides de Ella-Laraña. Muy numerosas eran las salidas de esta madriguera.

Allí tenía su morada, desde tiempos inmemoriales, una criatura maligna de cuerpo de araña, la misma que en los Días Antiguos habitara en el País de los Elfos, en el Oeste que está ahora sumergido bajo el Mar, la misma que Beren combatiera en Doriath en las Montañas del Terror, y que en ese entonces, en un remoto plenilunio, había venido a Lúthien sobre la hierba verde y entre las cicutas. De qué modo había llegado hasta allí Ella-Laraña, huyendo de la ruina, no lo cuenta ninguna historia, pues son pocos los relatos de los Años Oscuros que han llegado hasta nosotros. Pero allí seguía, ella que había estado allí antes que Sauron, y aun antes que la primera piedra de Barad-dûr, y que a nadie servía sino a sí misma, bebiendo la sangre de los Elfos y de los Hombres, entumecida y obesa, rumiando siempre algún festín; tejiendo telas de sombra; pues todas las cosas vivas eran alimento para ella, y ella vomitaba oscuridad. Los retoños, bastardos de compañeros miserables de su propia progenie, que ella destinaba a morir, se esparcían por doquier de valle en valle, desde Ephel Dúath hasta las colinas del Este, y hasta el Dol Guldur y las fortalezas del Bosque Negro. Pero ninguno podía rivalizar con Ella-Laraña la Grande, última hija de Ungoliant para tormento del desdichado mundo.

Años atrás la había visto Gollum, el Sméagol que fisgoneaba en todos los agujeros oscuros, y en otros tiempos se había prosternado ante ella y la había venerado; y las tinieblas de la voluntad maléfica de Ella-Laraña habían penetrado en la fatiga de Gollum, alejándolo de toda luz y todo remordimiento. Y Gollum le había prometido traerle comida. Pero los apetitos de Ella-Laraña no eran semejantes a los de Gollum. Poco sabía ella de torres, o de anillos o de cualquier otra cosa creada por la mente o la mano, y poco le preocupaban a ella, que sólo deseaba la muerte de todos, corporal y mental, y para sí misma una hartura de vida, sola, hinchada hasta que las montañas ya no pudieran sostenerla y la oscuridad ya no pudiera contenerla.

Pero ese deseo tardaba en cumplirse, y ahora, encerrada en el antro oscuro, hacía mucho tiempo que estaba hambrienta, y mientras tanto el poder de Sauron se acrecentaba y la luz y los seres vivientes abandonaban las fronteras del reino; y la ciudad del valle había muerto y ningún Elfo ni Hombre se acercaba jamás, sólo los infelices orcos. Alimento pobre, y cauto por añadidura. Pero ella necesitaba comer, y por más que se empeñasen en cavar nuevos y sinuosos pasadizos desde la garganta y desde la torre, ella siempre encontraba alguna forma de atraparlos. Esta vez, sin embargo, le apetecía una carne más delicada. Y Gollum se la había traído.

—Veremos, veremos —se decía Gollum, cuando predominaba en él el humor maligno, mientras recorría el peligroso camino que descendía de Emyn Muil al Valle de Morgul—, veremos. Puede ser, oh sí, puede ser que cuando Ella tire los huesos y las ropas vacías, lo encontremos, y entonces lo tendremos, el Tesoro, una recompensa para el pobre Sméagol que le trae buena comida. Y salvaremos el Tesoro, como prometimos. Oh sí. Y cuando lo tengamos a salvo, Ella lo sabrá, oh sí, y entonces ajustaremos cuentas con Ella, oh sí mi tesoro. ¡Entonces ajustaremos cuentas con todo el mundo!

Así reflexionaba Gollum con la astucia retorcida que aún esperaba poder ocultarle, aunque la había vuelto a ver y se había prosternado ante ella mientras los hobbits dormían.

Y en cuanto a Sauron: sabía muy bien dónde se ocultaba Ella-Laraña. Le complacía que habitase allí hambrienta, pero nunca menos malvada; ningún artificio que él hubiera podido inventar habría guardado mejor que ella aquel antiguo acceso. En cuanto a los orcos, eran esclavos útiles, pero los tenía en abundancia. Y si de tanto en tanto Ella-Laraña atrapaba alguno para calmar el apetito, tanto mejor: Sauron podía prescindir de ellos. Y a veces, como un hombre que le arroja una golosina a su gata (*mi gata* la llamaba él, pero ella no lo reconocía como amo), Sauron le enviaba aquellos prisioneros que ya no le servían. Los hacía llevar a la guarida de Ella-Laraña, y luego exigía que le describieran el espectáculo.

Así vivían uno y otro, deleitándose con cada nueva artimaña que inventaban, sin temer ataques, ni iras, ni el fin de aquellas maldades. Jamás una mosca había escapado de las redes de Ella-Laraña, y jamás ésta había estado tan furiosa ni tan hambrienta.

Pero nada sabía el pobre Sam de todo ese mal que habían desencadenado contra ellos, salvo que sentía crecer en él un terror, una amenaza indescriptible; y esta carga se le hizo pronto tan pesada que casi le impedía correr, y sentía los pies como si fuesen de plomo.

El miedo lo cercaba, y allá adelante, en el paso, estaban los enemigos, a cuyo encuentro Frodo corría ahora, imprudentemente, en un arranque de frenética alegría. Apartando los ojos de las sombras de atrás y de la profunda oscuridad al pie del risco a la izquierda, miró hacia adelante y vio dos cosas que lo asustaron todavía más. Vio que la espada de Frodo centelleaba todavía con una llama azul; y vio que si bien el cielo por detrás de las torres estaba ahora en sombras, el resplandor rojizo ardía aún en la ventana.

—¡Orcos! —murmuró entre dientes—. Con precipitarnos no ganaremos nada. Hay orcos en todas partes, y cosas peores que orcos. —Luego, volviendo con presteza a la larga costumbre de estar siempre ocultando algo, cerró la mano alrededor del frasco que aún llevaba consigo. Roja con su propia sangre le brilló un instante la mano, y en seguida guardó la luz reveladora en lo más profundo de un bolsillo, cerca del pecho, y se envolvió en la capa élfica. Luego procuró acelerar el paso. Frodo estaba cada vez más lejos; ya le llevaba unos veinte pasos largos, y se deslizaba, veloz como una sombra; pronto lo habría perdido de vista en ese mundo gris.

Apenas hubo escondido Sam la luz del cristal de estrella, Ella-Laraña reapareció. Un poco más adelante y a la izquierda Sam vio de pronto, saliendo de un negro agujero de sombras al pie del risco, la forma más abominable que había contemplado jamás, más horrible que el horror de una pesadilla. En realidad se parecía a una araña, pero era más grande que una bestia de presa, y un malvado designio reflejado en los ojos despiadados la hacía más terrible. Aquellos mismos ojos que Sam creía apagados y vencidos, allí estaban de nuevo, y relucían con un brillo feroz, arracimados en la cabeza que se proyectaba hacia adelante. Tenía grandes cuernos, y detrás del cuello corto semejante a un fuste, seguía el cuerpo enorme e hinchado, un saco tumefacto e inmenso que colgaba oscilante entre las patas; la gran mole del cuerpo era negra, manchada con marcas lívidas, pero la parte inferior del abdomen era pálida y fosforescente, y exhalaba un olor nauseabundo. Las patas de coyunturas nudosas y protuberantes se replegaban muy por encima de la espalda, los pelos erizados parecían púas de acero, y cada pata terminaba en una garra.

En cuanto el cuerpo fofo y las patas replegadas pasaron estrujándose por la abertura superior de la guarida, Ella-Laraña avanzó con una rapidez espantosa, ya corriendo sobre las patas crujientes, ya dando algún salto repentino. Estaba entre Sam y su amo. O no vio a Sam, o prefirió evitarlo momentáneamente por ser el portador de la luz, lo cierto es que dedicó toda su atención a una sola presa, Frodo, que privado del frasco e ignorando aún el peligro que lo amenazaba, corría sendero arriba. Pero Ella-Laraña era más veloz: unos saltos más y le daría alcance.

Sam jadeó, y juntando todo el aire que le quedaba en los pulmones alcanzó a gritar: —¡Cuidado atrás! ¡Cuidado, mi amo! Yo estoy... —pero algo le ahogó el grito en la garganta.

Una mano larga y viscosa le tapó la boca y otra le atenazó el cuello, en tanto algo se le enroscaba alrededor de la pierna. Tomado por sorpresa, cayó hacia atrás en los brazos del agresor.

—¡Lo hemos atrapado! —siseó la voz de Gollum al oído de Sam—. Por fin, mi tesoro, por fin lo hemos atrapado, sí, al hobbit perverso. Nos quedamos con éste. Que Ella se quede con el otro. Oh sí, Ella-Laraña lo tendrá, no Sméagol: él prometió; él no le hará ningún daño al amo. Pero te tiene a ti, pequeño fisgón inmundo y perverso. —Le escupió a Sam en el cuello.

La furia desencadenada por la traición, y la desesperación de verse retenido en un momento en que Frodo corría un peligro mortal, dotaron a Sam de improviso de una energía y una violencia que Gollum jamás habría sospechado en aquel hobbit a quien consideraba torpe y estúpido. Ni el propio Gollum hubiera sido capaz de retorcerse y debatirse con tanta celeridad y fiereza. La mano se le escurrió de la boca, y Sam se agachó y se lanzó hacia adelante, tratando de zafarse de la garra que le apretaba la garganta. Aún conservaba la espada en la mano, y en el brazo izquierdo, colgado de la correa, el bastón de Faramir. Trató de darse vuelta para traspasar con la espada a su enemigo. Pero Gollum fue demasiado rápido: estiró de pronto un largo brazo derecho y aferró la muñeca de Sam; los dedos eran como tenazas: lentos, implacables; le doblaron la mano hacia atrás y hacia adelante, hasta que con un alarido de dolor Sam dejó caer la espada; y entretanto la otra mano de Gollum se le cerraba cada vez más alrededor del cuello.

Sam jugó entonces una última carta. Tiró con todas sus fuerzas hacia adelante y plantó con firmeza los pies en el suelo; luego, con un movimiento brusco, se dejó caer de rodillas, y se echó hacia atrás.

Gollum, que ni siquiera esperaba de Sam esta sencilla treta, cayó al suelo con Sam encima de él, y recibió sobre el estómago todo el peso del robusto hobbit. Soltó un agudo silbido y por un segundo la garra cedió en la garganta de Sam; pero los dedos de la otra seguían apretando como tenazas la mano de la espada. Sam se arrancó de un tirón y volvió a ponerse en pie y giró en círculo hacia la derecha, apoyándose en la muñeca que Gollum le sujetaba. Blandiendo el bastón con la mano izquierda, lo alzó y lo dejó caer con un crujido sibilante sobre el brazo extendido de Gollum, justo por debajo del codo.

Dando un chillido, Gollum soltó la presa. Entonces Sam

atacó otra vez; sin detenerse a cambiar el bastón de la mano izquierda a la derecha, le asestó otro golpe salvaje. Rápido como una serpiente Gollum se escurrió a un lado, y el golpe, destinado a la cabeza, fue a dar en la espalda. La vara crujió y se quebró. Eso fue suficiente para Gollum. Atacar de improviso por la espalda era uno de sus trucos habituales, y casi nunca le había fallado. Pero esta vez, ofuscado por el despecho, había cometido el error de hablar y jactarse antes de aferrar con ambas manos el cuello de la víctima. El plan había empezado a andar mal desde el momento mismo en que había aparecido en la oscuridad aquella luz horrible. Y ahora lo enfrentaba un enemigo furioso, y apenas más pequeño que él. No era una lucha para Gollum. Sam levantó la espada del suelo y la blandió. Gollum lanzó un chillido, y escabulléndose hacia un costado cayó al suelo en cuatro patas, y huyó, saltando como una rana. Antes que Sam pudiese darle alcance, se había alejado, corriendo hacia el túnel con una rapidez asombrosa.

Sam lo persiguió, espada en mano. Por el momento, salvo la furia roja que le había invadido el cerebro, y el deseo de matar a Gollum, se había olvidado de todo. Pero Gollum desapareció sin que pudiera alcanzarlo. Entonces, ante aquel agujero oscuro y el olor nauseabundo que le salía al encuentro, el recuerdo de Frodo y del monstruo lo sacudió como el estallido de un trueno. Dio media vuelta y en una enloquecida carrera se precipitó hacia el sendero, gritando sin cesar el nombre de su amo. Era quizá demasiado tarde. Hasta ese momento el plan de Gollum había tenido éxito.

10

LAS DECISIONES DE MAESE SAMSAGAZ

Frodo yacía de cara al cielo, y Ella-Laraña se inclinaba sobre él, tan dedicada a su víctima que no advirtió la presencia de Sam ni lo oyó gritar hasta que lo tuvo a pocos pasos. Sam, llegando a todo correr, vio a Frodo atado con cuerdas que lo envolvían desde los hombros hasta los tobillos; y ya el monstruo, a medias levantándolo con las grandes patas delanteras, a medias a la rastra, se lo estaba llevando.

Junto a Frodo en el suelo, inútil desde que se le cayera de la mano, centelleaba la espada élfica. Sam no perdió tiempo en preguntarse qué convenía hacer, o si lo que sentía era coraje, o lealtad, o furia. Se abalanzó con un grito y recogió con la mano izquierda la espada de Frodo. Luego atacó. Jamás se vio ataque más feroz en el mundo salvaje de las bestias, como si una alimaña pequeña y desesperada, armada tan sólo de dientes diminutos, se lanzara contra una torre de cuerno y cuero, inclinada sobre el compañero caído.

Como interrumpida en medio de una ensoñación por el breve grito de Sam, Ella-Laraña volvió lentamente hacia él aquella mirada horrenda y maligna. Pero antes de que llegara a advertir que la furia de este enemigo era mil veces superior a todas las que conociera en años incontables, la espada centelleante le mordió el pie y amputó la garra. Sam saltó adentro, al arco formado por las patas, y con un rápido movimiento ascendente de la otra mano, lanzó una estocada a los ojos arracimados en la cabeza gacha de Ella-Laraña. Un gran ojo quedó en tinieblas.

Ahora la criatura pequeña y miserable estaba debajo de la bestia, momentáneamente fuera del alcance de los picotazos y las garras. El vientre enorme pendía sobre él con una pútrida fosforescencia, y el hedor le impedía respirar. No obstante, la furia de Sam alcanzó para que asestara otro golpe, y antes de que Ella-Laraña se dejara caer sobre él y lo sofocara, junto con ese pequeño arrebato de insolencia y coraje, le clavó la hoja de la espada élfica, con una fuerza desesperada.

Pero Ella-Laraña no era como los dragones, y no tenía más puntos vulnerables que los ojos. Aquel pellejo secular de agujeros y protuberancias de podredumbre estaba protegido interiormente por capas y capas de excrecencias malignas. La hoja le abrió una incisión horrible, mas no había fuerza humana capaz de atravesar aquellos pliegues y repliegues monstruosos, ni aun con un acero forjado por los Elfos o por los Enanos, o empuñado en los Días Antiguos por Beren o Túrin. Se encogió al sentir el golpe, pero en seguida levantó el gran saco del vientre muy por encima de la cabeza de Sam. El veneno brotó espumoso y burbujeante de la herida. Luego, abriendo las patas, dejó caer otra vez la mole enorme sobre Sam. Demasiado pronto. Pues Sam estaba aún en pie, y soltando la espada tomó con ambas manos la hoja élfica, y apuntándola al aire paró el descenso de aquel techo horrible; y así Ella-Laraña, con todo el poder de su propia y cruel voluntad, con una fuerza superior a la del puño del mejor guerrero, se precipitó sobre la punta implacable. Más y más profundamente penetraba cada vez aquella punta, mientras Sam era aplastado poco a poco contra el suelo.

Jamás Ella-Laraña había conocido ni había soñado conocer un dolor semejante en toda su larga vida de maldades. Ni el más valiente de los soldados de la antigua Gondor, ni el más salvaje de los orcos atrapado en la tela, había resistido de ese modo, y nadie, jamás, le había traspasado con el acero la carne bienamada. Se estremeció de arriba abajo. Levantó una vez más la gran mole, tratando de arrancarse del dolor, y combando bajo el vientre los tentáculos crispados de las patas, dio un salto convulsivo hacia atrás.

Sam había caído de rodillas cerca de la cabeza de Frodo; tambaleándose en el hedor repelente, aún empuñaba la espada con ambas manos. A través de la niebla que le enturbiaba los ojos entrevió el rostro de Frodo, y trató obstinadamente de dominarse, y no perder el sentido. Levantó con lentitud la cabeza y la vio, a unos pocos pasos, y ella lo miraba; una saliva venenosa le goteaba del pico, y un limo verdoso le rezumaba del ojo lastimado. Allí estaba, agazapada, el vientre palpitante desparramado en el suelo, los grandes arcos de las patas, que se estremecían, juntando fuerzas para dar otro salto, para aplastar esta vez, y picar a muerte; no una ligera mordedura venenosa destinada a suspender la lucha de la víctima; esta vez matar y luego despedazar.

Y mientras Sam la observaba, agazapado también él, viendo en los ojos de la bestia su propia muerte, un pensamiento lo asaltó, como si una voz remota le hablase al oído de improviso, y tanteándose el pecho con la mano izquierda encontró lo que buscaba: frío, duro y sólido le pareció al tacto en aquel espectral mundo de horror el frasco de Galadriel.

—¡Galadriel! —dijo débilmente, y entonces oyó voces lejanas pero claras: las llamadas de los Elfos cuando vagaban bajo las estrellas en las sombras amadas de la Comarca, y la música de los Elfos tal como la oyera en sueños en la Sala de Fuego de la morada de Elrond.

Gilthoniel A Elbereth!

Y de pronto, como por encanto, la lengua se le aflojó, e invocó en un idioma para él desconocido:

A Elbereth Gilthoniel
o menel palan-díriel,
le nallon sí di'nguruthos!
A tiro nin, Fanuilos!

Y al instante se levantó, tambaleándose, y fue otra vez el hobbit Samsagaz hijo de Hamfast.

—¡A ver, acércate bestia inmunda! —gritó—. Has herido a mi amo y me las pagarás. Seguiremos adelante, te lo aseguro, pero primero arreglaremos cuentas contigo. ¡Acércate y prueba otra vez!

Como si el espíritu indomable de Sam hubiese reforzado la potencia del cristal, el frasco de Galadriel brilló de pronto como una antorcha incandescente. Centelleó, y pareció que una estrella cayera del firmamento rasgando el aire tenebroso con una luz deslumbradora. Jamás un terror como este que venía de los cielos había ardido con tanta fuerza delante de Ella-Laraña. Los rayos le entraron en la cabeza herida y la terrible infección de luz se extendió de ojo a ojo. La bestia cayó hacia atrás agitando en el aire las patas delanteras, enceguecida por los relámpagos internos, la mente en agonía. Luego volvió la cabeza mutilada, rodó a un costado, y adelantando primero una garra y luego otra, se arrastró hacia la abertura del acantilado sombrío.

Sam la persiguió, vacilante, tambaleándose como un hombre ebrio. Y Ella-Laraña, domada al fin, encogida en la derrota, temblaba y se sacudía tratando de huir. Llegó al agujero y se escurrió dejando un reguero de limo amarillo verdoso, y desapareció en el momento en que Sam, antes de desplomarse, le asestaba el último golpe a las patas traseras.

Ella-Laraña había desaparecido; y la historia no cuenta si permaneció largo tiempo encerrada rumiando su malignidad y su desdicha, y si en lentos años de tinieblas se curó desde adentro y reconstituyó los racimos de los ojos, hasta que un hambre mortal la llevó a tejer otra vez las redes horribles en los valles de las Montañas de la Sombra.

Sam se quedó solo. Penosamente, mientras la noche del País Sin Nombre caía sobre el lugar de la batalla, se arrastró de nuevo hacia su amo.

—¡Mi amo, mi querido amo! —gritó. Pero Frodo no habló. Mientras corría hacia adelante en plena exaltación, feliz al verse en libertad, Ella-Laraña lo había perseguido con una celeridad aterradora y de un solo golpe le había clavado en el cuello el pico venenoso. Ahora Frodo yacía pálido, inmóvil, insensible a cualquier voz.

—¡Mi amo, mi querido amo! —repitió Sam, y esperó durante un largo silencio, escuchando en vano.

Luego, lo más rápido que pudo, cortó las cuerdas y apoyó la cabeza en el pecho y en la boca de Frodo pero no descubrió ningún signo de vida, ni el más leve latido del corazón. Le frotó varias veces las manos y los pies y le tocó la frente, pero todo estaba frío.

—¡Frodo, señor Frodo! —exclamó—. ¡No me deje aquí solo! Es su Sam quien lo llama. No se vaya a donde yo no pueda seguirlo. ¡Despierte, señor Frodo! ¡Oh, por favor, despierte, Frodo! ¡Despierte, Frodo, pobre de mí, pobre de mí! ¡Despierte!

Y entonces la cólera lo dominó, y levantándose corrió frenéticamente alrededor del cuerpo de su amo, y hendió el aire con la espada, y golpeó las piedras dando gritos de desafío. Luego se volvió, e inclinándose miró a la luz crepuscular el rostro pálido de Frodo. Y de pronto descubrió que ésta era la imagen que se le había revelado en el espejo de Galadriel en Lórien: Frodo de cara pálida dormido al pie de un risco grande y oscuro. Profundamente dormido, había pensado entonces. —¡Está muerto! —dijo—. ¡No está dormido, está muerto! —Y mientras lo decía, como si las palabras hubiesen activado el veneno, le pareció que el rostro de Frodo cobraba un tinte lívido y verdoso. Y entonces la desesperación más negra cayó sobre él, y se inclinó hasta el suelo y se cubrió la cabeza con la capucha gris, mientras la noche le invadía el corazón, y no supo nada más.

Cuando al fin las tinieblas se disiparon, Sam levantó la cabeza y vio sombras en torno; pero no hubiera sabido decir durante cuántos minutos o cuántas horas el mundo había continuado arrastrándose. Estaba en el mismo lugar, y aún allí junto a él yacía su amo muerto. Ni las montañas se habían desmoronado ni la tierra había caído en ruinas.

—¿Qué haré, qué haré? —se preguntó—. ¿Habré recorrido con él todo este camino para nada? —Y en ese preciso instante oyó su propia voz diciendo palabras que al comienzo del viaje él mismo no había comprendido: *Tengo que hacer algo antes del fin, y está ahí adelante, tengo que buscarlo, señor, si usted me entiende.*

—¿Pero qué puedo hacer? No por cierto abandonar al señor Frodo muerto y sin sepultura en lo alto de las montañas, y volverme para casa. O continuar. ¿Continuar? —repitió, y por un momento lo sacudió un estremecimiento de miedo y de incertidumbre—. ¿Continuar? ¿Es eso lo que he de hacer? ¿Y abandonarlo aquí?

Entonces por fin rompió a llorar; y volviendo junto a

Frodo le estiró el cuerpo, y le cruzó las manos frías sobre el pecho, y lo envolvió en la capa élfica, y luego puso a un lado su propia espada y al otro el bastón que le había regalado Faramir.

—Si voy a continuar, señor Frodo —dijo—, tendré que llevarme su espada, con el permiso de usted, pero le dejo esta otra al lado, así como estaba junto al viejo rey en el túmulo; y usted tiene además la hermosa cota de mithril del viejo señor Bilbo. Y el cristal de estrella, señor Frodo, usted me lo prestó, pero voy a necesitarlo, pues de ahora en adelante andaré siempre en la oscuridad. Es demasiado precioso para mí, y la Dama se lo regaló a usted, pero ella tal vez comprendería. Usted lo comprende, ¿verdad, señor Frodo? Tengo que seguir.

Sin embargo no pudo seguir, todavía no. Se arrodilló, tomó la mano de Frodo y no la pudo soltar. Y el tiempo pasaba y él seguía allí, de rodillas, estrechando la mano de Frodo, mientras en su corazón se libraba una batalla.

Trató de reunir las fuerzas necesarias para arrancarse de allí y partir en un viaje solitario: el viaje vengador. Si al menos pudiera partir, la furia lo llevaría por todas las rutas del mundo detrás de Gollum, hasta dar por fin con él. Y entonces Gollum moriría en un rincón. Pero no era eso lo que él pretendía. Abandonar a su amo sólo por eso no tenía ningún sentido. No le devolvería la vida. Nada ahora le devolvería la vida. Hubiera sido preferible que murieran juntos. Y aun así sería también un viaje solitario.

Miró la punta reluciente de la espada. Pensó en los lugares que habían dejado atrás, la orilla negra, el precipicio que se abría al vacío. Por ese lado no había salida posible. Sería como no hacer nada, no valía la pena. No era eso lo que él pretendía.

—Pero entonces, ¿qué he de hacer? —gritó de nuevo, y ahora le pareció conocer exactamente la dura respuesta: *Tengo que hacer algo antes del fin.* También un viaje solitario, y el peor.

—¿Cómo? ¿Yo, solo, ir hasta la Grieta del Destino y todo lo demás? —Titubeaba aún, pero la resolución crecía.—

¿Cómo? ¿*Yo* sacarle a *él* el Anillo? El Concilio se lo entregó a él.

Pero al instante le llegó la respuesta: —Y el Concilio le dio compañeros, a fin de que la misión no fracasara. Y tú eres el último que queda de la Compañía. La misión no puede fracasar.

—¡Por qué me habrá tocado ser el último! —gimió—. ¡Cuánto daría porque estuviese aquí el viejo Gandalf, o algún otro! ¿Por qué me habrán dejado solo para que yo decida? Me equivocaré, estoy seguro. Y no me corresponde a mí sacarle el Anillo, y ponerme por delante.

—Pero no eres tú quien se pone por delante, te han puesto. Y en cuanto a no ser la persona adecuada, tampoco lo era el señor Frodo, se podría decir, ni el señor Bilbo. Tampoco ellos eligieron.

—Pues bien, tengo que decidirlo, y lo decidiré. Aunque estoy seguro de equivocarme: qué otra cosa puede hacer Sam Gamyi.

"A ver, reflexionemos un poco: si nos encuentran aquí, o si encuentran al señor Frodo, y con esa cosa encima, bueno, el Enemigo se apoderará de él. Y será el fin de todos nosotros, de Lórien y de Rivendel, y de la Comarca y todo lo demás. Y no hay tiempo que perder, pues entonces será el fin, de todas maneras. La guerra ha comenzado, y es muy probable que todo vaya ahora a favor del Enemigo. Imposible regresar con la cosa en busca de permiso o consejo. No, se trata de quedarse aquí hasta que ellos vengan y me maten sobre el cuerpo de mi amo, y se apoderen de la cosa, o de tomarla y partir. —Respiró profundamente.— ¡Tomémosla, entonces!

Se agachó. Desprendió con delicadeza el broche que cerraba la túnica alrededor del cuello de Frodo, e introdujo la mano; luego, levantando con la otra la cabeza, besó la frente helada y le sacó dulcemente la cadena. La cabeza yació otra vez, descansando. No hubo ningún cambio en el rostro sereno, y más que todos los otros signos esto convenció por fin a Sam de que Frodo había muerto y había abandonado la Búsqueda.

—¡Adiós, amo querido! —murmuró—. Perdone a su

Sam. Él regresará en cuanto haya llevado a cabo la tarea...
si lo consigue. Y entonces nunca más volverá a abandonarlo. Descanse tranquilo hasta mi regreso: ¡y que ninguna criatura inmunda se le acerque! Y si la Dama pudiese
oírme y concederme un deseo, desearía volver, y encontrarlo otra vez. ¡Adiós!

Luego, inclinándose, se pasó la cadena por la cabeza y
al instante el peso del Anillo lo encorvó hasta el suelo, como
si le hubiesen colgado una piedra enorme. Pero poco a
poco, como si el peso disminuyera, o una fuerza nueva
naciera en él, irguió la cabeza y haciendo un gran esfuerzo
se levantó y comprobó que podía caminar con la carga. Y
entonces alzó un momento el frasco para mirar por última
vez a su amo, y la luz ardía ahora suavemente, con el débil
resplandor de la estrella vespertina en el estío, y a esa luz
la lividez verdosa desapareció del rostro de Frodo, y fue
hermoso otra vez, pálido pero hermoso, con una belleza
élfica, el rostro de alguien que ha partido hace mucho
tiempo del mundo de las sombras. Y con el triste consuelo
de esta última visión, luego de haber escondido la luz, Sam
se internó con paso vacilante en la creciente oscuridad.

No tuvo mucho que caminar. La boca del túnel se abría
atrás, no lejos de allí; pero adelante, a unas doscientas yardas o quizá menos, corría el Desfiladero. El sendero era
visible en la penumbra del crepúsculo, un surco profundo
excavado a lo largo de los siglos, que ascendía en una garganta larga flanqueada por paredes rocosas. La garganta
se estrechaba rápidamente. Pronto Sam llegó a un tramo
de escalones anchos y bajos. Ahora la torre de los orcos se
erguía justo encima, negra y hostil, y en ella brillaba el ojo
incandescente. Las sombras de la base ocultaban al hobbit.
Llegó a lo alto de la escalera y se encontró por fin en el
Desfiladero.

—Lo he decidido —se repetía a menudo. Pero no era
verdad. Pese a que lo había pensado muchas veces, lo que
estaba haciendo era del todo contrario a su naturaleza—.
¿Me habré equivocado? —murmuró—. ¿Qué hubiera
tenido que hacer?

Mientras las paredes casi verticales del Desfiladero se

cerraban alrededor de él, antes de llegar a la cima misma, y antes de mirar por fin el sendero que descendía al País Sin Nombre, dio media vuelta. Por un momento, paralizado por la duda intolerable, miró hacia atrás. La boca del túnel era todavía visible, una mancha borrosa y pequeña en la penumbra; y creyó ver o adivinar el lugar donde yacía Frodo. Y de pronto le pareció que allá abajo en el suelo ardía un leve resplandor, o tal vez fuese tan sólo un efecto de las lágrimas que le empañaban los ojos, mientras escudriñaba aquella cumbre pedregosa donde su vida entera había caído en ruinas.

—Si al menos pudiera cumplir mi deseo —suspiró—, mi único deseo: ¡volver y encontrarlo! —Luego, por fin, se volvió hacia el camino que se extendía ante él y avanzó unos pocos pasos: los más pesados y más penosos que hubiera dado nunca.

Apenas unos pocos pasos; y ahora sólo unos pocos más, y luego descendería y ya nunca más volvería a ver aquellas alturas. Y entonces, de improviso, oyó gritos y voces. Sam esperó inmóvil, como petrificado. Voces de orcos. Adelante y atrás de él. Un fuerte ruido de pisadas y voces roncas: los orcos subían al Desfiladero desde el otro lado, tal vez desde alguna de las puertas de la torre. Pasos precipitados y gritos detrás. Dio media vuelta y vio unas lucecitas rojas, antorchas que parpadeaban a lo lejos a la salida del túnel. La cacería había comenzado al fin. El ojo de la torre no era ciego. Y Sam estaba atrapado.

La temblorosa luz de las antorchas y el retintín de los aceros se iban acercando. Un momento más, y llegarían a la cima, y caerían sobre él. Había perdido un tiempo precioso en decidirse, y ahora todo era inútil. ¿Cómo huir, cómo salvarse, cómo salvar el Anillo? El Anillo. No fue ni un pensamiento ni una decisión; de pronto se dio cuenta de que se había sacado la cadena y de que tenía el Anillo en la mano. La vanguardia de la horda de orcos apareció en el Desfiladero, justo delante de él. Entonces se puso el Anillo en el dedo.

El mundo se transformó, y un solo instante se colmó de una hora de pensamiento. Advirtió en seguida que oía mejor y que la vista se le debilitaba, pero no como en el antro de Ella-Laraña. Aquí todo cuanto veía alrededor no era oscuro sino impreciso; y él, en un mundo gris y nebuloso, se sentía como una pequeña roca negra y solitaria, y el Anillo, que le pesaba y le tironeaba en la mano izquierda, era como un globo de oro incandescente. No se sentía para nada invisible, sino por el contrario, horrible y nítidamente visible; y sabía que en alguna parte un Ojo lo buscaba.

Oía crujir las piedras, y el murmullo del agua a lo lejos en el Valle de Morgul; y en lo profundo de la roca la bullente desesperación de Ella-Laraña, extraviada en algún pasadizo ciego; y voces en las mazmorras de la torre; y los gritos de los orcos que salían del túnel; y ensordecedor, rugiente, el ruido de los pasos y los alaridos de los orcos. Se acurrucó contra la pared de roca. Pero ellos seguían subiendo, un ejército espectral de figuras grises distorsionadas en la niebla; sólo sueños de terror con llamas pálidas en las manos. Y pasaron junto al hobbit. Sam se agazapó, tratando de escabullirse y esconderse en alguna grieta.

Prestó oídos. Los orcos que salían del túnel y los que ya descendían por el Desfiladero se habían visto, y apurando el paso hablaban entre ellos a voz en cuello. Sam los oía claramente, y entendía lo que decían. Tal vez el Anillo le había dado el don de entender todas las lenguas (o simplemente el don de la comprensión), en particular la de los servidores de Sauron, el artífice, de modo tal que si prestaba atención entendía y podía traducir los pensamientos de los orcos. Sin duda los poderes del Anillo aumentaban enormemente a medida que se acercaba a los lugares en que fuera forjado; pero de algo no cabía duda: no transmitía coraje. Por el momento Sam no pensaba en otra cosa que en esconderse, en pegarse al suelo hasta que retornase la calma, y escuchaba con ansiedad. No hubiera sabido decir a qué distancia hablaban, ya que las palabras le resonaban casi dentro de los oídos.

—¡Hola! ¡Gorbag! ¿Qué estás haciendo aquí arriba? ¿Aún no estás harto de guerra?

—Órdenes, imbécil. ¿Y qué estás haciendo tú, Shagrat?

¿Cansado de estar ahí arriba, agazapado? ¿Tienes intenciones de bajar a combatir?

—Las órdenes te las doy yo a ti. Este paso está bajo mi custodia. De modo que cuida lo que dices. ¿Tienes algo que informar?

—Nada.

—¡Hai! ¡Hai! ¡Yoi!

Un griterío interrumpió la conversación de los cabecillas. Los orcos que estaban más abajo habían visto algo. Echaron a correr. Y de pronto todos los demás los siguieron.

—¡Hai! ¡Hola! ¡Hay algo aquí! En el medio del camino. ¡Un espía! ¡Un espía! —Hubo un clamor de cuernos enronquecidos y una babel de voces destempladas.

Sam tuvo un terrible sobresalto, y la cobardía que lo dominaba se disipó como un sueño. Habían visto a su amo. ¿Qué le irían a hacer? Se contaban acerca de los orcos historias que helaban la sangre. No, era inadmisible. De un salto estuvo de pie. Mandó a paseo la Misión, todas sus decisiones y junto con ellas el miedo y la duda. Ahora sabía cuál era y cuál había sido siempre su lugar: junto a su amo, aunque ignoraba de qué podía servir estando allí. Se lanzó escaleras abajo y corrió por el sendero en dirección a Frodo.

—¿Cuántos son? —se preguntó—. Treinta o cuarenta por lo menos los que vienen de la torre, y allá abajo hay muchos más, supongo. ¿Cuántos podré matar antes que caigan sobre mí? Verán la llama de la espada ni bien la desenvaine, y tarde o temprano me atraparán. Me pregunto si alguna canción mencionará alguna vez esta hazaña: De cómo Samsagaz cayó en el Paso Alto y levantó una muralla de cadáveres alrededor del cuerpo de su amo. No, no habrá canciones. Claro que no las habrá, porque el Anillo será descubierto, y acabarán para siempre las canciones. No lo puedo evitar. Mi lugar está al lado del señor Frodo. Es necesario que lo entiendan... Elrond y el Concilio, y los grandes Señores y las grandes Damas, tan sabios todos. Los planes que ellos trazaron han fracasado. No puedo ser *yo* el Portador del Anillo. No sin el señor Frodo.

Pero los orcos ya no estaban al alcance de la debilitada vista del hobbit. Sam no había tenido tiempo de pensar en sí mismo. De pronto se sintió cansado, casi exhausto: las piernas se negaban a responder. Avanzaba con increíble lentitud. El sendero le parecía interminable. ¿A dónde habrían ido los orcos en medio de semejante niebla?

¡Ah, ahí estaban otra vez! A bastante distancia todavía. Un grupo de figuras alrededor de algo que yacía en el suelo; unos pocos correteaban de aquí para allá, encorvados como perros que han husmeado una pista. Sam intentó un último esfuerzo.

—¡Coraje, Sam! —se dijo—, o llegarás otra vez demasiado tarde. —Aflojó la espada. Dentro de un momento la desenvainaría, y entonces...

Se oyó un clamor salvaje, gritos, risas cuando levantaron algo del suelo.

—¡Ya hoi! ¡Ya harri hoi! ¡Arriba! ¡Arriba!

Entonces una voz gritó: —¡De prisa ahora! ¡Por el camino más corto a la Puerta de Abajo! Parece que Ella ya no nos molestará esta noche. —La pandilla de sombras se puso en marcha. En el centro, cuatro de ellos cargaban un cuerpo sobre los hombros.— ¡Ya hoi!

Se habían marchado y se llevaban el cuerpo de Frodo. Sam nunca podría alcanzarlos. Sin embargo, no se dio por vencido. Los orcos ya estaban entrando en el túnel. Los que llevaban el cuerpo pasaron primero, los otros los siguieron, a los codazos y los empujones. Sam avanzó algunos pasos. Desenvainó la espada, un centelleo azul en la mano trémula, pero nadie lo vio. Avanzaba aún, sin aliento, cuando el último orco desapareció en el agujero oscuro.

Sam se detuvo un instante, jadeando, apretándose el pecho. Luego se pasó la manga por la cara, y se enjugó la suciedad, y el sudor, y las lágrimas. —¡Basura maldita! —exclamó, y saltó tras ellos hundiéndose en la sombra.

Esta vez el túnel no le pareció tan oscuro; tuvo más bien la impresión de haber pasado de una niebla más ligera a otra más densa. El cansancio aumentaba, pero se sentía cada vez más decidido. Le parecía vislumbrar, no lejos de allí, la luz de las antorchas, pero por más que se esforzaba no conseguía llegar hasta ellas. Los orcos se desplazaban veloces por los subterráneos, y este túnel lo conocían palmo a palmo: no obstante las persecuciones de Ella-Laraña estaban obligados a utilizarlo a menudo, pues era el camino más rápido entre las montañas y la Ciudad Muerta. En qué tiempos inmemoriales habían sido excavados el túnel principal y el gran foso redondo en que Ella-Laraña se había instalado siglos atrás, los orcos lo ignoraban, pero ellos mismos habían cavado a los lados muchos otros caminos a fin de evitar el antro de la bestia mientras iban y venían cumpliendo órdenes. Esa noche no tenían la intención de descender muy abajo, sólo querían encontrar cuanto antes un pasadizo lateral que los llevara de vuelta a su propia torre. Casi todos estaban contentos, felices con lo que habían visto y hallado, mientras corrían y parloteaban y gimoteaban a la manera de los orcos.

Sam oyó las voces ásperas y opacas en el aire muerto, y distinguió dos en particular, más fuertes y cercanas. Al parecer los cabecillas marchaban a la retaguardia, y discutían.

—¿No puedes ordenarle a tu chusma que no arme esa alboroto, Shagrat? —gruñó uno de ellos—. No tenemos interés en que nos caiga encima Ella-Laraña.

—¡Vamos, Gorbag! Tu gente es la que grita más —respondió el otro—. ¡Pero deja que los muchachos jueguen! Si no me equivoco, por algún tiempo no tendremos que preocuparnos de Ella-Laraña. Al parecer se ha sentado sobre un clavo, y no vamos a llorar por eso. ¿No viste el reguero de podredumbre a lo largo de la galería que lleva al antro? Ordenarles que se callen sería tener que repetirlo un centenar de veces. Déjalos pues que se rían. Por fin hemos tenido un golpe de suerte: hemos encontrado algo que le interesa a Lugbúrz.

—Le interesa a Lugbúrz, ¿eh? ¿Qué se te ocurre que puede ser? Parece un Elfo, pero de talla más pequeña. ¿Qué peligro puede haber en una cosa así?

—No lo sabremos hasta que le hayamos echado una ojeada.

—¡Oho! De modo que no te han dicho qué era, ¿eh? No nos dicen todo lo que saben, ¿verdad? Ni la mitad. Pero pueden equivocarse, sí, hasta los de Arriba pueden equivocarse.

—¡Calla, Gorbag! —La voz de Shagrat bajó de tono, y Sam, aunque ahora tenía un oído extrañamente fino, a duras penas alcanzaba a distinguir las palabras.— Pueden, sí, pero tienen ojos y oídos por todas partes; y algunos entre mi propia gente, sospecho. Pero es indudable que algo les preocupa. Por lo que me dices, los Nazgûl están inquietos; y también Lugbúrz. Al parecer, algo estuvo a punto de escabullirse.

—¡A punto, dices! —observó Gorbag.

—Está bien —dijo Shagrat—, pero dejemos esto para más tarde. Esperemos a estar en el camino subterráneo. Allí hay un lugar donde podremos conversar tranquilos, mientras los muchachos siguen adelante.

Poco después las antorchas desaparecieron de la vista de Sam. Oyó un fragor, y en el momento en que aceleraba el paso, un golpe seco. Sólo pudo imaginar que los orcos habían dado vuelta al recodo, entrando en el túnel que Frodo encontrara obstruido. Seguía obstruido.

Una gran piedra parecía interceptarle el paso, y sin embargo los orcos habían salvado el obstáculo de algún modo, ya que Sam los oía hablar del otro lado. Continuaban corriendo, adentrándose cada vez más en el corazón de la montaña hacia la torre. Sam estaba desesperado. Algún propósito maligno abrigaban sin duda al llevarse el cuerpo de Frodo, y él no podía seguirlos. Se abalanzó contra el peñasco y empujó, pero la piedra no se movió. Entonces le pareció oír no lejos de allí, dentro, las voces de los dos capitanes. Por un instante permaneció inmóvil, escuchando, esperando tal vez enterarse de algo útil. Quizá Gorbag, que evidentemente pertenecía a Minas Morgul, volviera a salir, y entonces él podría escabullirse y entrar.

—No, no lo sé —decía la voz de Gorbag—. En general los mensajes llegan más rápidos que el vuelo de los pájaros. Pero yo no pregunto cómo. Más vale no arriesgarse. ¡Grr! Esos Nazgûl me ponen la carne de gallina. Te desuellan sin siquiera mirarte, y te dejan afuera en el frío y la oscuridad. Pero a Él le gustan; en estos tiempos son sus favoritos. Así que de nada sirven las protestas. Te lo aseguro. No es ningún juego servir abajo, en la ciudad.

—Tendrías que probar lo que es estar aquí, en compañía de Ella-Laraña —dijo Shagrat.

—Quisiera más bien probar algún sitio donde no tuviera que encontrarme ni con ella ni con los otros. Pero ya la guerra ha comenzado, y cuando concluya tal vez las cosas anden mejor.

—Parece que andan bien, por lo que dicen.

—¿Qué otra cosa quieres que digan? —gruñó Gorbag—. Ya veremos. De todos modos, si en verdad termina bien, habrá mucho más espacio. ¿Qué te parece?... Si tenemos una oportunidad de escapar tú y yo por nuestra cuenta, con algunos de los muchachos de confianza, a algún lugar donde haya un botín bueno y fácil de conseguir, y ninguno de esos grandes patrones.

—¡Ah! —dijo Shagrat—, como en las viejas épocas.

—Sí —dijo Gorbag—. Pero no contemos con eso. Yo no estoy nada tranquilo. Como te decía, los grandes patrones, sí —y la voz descendió hasta convertirse casi en un susurro—, sí, hasta el Más Grande, pueden cometer errores. Algo estuvo a punto de escabullirse, dijiste. Y yo te digo: algo se escabulló. Y tenemos que estar alertas. A los pobres Uruks siempre les toca remediar entuertos, y sin ninguna recompensa. Pero no lo olvides: a nosotros los enemigos no nos quieren más que a Él, y si Él cae, también nosotros estaremos perdidos. Pero dime una cosa: ¿cuándo te dieron a ti la orden de salir?

—Hace alrededor de una hora, justo antes de que tú nos vieras. Llegó un mensaje: *Nazgûl inquieto. Se temen espías en Escaleras. Redoblen la vigilancia. Patrullen arriba en Escaleras.* Y vine en seguida.

—Fea historia —dijo Gorbag—. Escucha... nuestros vigías silenciosos estaban inquietos desde hacía más de dos días, eso lo sé. Pero mi patrulla no recibió orden de salir hasta el día siguiente, y no se envió a Lugbúrz ningún mensaje: a causa de la Gran Señal y la partida para la guerra del Gran Nazgûl, y todo eso. Y luego no pudieron conseguir que Lugbúrz los atendiera en seguida, según me han dicho.

—Supongo que el Ojo habrá estado ocupado en otros

asuntos —dijo Shagrat—. Dicen que allá abajo, en el oeste, acontecen grandes cosas.

—Me imagino —dijo Gorbag—. Pero mientras tanto los enemigos han llegado hasta las Escaleras. ¿Y tú qué hacías? Se suponía que estabas allí vigilando, con órdenes especiales o sin ellas. ¿En qué andas?

—¡Basta ya! No me enseñes a mí lo que tengo que hacer. Estábamos bien despiertos y alertas. Sabíamos que estaban sucediendo cosas extrañas.

—¡Muy extrañas!

—Sí, muy extrañas: luces y gritos y todo. Pero Ella-Laraña andaba en una de sus diligencias. Mis muchachos la vieron, a ella y al Fisgón.

—¿El Fisgón? ¿Qué es eso?

—Tienes que haberlo visto: uno pequeñito, flaco y negro; también él se parece a una araña, o quizá más a una rana famélica. Y había estado antes por aquí. Hace años salió de Lugbúrz la primera vez, y tuvimos orden de Arriba de dejarlo pasar. Desde entonces volvió un par de veces a subir por las Escaleras, pero nosotros lo dejábamos en paz: al parecer se entiende con la Señora. Supongo que no será un bocado muy apetitoso, pues a ella no le preocupan las órdenes de Arriba. Pero, ¡vaya la guardia que montáis en el valle: él estuvo aquí arriba un día antes de que se armase toda esa tremolina! Anoche, temprano, lo vimos. De todos modos mis muchachos informaron que la Señora se estaba divirtiendo, y con eso fue suficiente para mí, hasta que llegó el mensaje. Suponía que el Fisgón le había llevado algún juguete, o que quizá vosotros le habíais mandado un regalito, un prisionero de guerra o algo por el estilo. Yo no me meto cuando ella juega. Nada se le escapa a Ella-Laraña cuando sale de caza.

—¡Nada, dices! ¿Para qué tienes ojos? Te repito que no estoy nada tranquilo. Lo que subió por las Escaleras, ha escapado. Cortó la telaraña y huyó por el agujero. ¡Eso da qué pensar!

—Ah, bueno, pero a fin de cuentas ella lo atrapó, ¿no?

—¿Lo atrapó? ¿Atrapó a quién? ¿A esta criatura insignificante? Pero si hubiera estado solo, ella se lo habría llevado mucho antes a su despensa, y allí se encontraría ahora. Y si a Lugbúrz le interesaba, te hubiera tocado a ti ir a rescatarlo. Buen trabajo. Pero había más de uno.

A esta altura de la charla, Sam se puso a escuchar con más atención, el oído pegado a la piedra.

—¿Quién cortó las cuerdas con que ella lo había atado, Shagrat? El mismo que cortó la telaraña. ¿No se te había ocurrido? ¿Y quién le clavó el clavo a la Señora? El mismo, supongo. ¿Y ahora dónde está? ¿Dónde está, Shagrat?

Shagrat no respondió.

—Te convendría usar la cabeza de vez en cuando, si la tienes. No es para reírse. Nadie, nadie jamás, antes de ahora, había pinchado a Ella-Laraña con un clavo, y tú tendrías que saberlo mejor que nadie. No es por ofenderte, pero piensa un poco... Alguien anda rondando por aquí y es más peligroso que el rebelde más condenado que se haya conocido desde los malos tiempos, desde el Gran Sitio. Algo se ha escabullido.

—¿Qué, entonces? —gruñó Shagrat.

—A juzgar por todos los indicios, Capitán Shagrat, diría que se trata de un gran guerrero, probablemente un Elfo, armado sin duda de una espada élfica, y quizá también de un hacha: y anda suelto en tu territorio, para colmo, y tú nunca lo viste. ¡Divertidísimo en verdad! —Gorbag escupió. Sam torció la boca en una sonrisa sarcástica ante esa descripción de sí mismo.

—¡Bah, tú siempre lo ves todo negro! —dijo Shagrat—. Puedes interpretar los signos como te dé la gana, pero también podría haber otras explicaciones. De cualquier modo, tengo centinelas en todos los puntos claves, y pienso ocuparme de una cosa por vez. Cuando le haya echado una ojeada al que hemos capturado, entonces empezaré a preocuparme por alguna otra cosa.

—Me temo que no encontrarás mucho en ese personajillo —dijo Gorbag—. Es posible que no haya tenido nada que ver con el verdadero mal. En todo caso el gran guerrero de la espada afilada no parece haberle dado mucha importancia... dejarlo allí tirado: típico de los Elfos.

—Ya veremos. ¡En marcha ahora! Hemos hablado bastante. ¡Vamos a echarle una ojeada al prisionero!

—¿Qué te propones hacer con él? No olvides que yo lo

vi primero. Si hay diversión, a mí y a mis muchachos también nos toca.

—Calma, calma —gruñó Shagrat—. Tengo mis órdenes, y no vale la pena arriesgar el pellejo, ni el mío ni el tuyo. Todo merodeador que sea encontrado por los guardias será recluido en la torre. Habrá que desnudar al prisionero. Una descripción detallada de todos sus avíos, vestimenta, armas, carta, anillo, o alhajas varias tendrá que ser enviada inmediatamente a Lugbúrz y *solamente* a Lugbúrz. El prisionero será conservado sano y salvo, bajo pena de muerte para todos los miembros de la guardia, hasta tanto Él envíe una orden, o venga en Persona. Todo esto es bien claro, y es lo que haré.

—¿Desnudarlo, eh? —dijo Gorbag—. ¿También los dientes, las uñas, el pelo y todo lo demás?

—No, nada de eso. Es para Lugbúrz. Ya te lo he dicho. Lo quieren sano e intacto.

—No te será tan fácil como supones —rió Gorbag—. A esta altura es sólo carroña. No me imagino qué podrá hacer Lugbúrz con una cosa semejante. Bien podrían echarlo en la cazuela.

—¡Pedazo de imbécil! —ladró Shagrat—. Te crees muy astuto, pero ignoras un montón de cosas, que conoce casi todo el mundo. Si no te cuidas, serás tú el que terminará en una cazuela, o en la panza de Ella-Laraña. ¡Carroña! Entonces conoces bien poco a la Señora. Cuando ella ata con cuerdas, lo que busca es carne. No come carne muerta ni chupa sangre fría. ¡Éste no está muerto!

Sam se estremeció, aferrándose a la piedra. Tenía la impresión de que todo aquel mundo oscuro se daba vuelta patas arriba. La conmoción fue tal que estuvo a punto de desmayarse, y mientras luchaba por no perder el sentido, oía dentro de él un comentario: "Imbécil, no está muerto, y tu corazón lo sabía. No confíes en tu cabeza, Samsagaz, no es lo mejor que tienes. Lo que pasa contigo es que nunca tuviste en realidad ninguna esperanza. ¿Y ahora qué te queda por hacer?". Por el momento nada más que apoyarse contra la piedra inamovible y escuchar, escuchar las horribles voces de los orcos.

—¡Garn! —dijo Shagrat—. Ella tiene más de un veneno. Cuando sale de caza, le basta dar un golpecito en el cuello, y las víctimas caen tan fofas como peces deshuesados, y entonces ella se da el gusto. ¿Recuerdas al viejo Ufthak? Lo habíamos perdido de vista durante varios días. Por último lo encontramos en un rincón: colgado, sí, pero bien despierto, y echando fuego por los ojos. ¡Cómo nos reímos! Quizá ella se había olvidado de él, pero nosotros no lo tocamos... no es bueno meterse en los asuntos de Ella. No... esta basura despertará dentro de un par de horas; y aparte de sentirse un poco mareado durante un rato, no le pasará nada. O no le pasará si Lugbúrz lo deja en paz. Y aparte, naturalmente, de preguntarse dónde está y qué le ha sucedido.

—¿Y qué le va a suceder? —rió Gorbag—. En todo caso, si no podemos hacer nada más, le contaremos algunas historias. No creo que haya estado jamás en la bella Lugbúrz, de modo que quizá le guste saber lo que allí le espera. Esto va a ser más divertido de lo que yo pensaba. ¡Vamos!

—No habrá ninguna diversión, te lo aseguro yo —dijo Shagrat—. Hay que conservarlo sano e intacto, pues de lo contrario todos nosotros podríamos darnos por muertos.

—¡Bueno! Pero si yo fuera tú atraparía al grande que anda suelto antes de enviar ningún mensaje a Lugbúrz. No les hará mucha gracia enterarse de que has atrapado al gatito y has dejado escapar al gato.

Las voces se apagaron. Sam oyó el sonido de las pisadas que se alejaban. Empezaba a recobrarse y ahora se sentía furioso. —¡Lo hice todo mal! —gritó—. Sabía que iba a pasar. ¡Ahora ellos lo tienen, los demonios! ¡Los inmundos! Nunca abandones a tu amo, nunca, nunca, nunca: ésa era mi verdadera norma. Y en el fondo de mi corazón lo sabía. Quiera el cielo perdonarme. Pero ahora tengo que volver a él. De cualquier manera.

Desenvainó otra vez la espada y golpeó la piedra con la empuñadura, pero sólo obtuvo un sonido sordo. Sin embargo, la espada resplandecía tanto que ahora él podía ver alrededor. Sorprendido, descubrió que el peñasco tenía la forma de una puerta pesada, y casi el doble de la altura de él. Arriba, un espacio oscuro separaba la parte superior del arco bajo de la puerta. Probablemente estaba destinado a impedirle la entrada a Ella-Laraña, y se cerraba por dentro con algún mecanismo invulnerable a la astucia de la bestia. Con las fuerzas que le quedaban, Sam dio un salto y se aferró a la parte superior de la puerta, trepó, y se dejó caer del otro lado; luego echó a correr como un loco, la espada incandescente en la mano, dando vuelta un recodo y subiendo por un túnel sinuoso.

La noticia de que su amo estaba aún con vida le daba el ánimo necesario para hacer un último esfuerzo. No veía absolutamente nada, pues este nuevo pasadizo consistía en una larga serie de curvas y recodos; pero tenía la impresión de estar ganando terreno: las voces de los orcos volvían a sonar más cerca, quizá a unos pocos pasos.

—Eso es lo que haré —dijo Shagrat—. Lo llevaré en seguida a la cámara más alta.

—¿Pero por qué? —gruñó Gorbag—. ¿Acaso no tienen mazmorras ahí abajo?

—No tiene que correr ningún riesgo, ya te lo dije —respondió Shagrat—. ¿Has entendido? Es muy valioso. No confío en todos mis muchachos, y en ninguno de los tuyos; ni en ti, cuando te entra la locura de divertirte. Lo llevaré donde me plazca, y donde tú no podrás ir, si no te comportas como es debido. A lo alto de la torre, he dicho. Allí estará seguro.

—¿Eso crees? —dijo Sam—. ¡Te olvidas del gran guerrero élfico que anda suelto! —Y al decir estas palabras dio vuelta el último recodo para descubrir, no supo si a causa de un truco del túnel o al oído que el Anillo le había prestado, que había estimado mal la distancia.

Las siluetas de los orcos estaban bastante más adelante. Y ahora los veía, negros y achaparrados, contra una intensa luz roja. El túnel, recto por fin, se elevaba en pendiente; y en el extremo había una puerta doble, que conducía sin duda a las cámaras subterráneas bajo el alto cuerno de la torre. Los orcos ya habían pasado por allí con el botín, y Gorbag y Shagrat se acercaban ahora a la puerta.

Sam oyó un estallido de cantos salvajes, un estruendo de trompetas y el tañido de los gongos: una algarabía horripilante. Gorbag y Shagrat estaban ya en el umbral.

Sam lanzó un gritó y blandió a Dardo, pero la vocecita se ahogó en el tumulto. Nadie la había escuchado.

La gran puerta se cerró con estrépito. Bum. Del otro lado golpearon sordamente las grandes trancas de hierro. Bam. La puerta estaba cerrada. Sam se arrojó contra las pesadas hojas de bronce, y cayó sin sentido al suelo. Estaba afuera y en la oscuridad. Y Frodo vivía, pero prisionero del Enemigo.

*

Aquí concluye la segunda parte de la historia de la Guerra del Anillo. La tercera parte cuenta la última defensa contra la Sombra, y el fin de la misión del Portador del Anillo, en EL RETORNO DEL REY.

INDICE

LIBRO TERCERO

LIBRO CUARTO